JN415544

NCS 기반

항공객실 서비스론

NCS 기반

항공객실 서비스론

이지민 윤승희 지음

CENGAGE

Andover • Melbourne • Mexico City • Stamford, CT • Toronto • Hong Kong • New Delhi • Seoul • Singapore • Tokyo

저자 소개

이지민

인하대학교 대학원 경영학과 졸업(경영학 박사)
대한항공 객실승무부 객실사무장
대한항공 객실훈련원 강사
인하공업전문대학 항공운항과 겸임교수
장안대학교 항공운항과 교수
백석예술대학교 항공서비스과 교수
현) 신구대학교 항공서비스과 교수

윤승희

경희대학교 관광대학원 호텔·서비스산업학과 졸업(관광학 석사)
중국동방항공 상해객실승무부 객실승무원
중국동방항공 한국영업부 승무원교육부 팀장
경복대학교 항공서비스과 겸임교수
현) 신구대학교 항공서비스과 교수

NCS기반 항공객실 서비스론

초판 1쇄 인쇄 | 2016년 12월 26일
초판 2쇄 발행 | 2021년 3월 5일

지은이 | 이지민, 윤승희
발행인 | 송성헌
발행처 | 센게이지러닝코리아㈜
등록번호 | 제313-2007-000074호(2007.3.19.)
주　소 | 서울시 마포구 상암산로 76 YTN 뉴스퀘어 14층
전　화 | 02) 330-7000
이메일 | asia.infokorea@cengage.com
홈페이지 | www.cengage.co.kr

ISBN-13: 978-89-6218-400-6

값 20,000원

머리말

21세기, 글로벌 시대를 살고 있는 우리에게 국가 간 경제, 문화, 사회, 정치, 모든 영역의 정보 상호교환은 필수요건이 되었으며, 이를 위해서 지구촌을 왕래하는 것은 일상화가 되었고, 더불어 항공망의 규모 확대와 항공 산업의 발전은 자명한 현실이 되었다.

최근 항공업계의 주요 이슈는 저비용 항공사의 지속 성장화, 항공모바일 앱의 상용화 추진, 친환경 정책에 따른 차세대항공기도입 및 개발을 위한 투자, 승객요구의 다양화, 항공시장의 네트워크화 등으로 정리할 수 있다. 이러한 경영환경에서 경쟁우위를 점하기 위해 각 항공사들은 서비스품질향상과 일선에서 서비스를 생산하는 인적자원의 관리 및 교육훈련에 총력을 기울이고 있다.

이 책은 현직에 계신 항공객실승무원 중 수행직무능력에 대한 보다 체계적인 접근을 원하시는 분들과 서비스전문지식을 익히는 항공서비스관련 학과를 전공하는 학생들에게 도움이 되고자, 저자들의 항공사 실무경험과 강의 교육 내용들을 국가직무능력표준(National Competency Standards, NCS)을 기반으로 재구성하는 연구의 일환으로 집필하게 되었다. 항공객실서비스의 기본적인 이해를 바탕으로 객실승무원의 서비스 직무를 파악하고 이를 실질적으로 수행이 가능하도록 하는데 중점을 두었으며, 이를 위해 항공객실서비스 NCS활용패키지와 국내 및 외국항공사의 구체적인 사례를 제시하였다.

그 구성은 개념의 이해, 디자인, 운영관리의 3단계로 진행되며 NCS를 기반으로 직무능력과 매칭되는 부분은 구체적인 수행준거 및 지식내용을 제시하는 방식으로 정리하였다. 그 내용을 살펴보면, Part 1에서는 서비스 직무의 이해를 돕고자 서비스의 개념지식 및 특징, 그리고 서비스프로세스의 디자인방식과 서비스품질관리기법을 제시하였다. Part 2는 항공객실서비스의 기본적인 이해에 대한 내용으로 직무해설, 항공객실구조 및 시설, 객실서비스내용 및 서비스용품들을 소개하였고, Part 3에서는 이를 바탕으로 디자인된 항공객실서비스직무에 대한 기준과 규정 그리고 교육훈련내용을 담았으며, Part 4에는 실제 항공사가 일반적으로 운영하고 있는 항공사 객실서비스의 승무절차를 정리했다. 마지막으로 Part 5는 변화하는 글로벌 경영환경을 항공산업에 비추어 구체적인 사례위주로 구성하였다.

NCS는 산업현장에서 직무를 수행하기 위해 요구되는 지식 · 기술 · 소양 등의 내용을 국가가 산업부문 · 수준별로 체계화하고 이를 국가적 차원에서 표준화한 것이다. 최근 대학에서는 NCS를 기반으로 교육과정을 개편 · 운영하고 있고, 정부에서는 '스펙'보다는 '능력'에 초점을 맞춘 NCS 기반 산업체 채용정책이 활발하게 추진되고 있다. 이 교재가 독자들에게 도움이 되어 항공 산업계를 빛낼 서비스전문가가 많이 나오기를 바라는 저자들의 간절하고 소중한 마음을 담는다.

이 책의 출간이 있기까지 많은 분들의 도움을 받았다. 먼저 성의를 다해 협조해 주신 센게이지러닝 김미선부장님과 편집부 선생님들, 사진 자료수집과 내용감수에 도움주신 대한항공과 티웨이항공 관계자분들, 교정작업을 도운 제자 예진과 민지에게 이 지면을 빌어 감사의 마음을 전한다.

2016년 12월

저자 이지민

NCS 들어가기

1. 국가직무능력표준: 개념

국가직무능력표준(NCS, national competency standards)은 산업현장에서 직무를 수행하기 위해 요구되는 지식 · 기술 · 소양 등의 내용을 국가가 산업부문별 · 수준별로 체계화한 것으로, 국가적 차원에서 표준화한 것을 의미한다.

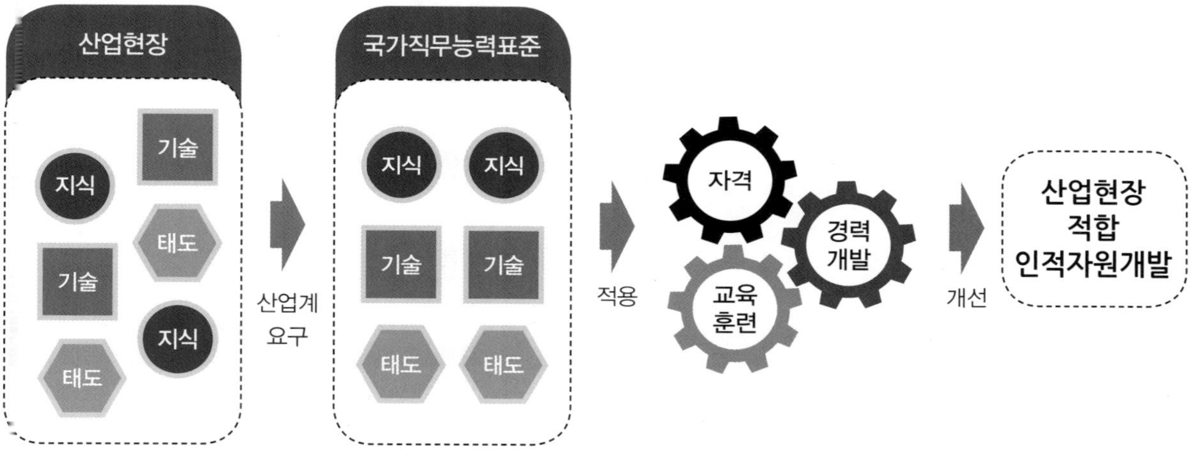

[국가직무능력표준 개념도]

2. 국가직무능력표준: 구성

- 직무는 국가직무능력표준 분류체계의 세분류를 의미하고, 원칙상 세분류 단위에서 표준이 개발된다.
- 능력단위는 국가직무능력표준 분류체계상 세분류의 하위단위로서 국가직무능력표준의 기본 구성요소에 해당한다.

[국가직무능력표준 구성]

※ 능력단위는 능력단위분류번호, 능력단위정의, 능력단위요소(수행준거, 지식 · 기술 · 태도), 적용범위 및 작업 상황, 평가지침, 직업기초능력으로 구성

구성 항목	내용
능력단위 분류번호(competency unit code)	• 능력단위를 구분하기 위하여 부여되는 일련번호로서 12자리로 표현
능력단위 명칭(competency unit title)	• 능력단위의 명칭을 기입한 것
능력단위 정의(competency unit description)	• 능력단위의 목적, 업무수행 및 활용범위를 개략적으로 기술
능력단위요소(competency unit element)	• 능력단위를 구성하는 중요한 핵심 하위능력을 기술
수행준거(performance criteria)	• 능력단위요소별로 성취여부를 판단하기 위하여 개인이 도달해야 하는 수행의 기준을 제시
지식 · 기술 · 태도(KSA)	• 능력단위요소를 수행하는 데 필요한 지식 · 기술 · 태도
적용범위 및 작업상황(range of variable)	• 능력단위를 수행하는데 있어 관련되는 범위와 물리적 혹은 환경적 조건 • 능력단위를 수행하는 데 있어 관련되는 자료, 서류, 장비, 도구, 재료
평가지침(guide of assessment)	• 능력단위의 성취여부를 평가하는 방법과 평가 시 고려되어야 할 사항
직업기초능력(key competency)	• 능력단위별로 업무 수행을 위해 기본적으로 갖추어야할 직업능력

3. 국가직무능력표준: 수준체계

수준	직무 수준 정의
8수준	해당분야에 대한 최고도의 이론 및 지식을 활용하여 새로운 이론을 창조할 수 있고, 최고도의 숙련으로 광범위한 기술적 작업을 수행할 수 있으며 조직 및 업무 전반에 대한 권한과 책임이 부여된 수준
	[지식기술] • 해당분야에 대한 최고도의 이론 및 지식을 활용하여 새로운 이론을 창조할 수 있는 수준 • 최고도의 숙련으로 광범위한 기술적 작업을 수행할 수 있는 수준
	[역량] • 조직 및 업무 전반에 대한 권한과 책임이 부여된 수준
	[경력] • 수준7에서 2~4년 정도의 계속 업무 후 도달 가능한 수준
7수준	해당분야의 전문화된 이론 및 지식을 활용하여, 고도의 숙련으로 광범위한 작업을 수행할 수 있으며 타인의 결과에 대하여 의무와 책임이 필요한 수준
	[지식기술] • 해당분야의 전문화된 이론 및 지식을 활용할 수 있으며, 근접분야의 이론 및 지식을 사용할 수 있는 수준 • 고도의 숙련으로 광범위한 작업을 수행하는 수준
	[역량] • 타인의 결과에 대하여 의무와 책임이 필요한 수준
	[경력] • 수준6에서 2~4년 정도의 계속 업무 후 도달 가능한 수준
6수준	독립적인 권한 내에서 해당분야의 이론 및 지식을 자유롭게 활용하고, 일반적인 숙련으로 다양한 과업을 수행하고, 타인에게 해당분야의 지식 및 노하우를 전달할 수 있는 수준
	[지식기술] • 해당분야의 이론 및 지식을 자유롭게 활용할 수 있는 수준 • 일반적인 숙련으로 다양한 과업을 수행할 수 있는 수준
	[역량] • 타인에게 해당분야의 지식 및 노하우를 전달할 수 있는 수준 • 독립적인 권한 내에서 과업을 수행할 수 있는 수준
	[경력] • 수준5에서 1~3년 정도의 계속 업무 후 도달 가능한 수준
5수준	포괄적인 권한 내에서 해당분야의 이론 및 지식을 사용하여 매우 복잡하고 비일상적인 과업을 수행하고, 타인에게 해당분야의 지식을 전달할 수 있는 수준
	[지식기술] • 해당분야의 이론 및 지식을 사용할 수 있는 수준 • 매우 복잡하고 비일상적인 과업을 수행할 수 있는 수준
	[역량] • 타인에게 해당분야의 지식을 전달할 수 있는 수준 • 포괄적인 권한 내에서 과업을 수행할 수 있는 수준
	[경력] • 수준4에서 1~3년 정도의 계속 업무 후 도달 가능한 수준

[계속]

<table>
<tr><th>수준</th><th>직무 수준 정의</th></tr>
<tr><td rowspan="4">4수준</td><td>일반적인 권한 내에서 해당분야의 이론 및 지식을 제한적으로 사용하여 복잡하고 다양한 과업을 수행하는 수준</td></tr>
<tr><td>[지식기술]
• 해당분야의 이론 및 지식을 제한적으로 사용할 수 있는 수준
• 복잡하고 다양한 과업을 수행할 수 있는 수준</td></tr>
<tr><td>[역량]
• 일반적인 권한 내에서 과업을 수행할 수 있는 수준</td></tr>
<tr><td>[경력]
• 수준3에서 1~4년 정도의 계속 업무 후 도달 가능한 수준</td></tr>
<tr><td rowspan="4">3수준</td><td>제한된 권한 내에서 해당분야의 기초이론 및 일반지식을 사용하여 다소 복잡한 과업을 수행하는 수준</td></tr>
<tr><td>[지식기술]
• 해당분야의 기초이론 및 일반지식을 사용할 수 있는 수준
• 다소 복잡한 과업을 수행하는 수준</td></tr>
<tr><td>[역량]
• 제한된 권한 내에서 과업을 수행하는 수준</td></tr>
<tr><td>[경력]
• 수준2에서 1~3년 정도의 계속 업무 후 도달 가능한 수준</td></tr>
<tr><td rowspan="4">2수준</td><td>일반적인 지시 및 감독 하에 해당분야의 일반 지식을 사용하여 절차화 되고 일상적인 과업을 수행하는 수준</td></tr>
<tr><td>[지식기술]
• 해당분야의 일반 지식을 사용할 수 있는 수준
• 절차화 되고 일상적인 과업을 수행하는 수준</td></tr>
<tr><td>[역량]
• 일반적인 지시 및 감독 하에 과업을 수행하는 수준</td></tr>
<tr><td>[경력]
• 수준1에서 6~12개월 정도의 계속 업무 후 도달 가능한 수준</td></tr>
<tr><td rowspan="3">1수준</td><td>구체적인 지시 및 철저한 감독 하에 문자이해, 계산능력 등 기초적인 일반지식을 사용하여 단순하고 반복적인 과업을 수행하는 수준</td></tr>
<tr><td>[지식기술]
• 문자이해, 계산능력 등 기초적인 일반 지식을 사용할 수 있는 수준
• 단순하고 반복적인 과업을 수행하는 수준</td></tr>
<tr><td>[역량]
• 구체적인 지시 및 철저한 감독 하에 과업을 수행하는 수준</td></tr>
</table>

〈인용 출처: NCS 홈페이지〉

NCS 항공객실서비스직무 살펴보기

1. NCS 항공객실서비스직무: 정의

항공객실서비스란 객실 안전관리, 승객 탑승 전 준비, 승객 탑승 서비스, 이륙 전 서비스, 비행 중 서비스, 착륙 전 서비스, 착륙 후 서비스, 승객 하기 후 관리, 응급환자 대처, 객실승무 관리를 하는 일이다.

2. NCS 항공객실서비스직무: 분류체계

대분류	중분류	소분류	세분류
12. 이용 · 숙박 · 여행 · 오락 · 스포츠	03. 관광 · 레저	01. 여행서비스	01. 여행상품개발 02. 여행상품상담 03. 국내여행안내 04. 해외여행안내 **05. 항공객실서비스**

3. NCS 항공객실서비스직무: 훈련이수 체계도

<table>
<tr><td rowspan="3">6수준</td><td rowspan="3">특급</td><td>• 여행상품 시장조사</td><td rowspan="3"></td><td rowspan="3"></td><td rowspan="3"></td><td rowspan="3"></td></tr>
<tr><td>• 여행상품 마케팅 계획</td></tr>
<tr><td>• 여행상품 자원 · 예산 확보</td></tr>
<tr><td rowspan="4">5수준</td><td rowspan="4">고급</td><td>• 여행상품성 검토</td><td rowspan="2">• 상담교육</td><td rowspan="4"></td><td rowspan="4"></td><td rowspan="4"></td></tr>
<tr><td>• 여행상품 출시</td></tr>
<tr><td>• 여행상품 관리</td><td rowspan="2"></td></tr>
<tr><td>• 여행상품 교육훈련</td></tr>
<tr><td rowspan="5">4수준</td><td rowspan="5">중급</td><td rowspan="2">• 여행상품 원가 분석</td><td>• 상품 설명</td><td rowspan="2">• 객실승무관리</td><td rowspan="5"></td><td rowspan="5"></td></tr>
<tr><td>• 여행요금 상담</td></tr>
<tr><td rowspan="2">• 여행상품 샘플 구성</td><td>• 예약수배 업무</td><td rowspan="3"></td></tr>
<tr><td>• 예약상품 계약</td></tr>
<tr><td>• 여행상품 샘플 투어</td><td></td></tr>
<tr><td rowspan="14">3수준</td><td rowspan="14">초급</td><td rowspan="14"></td><td>• 고객응대</td><td>• 기내안전관리</td><td rowspan="2">• 국내여행안내 행사지시서 확인</td><td rowspan="2">• 해외여행안내 행사확정서 확인</td></tr>
<tr><td>• 상품 추천</td><td>• 승객 탑승 전 준비</td></tr>
<tr><td>• 상담자료 작성</td><td rowspan="3">• 승객 탑승 및 이륙 전 서비스</td><td rowspan="2">• 국내여행안내 행사준비</td><td rowspan="2">• 해외여행안내 사전정보 확인</td></tr>
<tr><td rowspan="2">• 상담고객관리</td></tr>
<tr><td>• 영접(meeting)</td><td>• 출국장(meeting)</td></tr>
<tr><td>• 여행고객 관리</td><td>• 비행 중 서비스</td><td rowspan="2">• 차량탑승 후 오리엔테이션</td><td rowspan="2">• 출국 수속</td></tr>
<tr><td rowspan="8"></td><td>• 착륙 전 서비스</td></tr>
<tr><td>• 착륙 후 서비스</td><td>• 관광자원 해설</td><td>• 기내 업무</td></tr>
<tr><td>• 승객 하기 후 관리</td><td>• 국내여행안내 행사진행</td><td>• 입국 업무</td></tr>
<tr><td>• 응급환자 대처</td><td rowspan="2">• 국내여행안내 시 위기관리</td><td rowspan="2">• 해외여행 행사관리</td></tr>
<tr><td>• 항공서비스 업무 기본</td></tr>
<tr><td>• 항공기내방송 업무</td><td>• 국내여행 고객만족 관리</td><td>• 해외여행 시 위기관리</td></tr>
<tr><td>• 고객만족 서비스</td><td>• 환송(sending)</td><td>• 해외여행 고객만족 관리</td></tr>
<tr><td>• 항공서비스 매너</td><td>• 국내여행안내 정산보고</td><td>• 해외여행 정산보고</td></tr>
<tr><td colspan="2">–</td><td colspan="5">직업기초능력</td></tr>
<tr><td colspan="2">수준 / 직종</td><td>여행상품개발</td><td>여행상품상담</td><td>항공객실서비스</td><td>국내여행안내</td><td>해외여행안내</td></tr>
</table>

※ 해당직종(음영)의 훈련과정을 편성하는 경우 훈련과정별 목표에 부합한 수준으로 해당 직종에서 제시한 능력단위를 기준으로 과정/과목을 편성하고, 이외 직종의 능력단위를 훈련과정에 추가 편성하려는 경우 유사 직종의 동일 수준의 능력단위를 추가할 수 있음.

4. NCS 항공객실서비스직무: 능력단위 및 능력단위 요소

능력단위(수준)	능력단위 요소	능력단위 요소 코드	수준
1203010501_15v2 기내안전관리(3)	1. 승객 탑승 전 안전 · 보안 점검하기	1203010501_15v2.1	3
	2. 항공기 이 · 착륙 전 안전 · 보안 관리하기	1203010501_15v2.2	3
	3. 비행 중 안전 · 보안 관리하기	1203010501_15v2.3	3
	4. 착륙 후 안전 · 보안 점검 · 관리	1203010501_15v2.4	3
	5. 비상사태 발생 시 대응하기	1203010501_15v2.5	3
	6. 상황별 안전안내 방송하기	1203010501_15v2.6	3
1203010502_13v1 승객탑승 전 준비(3)	1. 기내서비스용품 점검하기	1203010502_13v1.1	3
	2. 서비스 설비 및 기물 점검하기	1203010502_13v1.2	3
	3. 특별 서비스 요청사항 점검하기	1203010502_13v1.3	3
1203010503_16v2 승객탑승 및 이륙전 서비스(3)	1. 탑승위치 대기하기	1203010503_16v2.1	3
	2. 탑승권 재확인하기	1203010503_16v2.2	3
	3. 좌석 안내하기	1203010503_16v2.3	3
	4. 수하물 정리 지원하기	1203010503_16v2.4	3
	5. 특수고객지원하기	1203010503_16v2.5	3
1203010504_13v1 비행중 서비스(3)	1. 기내음료 제공하기	1203010504_13v1.1	3
	2. 기내식 제공하기	1203010504_13v1.2	3
	3. 기내 오락물 제공하기	1203010504_13v1.3	3
	4. 면세품 판매하기	1203010504_13v1.4	3
	5. 객실상태점검하기	1203010504_13v1.5	3
1203010505_16v2 착륙전 서비스(3)	1. 입국서류 배포 및 작성 지원하기	1203010505_16v2.1	3
	2. 기내 용품 회수하기	1203010505_16v2.2	3
	3. 기내 서비스용품 및 면세품재고확인하기	1203010505_16v2.3	3
1203010506_16v2 착륙후 서비스(3)	1. 승객하기 지원하기	1203010506_16v2.1	3
	2. 특수고객 지원하기	1203010506_16v2.2	3
1203010507_13v1 승객하기 후 관리(3)	1. 유실물 점검하기	1203010507_13v1.1	3
	2. 잔류승객 점검하기	1203010507_13v1.2	3
	3. 기내설비 점검하기	1203010507_13v1.3	3
	4. 기내용품 인수 · 인계하기	1203010507_13v1.4	3
1203010508_13v1 응급환자 대처(3)	1. 응급환자 발생상황 파악 · 보고하기	1203010508_13v1.1	3
	2. 응급환자 초기 대응하기	1203010508_13v1.2	3
	3. 응급환자 후속 관리하기	1203010508_13v1.3	3
	4. 환자대처상황 기록하기	1203010508_13v1.4	3

[계속]

능력단위(수준)	능력단위 요소	능력단위 요소 코드	수준
1203010509_16v2 객실승무 관리(4)	1. 객실승무원별 근무 배정하기	1203010509_16v2.1	3
	2. 운항 · 객실간 정보 공유하기	1203010509_16v2.2	4
	3. 불만승객 관리하기	1203010509_16v2.3	4
	4. 출 · 도착 서류 작성 · 관리하기	1203010509_16v2.4	4
	5. 객실서비스 관리하기	1203010509_16v2.5	4
1203010510_16v 기내음료 서비스	1. 기내음료 파악하기	1203010510_16v1.1	2
	2. 기내음료 제공하기	1203010510_16v1.2	2
1203010511_16v1 항공서비스 업무 기본	1. 항공서비스 관련 서류 확인하기	1203010511_16v1.1	2
	2. 항공여객정보 확인하기	1203010511_16v1.2	2
1203010512_16v1 항공 기내방송 업무	1. 항공기내 방송 준비하기	1203010512_16v1.1	3
	2. 정상적 상황 방송하기	1203010512_16v1.2	3
	3. 비정상 상황 방송하기	1203010512_16v1.3	3
1203010513_16v1 고객만족 서비스	1. 비상 상황 방송하기	1203010513_16v1.1	3
	2. 서비스 마인드 함양하기	1203010513_16v1.2	3
	3. 이미지 메이킹하기	1203010513_16v1.3	3
1203010514_16v1 항공서비스 매너	1. 불만고객 대처하기	1203010514_16v1.1	2
	2. 기본 매너 갖추기	1203010514_16v1.2	2

〈인용 출처: NCS 홈페이지_항공객실서비스〉

차례

PART 2 항공객실서비스의 이해

PART 3 항공객실서비스의 디자인

PART 4 항공객실승무원의 운영관리

PART 5 항공객실서비스와 글로벌 경영 환경

PART 1

서비스의 이해

CHAPTER 01

서비스의 개념

1. 서비스의 정의

재화와 구별되는 서비스에 대한 개념파악을 위해서는 우선 서비스의 속성을 파악할 필요가 있다. 재화는 생산하여 전달될 수 있는 유형적인 물적 대상이나 제품으로서, 시간이 지나서도 존재할 수 있는 속성 때문에 추후에 재창출이나 사용이 가능한 반면, 서비스는 무형적이면서 일정한 시간이 지나면 가치를 상실하는 속성이 있다. 서비스는 창출과 사용이 거의 동시에 이루어지는 프로세스나 형태를 의미하며, 소비자는 제공된 서비스를 실질적으로 보유할 수는 없지만 서비스의 효과는 유지할 수 있다. 다시 말하면, 서비스는 고객이 직접 공동생산자의 역할을 수행하는 시간 소멸성을 지닌 무형적인 경험이라고 표현할 수 있다.

서비스에 대한 정의는 다양하지만 모두 공통적으로 무형성(Intangibility)과 생산과 동시에 소멸된다는(Simultaneous Consumption) 특성을 반영하고 있다.

본 서에서는 서비스에 대한 정의를 다음과 같이 접근하고자 한다. 서비스는 행위, 프로세스, 그리고 결과로 이루어져 있다. 서비스의 행위는 해당 기업의 서비스 특성을 반영한 무형적인 활동들로 구성되며, 고객의 니즈를 충족하기 위해 고객과 서비스제공자사이에 인적자원, 물적 자원, 서비스제공시스템상의 일련의 상호작용이 일어난다. 이를 서비스 프로세스라 하며 이 과정을 통해 생산된 그 산출물은 유형적인 제품이나 완성품이 아닌, 생산과 소

그림 1.1 서비스는 행위, 프로세스, 결과로 이루어지는 예술작품이다.

비가 동시에 이루어진, 편의성, 즐거움, 적시성, 안락함, 건강 등의 서비스구미자에게 본질적으로 무형적인 형태의 부가가치를 제공하는 모든 경제활동들의 형태로 나타나며 이 결과들을 서비스 부문에 포함시킨다.

2. 서비스의 특성

서비스 전달시스템은 서비스가 생산되는 프로세스 안에서 고객과 서비스제공자가 상호작용을 해야만 한다. 이러한 서비스의 특성으로 인해 고객들에게 부여되는 자유재량, 서비스에 대해 독특한 요구 조건을 가지는 고객들의 니

그림 1.2 T.G.I. Friday's의 유형적 단서 제공. T.G.I. Friday's의 큰 간판(왼쪽: 외국, 오른쪽: 국내)은 캐주얼한 분위기에 대한 유형적 단서의 역할을 하고 있음.

즈를 해당 서비스기업의 서비스능력과 조율하고, 일치시키는 것은 서비스기업들이 풀어나갈 과제라 할 수 있다.

1) 프로세스의 일부분으로서의 고객

고객이 서비스 프로세스의 일부분으로 참여하는 경우, 서비스 시설에 보다 많은 주의를 기울여야 한다. 이것은 전통적인 생산운영과정에서는 나타나지 않는 특징이다. 예를 들어, 자동차가 덥고 더러우며, 그리고 시끄러운 공장에서 생산된다고 하더라도 고객에게는 별로 중요하지 않다. 왜냐하면, 고객들은 대리점의 쾌적한 전시장에서 자동차를 처음 만나기 때문이다. 그러나 고객이 생산현장에 참여하면 공장에서는 거의 필요 없었던 서비스 시설의 물리적 환경에 대한 주의가 요구된다. 고객은 서비스 현장, 즉 고객 입장에서 설계된 환경 안에서 서비스를 경험하게 된다. 실내장식, 가구, 배치, 소음, 심지어 색깔까지도 서비스에 대한 고객 인식에 영향을 준다. 판에 박은 듯이 똑같은 버스 정류장과 최첨단 시설을 갖춘 국제공항에서 느끼는 기분을 비교해 보라. 물론 승객들은 일부 보안시설과 수하물을 다루는 규제구역과 같은 지원 부서에는 들어가지 못한다. 그러나 혁신적인 서비스 기업들은 그들의 지원 부서를 개방하여 서비스의 신뢰를 높이기도 한다.

서비스 제공에서 중요하게 고려할 점은 고객으로 하여금 프로세스 안에서 중요한 역할을 하도록 하는 것이다. 고객의 지식, 경험, 동기부여, 심지어 정직성까지도 서비스 성과에 직접적인 영향을 미친다.

그림 1.3 항공사의 상용고객우대제도와 연계한 호텔의 마일리지 프로그램

2) 생산과 소비의 동시성

서비스는 생산과 동시에 소비되므로 저장할 수 없다는 것이 서비스를 경영함에 있어 핵심적인 특징이다. 이러한 서비스의 무재고성 때문에 고객의 수요변동을 흡수하기 위한 서비스산업의 운영전략은 재고에 의존하는 전통적인 제조산업의 운영전략과는 차별된 것이어야만 한다.

제조업자가 내부 환경의 계획 및 통제를 외부환경으로부터 분리하기 위해 완제품 재고를 사용하고, 제조시설은 일정한 생산량수준에서 통제하여 운영하는 폐쇄시스템을 운영하는 반면, 서비스는 수요변동이 시스템에 직접적으로 영향을 미치는 개방시스템으로 운영한다. 또한, 제조공정에서의 재고는 생산단계를 이원화하는데 사용될 수 있는 반면, 서비스에서의 이원화는 고객의 기다림에 의해서만 가능하다. 재고관리가 생산운영에서 중요한 이슈라면, 서비스의 문제는 기다림이나 대기행렬이다. 서비스능력, 시설활용, 그리고 유휴 시간의 사용에 관한 문제는 고객의 대기시간과 균형적으로 이루어져야 한다. 그리고 서비스산업에서 생산과 소비의 동시성은 서비스품질의 사전통제가 개입될 수 있는 기회를 없애거나 감소하는 주된 요인이 된다. 제품은 배달 전에 검사 받을 수 있지만 서비스에서는 이미 제공된 서비스 품질을 측정하기 위해 다른 기준을 사용해야 한다.

3) 시간 소멸적인 서비스 능력

서비스는 저장될 수 없기 때문에 사용되지 않으면 영원히 그 기회를 잃게 되

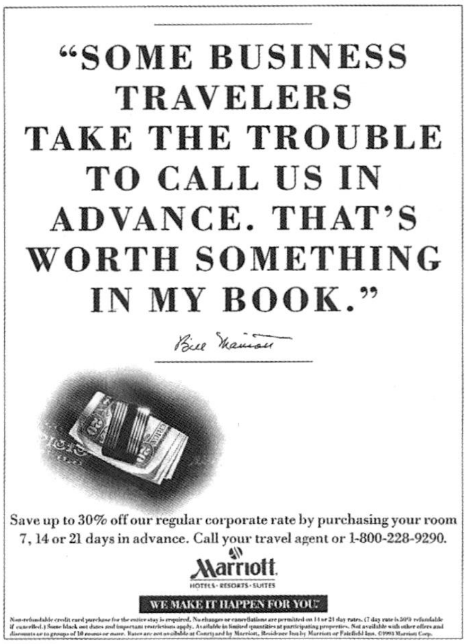

그림 1.4 비저장성에 대한 판매 전략
Marriott Hotels · Resorts · Suites에서는 1~3주 전에 예약을 할 경우 30%의 할인을 약속하며, 비저장성의 특성을 갖고 있는 객실 제품에 대한 판매 전략을 수행함.

는 시간적인 소멸성을 가진 상품이다. 비행기의 빈 좌석, 병원의 빈 병실, 호텔의 빈 객실, 그리고 환자가 없는 시간대의 치과의사에게는 기회 손실이 발생할 수밖에 없다. 보유한 서비스 능력의 최대 활용은 경영자에게 커다란 도전적인 과제다. 이는 심한 고객수요의 편차와 변동을 흡수하는 것이 쉽지 않기 때문이다.

서비스에 대한 고객수요는 단기적으로 다양하게 주기적인 행동을 보이며, 가장 바쁜 시간과 한가한 시간간의 차이가 크다. 외식업체의 경우, 정오부터 1시까지는 점심식사를 하러 사람들이 몰려온다. 우체국에는 모든 편지의 60%가 오후 4시부터 8시 사이에 도착한다. 유흥업이나 운송서비스업은 시즌별 편차가 심하다. 방학이나 연휴기간에 비행기를 예약하기 는 상당히 어렵다.

수요 변동과 소멸적인 서비스능력에 대해 서비스 경영자는 다음 세 가지의 대안을 선택하고 있다. 간단히 소개하면, 사전예약제 이용, 가격 인센티브제 활용, 수요억제를 위한 선전 등의 수요완화책을 쓰기도 하고, 피크시간에 시간제 노동력을 이용, 고객 셀프서비스확대 등을 통해 서비스 능력을 조정하기도 한다. 어떤 경영자는 고객을 기다리게 하기도 한다. 마지막 선택 안은 서비스 프로세스에서 가장 소극적인 것으로, 경쟁자에게 불만스런 고객을 빼앗길 위험성이 큰 반면, 간혹 큰 활용 포인트를 제시하기도 한다. 항공사는 이러한 점을 충분히 인식하여 대기고객에게 할인 가격을 제시하고 있다.

4) 무형성

서비스는 아이디어 혹은 개념이며, 반면에 제품은 물건이라 할 수 있다. 그러므로 서비스혁신은 특허를 받기가 어렵다. 서비스 개념의 효익을 보장하려면 신속하게 확장하여 경쟁자들보다 빠르게 선점해야 한다. 따라서 프랜차이징은 시장영역을 보호하며, 브랜드 명성을 확립하는 주요한 수단이 되고 있으며 모회사가 가맹점들에게 아이디어를 판매할 수 있도록 하여 통제를 유지하고 위험을 감소시키면서 자본을 유지하는 수단을 제공한다.

서비스의 무형적인 특성은 고객에게도 문제이다. 제품을 구매하는 경우 고객이 구매 전에 그것을 보고, 느끼고, 시험해 볼 수도 있는 반면, 서비스에서의 고객은 서비스기업의 명성 밖에 의존할 것이 없다. 이에 정부는 서비스기업으로 하여금 어느 정도 수준의 서비스 성과를 보장하도록 개입한다. 법률, 면허, 규제 등을 통하여 서비스기업의 교육 및 성과가 일정 수준을 충족시키고 있다는 것을 고객에게 확신시켜 준다. 공공 건설의 계획은 반드시 전문 기술자에 의하여 승인되어야 하며, 의사는 개업 면허증을 취득해야 하고, 항공기 조종사와 객실승무원은 안전운항과 비행안전을 위해 각각 운항면허증과 안전관련 훈련자격증을 정기적으로 취득해야 한다.

그림 1.5 항공기조종사는 고객에게 안전운항에 대한 확신을 주어야한다.

5) 이질성

서비스는 해당 서비스의 무형성의 정도와 서비스 전달 시스템에 고객이 참여하는 정도간의 다양한 결합으로 동일한 서비스를 제공했음에도 고객마다 다른 서비스품질을 제공받는 결과가 나온다. 그러나 이러한 점이 서비스제공자와 고객 간의 상호작용을 보다 더 완전하게 경험하게 하는 기회를 제공하기도 한다. 이것은 서비스산업에서의 일련의 모든 상호작용이 제조산업과 비교할때 물건 지향적이라기 보다는 사람 지향적이기 때문이다.

고객과 서비스제공자의 직접 접촉은 서비스 산업에 이러한 시사점을 가져다준다. 만약 회사에 대해 불만을 가지고 있는 자동차 제조회사의 노동자가 조립공정에서 고의적인 실수를 하더라도 이러한 자동차는 배달되기 전에 최종검사에서 확인하여 재작업을 할 수 있다. 반면에 불만스런 서비스기업의 종업원은 회사에 회복하기 어려운 피해를 주게 된다. 왜냐하면 서비스제공자가 고객과 접촉하는 유일한 경로이기 때문이다. 그러므로 서비스기업의 경영자는 종업원의 양적인 성과뿐만 아니라 그들의 태도에도 관심을 기울여야 할 것이다.

그림 1.6 무형적 서비스에 대한 유형적 단서의 제공
Marriott 호텔에서는 호텔에서 많은 불평이 야기되고 있는 적시(on-time) 룸서비스에 대해 속도감이 있는 사진 처리로 유형적 단서를 제공하고 있으며, 시간을 지키지 못하였을 경우에 돈을 받지 않는다는 약속을 통하여 고객의 위험을 최소화시키고 있음.

매리어트 호텔 체인의 설립자인 매리어트는 "서비스 산업에서 행복하지 않은 종업원이 고객을 행복하게 만드는 것은 불가능하다."라고 말했다. 직원의 서비스마인드교육과 직원복지에 대한 진실한 관심을 통해서 조직의 궁극적인 목적은 실현될 수 있다 하겠다.

3. 서비스 가치사슬

서비스 가치사슬은 수익성, 고객 충성도, 서비스 가치를 종업원 만족, 역량, 생산성과 연결하는 관계를 제시한다. 모든 서비스기업이 궁극적으로 추구하는 경영목표인 수익성과와 수익성 증대는 충성스러운 고객으로부터 파생되고, 충성스러운 고객은 인식된 서비스 가치에 의해 영향을 받는 고객만족으로부터 발생된다. 서비스 가치는 자신의 직무에 만족하고, 업무에 매진하는, 능력 있고, 생산성을 지닌 서비스제공자에 의해 창출된다. 자신의 직무에 만

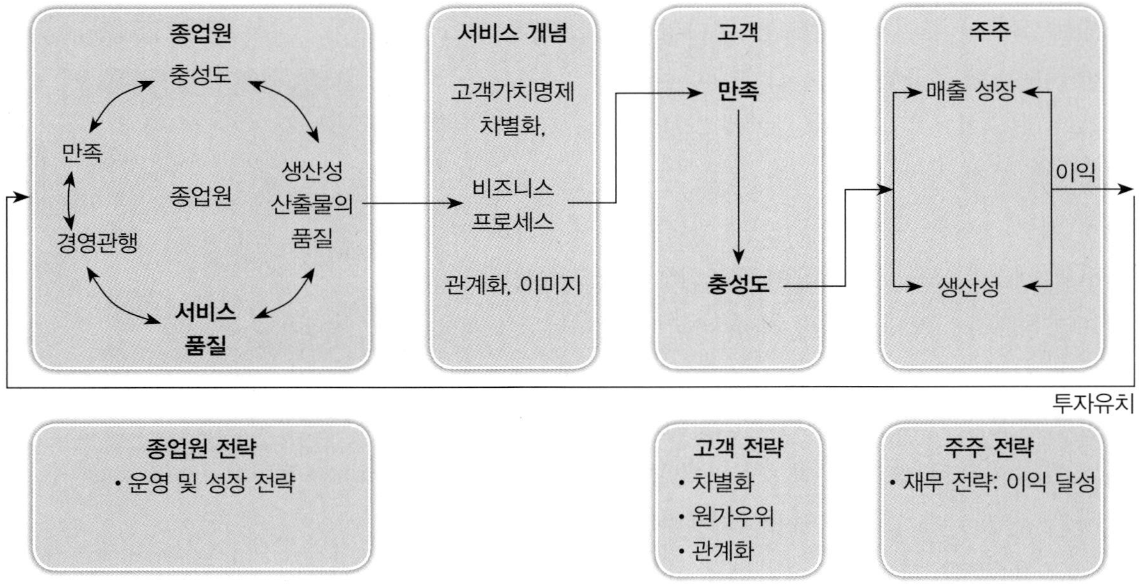

그림 1.7 서비스기업의 개념적 비즈니스 모델

NCS
항공객실서비스 직무능력매칭

능력단위	능력단위요소	수행준거
1203010513_16v1 고객만족 서비스	1203010513_16v1.1 서비스 마인드 함양하기	1. 규정에 따른 서비스 마인드 함양 2. 규정에 따른 원활한 소통 3. 규정에 따른 다양한 문화적 특성 파악

족하며 기업에 충성스러운 서비스제공자는 기업의 올바른 선발과 훈련으로부터 시작되지만 정보 기술에 대한 투자와 함께 고객 서비스에 대한 의사결정권과 재량권을 허용해주는 다른 업무 지원도 필요로 한다.

1) 내적 품질이 종업원 만족 창출

내적 품질은 서비스제공자인 종업원의 직무 환경을 나타내며 종업원 선발 및 자기개발, 보상 및 인정, 고객에게 서비스하기 위한 정보 접근 권한, 작업장에서 사용하는 기술, 직무 디자인 등을 포함한다.

2) 종업원 만족이 종업원 유지와 생산성 창출

대부분의 서비스기업에서 종업원이탈의 실제 비용은 생산성의 손실과 고객만족의 감소로 나타난다. 특히 고객화 정도가 높은 서비스 기업에서의 낮은 이직률은 높은 고객만족과 깊은 관계가 있다. 예를 들어 증권회사에서 유능한 브로커가 이직함으로써 발생하는 비용은 그의 후임자가 처음부터 고객 관계를 다시 수립하는 동안 발생하는 수수료 손실로 측정된다. 또한, 종업원만족은 생산성 향상에 공헌할 수 있다. 사우스웨스트 항공사(Southwest Airlines)

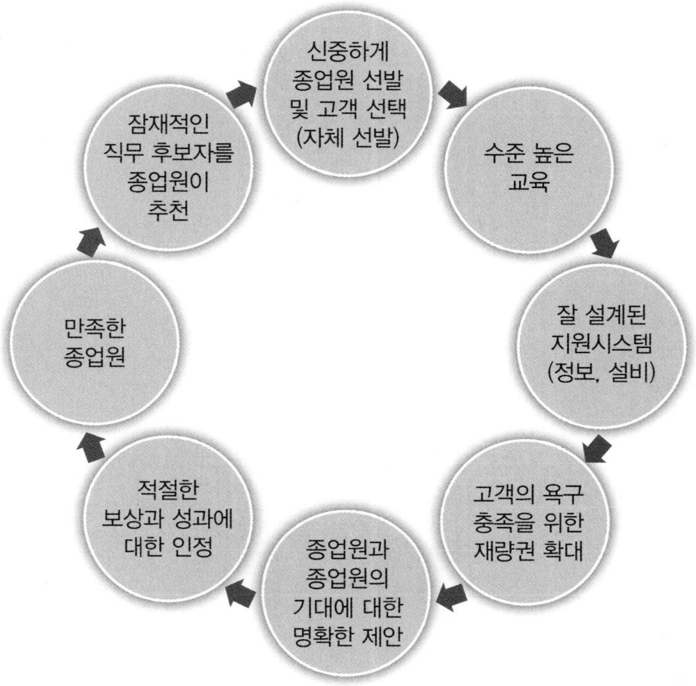

그림 1.8 역량의 순환

는 부분적으로 높은 종업원 유지율 덕택에 지속적으로 가장 수익성이 높은 기업이 되었다. 연간 5% 미만의 이직률은 항공 산업계에서 최저수준이다.

3) 종업원 유지와 생산성이 서비스 가치 창출

사우스웨스트 항공사(Southwest Airlines)의 경우, 항공고객에게 좌석을 지정해 주지도 않고, 식사나 음료를 제공하지도 않으며, 다른 항공사와의 연계 예약 서비스도 실시하지 않음에도 불구하고 서비스 가치에 대한 고객 인지도는 매우 높다. 고객들은 빈번한 출발 편 수, 정시-도착서비스, 친절한 종업원들, 그리고 다른 항공사에 비해 60% 내지 70% 낮은 요금 등에 높은 가치를 둔다. 이처럼 저렴한 가격이 가능한 것은 부분적으로는 고도로 교육되고 유연성을 지닌 종업원들이 여러 가지 직무를 수행할 수 있기 때문이며, 15분 이내에 게이트에서 비행기가 출발할 수 있기 때문이다.

4) 서비스 가치가 고객 만족 창출

고객 가치는 서비스를 획득하는데 투입된 총 비용과 서비스 결과를 비교하여 측정된다. 상해보험 회사인 프로그레시브(Progressive Corporation)는 보험가입자에 대한 요구를 최소화하면서 보험료 지불청구를 신속하게 처리하여 줌으로써 고객 가치를 창출하고 있다. 예를 들어 프로그레시브는 대규모 참사 현장에 보험처리 팀을 급파하여 신속하게 보험금청구를 처리하고, 지원서비

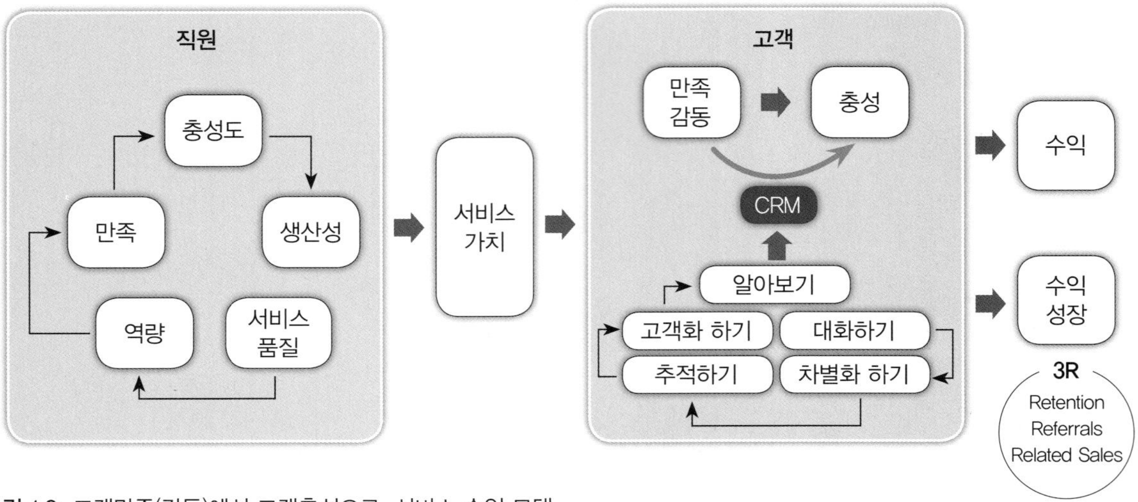

그림 1.9 고객만족(감동)에서 고객충성으로–서비스 수익 모델

스를 제공하며, 법률 비용을 줄이고, 실질적으로 피해 고객의 손에 더 많은 보험금이 돌아갈 수 있도록 해주고 있다.

5) 고객 만족이 고객 충성도 창출

제록스(Xerox)사는 고객 만족에 대해 '매우 불만족'에서 '매우 만족'까지의 범위를 포괄하는 5점 척도를 사용하여 설문 조사를 하였을 때, '매우 만족'이라고 대답한 고객이 단지 '만족'이라고 대답한 고객보다 무려 6배나 제록스 장비를 재구매하려고 한다는 사실을 발견하였다. 제록스사는 '매우 만족'이라고 대답한 고객을 '사도'라고 부르는데, 그 이유는 자사 제품에 경험이 없는 사람이 자사 제품에 충성하는 사람으로 바뀌었기 때문이다. 다른 극단적인 고객을 '테러리스트'라고 부르는데 그 이유는 너무나 만족하지 못하여 기업에 나쁜 점만 떠들고 다니기 때문이다.

6) 고객 충성도가 수익성과 성장창출

고객 충성도의 5% 상승은 이익을 25%에서 80%까지 상승시키기 때문에 고객 충성도로 측정되는 시장 점유율의 품질은 양적인 시장점유율 만큼 관심을 드어야 할 가치가 있다. 예를 들어 미국 콜럼버스 오하이오에 위치한 수익성 높은 은행인 뱅크 원(Bank One)은 고객이 은행을 이용한 서비스 횟수와 뱅크 원과의 관계 정도를 측정하여 고객 충성도를 추적하는 매우 정교한 시스템을 개발하였다.

CHAPTER 02

서비스의 디자인

1. 서비스 청사진

1) 서비스 청사진의 개요

어떤 건물을 신축하기 위해서 설계를 할 경우에 그 설계 내역은 청사진(Blueprint)이라 불리는 도면에 나타난다. 이를 청사진이라고 부르는 이유는 디자인 재생이 청색 선으로 나타날 수 있는 특수 종이에 인쇄되기 때문이라고 한다. 이러한 청사진은 제품 모양이 어떤 형태이고 제품 제조에 필요한 모든 규격을 나타내는 것으로 사용되었다. 그런데 학자 쇼 스택(Sho Stack, G. Lynn)은 서비스 전달시스템을 시각적 도표로 표현하면 서비스 디자인에도 이 기법을 적용할 수 있다는 점에 착안하여 새로운 기법으로 서비스 청사진(Service Blueprint)의 사용을 제안하였다.

서비스 청사진은 '서비스시스템을 정확하게 묘사해서 그 서비스를 제공하는 데 관계되는 서로 다른 사람들이 그들의 역할 및 관점에 상관없이 그 서비스를 이해하고 객관적으로 처리할 수 있도록 해주는 그림이나 지도'라고 할 수 있다. 다시말해서 서비스영업과정을 다이어그램으로 표현한 것이라고 말할 수 있다. 기업이 고객에게 서비스를 전달하는 하는 것을 명확하게 설명하여 전체적인 서비스를 묘사하며, 고객과 종업원 사이의 상호작용과 서비스의 가시적 측면을 보여주는 것이다. 이는 특정 주문에 대응하여 일을 수행해야 하는 일련의 업무도 보여주며, 고객이 서비스가 어떻게 수행되는지를 볼 수 있게 해 준다. 서비스 실행에서의 기준과 실제의 차이(Gap)가 어디에 존재하

그림 2.1 Krispy Kreme의 서비스 프로세스 – 메뉴 · 디스플레이 · 제조 과정

는 지 알려주며 고객의 불만족을 야기하는 문제를 해결해 줄 수 있는 조치를 취할 수 있는 방안까지 서비스기업이 강구할 수 있게 한다.

서비스 관리자가 서비스를 최종적으로 실행하기 전에 미리 작성함으로써 서비스를 검증하고 정의 내릴 수 있는 방법이 되기도 한다. 특히 실수 가능 점(Fail Point)을 파악하여 서비스에 대한 고객만족 향상을 위한 기회를 제공하기 위해 사용된다. 서비스 프로세스를 도표화하려면 분석의 대상과 내용 그리고 순서 및 제공방법 등이 정확히 인식되어야 한다.

2) 서비스 청사진의 작성 단계

서비스 청사진을 작성하는 단계는 다음과 같이 3단계로 구성된다. 첫째, 1단계는 서비스 프로세스를 구분하는 단계이다. 고객의 눈에 보이는 활동과 보이지 않는 활동을 가시선으로 구분하여 도표를 작성한다. 가시선 아래의 활동은 서비스 제공자들이 고객에게 보이지 않게 서비스를 공급하는 과정을 말한다. 둘째, 실수 가능 점을 제시하는 단계이다. 서비스 운영자에게 실수 가능 점을 제시함으로써 실패를 미연에 방지하도록 하여 보다 높은 품질 서비스를 고객에게 전달할 수 있게 한다. 셋째, 성과를 분석하는 단계이다. 각각의 서비스가 수행되는 소요시간을 관측하여 비정상적인 실패나 지연이 있을 때는 이를 분석한다.

3) 서비스 청사진 기법 활용

서비스 기업은 서비스 청사진 분석을 통해 다음과 같은 서비스 품질을 개선하기 위한 실무적이며 전략적인 개선점을 도출해 낼 수 있다. 첫째, 청사진은 서비스 관리자가 서비스를 최종적으로 실행하기 전에 종이 위에 도표를 작성함으로써 서비스 개념을 검증하도록 하여 서비스 시스템의 정확한 정의를 내릴 수 있도록 한다. 둘째, 서비스 청사진을 이용하여 이전의 시스템과 변화한 시스템을 비교 분석함으로써 잠재적인 서비스 개선기회를 발견하고 고치는데 도움이 될 것이다. 셋째, 청사진을 면밀히 살펴봄으로써 개선의 기회를 발견할 수 있으며 또한 특정 프로세스에서는 구체적인 정의가 필요한 경우를 발견할 수 있다. 마지막으로, 청사진의 작성은 서비스 운영자에게 실수 가능 점을 발견할 수 있는 기회를 제공하며 또한 실수가 발생하지 못하도록 하는 규약을 설계할 수 있는 기회를 제공한다. 그 결과, 보다 높은 품질의 서비스를 고객에게 전달할 수 있다. 즉, 서비스 청사진은 실수 가능 점을 파악하여 문제를 해결하거나 창조적인 사고를 하도록 도와주며 서비스에 대한 고객의 인지 향상을 위한 기회를 제공한다.

그림 2.2 서비스 청사진은 사전에 실수가능점을 파악하여 문제해결을 돕는다.

4) 항공객실서비스의 서비스 청사진

서비스 청사진 분석을 통하여 얻을 수 있는 결과는 일반적으로 서비스 프로세스를 구분하고 고객과 서비스제공자 간의 상호작용을 고찰함으로써 고객대기, 의사결정점을 도출해 내고 서비스 실수 가능 점을 제시할 수 있는 것이다. 타 직종에 비해 상대적으로 많은 고객과의 접점을 갖는 항공사 객실승무원에게 서비스단계별 접점 분석을 통한 서비스개념 인식은 효율적인 서비스를 가능하게 지원해주고 서비스운영자에게는 서비스실수 가능 점을 확인하고 이를 방지할 수 있는 체계적인 규약을 설계할 관리 포인트를 제공한다.

표 2.1 항공객실서비스의 프로세스 구성 및 내용

구분	내용	물리적 증거	비고
1. 환영인사	승객과 첫 대면이 이루어지는 순간	승무원유니폼, 탑승구주변의 편의시설, 항공기 외관	
2. 좌석안내	탑승권확인, 원활한 승객탑승진행	탑승권, 좌석 및 인테리어	
3. 수하물보관안내	수하물 관련규정에 따른 협조	선반, 코트룸	
4. 지상서비스	배경음악이 흐르고 독서물, 음료제공	스크린, 독서물, 음향상태	
5. 이륙 안전관련 조치	이륙을 위한 점검, 안전 모의 시범(Safety Demo)	독서등, 좌석벨트, 기내조명	
6. 식음료서비스	출발지시간에 맞는 식사, 음료제공	메뉴, 음식, 음료, 기다림 서비스기물, 청결상태, 승무원의 용모	식사는 국제선에서 제공됨
7. 기내판매	승객의 쇼핑편의제공	기내판매대, 상품	국제선 구간에 한함
8. 입국카드 배포	입국카드 작성협조	서류	국제선 구간에 한함
9. 영화감상	시스템을 통한 영화, 음악제공,	PSU(Passenger Service Unit), 영화(Film), 스크린	국제선 구간에 한함
10. 개인휴식	객실 순회, 서비스호출응대	에어쇼, 기내환경, 온도, 화장실, 담요, 쿠션,	
11. 도착준비	도착지 정보제공, 서비스 용품회수	이어폰, 담요	국제선 구간에 한함
12. 착륙안전조치	안전한 착륙을 위한 점검	독서등, 기내조명, 좌석	
13. 하기협조	환송인사, 보관 물품 반환	승무원 용모, 객실인테리어	

항공객실서비스의 서비스 청사진 분석은 다음과 같은 단계로 작성되었다. 1단계에서는 항공객실서비스 프로세스를 규명하였다. 본 연구에서 도출한 국적항공사의 서비스절차는 항공사 업무규정집의 면밀한 분석과 객실서비스 전문가 8인의 포커스그룹인터뷰(FGI) 결과를 종합 정리한 것이다. 인터뷰는 국제선 비행근무경력 10년 이상의 객실사무장, 객실승무원 서비스훈련강사, 객실서비스 운영 및 계획 부서에 근무한 자를 대상으로 이루어졌다.

항공사의 객실서비스는 운항구간의 지리적 구분에 따라 국제선과 국내선으로 나뉜다. 그러나 서비스 프로세스 사전분석결과, 이륙 후 제공되는 식사, 면세품판매, 영화상영, 입국카드 서비스를 제외한 나머지 단계들은 단계별 내용에 국제선과 국내선에 차이가 없었다.

2단계에서는 고객의 관점에서 서비스 프로세스를 도표로 작성하였다. 고객기준의 가시선과 고객과 객실승무원간의 상호작용선, 그리고 항공사 객실서비스 유관부서의 내부 상호작용선을 구분하여 단계별 내용을 파악하고 도표를 작성하였다. 그 결과, 항공사 기내서비스 이용 시 승객에게 발생할 수 있는 대기 포인트(Waiting Point, W)와 의사결정점(Decision Making Point, D)을 찾았다. 도표 작성 시 객실승무원은 서비스 준비와 서비스 제공을 함께 수행하는 업무의 특성상, 승객 가시권을 기준으로 전, 후방에서 공히 근무를 하게 되므로 가시권 선상의 중앙에 포지션을 정했다.

3단계에서는 서비스 제공자인 객실승무원의 행동을 MOT(Moments Of Truth)별로 작성했다. 서비스 순서에 따르는 접점에서의 서비스행위를 객실승무원의 공통된 업무(CA), 기내방송 담당승무원의 업무(ANN), 기내주방

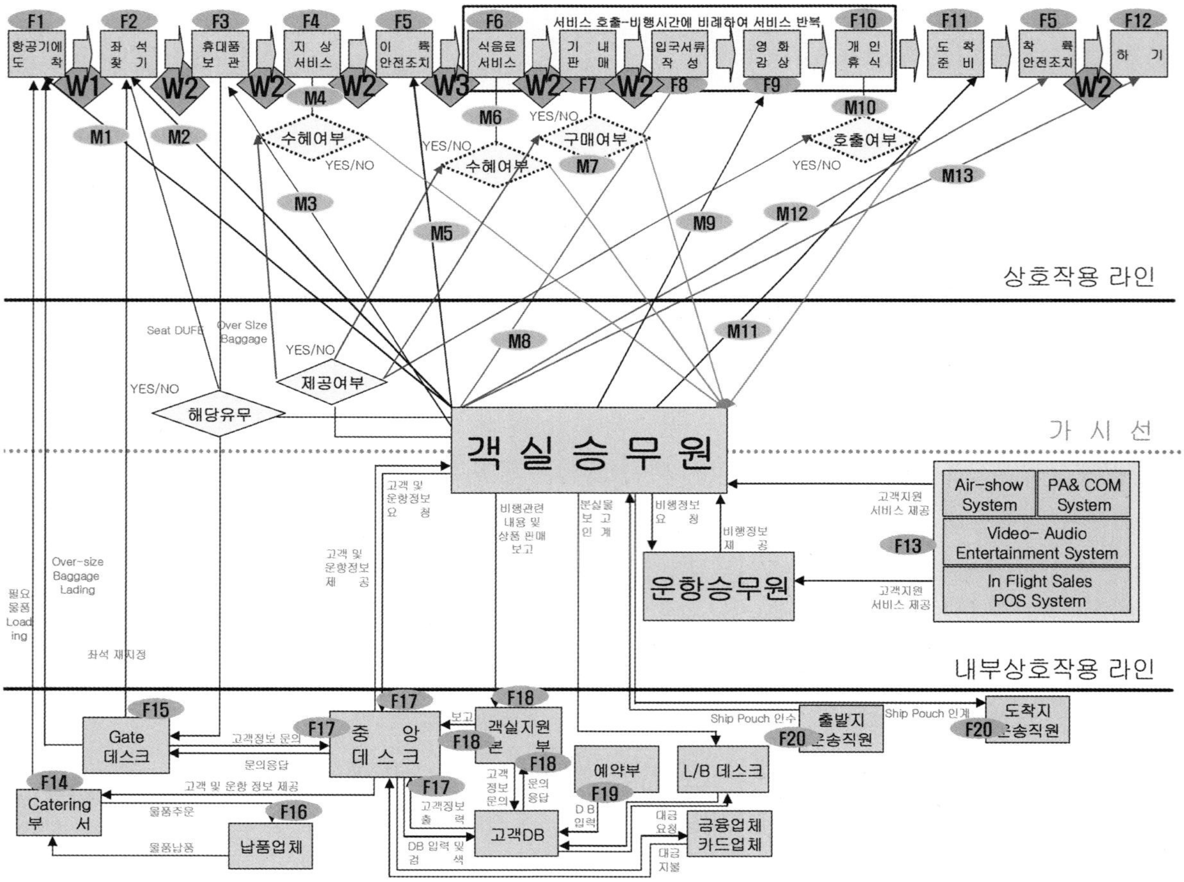

그림 2.3 항공객실서비스의 서비스 청사진

표 2.2 항공객실서비스의 서비스 청사진 분석 내용

구분	대상	내용
W	승객	항공사 탑승시스템, 해당구역의 승객과 승무원 수, 승무원의 업무숙련도, 공항의 트래픽과 기상, 공항의 관제시스템
D	승객	서비스 수혜여부, 기내판매 구매여부, 서비스호출여부
	승무원	서비스제공여부, 좌석중복과 부피초과 수하물(Oversize Baggage) 해당유무
F	승무원	• 항공기 탑승지연, 지상에서 연계된 불만족(Check-In), 게이트 안내미숙, 특별승객에 대한 특별 서비스의 부재 • 좌석중복지정, 일행과 좌석분리 • 부피초과 수화물 처리, 수하물 보관규정 전달 시 마찰 • 요구 아이템 미 탑재 및 부족, 담당승무원의 서비스 주의부족 • 안전관련 규정전달 시 마찰(안전벨트, 휴대폰) • 요구 아이템 미 탑재 및 부족(식사, 음료, 특별 주문식사 등) • 주방승무원의 조리실수, 담당승무원의 서비스실수 • 서비스표정 및 태도불량, 기내식메뉴 내용불만 • Sales POS System자체 오류, 환율과 계산오류, 물건전달과 주문량 오류, 기내판매내용과 제공방식에 대한 불만, 사전주문 물품 미 탑재 • 서류 미 탑재나 부족, 잘못된 양식배포와 작성안내, • PSU(Passenger Service Units)고장과 오작동, 좌석위치와 화질에 대한 불만 • 기내환경조성(습도, 온도, 주위소란, 작업소음),비품 청결과 정리 및 부족, 기내 청결과 정돈상태, 외국어의사소통, 승무원의 무반응이나 늦은 응대 • 서비스용품 회수 시 고객과의 마찰, 승무원의 표정과 서비스 자세 • 지연도착, 부적절한 방송, 승객 유실물관련 마찰 • 고객서비스 지원시스템 오류
	케이터링 부서	서비스아이템의 잘못된 탑재, 내부 직원간의 마찰
	게이트 데스크	• 좌석배정 관련서비스 실패의 늦은 대처 • 부피초과 수하물에 대한 미숙한 처리
	납품업체	불량 식자재와 원자재의 유통, 서비스 아이템의 물량 부족
	중앙데스크	고객 및 운항정보전달 시 시스템 오류
	객실지원본부	• 비행관련 정보 전달 및 상품판매 보고 시, 부적절한 승무원 배치 • 고객정보의 잘못된 전달
	예약부서	고객 예약서비스 지원시스템 오류
	운송직원	• 승객 분실 물 전달 시 발생문제, 항공기서류 인수인계 처리 미숙 • 특별지원승객에 대한 관심부족

담당승무원의 업무(GLY), 객실사무장(PUR)으로 구분하여 정리하였다. 이 단계에서는 객실승무원에 의해 발생할 수 있는 MOT별 서비스 실수 가능 점

(Service Fail Point, F)과 의사결정점(Decision Making Point, D)을 파악하였다.

4단계에서는 서비스지원 활동을 하는 접점직원과 지원부서의 활동을 고객에게 연결했다. 객실서비스 유관부서의 서비스관련 행위가 내부 상호작용 라인을 넘어서 결과적으로 승객에게 어떤 영향을 미치는 가를 알 수 있었고, 지상직원이나 지원데스크로부터 야기되는 서비스 실수 가능 점(Service Fail Point, F)을 파악할 수 있었고, 추가적으로 고객이 행동 단계별로 접하게 되는 객실서비스의 물리적 증거를 제시했다.

항공기 기내서비스 프로세스 분석결과 도출해 낸 승객대기(W), 승객과 승무원의 의사결정점(D), 서비스 실수 가능 점(F)의 내용은 앞의 〈표 2.2〉와 같다.

2. 서비스 접점

서비스의 독특한 특징 중의 하나는 서비스 생산 프로세스에 고객이 적극적으로 참가하는 것이다. 모든 '진실의 순간'은 고객과 서비스 제공자 사이의 상호작용을 포함한다. 서비스 조직에 의해 마련된 서비스 환경에서 고객과 서비스 제공자는 수행할 각자의 역할을 갖고 있다. 서비스 접점 삼각구조는 서비스 접점에서의 3자 간의 관계를 나타내며 또한 갈등의 원인을 제시하기도 한다.

이익을 추구하는 서비스 기업의 경영진은 마진(Margin)을 보호하고 경쟁력을 유지하기 위해서 가능한 한 효율적으로 서비스를 전달하는데 관심을 갖는다. 그 결과, 서비스 전달을 통제하기 위해 고객에게 서비스를 제공할 때

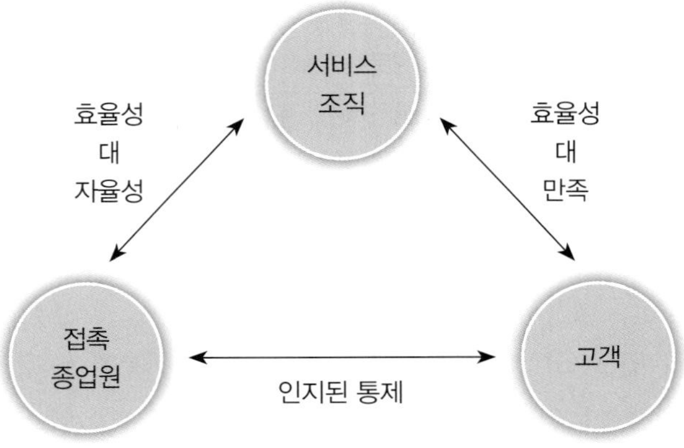

그림 2.4 서비스 접점 삼각구조

접촉 종업원의 자율권과 재량권을 제한하는 규칙과 절차를 부과하려는 경향이 나타날 것이고, 이러한 기업문화는 고객을 위해 제공되는 서비스의 범위를 제한하는 데 이르게 된다. 그리고 고객화가 부족하게 되면 결과적으로 고객만족은 어려워진다. 접촉종업원은 그들의 업무를 관리하기 쉽고 스트레스를 덜 받도록 고객 행동을 통제하기를 원한다. 이와 동시에 고객은 서비스 접점에서 최대한의 혜택을 이끌어 내기 위해 서비스 접점에 대한 통제권을 획득하려고 한다. 이러한 구조에서 서비스기업, 고객, 접촉종업원의 3자는 이상적이고, 상호 호혜적인 서비스 접점을 창출하기 위해 함께 노력할 때에 많은 것을 획득할 수 있다. 서비스 접점에서 단지 자신의 역할만을 고집함으로써 한 참가자가 상호작용을 지배한다면, '진실의 순간'이 역기능적으로 작용될 수도 있다.

그림 2.5 효과적인 서비스 접점을 이루기 위해서는 서비스조직, 서비스제공자, 고객 모두의 통제욕구가 균형을 이루어야 한다.

1) 서비스 기업의 서비스 접점 지배

효율적인 운영을 위해, 그리고 아마도 원가주도 전략을 추구하기 위해 기업은 엄격한 서비스 운영 절차의 부과를 통한 서비스 전달의 표준화를 시도할 수도 있다. 이 경우 접촉종업원의 재량권은 엄격히 규제된다. 고객은 선택할 수 있는 몇 가지 표준화된 서비스 옵션만을 갖게 되어 고객화된 서비스는 이루어질 수가 없다. 맥도널드(McDonald's)나 지피 루브(Jiffy Lube), 에치앤블락(H.&R. Block)과 같은 많은 프랜차이즈 서비스는 구조화된 조직과 서비스 접점을 지배하는 환경을 통해서 기업을 성공적으로 운영하고 있다.

이 기업들은 고객에게 서비스로부터 기대해서는 안 되는 것을 교육시킴으로써 성공을 이루었다. 그러나 다른 서비스 조직에서 고객이 경험하게 되는 소위 '관료주의'라는 냉소적인 표현이 붙는 불만족감의 대부분은 서비스제공자에게 개별적인 고객 요구를 처리할 수 있는 재량권이 주어지지 않았기 때문에 발생한다. 이러한 조직에서 접촉종업원은 고객을 동정할 수는 있지만 '규칙에 의해서' 어쩔 도리가 없게 되고, 이 과정에서 자신의 직무만족감은 줄어들게 되는 것이다.

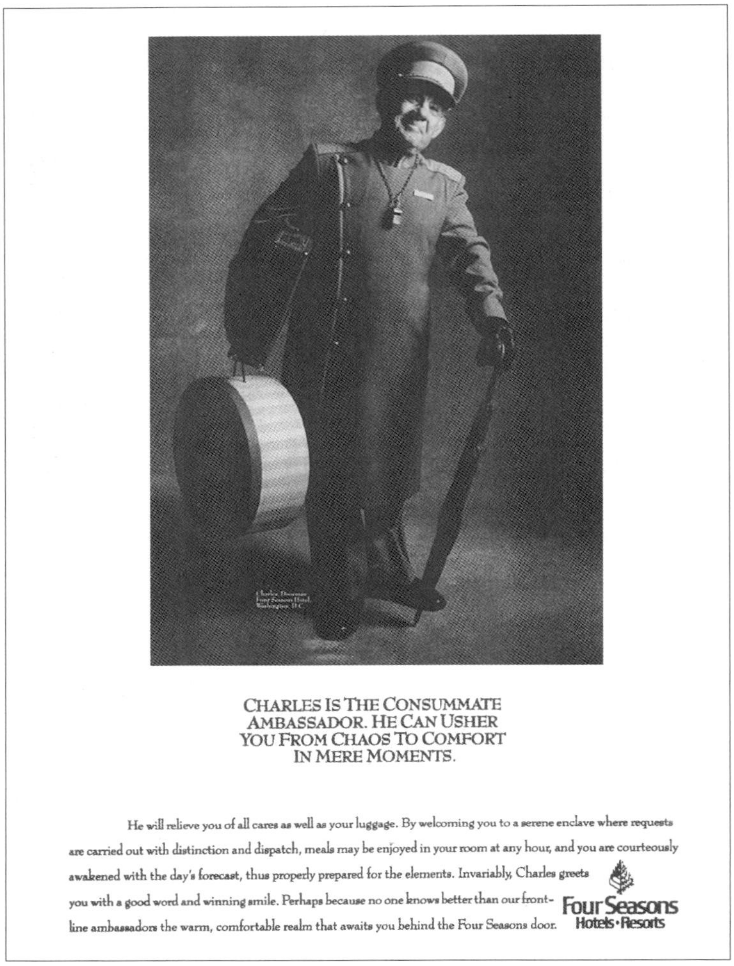

그림 2.6 Four Seasons Hotels & Resorts의 Charles라는 나이든 벨맨은 호텔의 완숙한(consummate) 대사로서, 고객의 혼란을 편안함으로 이끌어 주는 역할을 함.

2) 접촉 종업원의 서비스 접점 지배

보편적으로 서비스 종업원은 고객 요구를 충족시키는데서 발생하는 스트레스를 줄이기 위해서 서비스 접점의 영역범위를 제한하려는 경향이 있다. 접촉종업원이 자율적인 지위를 갖게 되면 그들은 자신들이 고객에 대한 상당한 통제권을 갖고 있다고 인식할 수 있다.

또한 고객은 서비스 제공자가 전문적인 지식을 갖고 있다고 인식하기 때문에 접촉종업원의 판단을 상당히 신뢰한다. 의사와 환자 사이의 상호관계는 접촉종업원이 지배하는 접점의 단점을 잘 설명해 준다. 고객으로 간주되지 않는 환자는 서비스 접점에 아무런 통제권이 없는 종속적인 위치에 놓이게 된다.

그림 2.7 고객은 자신의 기대와 역할이 효과적으로 전달될 때 만족한다.

3) 고객의 서비스 접점 지배

이러한 경우, 고객은 극단적으로 표준화된 서비스와 극단적인 고객 화된 서비스 접점을 통제할 기회를 가질 수 있다. 표준화된 서비스의 경우, 셀프서비스는 기업이 제공한 한정된 서비스를 완전히 통제할 수 있는 옵션을 고객에게 제공한다. 예를 들어 신용카드 단말기가 설치된 셀프서비스 주유소에서 고객은 그 누구와도 상호작용을 할 필요가 없다. 그 결과는 매우 효율적이면서 동시에 고객을 만족시킨다. 그러나 형사 재판의 변론과 같이 고객 화된 서비스에서는 조직의 모든 자원이 필요하지만 효율성 면에서 많은 비용이 든다.

만족스럽고 효과적인 서비스 접점을 이루기 위해서는 서비스조직, 접촉종업원, 고객 모두의 통제 욕구가 균형을 이루어야 한다. 다시말해, 효율성만이 경제적으로 존속할 수 있다는 서비스 조직의 욕구는 접촉종업원이 고객만족실현을 위한 적절한 교육을 받고, 서비스전달 프로세스에서 고객의 기대와 역할이 효과적으로 전달될 때 만족될 수 있다하겠다. 서비스 접점을 관리하려는 접근방식에 대한 논의는 서비스 조직으로부터 시작된다.

CHAPTER 03

서비스의 운영관리

1. 서비스 품질의 정의

서비스 기업들이 서비스 품질을 관리한다는 것은 우선 그 품질을 측정하고, 이를 평가하는 절차를 거쳐, 분석하고 활용하는 단계에 이르는 것을 말한다. 서비스 품질에 대한 정의는 그 창출과정에 고객이 동시에 참여하는 서비스의 고유한 특성으로 인해 고객 중심적 관점, 고객의 품질지각에 대한 관점, 그리고 고객만족의 관점 등 고객을 중심으로 한 다양한 접근 방법으로 연구되었다.

그림 3.1 고객만족과 서비스품질 제고를 위해 계획한 유나이티드항공의 Economy Plus

학자 그루노스(Gronroos)는 그의 초기연구(1982)에서 서비스 품질을 기술적 품질(Technical Quality)과 기능적 품질(Functional Quality)의 두 가지 요소로 보았다. 기술적 품질은 서비스 생산과정의 기술적 산출물로서의 품질을 의미하는 것으로, 이때 서비스 품질은 제품처럼 객관적인 측정이 가능하며 산출 품질과 유사하다고 보았으며, 기능적 품질은 서비스 생산과정 자체에서 받은 것에 대한 품질을 의미하였다. 그는 후속연구(1984)에서 서비스 품질은 고객에 의해 주관적으로 인식되는 품질이라고 주장하고 이를 객관적 품질과 구별하기 위해 지각된 서비스 품질(Perceived Service Quality)이라고 하였다.

여러 학자들에 의해 정의된 서비스 품질을 종합해 보면

표 3.1 서비스 품질의 개념

학자	정의
Grönroos(1982)	기술적 품질, 기능적 품질의 합.
Lehtinen & Lehtinen(1982)	물리적 품질, 기업적 품질, 상호작용적 품질의 합.
Smith & houston(1983)	개인의 사전기대와 이에 따른 실제경험이 일치하는 방향
Garvin(1984)	선험적, 제품 중심적, 사용자 중심적, 제조 중심적, 가치 중심적 접근방법 제시
Dodds & Monroe(1985)	객관적 품질과 주관적 품질의 접근법에 따라 구분
Lewis & Booms(1987)	제공된 서비스 수준이 고객의 기대를 얼마나 충족시키는지를 측정하는 것으로 고객의 기대를 일치시키는 것을 의미
PZB(1985)	고객이 기업으로부터 받은 서비스에 대한 고객의 지각과 기대간의 차이와 방향과 정도
Zeithmal(1987)	서비스의 전반적인 우월성이나 우수성에 대한 고객의 평가
이경철(2005)	고객이 대상기업에서 실제로 제공받은 서비스에 대해 주관적인 기대와 경험과를 비교한 결과

다음과 같이 정리할 수 있다.

첫째, 서비스 품질은 기술적 · 기능적 품질로 구분이 가능하며 고객들이 평가하는 단계에서는 단지 결과만이 아니라 제공 과정도 지대한 영향을 미치는 것을 알 수 있다.

둘째, 이는 고객이 해당 기업의 서비스에 대해 갖는 기대와 제공된 서비스에 대한 지각과의 비교에 관련이 있다. 다시 말해, 고객들은 서비스를 구매하기 이전에 그것에 대한 사전 기대를 하게 되며, 구매 시에 제공받는 서비스에 대해 어떤 지각을 함으로써 결국 이러한 기대와 지각과의 비교를 통해 서비스 품질을 인식한다는 것이다.

2. 서비스 품질의 측정

서비스는 무형성(Intangibility), 소멸성(Perishability), 생산 · 소비의 비분리성(Inseparability of Production and Consumption), 이질성(Heterogeneity)이라는 특성을 가지고 있다. 이러한 특성을 지닌 서비스의 품질을 측정하는 일은 쉽지 않은 일이다. 그럼에도 불구하고 해당 서비스를 개선하고 관리하기 위해서 서비스 품질의 측정은 반드시 수반되어야 하는 과정이다. 서비스 기업은

그림 3.2 23인치 크기의 AVOD 스크린과 180도까지 완전히 젖혀지는 좌석을 갖춘 대한항공 A380의 일등석 '코스모 스위트'

서비스 품질을 해당 기업의 특정한 서비스에 대해 고객이 갖는 장기적이고 전체적인 인식과 평가로 판단하고, 서비스 전달과정을 포함하는 포괄적인 방식으로 그것을 측정 · 평가 · 분석하는 관리 기법을 터득해야 한다.

1) Quality Gap Model

학자 파라슈만(Parasuraman, Et Al.)은 고객이 지각한 서비스 품질의 성과를 기업 내부와 연결시키는 갭 모형(Gap Model)을 개발하였다. 이 모형은 시장조사, 디자인, 적합성, 커뮤니케이션, 고객만족의 5가지 갭(Gap)을 설명하고 있다. 먼저, 갭 1은 시장조사 갭으로 고객의 기대수준과 기대수준에 대한 경영자의 인식 간의 차이이다. 갭 2는 디자인 갭으로 고객의 기대에 대한 경영자의 인식과 서비스 표준간의 차이이다. 갭 3은 적합성 갭으로 서비스 표준과 서비스전달간의 차이, 갭 4는 커뮤니케이션 갭으로 서비스전달과 고객인지의 차이를 말하며, 마지막으로 갭 5는 고객만족 갭으로 서비스품질을 결정하는 고객의 기대와 인지간의 차이를 나타내는 것으로 앞 선 4가지의 갭에 의해 결정된다고도 할 수 있다.

기업은 서비스 품질 갭 모형을 통하여 고객의 기대와 지각수준 간의 차이는 물론 서비스 운영 상 발생하는 5가지 갭의 원인을 분석할 수 있다.

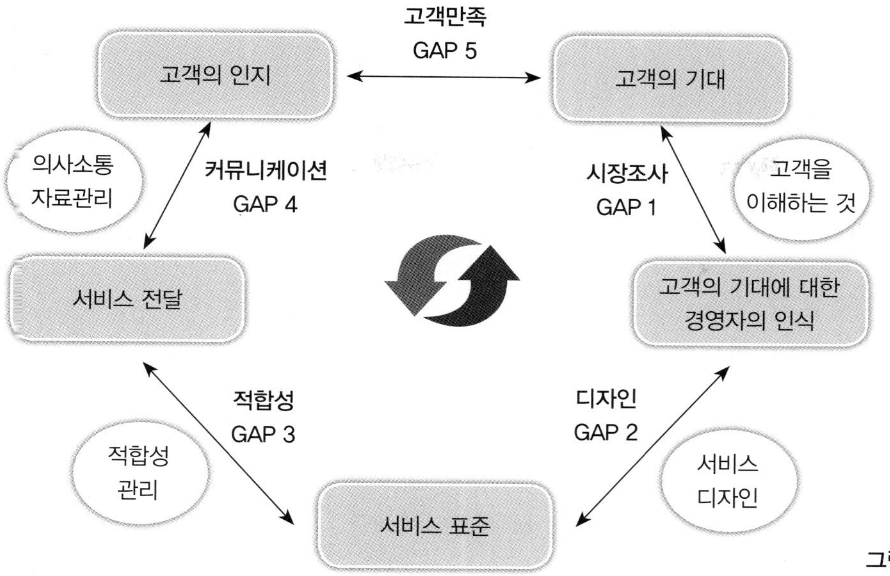

그림 3.3 서비스 품질 GAP 모형

2) SERVQUAL 모형

서비스 품질의 측정도구 가운데 하나인 SERVQUAL은 1988년에 개발되었으며 서비스 기업이 고객의 기대와 인식을 평가하는데 가장 일반적으로 사용하는 모델로서 서비스 품질 갭 모형을 근거로 고객 만족을 조사하기위한 효과적인 도구이다. 이 모델은 설문지를 통해 응답자들이 특정기업의 서비스에 관한 그들의 기대를 몇 개의 차원을 통해 완성하게 하고, 또한 그 기업의 동일한 서비스에 대한 성과를 기록하게 한다. 이러한 과정을 거쳐 기대와 성과에 대한 차이를 비교하게 되며 서비스 품질의 정도를 평가하게 되는 것이다.

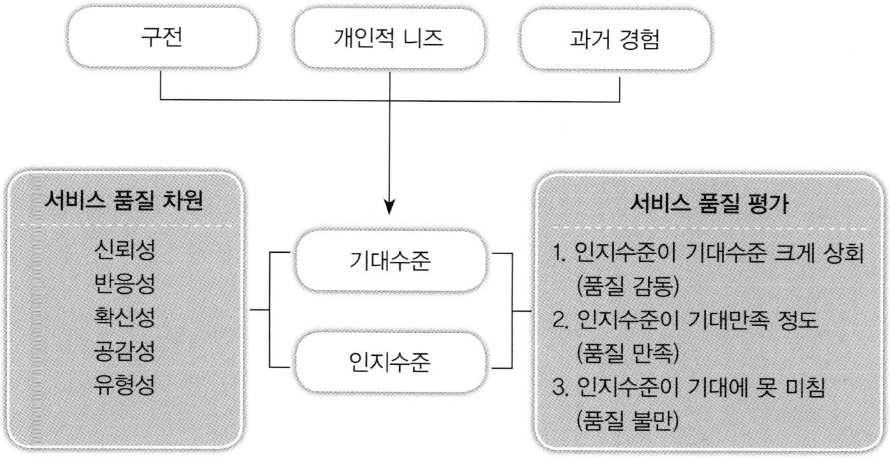

그림 3.4 서비스 품질 SERVQUAL 모형

지침

이 설문지는 서비스에 대한 귀하의 의견을 조사하기 위해서 마련하였습니다. 아래의 각 문항에 대해서 귀하가 서비스를 제공하는 기업에 대한 느낌 정도를 다음과 같이 나타내 주시기 바랍니다. 전적으로 동의하시면 숫자 7, 전적으로 동의하시지 않으면 숫자 1을 표기하시고, 그 밖의 경우에는 귀하의 느낌에 따라 1과 7사이의 숫자를 표기하시기 바랍니다. 각 문항은 정답이 따로 없고 단지 귀하가 서비스를 제공하는 기업에 대한 기대를 알고자 하는 것입니다.

E1 최신 설비를 갖추어야 한다.
E2 물리적 시설이 시각적으로 마음에 들어야 한다.
E3 직원복장이 단정해야 한다.
E4 물리적 시설의 외관이 제공된 서비스 형태와 일치해야 한다.
E5 정해진 기일에 하기로 한 일을 해야 한다.
E6 고객이 문제를 제기할 때 심정적으로 동조해야 한다.
E7 기업을 신뢰할 수 있어야 한다.
E8 하기로 약속한 시간에 서비스를 제공해야 한다.
E9 기록을 정확하게 유지해야 한다.
E10 서비스가 언제 제공되는지 고객에게 정확하게 알려 주지 않는다.(–)
E11 직원으로부터 신속한 서비스를 기대할 수 없다.(–)
E12 직원은 항상 고객을 기꺼이 도와줄 필요는 없다.(–)
E13 직원이 너무 바빠서 고객의 요청에 신속하게 응대를 못해도 괜찮다.(–)
E14 직원을 신뢰할 수 있어야 한다.
E15 직원과의 거래에서 안도감을 느낄 수 있어야 한다.
E16 직원이 정중해야 한다.
E17 직원은 그들의 직무를 수행하는 데 기업으로부터 적절한 지원을 받아야 한다.
E18 기업으로부터 개별적인 관심을 기대할 수 없다.(–)
E19 직원으로부터 개인적인 관심을 기대할 수 없다.(–)
E20 고객이 무엇을 원하는지를 직원이 알지 못하는 것 같다.(–)
E21 고객의 최대 관심이 무엇인지 기업이 진심으로 알고자 하지 않는다.(–)
E22 모든 고객이 편리한 시간으로 운영시간을 조정하는 것을 기대할 수 없다.(–)

[SERVQUAL 설문지 – 서비스에 대한 기대수준 측정]

주: (–)표시가 있는 문항의 점수는 자료 분석 전에 반대로 수정할 것. 즉 7점이 1점, 1점이 7점으로 수정되어야 한다.

지침

다음 설문지는 XYZ에 대한 귀하의 느낌과 관련이 있습니다. 각 문항에 대해서 귀하가 전적으로 동의하면 숫자 7, 전적으로 부정하면 숫자 1을 표기하여 주시기 바랍니다. 그 밖의 경우에는 귀하의 느낌의 따라 1과 7사이의 숫자를 표기하시기를 바랍니다. 각 문항은 정답이 따로 없고 단지 XYZ에 대한 귀하의 인지도를 알고자 하는 것입니다.

P1 XYZ는 최신 설비를 갖추고 있다.
P2 XYZ의 물리적 시설은 시각적으로 마음에 든다.
P3 XYZ의 직원은 복장이 단정하다.
P4 XYZ의 물리적 시설의 외관은 제공된 서비스 형태와 일치한다.
P5 XYZ는 정해진 기일에 하기로 한 일은 그대로 한다.
P6 고객이 문제를 제기할 때 XYZ는 심정적으로 동조한다.
P7 XYZ는 신뢰할 수 있다.
P8 XYZ는 하기로 약속한 시간에 서비스를 제공한다.
P9 XYZ는 기록을 정확하게 유지한다.
P10 XYZ는 서비스가 언제 제공 되는지 고객에게 정확하게 알려 주지 않는다.(–)
P11 XYZ의 직원으로부터 신속한 서비스를 제공받지 못한다.(–)
P12 XYZ의 직원은 항상 고객을 기꺼이 도와줄 태세를 갖추고 있지는 않다.(–)
P13 XYZ의 직원은 고객의 요청에 신속하게 응대하지 못한다.(–)
P14 XYZ의 직원은 신뢰할 수 있다.
P15 XYZ의 직원과의 거래에서 안도감을 느낀다.
P16 XYZ의 직원은 정중하다.
P17 XYZ로부터 그들 직무의 원활한 수행을 위한 적절한 지원을 받는다.
P18 XYZ는 고객에게 개별적인 관심을 기울이지 않는다.(–)
P19 XYZ의 직원은 고객에게 개인적인 관심을 기울이지 않는다.(–)
P20 XYZ의 직원은 고객의 요구가 무엇인지 잘 알지 못한다.(–)
P21 XYZ는 고객의 최대 관심이 무엇인지 진심으로 알고자 하지 않는다.(–)
P22 XYZ는 모든 고객에게 편리한 운영시간을 제공하지 못한다.(–)

[SERVQUAL 설문지 – 서비스에 대한 인지수준 측정]

SERVQUAL에 대한 초기 연구에서는 10가지의 서비스품질 결정요목을 제시하였으나 변수들 간에 상관관계가 있음을 발견하여 이를 신뢰성(Reliability), 보증성(Assurance), 유형성(Tangibles), 공감성(Empathy), 반응성(Responsiveness)의 5개의 광범위한 품질 차원으로 통합하게 되었다.

항공객실서비스의 서비스 품질에 대한 측정과 관리에 대해서는 10가지 서비스결정요목에 근거하여 그 상세한 내용을 4장에서 살펴보기로 한다.

3. 서비스회복

고객만족(Customer Satisfaction)경영은 기업의 최종목적을 고객만족에 두고 만족도 향상을 위해 지속적으로 노력하는 것을 말한다. 이를 위해 기업들은 독특한 자사만의 서비스를 창출하여 고객이 인식하는 서비스가치를 증대시키려한다.

최고 수준의 고객지향적인 문화와 이를 뒷받침할 수 있는 서비스시스템이 구축되어 있는 기업일지라도 서비스실패(Service Failure)는 발생할 수밖에 없고, 이를 완벽하게 제거하는 것은 불가능하다. 이는 서비스 자체가 실패하기 쉬운 특성을 갖고 있을 뿐만 아니라 서비스라는 상품이 표준화될 수 없는 인간행위에 의해 전달되기 때문이고, 서비스를 전달받는 고객들도 서비스의 과정과 성과에 영향을 미치기에 더욱 그러하다.

그림 3.5 McDonald's의 스마일 캠페인

기업은 서비스 생산과정에서 서비스실패가 발생하면 이에 대한 적극적인 회복노력을 기울이게 된다. 서비스회복(Service Recovery)을 위한 프로세스는 서비스실패 발생에 비해 상대적으로 통제가 가능할 뿐만 아니라 기업과 고객 간의 신뢰를 높여 고객만족의 수준을 한층 더 높일 수 있는 기회를 제공한다는 면에서 매우 중요하다 또 처음에 서비스실패가 발생하지 않고 거래가 이루어진 경우보다 오히려 고객을 더욱 만족시키고 나아가 충성고객으로 변화시킬 수 있는 계기가 될 수도 있다.

학자 비트너(Bitner)는 그의 연구에서 주요서비스산업들에 있어 서비스접점에서의 불만족 원인을 고객관점에서 규명하고자 하였다. 분석결과, 세 가지의 일반적인 실패형태는 핵심서비스 실패, 명확한 고객필요와 고객요청에 대한 적절한 반응실패, 그리고 독자적이고 불필요한 부정적인 서비스제공자의 행위로 나타났으며, 불만족한 서비스접점의 많은 부분들은 서비스실패 상황에 반응하는 서비스제공자의 무능력 혹은 무의지에 의해 악화된다는 사실이 밝혀졌다. 이와 같은 무기력한 반응은 실패를 가중시키며, 핵심서비스가 만족스러운 상황에서 조차도 고객은 불만족할 것이다. 또한 서비스실패를 성공적으로 관리하는 방법에는 서비스 문제의 인정, 사죄, 실패상황에 대한 설명, 그리고 유형적 보상이 있었다.

학자 헤스케트(Heskett)는 훌륭한 서비스회복은 실망하고 화난 고객들을 충실한 고객으로 바꿀 수 있다고 하며, 다음의 8가지 제안을 한다. 먼저, 서비스 시스템 속에서 회복이 가능하도록 설계하라고 권유한다. 앞서 2장에서 서비스 청사진에 대한 학습에서 시스템의 실수 가능 점을 계획하는 것을 다루었다. 이러한 실수 가능 점은 잘못될 것이라고 미리 예측할 수 있는 것들이다. 따라서 그에 대한 해결책은 사전에 실수를 방지하는 시스템을 구성하는 것이다. 반면에 전혀 잘못될 것이라고 예측할 수 없는 것들도 있다. 이러한 경우는 실수에서 회복까지를 포함하는 유연성을 가진 서비스회복시스템을 만드는 것이 필요하다. 둘째, 실패로 인한 비용을 측정하라는 것이다. 실수는 비용이 들게 마련이다. 특히, 실수가 고객을 잃어버리는 결과를 낳을 때는 더욱 그렇다. 잃어버린 고객의 비용을 측정하고 지각하는 것은 실수가 발생했을 때 경영자와 종사원들이 그것을 회복하기 위해 필요한 무엇이든 하도록 동기부여 시킬 것이다. 셋째, 고객에게 직접 물어보라는 것이다. 일반적으로 불만족한 고객들은 불평을 토로하는 것에 그들의 시간과 에너지를 낭비하지 않고 그냥 떠난다. 따라서 서비스 제공자들은 고객들과 계속 대화를 하면서 문제가 발생하는 것을 알아내는 능력을 가져야 하고 문제를 수정하도록 해야 한다. 넷째, 잠재적인, 발생

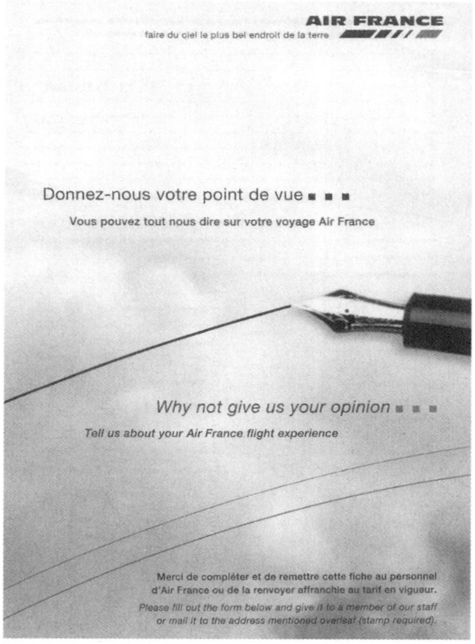

그림 3.6 서비스회복을 위해 고객의 소리에 귀를 기울이는 항공사

NCS 항공객실서비스 직무능력매칭

능력단위	능력단위요소	수행준거
1203010513_16v1 고객만족 서비스	1203010513_16v1.3 불만고객 대처하기	1. 규정에 따른 고객 행동유형 파악 2. 규정에 따른 불만고객 유형별 대응 3. 규정에 따른 불만고객 대처결과 보고

이 가능한 문제 지점을 항상 살펴보라는 것이다. 예를 들면, 상대적으로 신입승무원이나 수습승무원이 많이 투입된 비행 편을 지휘하는 객실사무장에게는 그들이 서비스하는 담당구역에 대한 세심한 관찰이 요구되어질 것이다. 이외에도 재빠른 서비스회복, 회복을 위한 교육훈련, 서비스제공자에게 부여되는 권한위임, 적절한 고객에게의 피드백을 강조했다. 이러한 수단들을 이용함으로써 기업은 서비스 제공에서 발생한 실수를 회복할 수 있고, 고객과의 지속적인 좋은 관계를 유지할 수 있을 것이다.

NCS
항공객실서비스 직무능력매칭

능력단위	능력단위요소	수행준거
1203010509_16v2 객실승무 관리	1203010509_16v2.3 불만 승객 대처하기	1. 규정에 따른 불만 사항 원인 파악 2. 규정에 따른 불만 해결 방안 모색 3. 규정에 따른 해결방안에 대한 구체적인 행동 4. 규정에 따른 승객 만족도 재확인

PART 2

항공객실 서비스의 이해

CHAPTER 04

항공객실서비스 업무 이해

1. 항공객실서비스 업무

항공객실서비스 업무는 항공기 기내에서 승객들에게 제공되는 물적, 인적 서비스의 계획에서부터 생산에까지 이르는 모든 제반 업무를 총칭한다.

물적 서비스 업무는 승객이 필요로 하는 각종 시설물과 서비스 물품을 기내에 장착 또는 탑재하여 승객에게 편의를 제공하는 업무를 말하며, 인적 서비스 업무는 장착된 설비와 탑재된 물품을 사용하여 승객들이 보다 안전하고 편안하게 여행할 수 있도록 하는 객실승무원들에 의해 수행되어지는 여러 가지의 서비스 업무를 일컫는다.

그림 4.1 Busy Flight Attandant. 객실승무원은 승객에게 제공되는 물적 · 인적서비스의 계획에서 생산에 이르는 제반업무를 담당한다

항공사 직원의 일련의 서비스 업무들 중 객실서비스 업무의 구분은 넓게는 '승객들이 탑승하기 이전부터의 기내 시설물이나 기용품의 설치 및 탑재와 관련된 여러 준비 과정업무'를 포함하게 되나, 좁은 의미에서는 '승객들이 항공기에 탑승하는 시점부터 시작하여 안전하게 하기하는 시점까지 객실승무원에 의해 이루어지는 제반 업무'로 한정지을 수 있다. 객실서비스 업무를 정리하면 〈그림 4.2〉와 같다.

항공객실서비스는 그 질과 다양성을 기대하는 승객의 욕구를 비행 중에 충족시켜야 하고 그들이 안락하고 쾌적한 항공여행을 할 수 있도록 배려하는 각종 서비스의 총화라는 점에서 항공사가 많은 관심을 표명하는 대상이다. 특히 승객들은 협소한 공간에서 외계와 격

그림 4.2 객실서비스 업무의 구성

리된 채 비행해야 하므로 유일한 그들의 욕구충족수단이 객실서비스라는 점뿐만아니라 항공사와 장시간 직접 접촉하는 장소도 객실이라는 점에서 그 중요성은 더욱 강조된다.

항공사마다 보유항공기의 기종은 대부분 동일형이고 안전성과 스피드 등 성능면에서 항공사 간의 큰 차이는 없으며, 무료수하물 허용량(Free Baggage Allowance)도 IATA(International Air Transportation Association) 운송규약에 의거하여 정해지므로 항공사 서비스의 차별화는 사실상 객실서비스를 통해 실현될 수밖에 없다. 따라서 객실이 바로 고객유치를 위한 결전장이 된다고 볼 수 있다. 그러므로 객실서비스의 종류와 품질은 승객의 기대수준을 넘는 독창적인 것이어야 하며 경쟁항공사와 비교해 우위적인 것이어야 한다.

승객은 비록 전화예약, 발권, 그리고 탑승수속과정에서 항공사 직원의 서비스에 만족하였다해도 객실서비스에 만족하지 못하면 항공사 전체에 나쁜 이미지를 가지게 될 가능성이 높다. 따라서 객실이 항공사 이미지의 최종 관의 장소라는 점을 볼 때 항공사 서비스의 우열은 객실서비스로부터 시작해서 객실서비스로 끝난다해도 과언이 아니다.

조용한 분위기와 편안한 좌석에서 객실승무원으로부터 정성스런 서비스를 받으며 항공여행을 즐기고자하는 승객의 기대와 욕구를 충족시켜주는 것은 자사의 높은 객실서비스 수준을 그들에게 확신시키는 일이자 그들에게 지속적인 자사 항공기의 이용을 유도하는 고객유지의 길이 되며 나아가 기존 고객의 긍정적인 구전효과에 의한 신규고객창조의 계기가 된다.

IATA(International Air Transportation Association)
세계 각국의 민간항공회사 단체로 1945년 결성되어 항공운임의 결정 및 항공시간 운임 정산 등의 업무를 행한다. 본부는 캐나다의 몬트리올에 있다.

ICAO(International Civil Aviation Organization)
국제연합의 전문기구 중 하나로 국제 민간항공의 안전유지, 항공기술의 향상, 항공로와 항공시설의 발달, 촉진 등을 목적으로 1947년에 창설되었다. 한국은 1952년에 가입하였으며 본부는 캐나다의 몬트리올에 있다.

그림 4.3 항공객실서비스 업무 지상지원, 기내보안, 인적서비스, 물적서비스, 기내서비스 업무를 담고 있다.

지상 지원업무

- **기내 탑재 품목 준비:** 예상 기내식 파악, 기내서비스 품목, 특별식, 기내판매품 확인
- **기내청소:** 지상조업원 실시
- **기내식 및 기내품목 탑재:** 기내식 제조회사
- **기내청소 확인:** Cabin Crew 및 정비사 확인
- **기내식 및 기내 품목 확인:** Cabin Crew 및 기내식 탑재 총괄자

기내서비스 및 보안업무

- **승객탑승안내:** 환영인사, 좌석안내
- **승객서비스:** 신문 · 잡지서비스, Safety Demonstration, 음료서비스, 식사서비스, 영화상영, 기내판매, 입국서류배포
- **항공기 도착 및 하기:** 배웅인사

요컨대, 객실서비스의 요체는 친절과 봉사의 조화에 있으며 객실서비스 업무의 출발은 승객과의 대화에서 비롯되고 서비스로 종결된다고 할 수 있다. 인적 서비스는 승객과의 만남에서 시작되고 승객은 물질적 서비스보다 정서적 서비스에 더욱 만족할 것이므로 정성과 친절을 다하는 마음으로 접대함으로써 승객들이 양질의 서비스를 경험했다는 만족감이 최대화되도록 해야 한다. 이에 객실서비스를 담당하는 모든 객실승무원에게는 승객이 작은 불편도 느끼지 않도록 세심하게 배려하는 마음, 외국인과 자유롭게 의사소통할 수 있는 외국어 구사능력, 그리고 밝은 표정과 환한 미소로 승객의 요청에 정성을 다하는 업무태도와 실천이 기본적으로 요구된다.

2. 항공객실서비스 유관 업무

1) 운송 업무

(1) 객실 · 운송업무의 연계성

항공사가 승객 한명에게 운송서비스를 생산, 판매, 제공하는데 여러 부서의 많은 항공사 직원이 직간접으로 참여하게 되고, 이들의 사고와 서비스 마인드가 바로 소속 항공사의 서비스 품질을 결정하게 된다. 이들 중 항공 운송업의 서비스 생산라인 측면에서 볼 때 공항에서 이루어지는 운송 업무와 항공기에서 이루어지는 객실 업무는 밀접한 업무 연관성이 있다.

원칙적으로 운송과 객실 간의 업무는 승객 탑승과 하기 종료 시점을 기준으로 하여 업무한계를 그을 수가 있으나, 항공기의 지연 · 회항 · 긴급 착륙 등 비정상적인 경우에는 이 같은 업무 구분에 우선하여 두 부문 간에 원활한 업무 공조체제가 이루어져야 한다. 또한 항공기가 도착하여 출발하기까지의 짧은 시간 동안에 다음 비행을 위한 모든 객실 준비사항이 공항에서 이루어지므로 승객들에게 양질의 객실서비스를 제공하기 위해서는 공항에서의 적극적인 지원이 무엇보다도 중요하다.

그림 4.4 객실과 운송업무의 연계

이러한 내용을 토대로 항공사 업무를 정리

그림 4.5 항공 수송업무의 흐름

하면 〈그림 4.5〉와 같다.

(2) 업무 책임의 한계

앞서 살펴본 바와 같이 항공사 업무는 영업, 운송, 운항, 객실간의 업무연계가 밀접하다. 따라서 부서 간 업무책임 분할은 필수적이라 할 수 있다.

일반적으로 항공기의 안전 운항과 관련된 사항에 대한 책임은 기장에게 있으며 안전 운항과 관련된 사항과 무관한 객실서비스 · 기내 판매 등 객실 내에서 발생하는 모든 업무에 대해서는 객실 사무장에게 책임이 있다. 승무원들은 근무의 특성상 해외 체류하는 경우가 빈번하다. 이때 해외 체재 중 체류지에서의 객실 승무원에 대한 지휘 책임은 객실 사무장에게 있다.

그림 4.6 객실과 운항승무원은 담당업무별로 해당자가 책임을 지며, 상호협조하며 비행업무를 수행한다.

환자 · 임산부를 비롯해서 지체 부자유자 · 만취자 · 정신 이상자 등에 대한 탑승 결정 및 기타 승객 탑승 관련에 대한 사항은 공항 지점장이 결정하며 이에 대한 책임도 진다. 그러나 이 같은 승객의 탑승이 다수 승객의 안전 운항에 현저히 저해될 것 이라고 예견된다면 기장는 공항 지점장에게 그 승객의 탑승 여부 또는 기타 필요한 조치를 취하도록 조언하여야 하며 만일 기장이 객실 사무장에게 이를 위임했을 경우에는 대행할 수 있다.

(3) 객실 · 운송 상호 주요 협조업무

• 휴대 수하물 규제

승객들이 갖고 있는 과대 · 과다 휴대 수하물은 운항 중 난류로 인해 발생하는 기체 동요(Turbulence)시 Overhead Bin에서 떨어질 우려가 있어 승객에게 심각한 위해 요인이 될 수 있다. 또한, 기내 화재나 엔진 고장 등 비상사태로 인해 항공기가 비상 착륙하는 경우, 이와 같은 과대과다 휴대 수하물은 착륙 시의 충격으로 비상구 주변을 막게 되어 승객들의 신속한 탈출에 지장을 초래할 수가 있다. 따라서 규정을 초과하는 승객들의 과대과다 휴대 수하물은 다수 승객의 안전 확보를 위해 기내 반입이 철저히 규제되어야 한다. 이럴 경우는 위탁 수하물로 송부하며 귀중품 및 파손 가능 물품(Fragile Item)은 Hand Carry Item Box를 이용하여 휴대할 수 있도록 지상에서 제공한다.

• 항공기 Door Open

항공기의 Door에는 비상사태에 대비하여 탈출용 미끄럼대(Escape Slide)가 장착되어 있다, 객실 내부에서 Escape Slide의 Mode(정상 및 팽창위치)를 조작하도록 설계되어 있다. 슬라이드 모드(Slide Mode)는 운항 중에 발생

> **Slide Mode Check**
> Slide Mode는 항공기의 Door가 열릴 때 비상탈출 미끄럼대를 자동으로 팽창시키는 Mode와 수동으로 팽창시키는 Mode가 있다. 이러한 Mode를 점검하는 것을 말한다.

표 4.1 기내 휴대 수하물에 관한 안내

무료 허용 범위
· 기내로 휴대할 수 있는 수하물의 개수는 일반석은 1개 및 일등석은 2개까지 가능합니다. · 기내 휴대 수하물 사이즈는 가로, 세로, 높이의 합이 115cm 이하, 무게는 12kg이하로 제한하고 있습니다. 가방 외에 노트북이나 카메라, 핸드백은 별도로 가져가실 수 있습니다.
반입 제한 품목
날카로운 물품 :길이를 막론하는 모든 칼, 가위, 금속성 손톱 줄 운동기구(테니스/스쿼시 라켓, 골프클럽, 하키 스틱, 야구 방망이, 스키 폴, 야구공, 다트, 스케이트 등)
반입 가능한 품목
· 휴대용 면도기, 카트리지 비금속 손톱 줄, 손톱 깍이, 의료용 증명 택이 붙은 주사기, 뚜껑이 씌워진 주사바늘, 공인 자격을 가진 전문 의료인이 소지한 의료 용구함(날카로운 날을 가진 물품 제외)

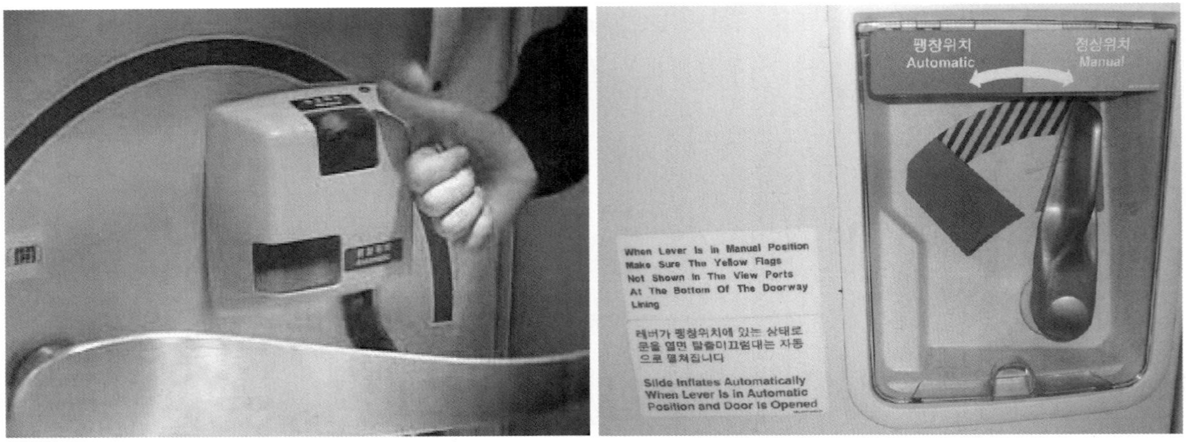

그림 4.7 항공기 Door Slide Mode Check는 승객의 안전한 비행을 위한 조치이다.

Push-Back
항공기가 주기되어 있는 곳에서 이륙하기 위해 후진하는 행위로 항공기는 자체힘으로 후진이 불가능하므로 Towing Car를 이용하여 후진한다.

할 수 있는 비상사태에 대비하여 항공기가 Push-back하면 곧바로 팽창 위치(Automatic)에 두게 되어 있으며, 항공기가 완전히 정지하기 직전에 정상 위치(Manual)로 돌려놓게 되어있다.

항공기 출발과 도착 전 항공기 Door를 개폐할 때 운송직원과 객실승무원 간의 업무 협조는 필수적인 과정이며 이 시점에서 항공기 출 · 입항에 관련된 각종 서류의 인수인계도 함께 이루어진다.

만약 Door Slide Mode가 팽창 위치에 있는 상태에서 객실승무원이 항공기 내부에서 Door를 열게 되면 Door Open과 함께 슬라이드가 팽창하게 되어 항공기 외부에 있는 지상직원이나 조업요원에게 심각한 위해를 가할 수 있다. 또한 한 번 팽창된 슬라이드를 다시 접어서 항공기에 장착하는 작업은 많은 시간과 비용을 필요로 하며 항공기의 지연요인이 된다. 따라서 대부분의 경우 항공기의 Door는 비상시를 제외하고 외부에서 지상직원이 개방하도록 되어 있으며, 외부에서 항공기 Door를 개방하는 경우에는 항공기 내부의 슬라이드 모드 상태와 관계없이 슬라이드는 팽창하지 않고 Door만 열리게 되어 있다. 그러나 소형기(B737)인 경우는 내부에서 승무원이 열게되어 있다.

2) 케이터링(Catering) 업무

항공 기내식은 세계의 많은 항공사에서 운영하고 있으며 경영 수지 면에서도 높은 비중을 차지하고 있다. 기내식은 비행 중 승객에게 제공되는 음식으로 항공기 출발 전에 기내식 공급 회사(Caterer)가 각 항공사의 기물을 이용하

그림 4.8 케이터링 직원이 탑재한 서비스용품을 객실승무원이 확인하고 있다.

여 기내 주방(Galley)에 탑재하고, 보관된 기내식을 객실승무원이 미리 계획된 서비스 순서(Service Procedure)에 따라 각종 음료와 함께 제공하게 된다. 각 항공사는 탑승객의 서비스 만족을 위하여 객실서비스 개발에 박차를 가하고 있으며 이에 따라 기내식의 메뉴 개발 및 서비스 패턴의 다양화 양상을 띠고 있다.

Galley
Galley란 기내에서 서비스해야 할 각종 음식, 음료수, 기타 소모품 및 서비스에 사용될 각종 기물(器物)을 탑재(搭載), 보관하는 시설로서 주방 기능을 한다.
① Dry Galley: 물품을 적재하는 Compartment만 설비된 형태의 Galley를 말한다.
② Wet Galley: Compart-ment뿐만 아니라 조리에 요한 Electric System, Water Line, Drainage System등이 설비된 형태의 Galley를 말한다.

Service Procedure
항공기의 현지 출발, 도착시간 및 승객의 비행시간 등을 고려하여 각 노선별로 기내 서비스의 순서를 정한 것을 말한다.

(1) 기내식 운영 절차

상황실에서는 항공기 출발 48시간 전에 PMI(Preliminary Meal Inform)를 작성해서 각 작업장으로 전달하게 되고, 작업장에서는 기내식 주문 상황에 따라 각자의 부서에서 케이터링(Catering) 작업을 하게 된다. 항공기 출발 최종 6시간 전 FMO(Final Meal Order)를 하달하는 상황실은 전날 및 당일 아침에 작업 완료한 카트 내의 기내식 수량의 재확인을 거친 후, 출하 냉동실로 이중 보관하여 푸드카(Food Car)에 탑재 전까지 신선도 유지에 유의하며 보관한다. 탑재 총괄자(Loading Supervisor)는 상황실로부터 접수받은 후 늘어난 만큼의 기내식 음료의 증가분을 기내 면세품 및 기타 서비스 물품과 함께 체크 후 Food Car에 탑재한다.

(2) 객실과 케이터링(Catering)의 상호 업무협조

푸드카(Food Car)가 항공기에 도착하면 탑재 총괄자(Loading Supervisor)는 객실승무원과 기내식 및 서비스 물품 인수인계를 한다. 그리고 항공기 출발 전

그림 4.9 지상조업원과 케이터링직원이 승객탑승전 담당업무를 수행하고 있다.

그림 4.10 항공사의 케이터링 직원이 Food Car를 이용하여 항공기에 서비스물품을 탑재하고 있다

까지 승객 수의 변동 상황을 주시하고 추가 기내식(Add Meal)및 서비스 물품 등의 추가 지원 대비를 위해 항공기 출발 전까지 기내 객실승무원 주위에 대기한다. 이상 없는 지원으로 항공기가 출발 한 후, 상황실에 탑재상황 종료를 통보하면 케이터링(Catering)의 기내식 탑재지원은 끝나게 된다.

(3) 기내식 제조 과정

케이터링(Catering)은 담당 업무에 따라 기내식을 만드는 생산부, 지정된 기내식과 기물을 메뉴얼(Manual)하에 포장하는 Bar Packing부, 생산된 기내식을 기내 카트에 승객 수에 맞게 세팅하는 Tray Setting부가 있다. 그리고 비품하기 및 세척을 담당하는 업무도 분담하여 실시하고 있다. 그리고 항공사들은 식자재의 구매에서부터 저장, 조리, 판매에 이르기까지 위생 관리의 안전함을 보장할 수 있는 HACCP 시스템을 운영하고 있는 추세이다.

항공 기내식의 제조과정을 정리하면 〈그림 4.11〉과 같다.

기물
기내에서 사용하는 각종 용기 혹은 서비스용 도구로서 일회용의 소모품이 아니고 재사용이 가능한 Rotable 품목을 말한다.

HACCP 시스템
식자재의 구매, 저장, 조리, 판매의 전 과정에 존재하는 식중독 미생물을 사전에 찾아내 이들을 제거, 감소하는 관리를 하고 위해요소가 발생하기 쉬운 곳을 중점 관리 점(CCP: Critical Check Point)으로 정해서 집중관리하여 위생적으로 안전함을 보장할 수 있도록 하는 시스템

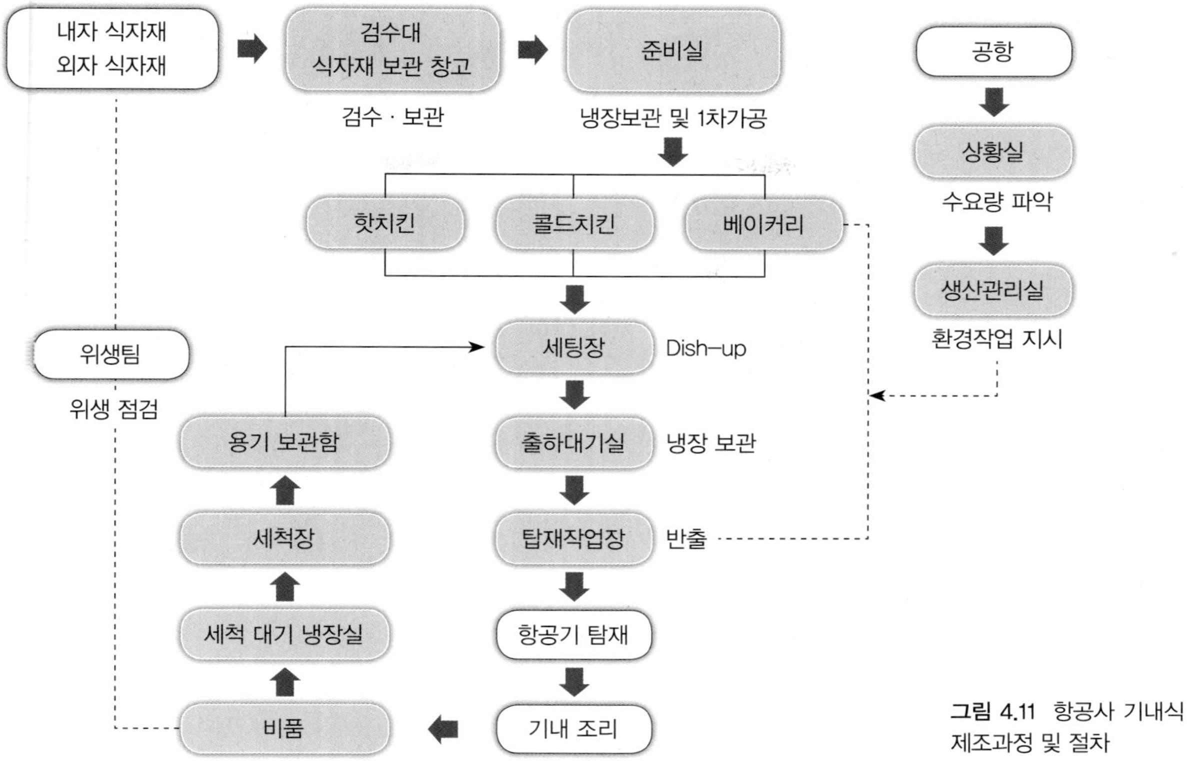

그림 4.11 항공사 기내식 제조과정 및 절차

3. 항공객실서비스의 품질 관리 요소

앞서 우리는 항공사 객실서비스 업무와 객실서비스 유관업무의 이해를 통해 항공사는 운송서비스의 제공을 위해서 항공기라는 자본집약적인 하드웨어를 활용함으로써 승객을 안전하게 목적지까지 운송해주는데 목적을 두며 그 과정에는 좌석예약, 항공권 발권, 탑승수속, 기내 식음료 및 기내 승무원의 서비스, 그리고 수하물 인도 등의 다양한 서비스의 조합과 전개가 필요하다는 것을 알았다.

이렇게 보면 항공사 서비스는 주도적인 핵심 서비스(Core Service)와 이를 보조해 주는 부차적 서비스가 적절히 조화를 이룰 때 그 빛을 발한다는 것을 알 수 있으며, 승객 운송이라는 항공사의 핵심적인 서비스는 항공여행정보의 안내, 기내 식음료의 제공, 승무원들의 기내식 서비스 등의 주변적인 서비스가 반드시 필요하다는 것을 알게 된다. 특히 오늘날과 같은 무한경쟁의 시대에서 각 항공사들은 항공사 서비스의 경쟁우위를 점하고자 이 부차적 서비스에서 타 항공사와 차별화하는 경영전략을 운용하고 있다.

그림 4.12
MBWA(management by walking around)
Southwest Airlines의 CEO인 Herb Kelleher가 고객과 종사원을 직접 만나기 위해 항공기 내에서 시간을 보내고 있다

한편, 항공사 서비스는 순수한 서비스만으로 구성되지 않고 서비스와 재화가 복합적으로 결합된 서비스 다발(Bundle of Services)로서 서비스 패키지(Service Package)를 형성하고 있다. 특정 환경에서 제공되는 재화와 서비스의 묶음인 서비스 패키지는 다음의 4가지로 구성된다.

첫째, 기본시설이다. 이것은 운송 서비스가 제공되기 전에 항공사가 미리 구비해 두어야 할 항공기, 전산 예약 시스템, 항공기 유도 시스템, 터미널 시설 등이 이에 속한다. 둘째, 서비스의 촉진을 위해 제공되는 서비스 보조용품이다. 이것은 승객에 의해 소비되거나 구매되는 물품, 또는 승객에게 제공되는 물건으로서 기내 면세품을 포함하여 기내 영화와 독서물 등의 오락물과 각종 엔터테인먼트를 제공하는 각종 기내 보조시설을 의미한다. 셋째, 감각적 편익 서비스이다. 이 요소는 승객들이 감각에 의해 직접적으로 알 수 있는 서비스로 서비스의 본질적이고 핵심적인 특성을 구성하는 것으로서 객실 승무원들의 서비스 수준, 접객 태도, 좌석 예약의 용이성, 정시운항, 서비스의 다양함과 차별성, 항공 여행정보의 정확성, 그리고 편리한 항공스케줄 등이 이에 포함된다. 넷째, 묵시적 편익 서비스이다. 이것은 승객이 희미하게 느끼는 심리적인 혜택이나 서비스의 외관적인 특색을 의미하며 승객이 느끼는 비행중의 쾌적성과 안락감과 같은 묵시적 서비스를 말한다.

이러한 서비스 패키지의 요소들은 항공운송 서비스의 품질을 형성하게 되므로, 항공사의 주된 관리대상이 된다. 서비스 패키지 중 서비스 구성요소

그림 4.13 Qantas의 마케팅 전략 Qantas는 기술적 환경을 주도한 항공사일 뿐만 아니라, 비즈니스 Class를 세계 최초로 도입한 항공사로도 기록되고 있다.

즉 명시적 서비스와 묵시적 편의 서비스가 승객들에게 전달될 때 항상 문제시되는 것이 서비스 수준(Service Level)과 서비스 품질(Service Quality)이다.

서비스 수준은 서비스 질에 대해 승객이 갖는 인식으로, 항공사가 제공하는 각종 서비스가 승객의 욕구에 얼마나 부합했는가를 나타낸 가치를 합한 것이고, 서비스 품질은 항공사 서비스에 대해 승객이 가진 사전기대와 비행 후에 승객이 지각한 실제평가 간의 상대적 관계를 나타낸 것이다.

사전기대는 주로 항공사의 광고와 타인의 평판, 그리고 과거 승객의 탑승 경험과 항공사 이미지 등에서 형성된다. 이에 반해 실제평가인 지각(Perception)은 승객과 항공사간에 교환된 각종 서비스 패키지에 대한 승객의 심리적 만족도에 의해 형성된다. 특히 항공사처럼 승객과의 접촉도가 높은 서비스(High Contact Service)가 수행되는 기업에서는 서비스를 제공하는 직원들의 수행능력의 정도가 실제평가에 지대한 영향력을 발휘한다. 그리하여 승객들은 지각된 서비스(Perceived Service)가 기대한 서비스(Expected Service)보다 크면 만족스러운 서비스를 제공받았다고 평가하게 된다. 객실서비스 품질은 고객이 항공사를 선택할 때 결정적인 영향력을 발휘한다.

이에 각 항공사는 항공기 탑승 시 경쟁 항공사보다 우수한 서비스를 승객에게 제공함으로써 그들의 기대에 부응하고 더 나아가 지각된 서비스가 사전 기대보다 높다는 것을 경험하도록하여 승객의 재탑승을 유도하고자 한다.

따라서 각 항공사는 최상의 서비스 패키지(Service Package)를 구성하고 조합, 운용함으로써 고객만족 극대화를 이루기 위해 객실서비스 품질의 향상과 그 유지를 위한 제도적인 방법을 다각적으로 검토하고 있다.

본 서에서는 항공사 서비스의 특성을 감안하여 유형재의 품질관리 방법의 하나인 제품속성 접근방법(Product Attribute Approach)이 아닌 고객만족 접근방법 (Consumer Satisfaction Approach)에 기초하여 학자 파라슈만(A. Parasuraman)이 제안한 서비스의 품질관리 대상요소를 항공객실서비스에 관련시켜 구성해 보겠다. 실제로 이 요소들이 항공사가 고객의 욕구를 만족시킬 심리적 또는 실질적인 편익이 되어 서비스 품질에 대해 좋은 이미지를 형성하는데 기여하게 된다.

학자 파라슈만(Parasuraman)은 서비스 질의 평가에서 소비자들이 서비스 유형에 관계없이 기본적으로 유사한 기준을 이용하고 있음을 밝혀내고, 이 10가지 기준을 '서비스 결정 요목(Service Quality Determinants)'이라 지칭했다.

1) 접근 용이성(Accessibility)

객실승무원은 기내 근무에 임할 때 업무의 공백이 있어서는 안 되며, 적정 인원이 항상 승객의 가시권 내에 있어야 한다. 이는 승객이 특별한 도움이 필요한 경우 신속히 응대할 수 있게 하기 위함이며, 예기할 수 없는 비상사태를 위한 조치이기도 하다. 항공기 객실 내부의 구조를 보면 승무원의 좌석은 승객 좌석과 마주보게 위치해 있으며 전 객실에 고르게 분포되어 있다. 이는 탑

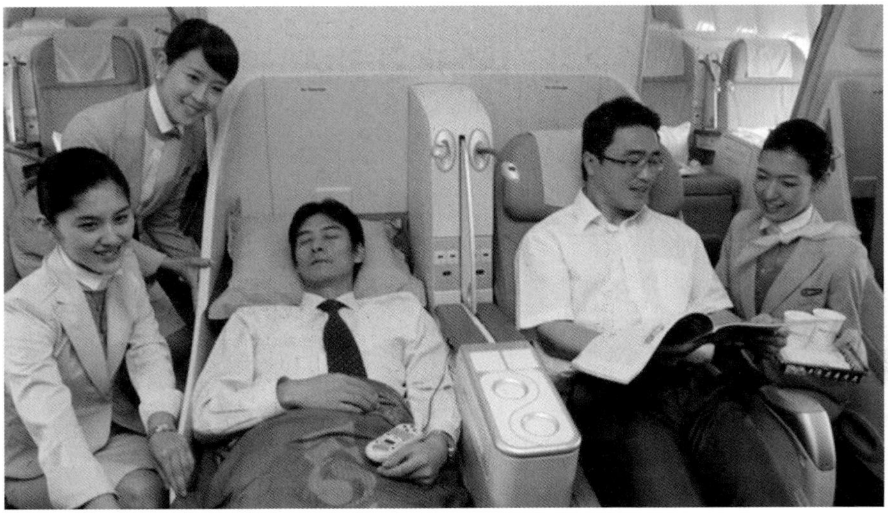

그림 4.14 대한항공 객실승무원이 승객의 편안한 휴식을 도와주고 승객과의 적극적인 Personal Touch를 하고 있다.

승한 객실승무원이 다수의 승객에게 보다 체계적이고 효율적인 서비스를 제공하기 위함이며, 나아가 적절한 업무분담을 통하여 승객 개인에게 접근 용이성을 높이기 위한 방법이라고 볼 수 있다.

이와 아울러 객실승무원은 승객이 요구사항을 제시하기 전에 미리 이를 파악하고 적절한 서비스를 제공할 수 있는 능력을 길러야 한다.

접근의 용이성은 객실서비스뿐만 아니라 운송 서비스에 있어서도 중요한 요소가 된다. 선진 항공사들은 선진 예약시스템을 이용하여 좌석을 예약하고 탑승 수속을 신속히 하며 판매경로를 다양화하여 좌석 예약과 항공권 발권이 쉽게 처리되도록 한다. 또한, 패키지투어 상품을 개발, 판매함으로써 항공여행의 대중화와 보편화를 도모하고 있다.

2) 의사소통의 원활화(Communication)

21세기, 글로벌 시대에 접어들어 급변하는 환경의 영향으로 항공 산업의 고객은 그 수요가 급증하고 있으며, 그들의 요구 또한 복합성을 띠며 다양하게 변하고 있다. 승객의 욕구를 충족시키기 위해 객실승무원에게 가장 기본적으로 요구되어지는 것은 상황을 파악하고 요구를 이해하는 의사소통 능력(Communication Skill)이다.

그림 4.15 **영국항공** 손님의 눈높이에 맞는 적극적인 서비스를 하고 있는 British Airways의 객실승무원의 모습이다.

승객과 대화 시에는 가급적 전문 용어의 사용을 금하고 승객이 이해할 수 있는 용어를 사용하며 승객의 대화 내용을 경청하는 자세를 지닌다. 그리고 외국인 승객과의 응대를 위하여 외국어능력 향상을 위한 자기 계발과 고객 응대화법에 대한 관심과 능력 향상에 힘쓰며 영어는 물론 취항국 언어의 기본적인 외국어 소통 능력을 길러 자국민외의 승객에 대한 배려도 잊지 않는다.

NCS
항공객실서비스 직무능력매칭

능력단위	능력단위요소	수행준거
1203010514_16v1 항공서비스 매너	1203010514_16v1.1 기본 매너 갖추기	1. 규정에 따른 서비스 마인드 함양 2. 규정에 따른 원활한 소통 3. 규정에 따른 다양한 문화적 특성 파악

그림 4.16 티웨이 항공 마음을 담은 정중한 서비스를 하기 위한 여승무원의 표정과 자세는 항공사 객실서비스 품질을 결정짓는 주된 요소이다.

객실승무원은 승객이 자항공사의 귀중한 자산임을 인식하며 승객과의 커뮤니케이션 과정에서 얻게 된 건전한 불만은 겸허하게 수용함으로써 이를 한 차원 높은 서비스를 제공하는 계기로 삼고 심화된 고객 서비스를 위하여 상황별, 고객 유형별 응대 방법을 꾸준히 연구하는 자세를 갖는다.

3) 정중함(Courtesy)

현존하는 서비스 업종 중, 정중한 고객 서비스를 대표하는 직종이 객실승무원이라고 해도 과언이 아닐 만큼 정중함(Courtesy)은 객실서비스의 품질을 평가하는 데 중요하게 여겨지는 요소이다. 승객을 접대하는 모든 객실승무원은 정중함과 친절함을 겸비하여 고객을 정중히 모시고 항상 밝은 표정을 가지며 정갈한 차림을 유지해야 한다.

이를 위하여 항공사들은 정기적으로 접객 매너 교육을 실시하고 있으며 항공사 로고, 항공사 유니폼제작 및 승무원 개인 용모에 관한 규정도 지정하여 자사의 고유한 정중한 이미지 관리에 힘쓰고 있다.

NCS
항공객실서비스 직무능력매칭

능력단위	능력단위요소	수행준거
1203010514_16v1 항공서비스 매너	1203010514_16v1.2 항공서비스 매너 관리하기	1. 규정에 따른 단정한 용모 복장 2. 규정에 따른 호감 주는 표정 관리 3. 규정에 따른 호감 주는 음성 표현 4. 규정에 따른 상황별 기본 매너 준수

4) 능력 및 자질(Competence)

객실승무원은 항공기가 이륙해서 착륙 할 때까지 탑승객 전체를 안전하게 보호하는 것은 물론 지속적으로 쾌적하고 편안한 분위기를 만들어주는 임무를 가지고 있다. 이들의 업무는 기본적인 안전비행 수행과 객실서비스로 나누어 질 있다.

이러한 업무를 수행하기 위해서는 다음과 같은 능력과 자질을 갖추어야 한다. 신체적 건강, 책임감, 심리적인 긴장을 컨트롤할 수 있는 정신력, 인내심, 지속적인 자기 관리 등이 그것이다. 이들에게 요구되어지는 업무는 단순한 것이 아니라 복합성을 가지므로 이러한 업무를 소화해 내기위해 스스로 자질 연마에 힘써야 한다.

객실승무원은 자신의 업무에 정통하여 승객이 요청시에는 어떤 경우라도 자신 있게 응대하여야 하며, 승객의 고충을 원활히 해결해 줄 수 있는 포용력을 겸비하여야 한다.

그림 4.17 아시아나항공 퍼스트 스위트석에서 서비스업무를 수행하는 객실승무원

5) 신용성(Credibility)

정시 운행, 안전한 운항, 쾌적하고 안락한 기내 환경, 친절하고 그 내용이 알찬 객실서비스 등 승객이 항공사에 요구하는 기대 사항은 다양하다. 각 항공사에서는 이러한 승객들의 요구에 부합되는 서비스를 제공하여 한 분의 고객이라도 더 유치하기위해 전사적인 지원과 노력을 아끼지 않고 있다. 신규 고객유치는 물론 기존 고객유지를 위한 기본적인 요소는 신용성이다. 고객과의 약속을 소중히 여기며 이를 지키기 위해 꾸준한 관심을 보이는 자세는 객실승무원이 고품질 인적 서비스실현을 위해 유의해야 할 사항이다. 정시 운항을 위한 최대한의 업무협조, 사전주문 면세물품의 올바른 전달, 주문식사와 음료의 정확한 제공 등 승객이 가장 관심을 두는 부분을 약속대로 실행해야 한다.

그림 4.18 Saudia와 Lufthansa의 제품차별화 전략
Saudia는 중동의 특성을 살린 서비스로, Lufthansa는 항공기내(in-flight)와 외부(on-ground)의 상징적 서비스 품질을 이용한 제품차별화 전략을 수행한다.

6) 신뢰성(Reliability)

객실서비스의 일관성과 정확성을 확보함으로써 승객들이 믿을 수 있는 항공사라는 인식이 뿌리내리도록 해 주어야 한다. 이를 위하여 객실에서 승객에게 제공되어지는 모든 서비스는 해당 부서에서 오랜 기간 계획하고 여러 조정기간을 거쳐 실행단계에 이르게 된다. 신규 서비스일 경우에는 전 객실승무원들이 해당서비스를 이해하고 충분히 그 내용을 습득할 수 있도록 교육과 훈련을 하고 있다. 객실승무원 개인은 자신의 승객에게 신뢰성 있는 서비스를 제공하기 위하여 부단히 노력하여야 한다.

7) 반응성(Response)

객실서비스는 승객과 객실승무원 상호간의 연속적인 반응의 연결이라고 할 수 있다. 개인의 욕구가 충족되기를 희망하는 승객과 이에 응대하는 승무원의 적절한 반응들이 곧 객실서비스인 것이다. 객실승무원은 개인의 서비스 마인드를 확립하고, 이를 바탕으로 승객들의 여러가지 반응들에 성심성의껏 응해야 한다. 승객의 요구사항에 신속하게 창의적으로 대응해야 하며 이는 서비스의 적시성(Timing)을 갖춘 상태이어야 한다.

일반적으로 항공사에서는 객실승무원 한명이 다수의 승객을 담당해야 하는 여건을 감안하여 승객이 도움을 필요로 할 때, 승무원을 호출할 수 있는 Call System을 실시하고 있는데 객실승무원들은 이에 즉각적인 반응을 보여

그림 4.19 객실승무원들은 고객의 마음을 헤아리기 위해 Role-Play 형식의 서비스교육을 갖는다.

야 함은 물론 나아가 승객이 호출하기 전에 요구사항을 예견하여 미리 제공하는 서비스를 해야 한다.

8. 안전성(Security)

안전한 비행은 가장 우선적으로 중시되어야 하는 요소이다. 객실승무원은 항공기 이 · 착륙 시는 물론 항공기 순항 중 항상 안전한 비행이 최우선 과제임을 염두에 두어야 하며, 방지할 수 있는 상황은 미리 예방하는 습관을 지닌다.

항공사에서는 객실승무원의 비행안전 의식 고취 및 비상시 올바른 상황 판단과 대처를 위해 정기적으로 안전정례 훈련을 실시하고 있다. 객실승무원은 훈련기간 진지한 태도로 임하며, 근무 비행 시 항상 안전한 비행을 염두에 두는 자세가 필요하다. 또한 항공사는 무엇보다도 안전성이 높은 항공기를 운용해야 하며 완벽한 항공기 정비기술을 구축하고 선진화된 운항 유도 시스템을 구비함으로써 비행의 안전성을 제고해야 한다.

9. 이해(Understanding)

고객의 국적, 연령, 성별, 계층, 종교 등 항공기에 탑승하는 승객들은 각기 다양한 문화권의 특색을 지닌다. 객실승무원은 이러한 여러 종류의 승객 유형을 파악하고 이들의 욕구를 이해하기 위해 지속적인 노력을 해야 한다. 이

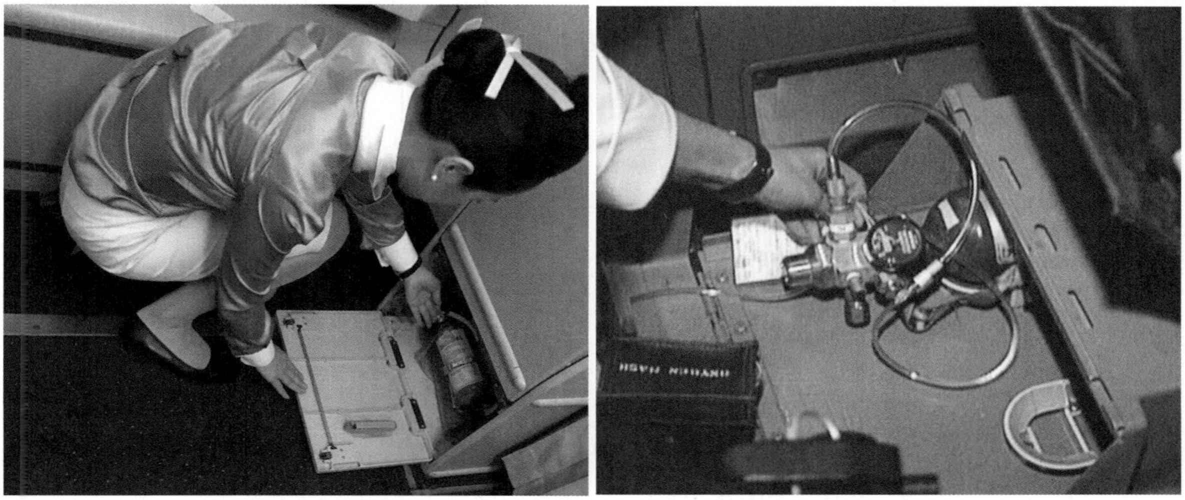

그림 4.20 안전한 비행을 위해 승객탑승 전 승객 좌석의 비상장비를 점검하고 있다.

그림 4.21 고객의 유형화된 서비스품질 향상을 위해 도입한 대한항공의 B747-8I 비즈니스클래스에서 객실승무원이 차별화된 상위 클래스 기내식을 제공하고 있다.

를 위해서는 실질적인 업무 지식이외에도 지구촌에 있는 다른 문화권의 생활이나 전통, 습관에 관한 관심과 이해가 필요하다. 그리고 세계 경제나 문화, 사회 각 분야의 변화하는 소식들에도 귀를 기울어야 한다. 오늘 조간신문의 헤드라인에 언급된 인물이 저녁에 출발하는 비행 편의 내 담당승객이 될 수도 있다.

또한 객실승무원은 승객이 **특별 기내식**(Special Meal) 또는 요람 서비스(Bassinet Service)를 요청해 올 때에는 적극적으로 부응하고 **상용 여객**(Frequent Flyer)을 알아차리는 기억력과 기지도 갖추어야 한다.

특별 기내식(Special Meal)
종교, 건강 등의 개인적인 이유로 일반 기내식을 취식하지 못하는 승객들을 위하여 개인의 요구에 맞추어 항공사에서 특별히 제공하는 기내식사로 다양한 종류가 있다.

상용 여객(Frequent Flyer)
해당 항공사를 자주 이용하는 승객을 말하며 항공사들은 이들에 대한 탑승정보를 관리하며 공항라운지 이용, 보 스 마일리지 제공 등의 다양한 혜택을 부여하고 있다.

10) 서비스의 유형화(Tangibility)

일반적으로 서비스를 크게 인적 서비스와 물적 서비스로 구분한다. 고객의 입장에서는 유형화된 물적 서비스가 늘어날수록 서비스 만족도가 상향되는 것은 당연한 이치이다. 그러나 항공사의 입장에서 보면 서비스의 유형화는 곧 비용 증가로 이어지므로 상당히 민감한 부분이다. 그럼에도 불구하고 항공사들은 자사의 서비스 품질을 향상시키기 위해 객실의 재편성을 통한 기내 공간의 확대, 새로운 서비스 아이템 개발, 그리고 차별화된 다양한 기내식 음료의 제공 등으로 서비스 유형화를 도모하고 있다. 이 작업이 항공사로서는 가장 어려운 과제이다.

이러한 10가지의 패키지화된 객실서비스의 품질관리 요소가 승객들이 항

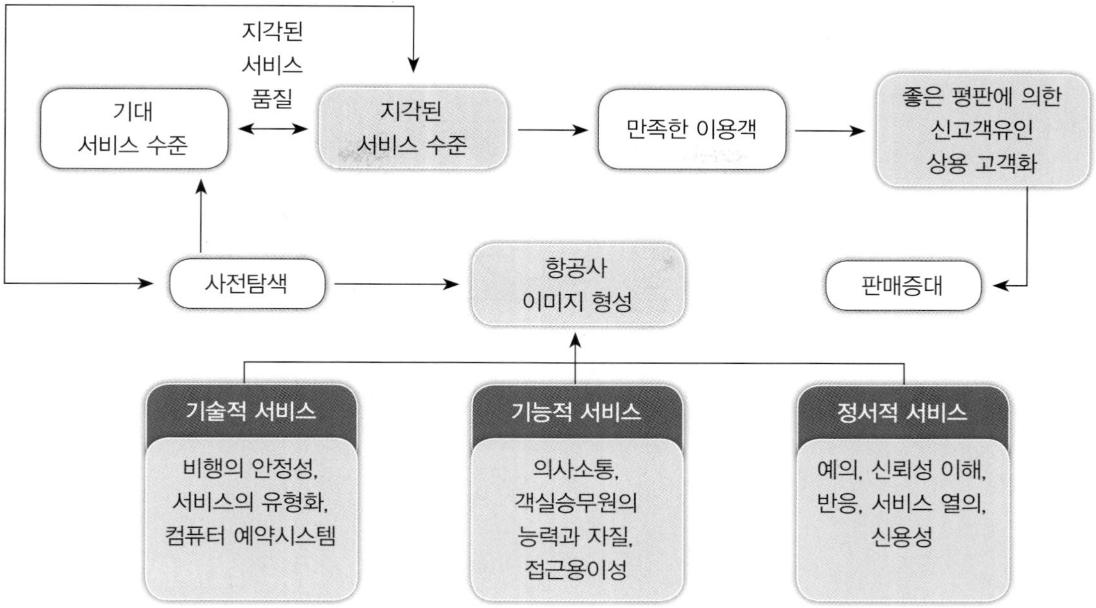

그림 4.22 항공사의 서비스 품질 관리 체계도

공사와 승무원에 대해 갖는 기대와 지각된 서비스 수준을 형성시키게 되는 것이다. 객실서비스의 다양성과 그 품질이 승객의 항공사 선정 주요 변수임은 분명하다. 그러나 실제 객실서비스를 제공하는 데에는 여러 제약이 있다. 우선, 객실서비스가 고공비행 중에 제공되며 더구나 승객들의 식성, 기호, 국적, 언어, 성별, 신분이 각기 다를 뿐 아니라, 기내 공간의 제약으로 시설의 배치에 어려움이 많아 승객의 식성과 취향에 부합시킬 다양한 종류의 기내식음료를 탑재할 수 없는 어려움이 있다.

이러한 제약 요소는 원활한 객실서비스의 제공에 장해 요소가 되지만 이것을 슬기롭게 극복할 때 비로소 선호되는 항공사로 입지할 수 있다는 점에서 항공사의 전사적 차원의 대안모색은 물론 객실승무원들의 현장 제안이 절실히 요망되는 사항이다. 그러므로 각 항공사는 기내 시설의 개량과 개선, 승객이 공통적으로 선호하는 기내 식음료의 탑재, 친절과 환대로 승객을 맞이하는 객실승무원의 자세로 그러한 제약성을 극복하기 위해 노력하고 있으며, 현재 수준의 서비스 실행에 만족하지 않고 서비스의 성과를 주기적으로 조사, 분석하는 조사 시스템을 설치하고 운영하여 보다 나은 양질의 서비스를 제공하기 위해 부단한 노력을 경주하고 있다.

CHAPTER 05

항공객실 구조 및 시설

항공객실서비스에서 기본시설에 해당하는 것은 항공기 중 상업용 민간 여객기이다. 본 절에서는 객실승무원이 전문적인 업무 수행을 위해 파악해야 하는 항공기에 대해 살펴보고자 한다. 주로 객실서비스에 관련된 객실 내부구조와 시설물 사용법을 구체적으로 언급한다.

세계 민간 항공사들은 주로 미국의 보잉사와 유럽의 컨소시엄 회사인 에어버스사에서 제작되는 항공기를 도입하고 있다. 대개의 상업용 민간항공기는 항공사들이 필요에 따라 용도별로 이 두 항공기 제작사의 기종을 선택하는 실정이므로 내부 인테리어나 좌석배치 정도를 배제한 항공기 제원이나 성능상의 차이는 거의 없다고 볼 수 있다. 이에 항공사들은 자사의 이미지를 담는 고유한 디자인으로 항공기의 외장과 객실 인테리어를 하고 있다. 항공사의 시각적인 이미지를 담는 항공기 외장과 객실 내부공간은 항공사의 CIP(Corporate Identity Program)의 일환으로 볼 수 있으며 대고객 기업이미지의 인지 및 관심도를 유발하는 중요한 요소가 되고 있다. 항공사별 사례를 살펴보자.

대한항공(Korean Air)은 1984년 창립 15주년을 기점으로 새로운 경영체제를 구축하고, 제2의 도약을 상징하는 새로운 이미지를 심기 위하여 상징 마크를 비롯하여 항공기의 외장을 현재의 모습으로 변경하였다. 대한항공의 현재 상징 마크는 국적기로서의 이미지를 강렬하게 부각시키기 위해 음양 원리를 바탕으로 하는 태극 문양을 응용하였으며, 외장의 기조색인 담청색은 무궁한 미래와 창공을 상징하며 기조색을 받치고 있는 중앙부의 은백선은 항공기 하부 동체의 백색과 더불어 무궁한 발전과 실현의 의지를 상징한 것이다.

아시아나 항공(Asiana Airlines)은 1988년 취항한 후발 항공사로서 기존의 항공사와 경쟁하기 위하여 장기적인 경영전략의 일환으로 CIP를 창업 초기부터 도입하였다. 한국의 전통미와 서정성을 강조한 '색동여인 환영상'과 함께 색동줄무늬를 도색한 항공기 수직꼬리날개는 한국고유의 친절성을 내포하고 있다.

그림 5.1 **대한항공** 음양원리를 바탕으로 태극문양을 응용한 대한항공의 비행기가 이륙하고 있다.

뉴질랜드 항공(Air New Zealand)은 1996년부터 250억원을 투자하여 항공사 전반에 걸친 혁신을 시도하고 있으며 특히 퍼시픽 웨이브(Pacific Wave)는 국제선 여객기의 서비스를 향상하기 위하여 모든 항공기의 외부 도장과 객실의 실내 장식을 새롭게 단장하는 것을 주요 목적으로 하는 브랜딩 패키지(Branding Package) 프로그램을 실행하고 있다.

그림 5.2 경영전략의 일환으로 CIP(Corporate Identity Program)을 실시한 Qantas Airways의 항공기 외장모습이다.

일본 항공(Japan Airlines)은 동경과 올랜도 노선에 디즈니 월드를 방문하는 어린이동반 가족 여행객이 많은 점을 착안하여 'Dream Express'라는 특별기를 투입하고 있다. 이 노선에 투입되는 기종의 외장 전체를 디즈니 캐릭터들로 디자인하여 도장함으로써 승객의 관심을 유발하는 것뿐만 아니라 절대적인 호응을 얻어 결과적으로 고객 만족을 위한 성공적인 마케팅 전략이라고 평가받고 있다.

대한항공과 아시아나항공이 연료효율은 물론 뛰어난 운항능력을 지닌 신형기를 도입함으로써 서비스경쟁력을 강화하고자 2017년부터 본격적인 기종 업그레이드에 나설 계획이다. 지구온난화와 기상이변이 주요 사회이슈가 되는 환경에서 신형기도입을 통해 유해물질 배출감소는 물론 연료절감 효과가 기대되고 승객은 보다 편안함과 안정감을 더 느낄 수 있을 것으로 기대된다.

대한항공은 2017년에 보잉 787-9와 CS300 기종을 도입한다. '드림 라이너'라고 불리는 B787은 기체의 50% 이상을 탄소 복합 소재로 만들어 무게를

그림 5.3 에어버스 350기의 조종실과 기장

획기적으로 줄이고 연료 효율도 높은 보잉의 환경친화적인 차세대 항공기다. 최대 운항거리는 약 1만5750km로 B787-8보다 약 550km 정도 더 멀리 비행이 가능하다. CS300은 캐나다 항공기 제작사인 봄바디어의 차세대 항공기다. 동체 및 날개에 첨단 신소재를 적용해 항공기의 무게를 대폭 줄였고 미국의 프랫앤휘트니(Pratt & Whitney)사 PW1521G엔진을 장착해 연료효율을 15% 가량 높였다. 대한항공은 2017년부터 B787-9와 CS300 기종을 순차적으로 각각 10대씩 들여올 예정이다. 그리고, 2019년부터는 보잉 737MAX-8과 에어버스 A321NEO 기종을 최대 각각 50대씩 들여온다. B737MAX-8은 최신 엔진(CFM International LEAP-1B)과 기존 날개보다 1.8% 연료를 더 절감할 수 있는 새로운 윙렛(Wing-let) 등 첨단 기술이 적용돼 효율성과 신뢰성, 운항능력을 극대화한 차세대 친환경 항공기다. 기존 동급 항공기들보다 20% 이상 연료를 절감할 수 있으며, 좌석당 운항비용도 8% 줄일 수 있다. A321NEO도 최신 엔진과 기술이 적용된 차세대 친환경 항공기로 기존 동급 항공기들보다 15% 이상 연료를 절감하는 동시에 탄소를 저감하는 한편 정비 비용 등을 절감할 수 있다.

아시아나항공은 2017년에 A350-900 기종 4대를 도입할 예정이다. A350-900은 A350 XWB 기종의 패밀리 중 하나다. A350-XWB는 에어버스의 장거리용 항공기로 중형 광폭동체 패밀리의 신형 기종이다. 기체의 70%는 복합소재(53%), 티타늄 및 고급 알루미늄 합금을 결합한 최첨단 소재로 만들어져 부식은 물론 마모도 되지 않는다는 특징이 있다.

1 항공객실 구조

상업용 민간 항공기의 대부분은 현재 에어버스사와 보잉사에서 대부분 제작하여 각 항공사에 공급하고 있다.

항공기의 기본 제원은 기종별로 동일하나 외장이나 실질적인 내부 구조, 시설들은 항공사의 요구에 의해 다르게 주문 제작된다. 항공사들은 항공기 도입시 적정시점에 클래스 별 좌석 및 설비 배치 계획안을 항공기 제작사에 제출하게 된다. 항공기의 객실 내부는 일반적으로 항공기 전면에서 후면으로 A, B, C, D, E Zone으로 구분 지으며 주객실(Main Deck) 전면과 위층 객실(Upper Deck)은 주로 상위클래스(일등석과 이등석)로 운영된다.

이 구역은 각 구역별로 비상 때 사용하는 비상구(Exit Door)인 문(Door)과 문 사이를 두고 구분하며, 객실승무원의 근무구역을 설정하는 기준이 된다.

객실에는 화장실, 선반, 벽장, 승객 좌석, 승무원 좌석, 주방, 비상구가 구성되어 있고 기종별로 위치는 상이하다.

항공기는 비상구(Exit Door)의 수에 따라 대, 중, 소형기로 구분하며 객실 내부의 통로의 수에 따라 Narrow Body와 Wide Body로 나눈다. 객실 내부에는 객실의 앞뒤를 연결하고 승객들이 통행할 수 있는 통로(Aisle)가 기종에 따라 1개 또는 2개가 있다. 통로가 1개인 항공기를 Narrow Body(B737, MD82 등), 통로가 2개인 항공기의 경우는 Wide Body(B747, B777, A330, A300 등)라고 칭한다.

1) 대형기

대형기는 비상구(Exit Door)가 항공기 양측에 각각 5~6개가 있으며, 대형기

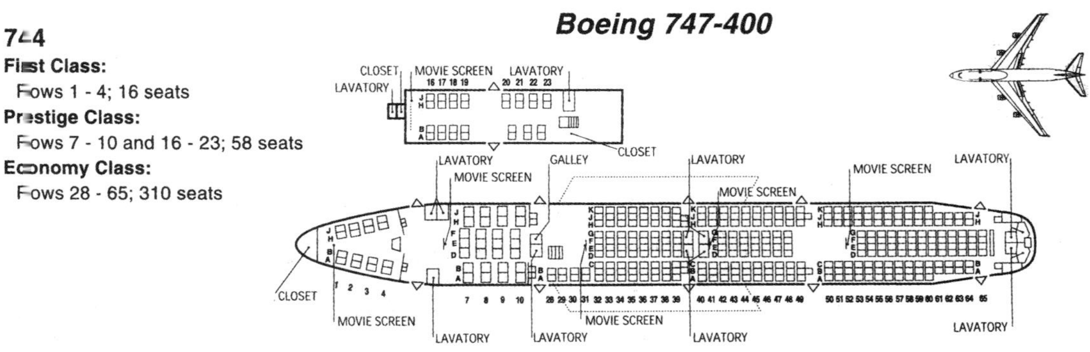

그림 5.4 Boeing 747-400

의 객실 구역은 앞 에서부터 차 로 A, B, C, D, E구역(Zone)으로 이루어져 있다. B747 항공기의 경우 A, B, C, D, E Zone을 비롯하여 객실 전방 A, B Zone 바로 윗부분에 2층 객실 구역(Upper Deck Zone)이 있다.

2) 중형기

중형기는 비상구(Exit Door)가 항공기 양 에 각각 3~4개가 있다.

중형기의 객실구역은 대형기와 마찬가지로 앞 에서부터 차 로 A, B, C, D Zone으로 이루어져 있다.

AB3
First Class:
Rows 1 - 2; 12 seats
Golden Club Class:
Rows 4 - 9; 32 seats
Economy Class:
Rows 11 - 44; 250 seats

Airbus Industrie A300 - 300

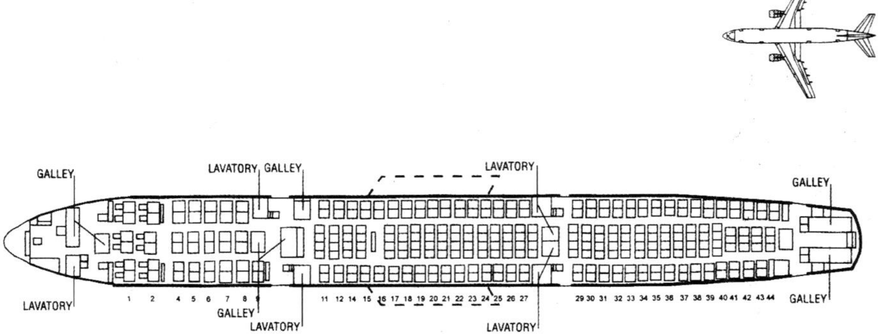

그림 5.5 Airbus industrie A300–300

3) 소형기

소형기는 비상구가 총 2~3개로서, 객실의 구역을 나누기보다는 항공기 전방, 후방의 개념으로 근무구역을 설정한다.

737
Economy Class:
170 seats

Boeing 737

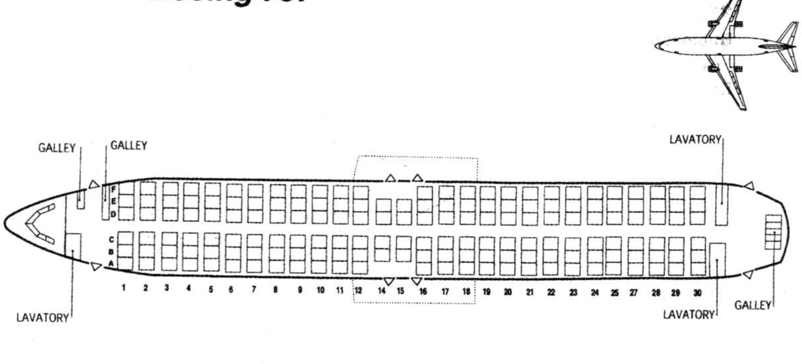

그림 5.6 Airbus industrie A300–300

2 객실서비스 등급

객실서비스 등급은 항공사에 따라 그 명칭이 약간씩 다르나 일반적으로 일등석(First Class), 비지니스석(Business Class), 일반석(Economy Class)으로 구분된다. 객실서비스 등급은 항공기의 구역(Zone) 구분과 마찬가지로 객실승무원의 근무구역을 설정하는데 주요한 기준이 된다.

1) 일등석(First Class)

일등석(First Class)은 객실 전방부나 Upper Deck에 위치하며 좌석 너비와 좌석 사이의 간격이 다른 등급에 비해 넓고 쾌적한 좌석배치(Seat Configuration)를 갖추어 일등석만의 안락함과 쾌적함을 조성하는 독립된 분위기를 지닌 것이 특징이다. 좌석수는 기종에 따라 6석에서 16석까지 운영된다. 대한항공(Korean Air), 에어프랑스(Air France), 영국항공(British Airways)등의 일부항공사는 개인공간의 최대 보장을 위해 침대 좌석을 개발하여 일등석 승객에게 제공하고 있다.

그림 5.7 Korean Air가 보유한 Boeing 747-400 항공기의 First Class의 모습

2) 이등석(Business Class)

이등석(Business Class)은 일등석(First Class)의 바로 후방 주객실(Main Deck)에 또는 윗층 객실(Upper Deck)에 위치하며, 일반석(Economy Class)에 추가 요금을 지불한 승객이 탑승하는 Class로서 일등석에 준한 좌석 분위기를 갖추고 있다. 이등석(Business Clss)은 최근 들어 모든 항공사 마케팅 전략에 초점이 되는 Class이므로 각 항공사가다 특색있는 자사만의 이등석(Business Class) 명칭을 내걸고 승객에게 다양한 편의 시설을 제공하고 있다.

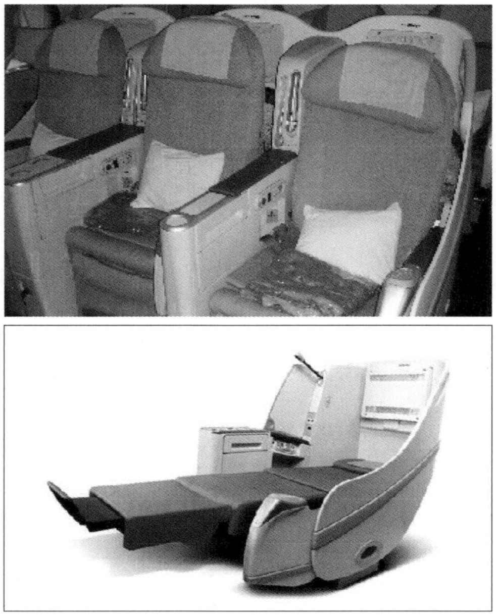

그림 5.8 Korean Air가 보유한 Boeing 747-400항공기의 Business Class의 좌석과 최근 새로이 장착된 Prestige Sleeper Seat의 모습

3) 일반석(Economy Class)

일반석(Economy Class)은 기종별로 차이는 있으나 소형

그림 5.9 B777-200항공기의 Economy Class 객실 모습

기의 경우 약 100~200명, 중형기의 경우 약 250~300명, 대형기의 경우 약 300~400명까지 탑승할 수 있는 일반 좌석을 일컫는다.

최근 항공사별로 신형 기종에는 일반석에도 등받이 각도와 좌석간의 간격을 보다 넓히고 좌석 하단에 발 받침대(Leg Rest)를 장착하여 운영하는 등 승객의 편의를 도모하기 위한 시설 확충에 더욱 주력하고 있다.

3. 항공객실시설 및 설비

상업용 항공기를 제작하는 대표적인 항공기 제작 회사로는 Boeing사와 Airbus사를 들 수 있고, 모든 국제항공사가 두 제조사의 항공기를 도입하여 사용하고 있으며 점차 대형화, 첨단화되는 추세이다. 같은 제작사의 항공기 기종이라고 하더라도 도입하는 항공사의 필요 요구에 따라 주문 제작되어지므로 실제 내부구조는 다르다.

일반적으로 모든 민간 항공기의 객실 내부에는 여객 운송에 필요한 기본 객실 구성요소인 승객 좌석, 수하물용 선반, 통로, 화장실, 주방, 비상구가 객실 전역의 적절한 위치에 배치된다.

그림 5.10 Boeing 747-400 항공기 Upper-Deck에 위치한 Business Class 객실 모습

1) 승객 좌석(Passenger Seat)과 선반(Overhead bin)

앞에서 살펴본대로 여객기의 승객 좌석은 그 등급에 따라 크게 일등석인 First Class Seat, 이등석인 Business Class Seat, 그리고 일반석인 Economy Class Seat의 3종류로 나뉜다. 일부 항공사는 각 클래스내에도 등급을 두어 차등 운영을 하고 있다. 이는 항공기종의 좌석배치에 따라 탄력 운영된다.

좌석 등급은 좌석간의 간격과 좌석의 넓이에 따라 구분되는데, 좌석의 간격은 앞좌석 팔걸이 끝에서 뒷 좌석 팔걸이 끝까지의 간격을 일컫는 Seat Pitch에 의해 결정된다. 클래스별 Seat Pitch는 일등석과 이등석의 경우 각각 57인치와 38~40인치, 일반석은 28인치의 규격이 가장 많이 쓰인다. 그러나 클래스 별 Seat Pitch 정도는 항공사마다 상이하며 근래에 들어 이를 늘림으로써 보다 편안한 여행을 고객에게 제공하여 고객유치에 힘쓰려는 항공사가 두드러지게 많아지고 있다.

실제로 몇몇 항공사들의 사례를 들어 본다.

1995년 세계 3대 순이익 창출 항공사인 캐세이 퍼시픽(Cathay Pacific) 항공은 1997년 말, 총 10억 홍콩달러를 투자하여 전체 보유항공기 좌석의 공간 50%를 확대하는 계획을 발표하였다. 이는 다년간 실시한 설문조사의 결과 승객들이 가장 원하는 요소 중의 하나가 편안한 좌석임을 알고 많은 비용에도 과감하게 투자한 것이다. 케세이 퍼시픽 항공의 발표는 획일화된 기내 시설에 차별화 시도의 장을 열게 하였다.

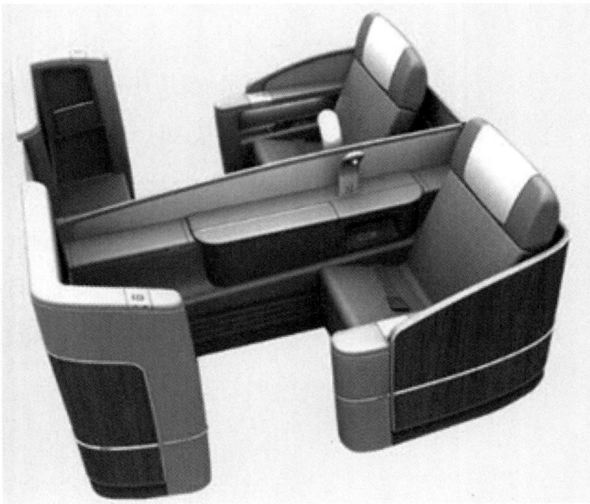

그림 5.11 대한항공 일등석에 장착된 Kosmo Suites Seat

그림 5.12 스페이스 베드
Singapore Airlines의 Space Bed

에어 프랑스(Air France)는 항공사 최초로 장거리 노선에 개인공간을 최대로 보장하여 편안함과 자유로움을 추구할 수 있는 일명 침대 좌석인 'Espace'를 개발하여 'Espace 180(First Class Seat)', 'Espace 127(Business Class Seat)' 클래스를 운영하고 있다. 첨단기술과 인체 공학적으로 설계된 'Espace 180'은 좌석의 등받이 각도가 180도까지 승객이 원하는 각도로 조절가능하고 길이 1.97m, 폭 53.3cm으로 개인통신 시설, 개인비디오 시스템 및 칸막이가 설치되어 개인의 프라이버시를 최대한 존중하는 편안한 여행시설을 제공하고 있다.

영국 항공(British Airways)은 5억만 파운드를 투입하여 기존의 일등석인 First Class와 이등석인 Club World Class에 한 열 당 2좌석에서 1좌석으로 배치를 변경하여 개조한 침대 좌석을 승객에게 제공하고 있다.

싱가포르 항공(Singapore Airlines)은 항공업계 최초로 2인용 침대(Double Bed)형 좌석을 이등석 객실에 도입하여 설치하였다. 일명 'Space Bed'인 새로운 좌석은 길이 78인치(198cm), 폭 27인치(68cm)의 수면공간을 제공, 승객들이 거의 반듯하게 누울 수 있게 되어 있다. 바로 옆에 좌석이 붙어있어 연인들은 마음만 먹으면 약 4.5피트(135cm)폭 2인용 침대(Double Bed)를 만들 수 있다. 물론 승객들이 원할 경우 좌석사이에 있는 칸막이로 옆자리와 공간 분리가 가능하여 개인의 프라이버시를 지킬 수도 있다. 싱가포르 항공

그림 5.13 델타항공의 프리미엄 이코노미좌석

(Singapore Airlines)과 다른 항공사들의 기존 1등석에도 대형 좌석들이 있지만 'Space Bed'만큼 충분한 공간을 제공하지는 못했다. 2인용 침대(Double Bed)의 설치로 승객들이 보다 내 집과 같은 편안함을 기내에서도 느낄 수 있게 된 것이다.

델타항공(Delta Airline)은 2014년부터 승객의 요구에 맞춘 세분화된 좌석 옵션인 델타 원 비즈니스클래스, 일등석, 델타 프리미엄 클래스, 그리고 델타 컴포트 플러스(Delta Comfort+)를 통해 차별화된 여행 상품을 제공하고 있다. 프리미엄 이코노미 좌석인 델타 프리미엄(Delta Premium) 클래스는 2017년 하반기 에어버스 350기종으로 운항하는 일부 국제선 노선에 도입을 시작으로 2018년에는 보잉 777기종까지 추가한다. 더 넓은 공간과 업그레이드된 서비스 그리고 디자인과 품질에 초점을 둔 다양한 브랜드와의 제휴를 통하여 델타항공 프리미엄 이코노미 좌석 수준을 한층 더 높일 계획이라는 것이다.

델타 프리미엄 클래스는 최대 38인치의 좌석 간 간격과 19인치에 달하는 넓이, 7인치까지 젖혀지는 등받이 등으로 보다 넓은 공간을 제공한다. 또, 조절 가능한 다리 받침대와 머리 받침대가 탑재돼 있다. 또한 동종 클래스에서 가장 큰 규모인 13.3인치 고해상도의 기내 엔터테인먼트 스크린과 소음 차단 헤드폰으로 델타 스튜디오의 영화, TV쇼, 게임 등을 무료로 즐길 수 있으며 크고 작은 전자기기를 충전할 수 있는 좌석 전원 콘센트와 기기를 보관할 수 있는 수납 공간이 제공된다. 아울러 빠른 체크인과 보안 검색, 우선 탑승, 빠른 수화물 서비스를 포함한 스카이 프라이어리티(Sky Priority) 서비스를 받을 수 있다.

또한 델타항공은 2017년 전세계 최초로 비즈니스 클래스에 슬라이딩 도어가 탑재된 델타 원 스위트를 A350 기종에 도입할 계획이다. 승객의 편안함과 프라이버시에 중점을 두고 고안된 델타 원 스위트 좌석은, 슬라이딩 도어가 장착되어 극대화된 프라이버시 및 개인 수화물 보관함을 제공하며, 미국 항공사 가운데 가장 큰 와이드 스크린 모니터를 통해 기내 엔터테인먼트 프로그램을 즐길 수 있으며, 프리미엄 마감재와 디자인으로 마치 집과 같은 편안함과 휴식을 제공하는 최고 수준의 비즈니스 클래스 경험을 선보일 예정이다.

이와 같은 항공사의 보다 편안한 공간 제공을 통한 고객 서비스 경쟁은 앞으로도 지속적으로 이루어질 것이다.

(1) 승객좌석(Passenger Seat)

승객 좌석은 좌석벨트(Seat-belt), 재털이(Ashtray), 접이식 테이블(Folding Table) 및 승객용 조절장치(Passenger Control Unit), 머리받침대(Headrest), 개인용 모니터를 포함하고 있다. 그리고 팔걸이(Arm Rest)에 부착된 PCU (Passenger Control Unit)에는 승무원 호출 버튼(Attendant Call Button), 독서등, 기내 오락서비스 관련 버튼이 포함된다.

좌석 등받이의 각도는 좌석 젖힘단추(Reclining Button)로 조절할 수 있으

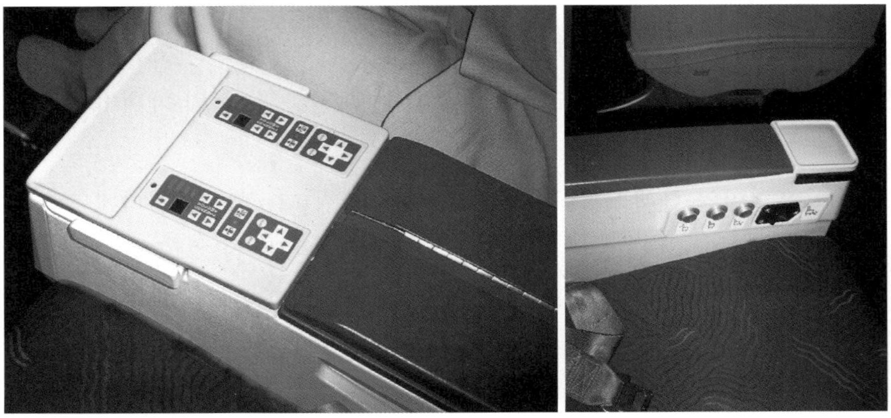

그림 5.14 PCU 승객좌석의 팔걸이에 부착된 좌석 등받이 각도 조절버튼(오른쪽), 승무원 호출버튼, 독서등 기내서비스 관련버튼(왼쪽)

며 하단에는 구명조끼(Life Vest)가 있다. 좌석 상단에는 승객의 짐을 보관할 수 있는 Overhead Bin이 있다. 그리고 Overhead Bin 아래 부착된 PCU에는 독서등(R/Light), Eye Ball, 비상용 산소마스크(EMG Oxygen Mask), 승무원 호출램프(Attendant Call Light) 및 각종 지시 사인(Instruction Sign)으로 이루어져 있다.

그림 5.15 Overhead Bin 아래에 부착된 PCU

• 개인 주문형 오디오/비디오 시스템(Audio Video on Demand, AVOD)

승객은 좌석에 장착된 개인용 텔레비젼(Personal TV)을 통해 다양한 오락프로그램을 즐길 수 있다. 현재 각 항공사는 개인용 텔레비전(AVOD)을 모든 기종 모든 좌석에 설치하는 추세이다.

기존의 기내 영화가 앞에 설치된 대형 스크린을 통해 장거리에서 약 2편을 상영한 것에 비해 개인용 모니터의 장착으로 20여개 이상의 다양한 비디오 채널을 선택할 수 있게 된 것이다. 승객이 원하는 영화를 '개인용 극장'에서 편안하게 감상할 수 있게 된 것이다.

글로벌 승객의 기호에 맞추어 각 항공사의 오락프로그램은 여러 언어로 더빙되거나 자막처리를 한다. 캐세이 퍼시픽(Cathay Pacific)항공의 한국과 홍콩 구간 노선은 영어, 광동어, 중국어, 일본어와 한국어로 제공된다.

그림 5.16 승객들은 좌석 앞에 장착된 개인용 텔레비전을 통해 다양한 오락프로그램을 즐기며 항공여행을 하게 된다.

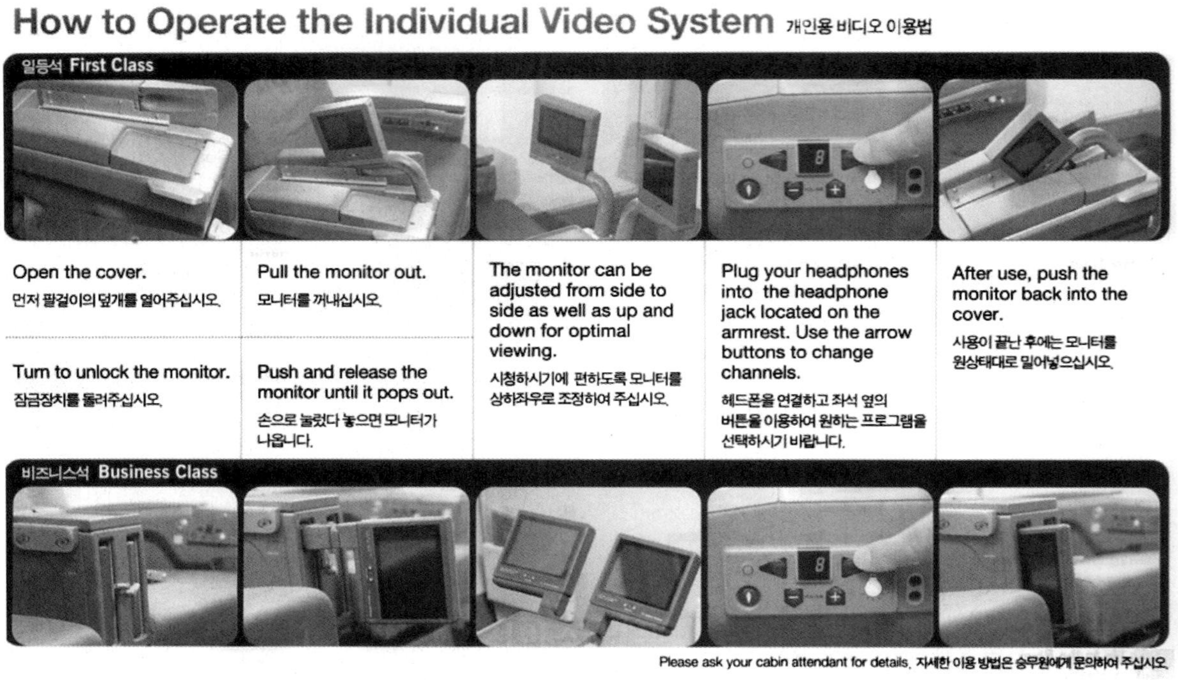

그림 5.17 개인용 모니터 사용방법

산소마스크(Oxygen Mask)
기내 감압현상이 발생할 때 (객실고도14,000ft 이상) 각 승객 좌석의 선반 속에서 자동적으로 내려오도록 되어 있으며, 마스크를 당겨 코와 입에 대면 산소가 공급되도록 되어 있다.

- PCU(Passenger Control Unit)

기내 편의 시설 조정 장치로 보통 팔걸이에 부착된 것으로는 기내 영화와 오디오를 감상할 수 있는 버튼과 승무원 호출버튼, 좌석 젖힘단추(Seat Reclining Button), 독서등(Reading Light) 등을 조절 할 수 있다. 또한 Overhead Bin 아래 부착된 PCU에는 독서 등(Reading Light), Eye Ball, 비상용 **산소마스크**(EMG

그림 5.18 Overhead Bin 아래에 부착된 PCU와 각종 Instruction Sign

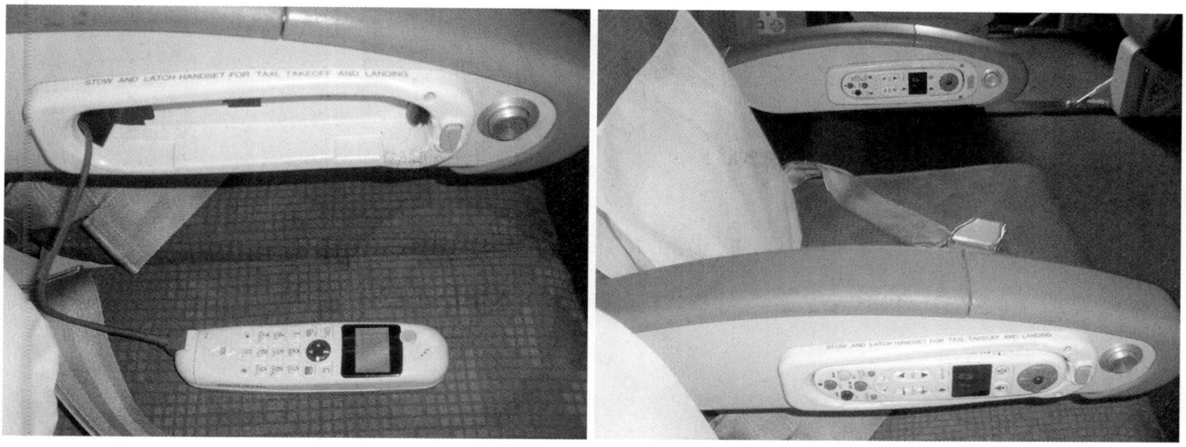

그림 5.19 기내위성 전화

Oxygen Mask), 승무원 호출 램프(Attendant Call Light) 및 각종 지시 사인(Instruction Sign)으로 구성되어져 있다. 개인용 모니터(Individual Monitor)가 장착된 기종의 경우에는 개인용 모니터 화면(Individual Monitor Screen)을 조절하기 위한 PCU가 있다.

• 기내위성 전화

기내위성 전화는 각 좌석에서 세계 어디로나 전화가 가능하다. 일반적으로 팔걸이(Armrest)상단에 장착되어 있으며 한 면은 위성 전화기, 다른 면은 개인용 모니터 화면(Individual Monitor Screen)을 조절하기 위한 PCU로 사용된다.

기내 전화는 크레디트 카드를 사용하여 이용할 수 있으며, 일반 전화와는 다른 비용 계산기준에 따르며 요금은 상대적으로 비싼 편이다. 항공사 기내지에 이용방법과 요금체계가 안내되어 있다.

(2) 선반(Overhead Bin)

승객의 좌석 머리 위 에 부착되어 있는 선반으로서 승객의 가벼운 짐이나 코트, 베개, 담요 등을 넣을 수 있는 공간을 말한다.

B747, B777, A300등 뚜껑이 있는 곳은 Stowage Bin이라 한다.

승객의 안전한 비행을 위해 Overhead bin 점검은

그림 5.20 승객 좌석위에 위치한 객실내 Overhead bin

필수업무이다. 승객 탑승전 점검과 탑승후 물품보관시 안내, 비행중 안전사고 대비를 위한 주의, 그리고 하기 후 유실물 점검까지 한치의 소홀함도 허용되지 않는다.

2) 승무원 구역(Attendant Station)

(1) 승무원 좌석(Jump seat)

승무원 좌석은 모든 Door옆에 위치해 있으며 접을 수 있는 좌석으로 사용하지 않을 때는 저절로 접히며 사용할 때는 좌석을 밑으로 내리면 펴진다. 항공기의 각각의 비상구 옆에 위치하며 항공기의 전역에 고르게 분포되어 있다. 일반적으로 승객좌석과 마주보게 제작되어있다.

승무원 구역(Attendant Station) 및 그 부근에는 인터폰(Interphone), 승무원 보관함(Stowage), 비상장비 그리고 패널(Panel) 등이 설치되어 있다. 또 좌석을 비춰주는 작업등(Work Light)과 승무원용 산소마스크가 있다.

일반적으로 사무장(Duty Purser) 구역에는 객실 조명, 온도, 기내 음악, 비상탈출 신호 등 객실 설비를 일괄적으로 제어할 수 있는 객실 주조절 패널(Cabin Control Main Panel)이 있다.

(2) 승무원 휴게실(Bunk)

장거리 비행 중 승무원들이 영화상영시 두개 조로 나뉘어 쉴 수 있는 공간이

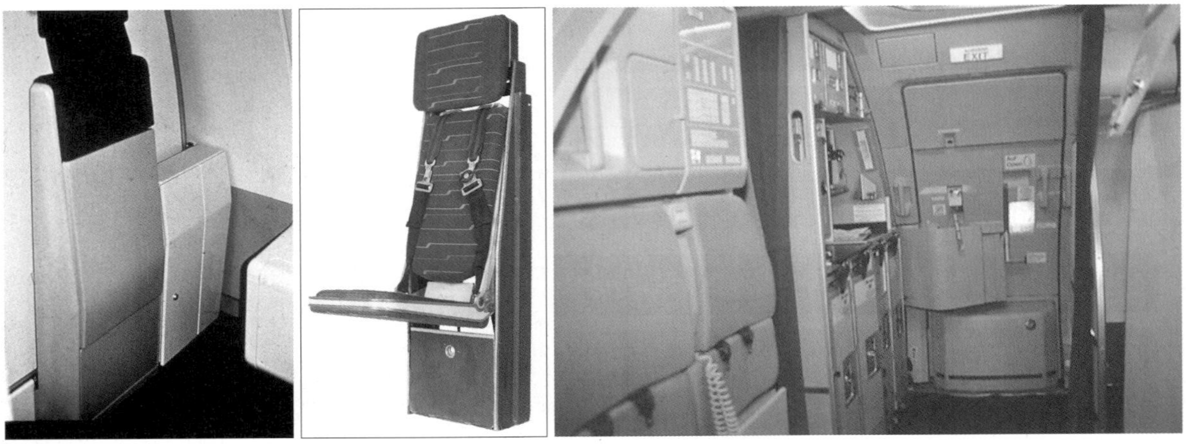

그림 5.21 Jump Seat의 닫힌상태(왼쪽), Jump Seat의 열린상태(가운데), 승무원구역은 Door 옆에 있으며 Galley와 화장실이 함께 있는 경우가 많다(오른쪽).

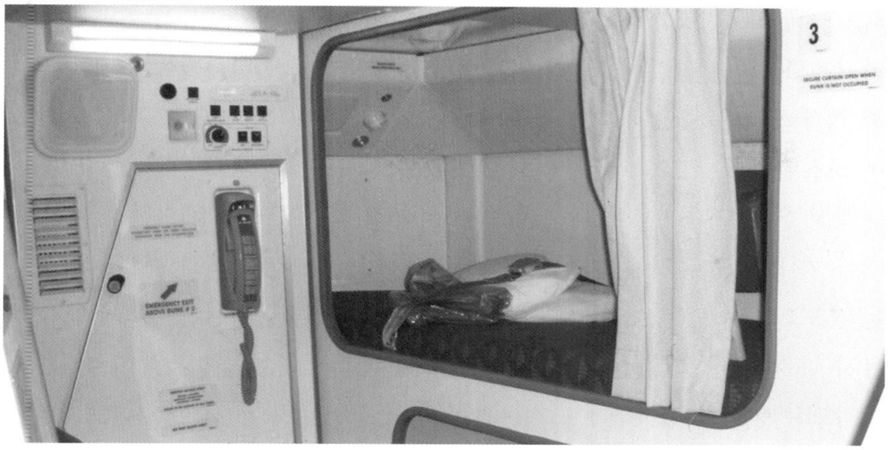

그림 5.22 객실승무원들만이 사용하는 Bunk는 사용후 반드시 잘 정돈하여 다음 교대승무원이 쉴 수 있도록 한다.

다. 보통 객실 뒷편 2층(Upper Deck)에 위치하거나 지하에 위치한다. 승무원 휴게실(Bunk) 안에는 승무원들이 누워서 쉴 수 있는 2층 간이 침대와 독서등, 비상장비 등이 갖추어져있다.

Bunk
운항승무원 및 객실승무원이 장거리 비행 중 교대로 휴식을 취할 수 있는 휴식 설비를 말한다.

(3) 제어 장치(Control System)

기내에서 제공되어지는 영화, 음악 등의 각종 엔터테인먼트 서비스에 관련된 시스템을 제어할 수 있는 장치가 대부분 항공기 전방 사무장 좌석 옆에 설치되어있다. 또한 Air Show 및 기내 온도 조절 장치, 객실 조명 등이 기종별로 정해진 장소에 설비되어 있다.

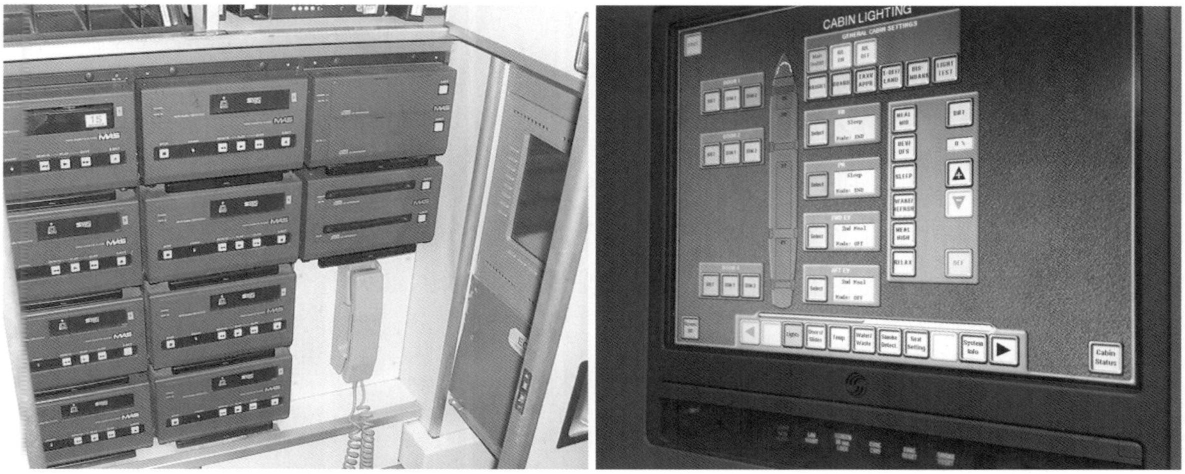

그림 5.23 승무원 구역에 있는Entertainment Control System(왼쪽), 객실 온도 및 조명 조절 장치(오른쪽)

Air Show는 항공기 이 · 착륙시에도 계속 상영될 수 있도록 하여야 하며 일반적으로 부사무장이 승객 탑승전 미리 작동준비를 한다. 객실 조명은 서비스 형태 및 순서, 승객 휴식시간 등의 객실 상황에 적합하도록 객실 사무장이 조절한다.

객실 온도는 승객들이 쾌적한 항공 여행을 위해 수시로 체크하여 가장 쾌적한 기내 온도 유지에 힘쓴다. 객실 온도 조절시에는 승객과 승무원이 느끼는 온도의 차이, 각 Zone별 그리고 승객 수에 따른 온도차이, 취침시의 체온 유지 능력 저하 그리고 객실내의 조감도 등에 유의하여 조절하여야 한다. 일반적으로 승객이 쾌적하게 느끼는 객실내의 적정 온도는 24±1℃ 정도이다.

3) 기내주방(Galley)

Galley는 항공기의 주방으로 일반장비(Galley Equipment), 보관 공간(Stowage Space), 작동패널(Control Panel)로 이루어진다. 객실승무원은 Catering에서 제조된 기내식을 기내의 Galley에서 Heating이나 Chilling해서 승객들이 취식하기 좋은 상태로 제공하게 된다. 따라서 음식을 데우는 Oven, Micro Wave가 있고 음료제공을 위한 Coffee Maker, Water Boiler, Hot Jug & Cup, 기내식 보관을 위한 냉장고, Stowage Space가 기본적으로 설치되어 있으며 여러 전자 장비들을 통제할 수 있는 패널이 구성되어 있다.

기종이 복층으로 구성된 경우에는 Cart이동시 편의를 위해 Galley Elevator가 있고 일부 신기종에는 Trash Compactor가 장착되어 있다.

모든 장비들은 항공기 이 · 착륙 및 기체요동(Turbulence)시 안전을 위해 Lock을 할 수 있도록 되어있다.

(1) 기내 냉장고

기내주방 보관장소(Galley Compartment)에 장착되며 차갑게 음료를 서비스하기 위하여 사용하거나 냉장이 필요한 음식의 보관에 이용된다. 기내 공간의 한정성을 이유로 상위 클래스 기내주방(Galley)에 설치되는 경우가 많다.

(2) 오븐(Oven)과 전자레인지(Micro Wave)

케이터링 센터(Catering Center)에서 제조되어진 기내식을 따뜻하게 서비스하기 위하여 사용하는 것으로 오븐과 전자레인지가 있다. 일반적으로 기내 모

Oven
기내식의 Meal Entree, 빵, Towel 등을 가열하여 승객의 기호에 맞게 서비스할 수 있는 Heating 장비를 말한다.

Coffee Maker
기내 커피 서비스를 위해 커피를 Brewing 하는 Galley 장비 중의 하나이다.

Water Boiler
기내에 뜨거운 물(92℃)을 공급하여 Instant Coffee와 Tea 서비스 등을 수행하게 한다.

Galley Elevator
복층으로 구성된 기종에서 기내식음료 서비스 내용물이나 기물의 탑재 및 운반을 용이하게 하기 위한 기내주방내에 장착된 운반용 장비

Trash Compactor
기내에서 수거된 쓰레기를 효율적으로 처리하여 부피를 줄이기 위한 쓰레기 압축기를 말한다.

Compartment
기내 용품을 탑재하기 위하여 Galley 등에 설치된 Space를 말한다.

그림 5.24 기내주방에는 오븐, 커피메이커, 전자레인지등의 전자 장비들을 통제할 수 있는 패널이 구비되어 있다.

그림 5.25 Boeing 777 항공기의 기내후반에 있는 Galley이다. Compartment를 비롯한 각종 장비들을 볼 수 있다.

든 기내주방(Galley)에는 Oven이 설치되어 있다.

객실승무원은 메뉴별 Heating 시간과 방법을 준수하여 사용하여야 한다. 항공사는 신규 메뉴 탑재시에는 각 메뉴별 탑재 방법 및 Heating 방법과 유의사항을 사전에 공지하고 있다.

사용시에는 내용물을 확인하고 전원을 켜야 하고 사용하지 않을 때에는 반드시 닫힘과 잠금상태(Close & Lock)를 유지하며 착륙 전에는 전원을 끈다.

(3) 물품보관함(Compartment)

객실서비스 용품을 보관하는 장소는 Compartment가 비행기에 장착된 경우와 Carrier Box를 탑재하여 사용하는 경우가 있다. 일반적으로 항공기내 모든 물품은 위치가 정해져서 탑재되어지므로 사용 후에는 반드시 제자리에 놓아야 한다. 또한 비행기의 갑작스런 요동으로 보관함내의 물건이 떨어질 우려가 있으므로 사용시에만 열어서 사용하고 평상시에는 반드시 문을 닫고 고정해 놓아야 한다.

> **Carrier Box**
> 기내물품 운반 용구로서 휴대하여 이동할 수 있도록 Box형태로 제작되었다. 통상 Aluminum의 재질로 제작된다.

(4) 쓰레기통(Waste Container)

일반적으로 쓰레기통은 각 Galley와 화장실에 있다. 객실승무원은 장시간 비행동안 많은 양의 쓰레기가 나오므로 사용시 가능한 공간 확보에 유의하여야 한다. 쓰레기통은 사용하지 않을 경우 반드시 닫힘 상태를 유지할 수 있

표 5.1 메뉴별 탑재 방법 및 Heating 방법의 예

품목	탑재방법	Heating 방법 및 유의사항
전복 산적, 두릅 산적, 새우 산적, 송이버섯 산적	도시락 형태의 Tin Foil에 1인분씩 탑재	• Tin Foil을 Oven에 넣어 Heating함 (뚜껑 ON) • Heating Time: 15분 정도
삼계탕	도시락 형태의 Tin Foil에 1인분씩 탑재	• Tin Foil을 Oven에 넣어 Heating함 (뚜껑 ON) • Heating Time: 20분 정도 • 삼계탕의 찹쌀밥은 Tin Foil에 Setting된 대로 Heating 하여 그릇에 옮겨 담음
영광굴비, 옥돔구이	도시락 형태의 Tin Foil에 1인분씩 탑재	• Tin Foil을 Oven에 넣어 Heating함 • 직열에 조리하는 것을 원칙으로 함 (뚜껑 OFF) • Heating Time: 15분 정도

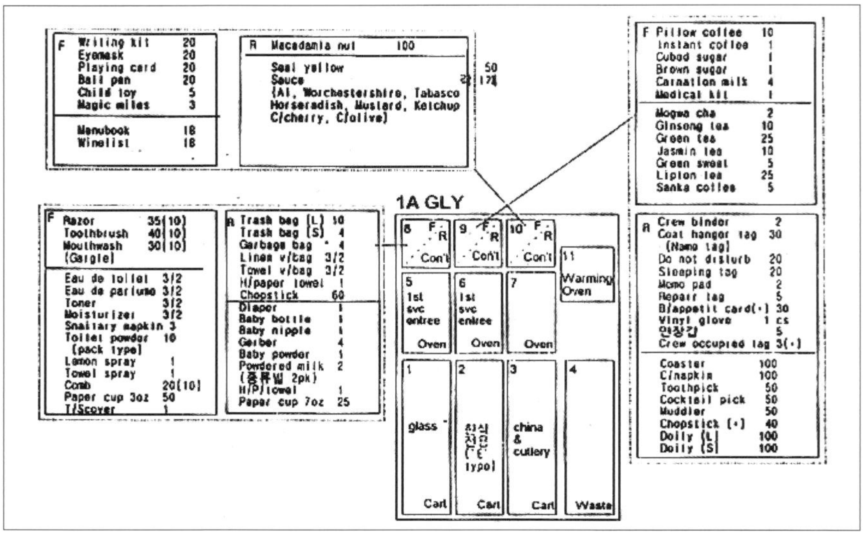

그림 5.26 Galley내 각 Compartment 탑재 물품의 예

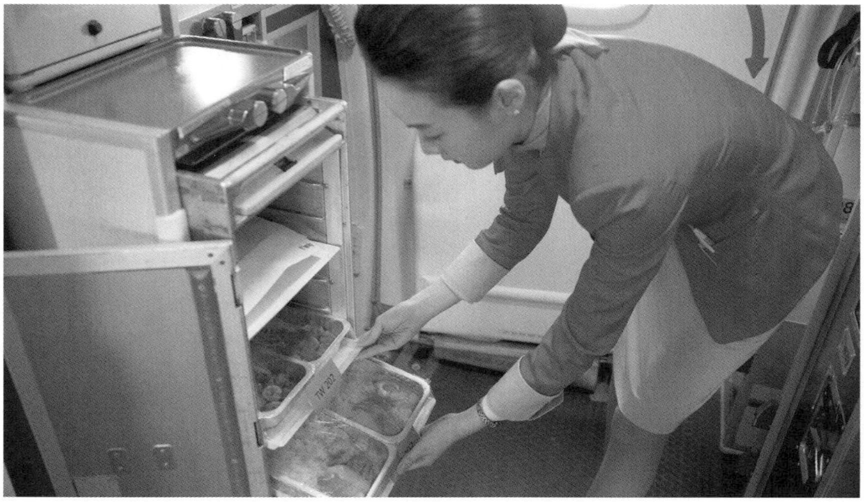

그림 5.27 Galley에서 Meal Cart내 승객용 기내식을 확인하고 있는 객실승무원

그림 5.28 Trash Compact (왼쪽)와 Coffee Maker, Oven Switch가 보이는 Galley(오른쪽).

는 스프링 타입의 뚜껑이 부착되어 있어야 한다. 최신 기종의 경우에는 쓰레기를 압축할 수 있는 시스템을 갖춘 쓰레기통이 부착 되어있다.

(5) Coffee Maker와 Water Boiler

일부 항공기 종에는 에스프레소, 카푸치노와 같은 커피 전문점에서나 즐길 수 있는 다양한 커피를 항공 기내에서도 서비스할 수 있도록 Coffee Machine이 장착되어 있기도 하다

객실승무원은 다양한 커피 제조 방법을 익혀 승객의 다양한 욕구에 부응할 수 있어야 하겠다.

일반적인 Coffee Maker는 원두 Coffee Pack을 넣고 Brewing시키는 것으로 용량은 약 20잔 정도이다. 각 Coffee Maker는 온도 조절 장치에 의해서 조절되며 과열방지 장치가 설치되어 있다. Coffee Maker와 Water Boiler는 작동 전에 반드시 Hot Water 꼭지에서 기포 없는 물이 나올 때 까지 물을 빼내는 Air Bleeding을 실시한 후 사용하여야 하고 Coffee Maker의 Coffee Pack Tray 및 Hot Plate 등은 청결하게 유지하여야 한다.

4) 통신시스템(Communication & Calls system)

기내에서 사용되어지는 통신 시스템으로는 객실승무원과 객실승무원 또는

그림 5.29 통신시스템(Communication & Calls system)
기내 통신시스템은 객실승무원의 원활한 업무수행에 수적이다.

객실승무원과 운항승무원 사이의 통화를 가능케 하는 Interphone System, 기내 방송문이나 비행정보를 승객이나 객실승무원에게 전달할 수 있는 PA(Public Address) System, 승객이 승무원을 부를 때 사용되는 승객 호출 시스템(Passenger Call System)이 있다. 이러한 기능은 모두 Interphone을 이용하여 실현된다. Interphone Pad에는 각각의 기능에 맞도록 누를 수 있는 버튼이 있고 비상구 주변이나 승무원 좌석 근처에는 천정이나 벽면에 이 기능들을 구분지어 알려주는 Indicator가 있다.

최신 기종의 경우에는 Galley 내에서 호출버튼을 누른 승객의 좌석번호를 알 수 있어 즉각적인 응대가 가능하다.

(1) 비상탈출 지시 스위치(Evacuation Command Switch)

Evacuation Command Switch는 조종실(Cockpit)과 각 기종별로 Cabin Attendant Station에 하나씩 장착되어 있는 것으로 기장과 객실승무원 사이에 비상시 사용하는 Communication System이다. Switch를 누르게 되면 Cockpit과 전 Station에 비상신호(Evacuation Signal)가 작동하게 된다.

(2) 인터폰 시스템(Interphone System)

운항승무원과 객실승무원 또는 객실승무원과 객실승무원 사이에 일반적인 의사소통이 필요한 경우 사용하는 것으로 기종별로 약간의 차이는 있으나 사용법은 비슷하다.

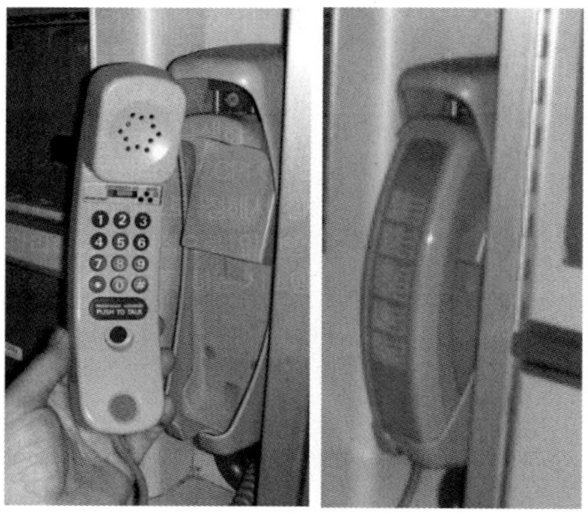

그림 5.30 항공기내 Interphone System

객실에는 각 Jump Seat와 Crew Bunk에 Handset이 장착되어 있으며 상대방을 호출하기 위해서는 Handset을 Handset Cradle에서 들고 Dial Tone을 확인한 후 각 구역(Station)에 해당하는 숫자를 누르면 된다. Station별 번호는 Handset에 표기되어 있다.

Interphone 사용법은 다음과 같으나 기종별로 약간의 차이가 있다.

Pilot Alert Call은 객실 내의 긴급한 상황이 발생한 경우

운항승무원에게 알리기 위해 사용되는 Call이며 인터폰에 해당버튼을 누르면 된다.

Pilot Call은 객실승무원과 운항승무원간의 일반적인 Call이다. 호출버튼은 기종별로 다르다.

All Call은 객실의 모든 Station 및 Cockpit에 호출을 가능하게 하며 All Call을 누르게 되면 모든 Station에서 Chime 소리와 함께 Call Light가 점멸하게 된다.

Station To Station Call은 Handset을 꺼내들고 원하는 Station에 해당하는 번호를 누르거나 원하는 Call의 형태를 누르면 통화가 가능하다. 해당되는 Station에 Chime이 울리고 Call Light가 점멸된다.

그림 5.31 PA System(Public Address System) Public Address System으로 기내방송을 하고 있는 객실승무원

(3) PA System(Public Address System)

방송문이나 비행정보를 승객이나 객실승무원에게 전달하기 위해 사용하는 시스템으로 Interphone 시스템의 고장시에도 사용하게 된다. 종류로는 Handset 또는 Microphone이 있다.

어느 Station에서나 사용이 가능하며 구역별 또는 전 객실 등 구분을 지어 방송할 수도 있다. 승객이 헤드폰을 사용하여 음악이나 영화 감상 중이라고 하더라도 운항승무원, 객실승무원의 방송 또는 Pre-Recorded Announcements를 작동시킨 경우에는 헤드폰을 통해 전달되도록 되어 있다.

Pre-recorded Ann
(Pre-recorded Announcement)
기내 안내 방송 일부를 Chip 또는 Tape에 저장하여 필요할 때 승무원이 버튼 조작을 하여 승객들에게 안내하는 방송을 말한다.

PA 우선순위

1. Cockpit으로부터 PA
2. 객실로부터의 PA
3. Pre-Recorded Announcements
4. Video 시스템의 Audio
5. Boarding Music

(4) 승객 호출 버튼(Passenger Call System)

승객이 승무원을 부를 때 사용하는 시스템으로 승무원 호출 버튼은 승객 좌석 팔걸이 또는 PCU(Passenger Control Unit)에 설치되어 있다. 승객의 호출이

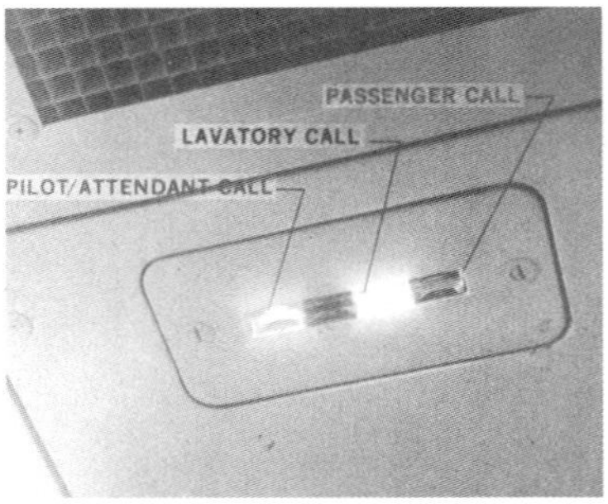

그림 5.32 승객 호출 버튼(Passenger Call System) 승무원구역 천장에 있는 Call System Indicator이다. 객실승무원은 Call의 색깔로 그 종류를 파악할 수 있다.

이루어지면 해당 승무원 구역(Attendant Station) 내의 Master Display에 청색등이 켜지고 Chime이 울린다. 또한 호출 승객 좌석 위 PCU에도 불이 켜진다.

화장실에도 승무원 호출버튼(Attendant Call)이 설치되어져 있다. 승객이 화장실 내 Call Button을 누르면 Master Display에 황색등이 켜지면서 Chime이 울린다. 해당 화장실 밖 Call Button In-dicator에 Light가 켜진다. Reset은 화장실 Call Light / Reset Switch를 누르면 된다.

5) 기내화장실(Lavatory)

항공사에서 도입하여 운영중인 항공기의 기내 화장실은 거의 동일한 형태로 별도의 고급화 및 차별화 전략은 시도되지 않았으나 1996년 5월부터 일본의 최대항공사인 일본 항공(Japan Airlines)이 장거리 국제노선의 일등석 승객유치 전략으로 초호화 화장실을 설치한다고 발표하면서 각 항공사들의 화장실 인테리어가 새롭게 시작되었다.

일본의 3대 민항인 일본 에어 시스템(Japan Air System)은 꽃무늬로 디자인하고 여성용 향수와 화장용품 등을 구비한 여성전용 화장실을 기내에 한 개씩 설치하여 운영중이다.

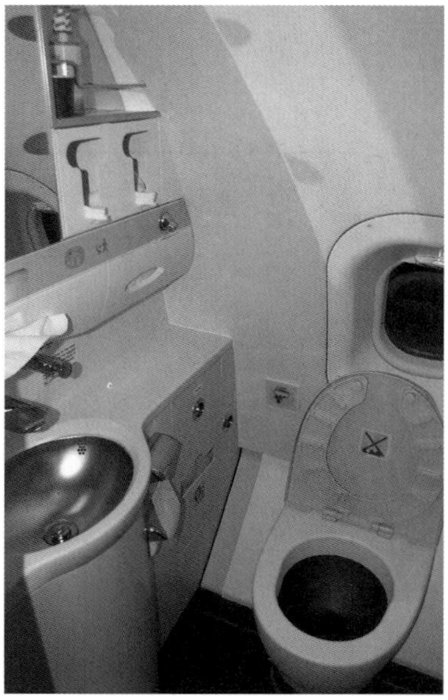

그림 5.33 기내화장실(Lavatory) Boeing 777 항공기의 기내화장실

대한항공(Korean Air)은 B777기와 A330기에 여성과 장애인을 위한 전용 화장실을 별도로 두 개씩 두어 고객의 불편을 최소화하고 있다. 여성전용 화장실의 경우 내부를 핑크빛 벽지로 장식하고 화장품 케이스를 비치했으며 장애자 전용 화장실에는 벽면에 지지용 손잡이를 부착해 놓았다.

기내 화장실(Lavatory)은 2층 화장실(Upper Deck Lavatory), 측면 화장실(Sidewall Lavatory) 및 중앙 화장실(Centerline Lavatory) 등 3종류가 있으며, 모든 형태의 기내 화장실(Lavatory)은 기능이나 작동 법은 유사하며 다만 위치에 따른 차이점이 있다. 각 화장실에는 승무원 호출버튼(Attendant Call Switch), Passenger Oxygen, 좌변기, 휴지통, 세면기, 거울, 연기감지기(Smoke Detector) 등의 시설을 기본적으로 갖추고 있다.

화장실을 청결하게 유지하고 최적의 상태로 관리하는 일은 승객의 쾌적한 여행을 위해 매우 중요한 일이며, 이는 객실승무원이 적극적으로 업무를 수행하고 있다는 것을 보여주는 효과도 있다.

(1) Indicator

항공기 이 착륙시에는 화장실 사용 및 이동이 금지되어 있으므로 좌석에 앉아 있어야 한다.

기내 화장실을 사용할 때는 문을 잠근 상태에 있어야 화장실 밖 Indicator에 '사용 중'이라는 불이 켜진다. 사용 중일 때에는 'OCCUPIED', 비었을 때에는 'VACANT'에 불이 켜진다.

그림 5.34 기내화장실이 사용중일때 화장실 내부에서 문을 잠그면 외부에 다음 같은 'Occupied'라는 표시가 된다.

(2) 세면대

기내 화장실에는 세면대가 있다. 세면대의 수도꼭지는 버튼식으로 되어 있어서 온수와 냉수를 구별해서 이용을 할 수 있고, 세면대의 물막이도 버튼식으로 사용 후에는 꼭 다음 사용자를 위하여 물을 빼고 한번 휴지로 닦고 나와 주어야 한다.

세면대 옆에는 스킨과 로션, 빗, 칫솔 등이 있고 서랍에는 여성용 용품 등이 있다.

휴지는 'PUSH WASTE AND TOWEL DISPOSAL'이라고 씌어 있는 통에 버리면 된다.

그림 5.35 기내화장실의 세면대와 휴지통

(3) 화장실 변기

기내의 화장실 변기는 두 가지의 종류가 있다.

사용 후 플러시(Flush) 버튼을 누르면 기압으로 변기가 청소가 되는 기압식 변기와 기존의 방식인 물로 청소가 되는 것이 있다.

변기 뒤 으로 종이로 된 일회용 변기커버가 있다. 기내의 화장실은 비좁기 때문에 화장실을 사용할 때는 주의하여 이용하고, 사용후에는 깨끗히 정리하여 다음 사용자가 쾌적하게 이용하도록 해야 하며 변기에는 비치된 화장지 이외에는 버리지 않도록 주의해야 한다.

(4) 연기 감지기(Smoke Detector)

항공기내 화재 발생 경보를 위한 장치로 화재발생에 취약한 장소(화물칸, 화장실 등)에 설치되어 있다. 화재로 인해 발생한 연기를 감지하여 경보를 발생시키므로 연기 감지기(Smoke Detector)라고 한다.

그림 5.36 화재방지를 위해 천장에 설치된 기내화장실의 Smoke Detector

좌측 그림은 연기(Smoke)의 공기 중 밀도를 감지하는 장치로 화장실 상단과 화물칸 내부 등에 설치되어 있으며, 아래 그림은 연기 발생을 감지하고 화재 발생을 알리기 위한 경보음 발생장치이다.

승무원은 비행 전 연기 감지기(Smoke Detector)의 정상 작동 여부를 확인해야 하며, 비행 중 승객이 부주의하게 감지기(Detector)를 훼손하는 일이 발생하지 않도록 점검해야 한다.

6) 출입문(Door)

Door는 평상시 출입구로써의 역할뿐만 아니라 비상시 탈출구(Emergency Exit)로 이용되므로 전 객실에 고르게 분포되어 있으며 각 기종별로 정해진 수의 Door가 장착되어 있다. 모든 항공기 Door는 Door Control Handle, Slide Mode Control Lever, Door Locking Indicator, Viewing Window, Door Warning System, Evacuation System Container를 갖추고 있어야 한다. 또한 Door 주변에는 객실승무원의 Jump Seat와 각종 비상 장비들이 갖추어져 있다.

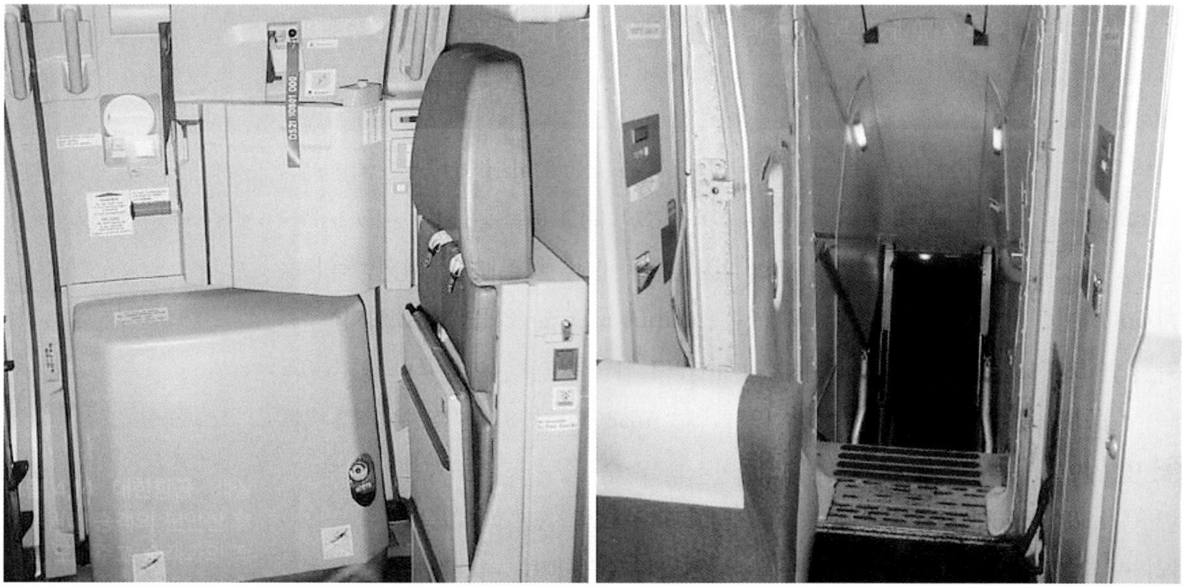

그림 5.37 출입문(Door) Silde Type(왼쪽), Stairway Type의 항공기 Door

그림 5.38 출입문(Door) Boeing 747-400의 Upper Deck Door(왼쪽), Boeing777-300의 Door이다. Slide Mode, View Port, Door Operation Handle이 보인다.(오른쪽)

Door는 항공기 내부와 외부에서 개폐할 수 있으며 통상적으로 외부에서 작동하나 승무원이 내부에서 작동하는 경우에는 비상시와 평상시의 정확한 조작법을 숙지하여 오작동으로 인한 항공기의 안정상의 문제를 일으키지 않도록 주의하여야 한다. 항공기 Door의 유형에는 Plug Type, Sliding Type, Hatch Type, Stairway Type이 있다.

CHAPTER 06

항공객실서비스 내용 및 용품

항공 서비스의 총화인 객실서비스는 두 가지 서비스 요소 즉 물적, 인적 서비스 모두에 만족을 느껴야만 비로소 승객들은 훌륭한 객실서비스를 경험했다고 느낀다.

물적 서비스란 고객이 여행목적을 달성하는 동안에 이용하거나 제공받게 되는 각종의 시설 및 서비스 제공물로 항공기좌석, 식음료, 독서 물, 기내 영화, 음악 및 오락기구등을 말하며, 인적 서비스란 객실승무원에 의해서 제공되어지는 정중함과 친절함, 세심한 배려, 안전한 비행, 쾌적한 기내환경 유지 등을 의미한다. 객실승무원은 기내에서 제공되어지는 객실서비스 내용을 숙지하여 최상의 서비스 제공을 위해 힘써야 한다.

그림 6.1 기내식을 제공하는 객실승무원

한편 객실서비스를 서비스 패키지의 개념에 비추어 보면 객실서비스 내용은 보조용품, 명시적 서비스, 묵시적 서비스의 세 가지 구성요소를 복합적으로 포함한다고 볼 수 있다.

기내식 서비스의 예를 들면 제공되는 엄선된 메뉴의 저녁 식사는 고객에게 제공되는 보조용품에 해당하며, 승객이 주문한 특별 식사의 적절한 서비스와 그 방법은 감각에 의해 직접적으로 알 수 있는 명시적 서비스에 속한다. 그리고 식사 서비스 시 객실승무원의 친절하고 세심한 서비스 태도와 객실내 분위기는 고객이 느끼는 심리적인 혜택인 묵시적 서비스를 의미한다.

표 6.1 필리핀 항공의 객실서비스 내용

좌석등급		First Class	Mabuhay	Fiesta
서비스 모토		미식가 된 기분	맛의 유희	전통과 희귀
기내식	음료수	**무알코올 음료:** 과일쥬스, Iced Tea, Sotf Drinks, 커피와 차 **알코올 음료:** 샴페인, Aperitifs, 칵테일, 포도주, 백포도주, Scotch, Whiskey, Gin, Vodka, Rum, Cognac, Liqueurs, Beer	**무알코올 음료:** 과일쥬스, Iced Tea, Soft Drinks, 커피와 차 **알코올 음료:** 샴페인, Aperitifs, 칵테일, 포도주, 백포도주, Scotch Whiskey, Gin, Vodka, Rum, Cognac, Liqueurs, Beer, Sake(for Jap an Flights)	**무알코올 음료:** 오렌지쥬스, Iced Tea, Soft Drinks, 커피와 차 **알코올 음료:** 포도주, 백포도주, Scotch Whiskey, Gin, Vodka, Rum, Brandy, Beer
	특별식	어린이식, 유아식, 건강식 종교식, 개인 취향을 위한 식단	좌동	좌동
Overnight 편의 제품		머리받침대, TV Amenity Kit: 치료용품, 나무 마사지기, 수면용 안대, 슬리퍼, 양말, 귀마개, 헤어브러쉬, 치약, 칫솔, 면도기, 면도크림 등	First Class와 비슷	깨끗이 세탁된 담요, 베개 Amenity Kit: 세면도구와 여행용 필수품

1. 기내 식음료 서비스

대부분의 항공사들이 제공하는 물적 서비스는 정도의 차이가 거의 없을 정도로 흡사하였으나, 최근 경쟁이 점차 과열 되면서 새로운 아이디어로 물적 서비스의 차별화와 고급화 전략으로 고객을 유치하려는 움직임이 활발하다. 세계 유수의 항공사들은 고객에게 과거에 경험하지 못했던 물적 서비스를 제공하는데 그 중에서 기내식이 근래에 들어 가장 치열하게 고급화, 차별화 경쟁되고 있는 부분이라 할 수 있다.

기내식은 1919년 8월 런던~파리 사이의 정기 항공노선에서 샌드위치 · 과일 초콜릿 등을 종이상자에 담아 승객에게 제공한 것이 효시가 되었다. 항공운송업 초기에는 기내 시설이 빈약하여 대개 중간 기착지의 공항식당에서 승객에게 식사를 제공하였으나, 항공기 산업의 발달과 더불어 기체가 대형화되고 장거리를 장시간 운항하게 됨으로써 기내식 제공시설도 개발되었다.

오늘날 승객들은 기내식을 단지 식욕충족을 위한 대상으로서가 아니라 즐

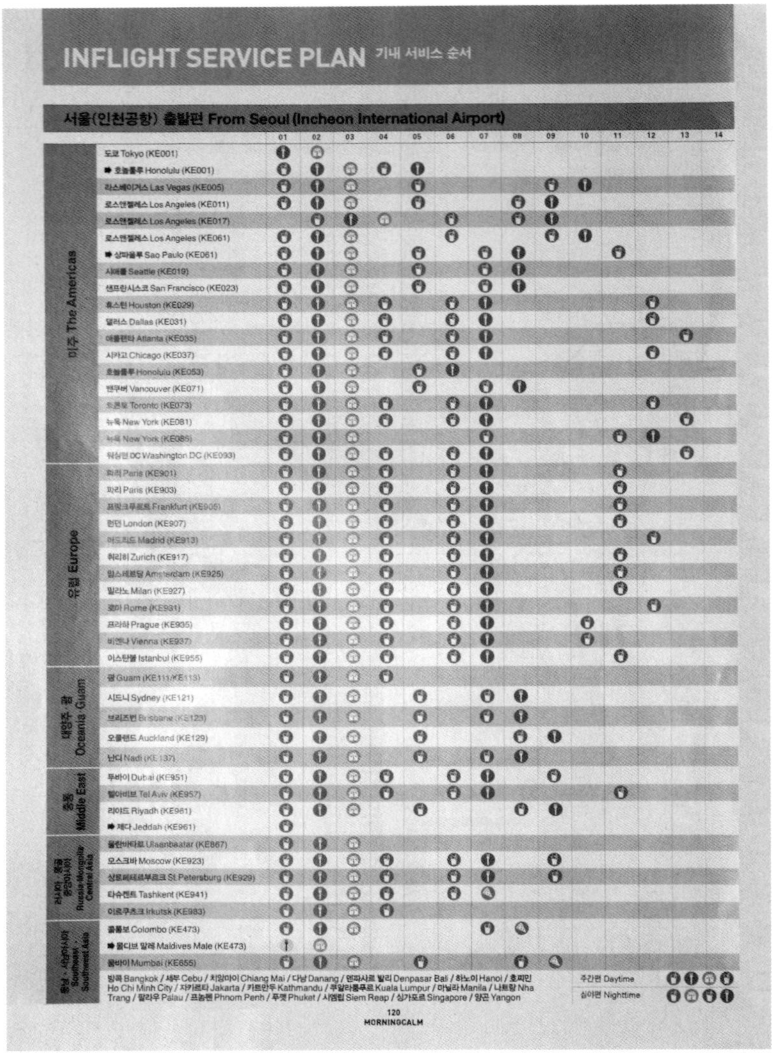

그림 6.2 대한항공의 기내서비스 순서

거움을 경험할 수 있는 수단으로 인식하고 있다. 이러한 승객들의 차원높은 식음료 서비스에 대한 요구에 부응하기위해 각 항공사는 정선된 메뉴의 선정에 노력하고 있다. 그러나 기내공간의 한정성과 경제성 때문에 언어, 식습관, 종교가 다른 수백 명의 승객모두를 동시에 만족시킬 식사를 탑재, 제공하기란 사실상 불가능하다. 이러한 이유로 항공사들은 승객모두가 공통적으로 즐길 수 있는 식사종류를 선정해서 제공하는 것이 일반적이며 모든 기내식의 신선도를 유지하는 일을 매우 중요시하고 있다.

또한 상용고객 배려차원에서 식사메뉴를 정기적으로 교체하는 사이클 메뉴(Cycle Menu)제를 실시하고 있으며, 승객이 종교 또는 건강상의 이유로 특별 식사를 원하는 경우에는 예외적으로 개별 희망식사를 준비하여 제공하고 있다. 기내식에 곁들여 제공되는 음료와 주류 또한 승객에게 즐거움을 주는 물적 서비스의 하나이다.

이와 같이 정선된 기내식의 품질 우수성은 항공사의 서비스 품질을 평가하는데 중요한 요소로 작용하고 있다. 따라서 각 항공사는 다른 항공사와의 서비스 차별화를 위하여 다양한 메뉴개발과 품질 향상에 노력하고 있다.

그림 6.3 환한 표정으로 식전음료를 제공하는 객실 여승무원

캐세이 퍼시픽 항공(Cathay Pacific)은 일부 노선 일등석의 경우 전기밥솥, 토스터, 후라이팬을 기내에 탑재하여 객실승무원이 즉석에서 밥이나 토스트, 계란 등을 요리해 제공하는 서비스를 실시하고 있다. 이 서비스는 고객이 원하는 시간에 고객의 기호에 맞는 음식을 주문해서 식사할 수 있는 기내식 서비스의 시발점이 되었다.

일반적으로 항공사 기내식은 그 구성에 있어 서양식을 기본으로 한다. 그러나 마케팅 전략의 일환으로 노선에 따라 다양한 기내식을 제공하고 있다. 국내에 취항하는 외국의 메가 캐리어들도 국내 고객의 비중을 감안하여 고추장을 곁들인 한식과 면류의 식사를 제공하기 시작했으며, 국적 항공사들은 기내용으로 개발한 고급화된 음식을 경쟁적으로 서비스하기 시작했다. 다음 내용은 그 실제 사례이다.

에어 프랑스(Air France)는 프랑스와 한국 구간에 프랑스 정통요리사가 만든 프랑스 요리는 물론 한국인 승객들을 위한 불고기, 갈비 등의 한국인 기내 식단과 고추장, 김치 등을 제공하며 원하는 승객에게는 라면도 제공하고 있다. 이와 같이 한국에 취항하는 외국 항공사들은 서양식을 기본으로 하며 한국인에 맞는 메뉴를 추가로 개발하여 서비스하고 있다.

국적 항공사의 경우는 한식 메뉴 개발에 더 많은 투자를 하고 있다. '한식의 기내서비스'는 특유의 냄새와 적절한 식기의 한계로 인해 기내식 메뉴로 보편화 되는 데에는 많은 어려움이 있었다. 그러나 맛은 그대로 유지하며 냄새를 제거하는 연구가 성과를 이루면서 다양한 한식메뉴가 개발되었고, 서비스를 할 수 있게 되었다.

대한항공(Korean Air)은 일등석의 경우에 불갈비, 온면, 고추장, 수정과를 제공하며 심지어 복날을 전후하여 삼계탕도 서비스하고 있다. '대한항공의 비빔밥'은 한국 전통 음식의 기내식화를 이룬 대표적인 사례이다. 국제 기내식 협회에서 최고의 기내식 상인 '머큐리 상'을 수상하기도한 비빔밥은 주재료가 야채여서 건강식으로 외국인들에게도 인기가 높다.

아시아나 항공(Asiana Airlines)도 한국인과 외국인 모두에게 인기가 있는 불갈비 외에도 추어탕, 복산적, 두릅 산적, 새우 산적과 같은 다양한 메뉴를 개발 서비스하고 있다.

예약시 주문해야 하는 종교 특별식과 어린이를 위한 유아식, 그리고 일등석 승객을 위한 한식메뉴로 제한되던 기내 식사가 이제는 계절별 별미에서 궁중요리, 시차 때문에 식사를 제대로 못하는 승객들을 위한 죽에 이르기까지 다양하게 고객의 욕구를 만족시킬 수 있게 되면서 고객의 항공사 선택 요소의 하나로 자리 잡게 되었다.

1) 기내식 메뉴 구성

기내식의 특징은 제한된 좁은 공간이라는 항공기의 조건 때문에, 승객의 운동 부족으로 인한 소화 장애나 고칼로리식으로 인한 비만 등을 방지하기 위하여, 소화가 잘되고 흡수되기 쉬운 저칼로리 식품으로 구성되는 점이다. 또한 좁은 공간에서 원활한 서비스가 가능하도록 알맞게 고안 · 제작된 식기류나 운반구가 사용된다.

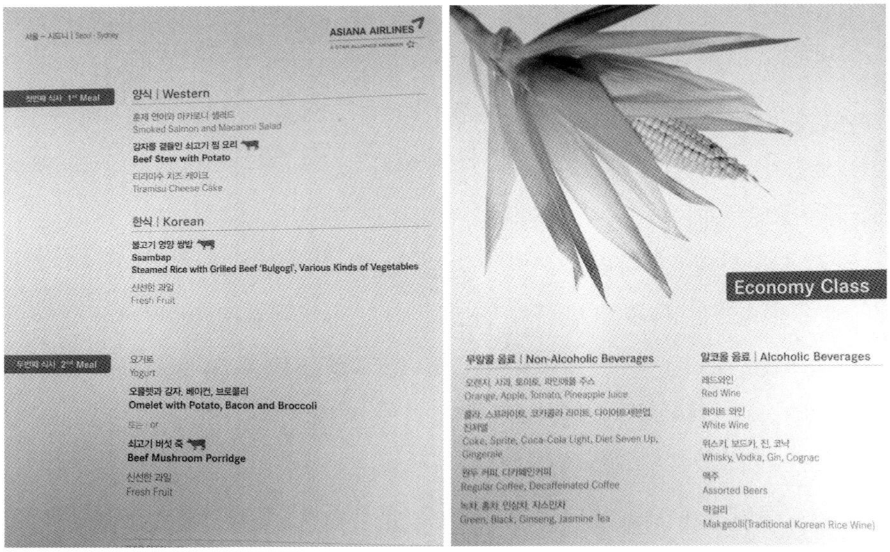

그림 6.4 아시아나항공의 이코노미석 기내식 음료 메뉴

그림 6.5 기내식 메뉴 발표회를 마련한 대한항공

지상의 일반 음식점과는 달리 기내식은 항공기 운항 계획에 맞추어 케이터링(Catering)에서 미리 조리된 음식을 정해진 그릇에 담아서 저장했다가 항공기 출발시간에 맞추어 기내에 싣고, 적정 시간에 기내 주방에서 재조리한 다음 승객에게 제공된다.

항공기에 탑재되는 기내식은 비행구간 및 비행시간에 따라 제공되는 Type과 제공하는 횟수가 다르다. Hot Meal의 경우는 2시간 이상의 비행구간에 서비스되고 Cold Meal은 2시간 이하의 비행구간에 제공된다.

일반석에서는 Tray위에 Entree, Dessert, Coffee, Bread, Salad 등이 일정한 기물에 담겨져 한상 차림으로 제공되며, 상위 클래스에서는 담당 승무원에 의해 Bread, Appetizer, Salad, Entree, Dessert, Coffee & Tea의 서양식 코스순으로 서비스된다.

기내식 메뉴를 구성하는데 있어 고려해야 할 사항들을 살펴보면 그 첫째는 음식의 다양성과 풍미의 조화이다. 노선별, 클래스별, Meal Type 별로 다양하게 구성되어져야 하며 음식의 색과 모양도 고려되어져야 한다. 두 번째로는 클래스별 Revenue를 고려하여 소요 비용과 승객의 수준에 적합한 Menu를 구성하여야 한다. 셋째로는 지역별 현지 특산 식자재를 사용하고 계절 별 Peak Season의 식자재를 사용하여 저가격 고품질 메뉴 서비스를 실현하여야 한다. 넷째로는 승객이 원하는 시간, 국적, 식생활, 종교적 전통을 고려하여 승객의 욕구에 맞는 Menu를 구성하여야 한다. 마지막으로는 메뉴를 구성하

표 6.2 기내식의 서비스 구분

비행시간에 따른 Meal 제공 횟수	서비스 시간대에 따른 Meal Service Type
• 6시간 미만: 1회 • 6시간 이상 13시간 미만: 2회 + Snack SVC • 13시간 이상: 3회 + Snack SVC	• Breakfast: 03:00 ~ 09:00 • Brunch: 09:00 ~ 11:00 • Lunch: 11:00 ~ 14:00 • Snack: 14:00 ~ 18:00 • Dinner: 18:00 ~ 21:00 • Supper: 21:00 ~ 24:00 • Heavy Snack: 24:00 ~ 03:00

표 6.3 클래스별 서비스 메뉴 구성

Lunch / Dinner / Supper		
Economy Class Bread & Butter Appetizer or Salad Entree Dessert	Business Class Bread & Butter Appetizer Salad Entree Cheese & Fruit Dessert	First Class Bread & Butter Caviar Appetizer Soup Salad Entree Cheese Fruit Dessert
Breakfast / Brunch		
Economy Class Bread & Butter Yoghurt Entree Fruit	Business Class Bread & Butter Yoghurt Entree Fruit	First Class Bread & Butter Yoghurt Cereal Entree Fruit
Light Meal		
Economy Class Bread & Butter Appetizer Entree Fruit	Prestige Class Bread & Butter Salad Entree Fruit	First Class Bread & Butter Salad Entree Fruit

는데 있어 다양한 메뉴를 구성하되, 메뉴별 전통적인 조리 방법을 준수하여야 한다.

2) 특별 기내식(Special Meal)

승객에게 서비스되는 기내식은 시간적, 공간적 제약 속에서 보다 많은 승객에게 만족을 제공하기 위하여 보편적으로 선호도가 높은 메뉴로 구성된다. 따라서 일부 승객의 특별한 요청에 의해 준비, 제공되는 기내식은 전체 승객의 만족도를 배가 시키는 데 필요 불가결의 요소이다.

특별 기내식(Special Meal)이란 종교, 기호, 연령적 제한, 건강상의 이유로 인해 일반적인 기내식 제공에 제한을 받는 승객의 특수한 요구에 의해 기내에 탑재되는 특별 기내식이다. 또한 생일, 결혼, 크리스마스, 신년 축하를 위한 특별 메뉴도 여기에 포함된다. 항공사들은 일반적으로 최소한 비행기 출발 24시간 이전에 특별 기내식을 주문하도록 하고 있다.

(1) 종교상 이유에 의한 특별기내식

- HNML(Hindu Meal): 쇠고기를 먹지 않는 힌두교도를 위한 식사로 인도인이 대부분이다.
- MOML(Moslem Meal): 돼지고기를 먹지 않는 이슬람교도의 식사로 중동 지역 및 인도네시아, 말레이시아인이 많다.
- VGML(Vegetarian Meal): 종교상, 건강상 또는 문화적인 이유 등으로 육류를 먹지 않는 채식주의자의 식사로 동남아시아 특히 인도, 인도네시아인이 많고 불교 승려도 포함된다.
- KSML(Kosher Meal): 유대 정교 신봉자의 식사로 율법에 따라 조리한 것

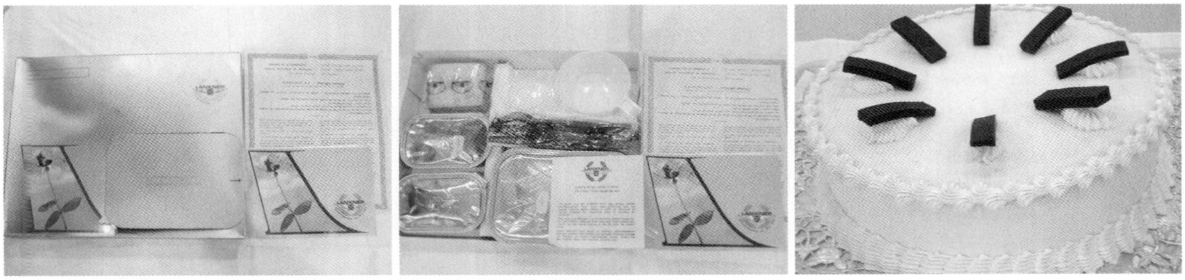

그림 6.6 기내에서 제공되는 Special Meal(왼쪽), Kosher Meal의 개봉전 · 후(가운데), 결혼 축하 케이크(오른쪽)

으로 돼지고기는 사용하지 않으며 쇠고기, 양고기 등도 기도를 올린 것에 한하여 쓰여 진다. 따라서 닭고기나 생선이 주로 사용되며 Bread 대신 Matzo라는 건빵이 쓰인다.

(2) 건강상 이유에 의한 특별 기내식

- SBDT(Soft Bland Diet): 무자극성으로 위염, 위궤양 환자용 식사이다.
- DBML(Diabetic Meal): 당뇨병 환자용 식사이다.
- LFML(Low Cholesterol/Low Fat): 저콜레스테롤, 저지방, 심장질환, 동맥경화 등 성인병 환자용 식사이다.
- No Dairy Products: 우유가 들어가지 않으며, 우유 분해효소가 없는 체질용 식사이다.
- Fish Only: 건강 및 기호식으로 알레르기 체질용 식사이다.
- GFML(Gluen Free): 글루텐이 들어가지 않으며, 3세 이하의 내장 질환 소아용 식사이다.
- ORML(Oriental Meal): Chinese Style로 조리된 식사로 동남아 승객 선호도가 높다.

(3) 연령상의 이유에 의한 특별 기내식

- IFML(Infant Meal): 12개월 미만의 유아식으로 주로 우유를 제공한다.
- BBML(Baby Meal): 12개월에서 24개월 정도의 유아식으로 우유, 이유식을 제공한다.

그림 6.7 유아를 위한 Baby Meal(왼쪽)과 어린이 승객을 위한 탑승기념품(오른쪽)

- TDML(Toddler Meal): 2세에서 6세 정도의 아동을 위한 기내식으로 씹고 삼키기 쉽게 조리된다.
- Child Meal: 12세까지의 어린이용 식사로 Ham&Cheese Burger, 오므라이스, 자장면, Chicken Nugget, Pizza만두, Scramble Egg, Apple Crepe, Pizza, Spaghetti, Pancake, Sandwich, 김밥 등 어린이들이 선호하는 식단을 제공한다.

(4) 기타 승객의 요구에 의한 특별 기내식

일반적으로 승객의 생일이나 결혼 등과 같은 기념일에 제공되어지는 것을 말한다. 승무원은 케이크와 함께 샴페인 또는 와인을 서비스하면서 승객에게 축하의 메시지도 전달한다.

- HMCK(Honeymoon Cake): 결혼 축하 케이크
- BDCK(Birthday Cake): 생일 축하 케이크
- Anniversary Cake: 각종 기념일 축하 케이크

3) 기내 음료 서비스

기내 음료는 기내식과 더불어 항공사가 승객들에게 제공하는 서비스 중 큰 부분을 차지한다. 일부 항공사의 경우 유료로 주류를 제공하기도 하지만 대부분의 항공사는 무료 서비스를 실시한다. 기내 음료도 식사와 마찬가지로 서양식을 기본으로 하며 식사와의 조화를 중요시 한다.

서비스 순서는 식사 순서에 따라서 식전에는 식욕을 돋우기 위한 가벼운 음료가 제공되고 식사 중에는 음식의 맛을 더욱 즐길 수 있는 음료, 그리고 식사 후에는 소화를 돕는 음료가 서비스되어 식사와 음료가 유기적으로 잘

NCS
항공객실서비스 직무능력매칭

능력단위	능력단위요소	수행준거
1203010504_13v1 비행 중 서비스	1203010504_13v1.2 기내식 제공하기	1. 규정에 따른 기내식 세팅(Setting) 및 데우기(Heating) 등 수행 2. 특별서비스요청서(SSR: Special Service Request)에 따른 특별식 서비스 및 회수 3. 규정에 따른 테이블 매너 · 기내식 서비스 및 회수

그림 6.8 기내음료 서비스를 하는 객실 승무원

어울리도록 한다.

객실승무원은 이륙 후 정규 기내식 서비스 사이에는 물론이고, 정규 기내식 서비스 종료 후 고객들이 휴식을 취하거나 영화를 상영하는 시간 등 비행 중에 주기적으로 음료를 제공해야 한다. 비행 중 충분한 음료 서비스는 승객과의 친밀감 형성에 도움이 될 뿐만 아니라 승객의 건강을 위해서도 필요한 것이다. 기내에서의 충분한 수분 섭취는 혈액 순환을 원활하게 하여 피로물질의 누적을 방지하는 효과가 있다.

기내 음료는 크게 알코올을 함유한 알코올 음료와 그렇지 않은 비알코올 음료로 나뉜다. 기내에서 제공하고 있는 음료의 실제를 국내 K항공사의 예를 들어 살펴보자.

(1) 비알코올 음료

알코올이 함유되어 있지 않은 음료로 상쾌한 맛을 지닌 Soft Drink, 인체에 필요한 영양분을 다량 함유한 과즙음료와 우유가 포함된 영양음료, 카페인을 함유한 깊은 맛을 지닌 기호음료가 포함된다.

(2) 알코올 음료

알코올을 함유한 음료로 제조법에 따라서 양조주, 증류주, 혼성주로 나뉘고 식사와의 조화에 따라 식전주, 식중주, 식후주로 구분된다. 항공사들은 자사의 서비스의 질 향상을 위해 고객들에게 세계적으로 명성이 난 브랜드의 제품을 서비스하고 있으며, 이를 서비스하는 승무원들에게는 서양식 음료에 관한 전문 지식을 습득할 것을 요구하고 있다.

NCS
항공객실서비스 직무능력매칭

능력단위	능력단위요소	수행준거
1203010510_16v1 기내음료 서비스	1203010510_16v1.1 기내음료 파악하기	1. 규정에 따른 비알콜 음료(Cold Beverage, Hot Beverage)에 관한 정보 파악 2. 규정에 따른 술의 종류와 첨가 음료에 관한 정보 파악 3. 규정에 따른 다양한 와인에 관한 정보 파악

표 5.4 K항공사에서 제공되는 비알코올 음료

Cold Beverage		Hot Beverage	
품목	종류 및 상품명	품목	종류 및 상품명
Mineral Water	• 제주 산수 • Perrier	Coffee	• Brew Coffee • Instant Coffee • Decaffeinated Coffee • Espresso Coffee 외 9종
Juice	• Orange Juice • Tomato Juice • Pineapple Juice • Guava Nectar • Apple Juice		
Soft Drink	• Coke / Diet Coke • Sprite / Diet Sprite	Tea	• Black Tea • Green Tea • Ginseng Tea
Mixer류	• Tonic Water • Soda Water • Ginger Ale		

표 5.5 K항공사에서 제공되는 알코올 음료

품목	종류 및 상품명	품목	종류 및 상품명
Still Wine	• Red, White 각 2종 • Red, White 각 1/2종류 • Red, White 각 1종류	Whisky – Bourbon	• Jack Daniel'S • Jim Beam
Sparkling Wine Aromatised Wine	• Champagne 1종 • Champagne 2종 • Dry Vermouth	Brandy	• Remy Martin X.O • Remy Martin V.S.O.P.
Fortified Wine	• Sherry Wine(Tio Pepe) • Port Wine(Sandeman)	Liqueur	• Baileys / Cointreau • Creme De Menthe • Creme De Cassis
Whisky – Scotch	**Malt:** Glenfiddich **Blended** : Johnnie Walker Blue, Bllentine 17 Years, Chivas Regal 18yrs, J&B / Grant'S, Johnnie Walker Black	Campari	Campari
		Rum	Barcardi
		Gin	Beefeater
		Vodka	Stolichnaya
Whisky – Canadian	Canadian Clup	Beer	• OB Larger • Cafri • Cass • Hite • Budwiser • Carlsberg • Qingdao • Local Beer(Station별)

(3) 칵테일(Cocktail)

Cocktail은 일반적으로 알코올 음료에 또 다른 술을 섞거나 혹은 과즙류나 탄산음료 또는 향료 등의 부재료를 혼합하여 만들며 맛, 향기, 색채의 세 가지 요소의 조화를 살린 예술적 감각의 음료라고 말할 수 있다.

항공사에서 고객들에게 식전주나 환영음료로 제공하는 경우가 많으며 일반적으로 알코올 도수가 낮고 종류가 다양하여 승무원들이 승객들에게 적극적인 서비스를 하기에 적당한 서비스 품목이다. 따라서 객실승무원들은 다양한 칵테일과 그 제조 방법을 익혀, 보다 적극적인 서비스로 고객만족에 기여하여야 하겠다.

2. 기내 면세품 판매 서비스

국제선 항공편에서는 승객의 편의를 위해 술, 담배, 향수, 화장품, 선물용 제품 등 세계 유명상품을 면세 가격으로 구입할 수 있도록 면세품 판매를 실시한다. 이는 승객들에게 편의를 제공함과 동시에 항공사의 수익을 올리는데 일익을 하고 있으며, 각 항공사에서는 항공사의 브랜드 이미지를 높일 수 있는 상품을 자체 개발하여 판매하기도 한다. 또한 항공기 내의 서비스 시간과 탑재 공간의 한계에서 오는 여러가지 문제 해결 차원에서 최근에는 인터넷을 통한 사전 주문 예약 서비스도 제공하고 있다.

승객은 전화 또는 인터넷을 통하여 물품을 사전에 주문하거나 식사 서비스 후 기내에서 이루어지는 면세품 판매시간에 항공기 좌석 앞주머니에 비치된 기내 쇼핑 안내가이드를 참조하여 주문하게 된다. 귀국편 사전주문은 항공기

NCS
항공객실서비스 직무능력매칭

능력단위	능력단위요소	수행준거
1203010504_13v1 비행 중 서비스	1203010504_13v1.1 기내음료 제공하기	1. 규정에 따른 비알콜 음료(Cold Beverage, Hot Beverage)정보 승객에게 전달 2. 규정에 따른 술의 종류와 첨가 음료에 관한 정보 숙지 및 제조 3. 규정에 따른 다양한 와인에 관한 정보 파악 · 서비스 및 회수

표 6.6 국가별 면세허용규정

Country	Liquor	Cigarettes(Cigars)	Fragrances
Korea	1 liter	1 carton(50)	60ml
Arab Emirates	2 liters spirit/2 liters wine	10 carton(400)	150g
Australia	1 liter	1 carton	AUD 400 limit on all other goods
Canada	1 liter	1 carton(50)	reasonable quantity
China	2 bottles	2 carton	reasonable quantity
Egypt	1 bottles	1 carton(25)	reasonable quantity
Fiji	2 liters spirit/4 liters wine	2.5 carton(1/2 Pound)	4 oz
France	1 liter spirit/2 liters wine	1 carton(50)	50g
Germany	1 liter spirit/2 liters wine	1 carton(50)	50g
Guam	1 US quart	1 carton(50)	reasonable quantity
India	1 bottles	1 carton(50)	2 oz
Indonesia	1 liter	1 carton(50)	reasonable quantity
Italy	1 liter spirit/2 liters wine	1 carton(100)	50g
Japan	3 bottles	1 carton(50)	2 oz
Malaysia	1 liter	1 carton(50)	up to MYR 200
Mongolia	2 liters	3 carton	3 bottles
Netherlands	1 liter spirit/2 liters wine	1 carton(100)	50g
New Zealand	1 liter spirit/4.5 liters wine	1 carton(50)	reasonable quantity
Philippines	2 bottles	2 carton(50)	reasonable quantity
Russia	1.5 liter spirit/2 liters wine	5 carton	reasonable quantity
Saipan	0.6 US gallon spirit/1 US gallon wine	3 carton	reasonable quantity
Singapore	1 liter	not admitted	reasonable quantity
Switzerland	1 liter spirit	2 carton(100)	up to CHF 100
Thailand	1 liter	1 carton(250g)	reasonable quantity
United Kingdom	1 liter spirit/2 liters wine	1 carton(50)	2 oz
USA	1 US quart	1 carton(50)	reasonable quantity
Vietnam	1.5 liter	2 carton(50)	reasonable quantity

29 발렌타인 30년
Ballantine's 30 Year Old / 700ml
バランタイン 30年
百龄坛30年
~~USD 378~~ → USD 340
₩384,500 ¥36,800 €296 ¥2,180

42 헤네시 엑스 오
Hennessy X.O / 700ml
ヘネシー X.O
轩尼诗X.O
~~USD 201~~ → USD 180
₩203,500 ¥19,500 €157 ¥1,160

51 하일랜드 팍 해럴드
Highland Park Warrior Series Harald / 700ml
ハイランド パーク ウォリアーシリーズ ハラルド
高原騎士戰士系列神盾
USD 99 ₩112,000 ¥10,700 €87 ¥640

60 이니스킬린 비달 아이스와인
Inniskillin Vidal Icewine / 375ml
イニスキリン ヴィダル アイスワイン
云岭珍藏金橡维岱尔白葡萄冰酒
USD 77 ₩87,500 ¥8,400 €67 ¥500

75 조니워커 블루
Johnnie Walker Blue Label / 750ml
ジョニーウォーカー ブルー ラベル
尊尼获加 – 蓝牌
~~USD 162~~ → USD 146
₩165,000 ¥15,800 €128 ¥940

76 존 워커 앤 선즈 킹 조지 5세
John Walker & Sons King George V / 500ml
ジョン・ウォーカー＆サンズ キング ジョージ 5世
John Walker & Sons 乔治五世纪念版
USD 395 ₩446,500 ¥42,700 €344 ¥2,530

83 글렌피딕 에이틴
Glenfiddich 18 Years Old / 750ml
グレンフィディック 18年
格兰菲迪18年单一纯麦威士忌
~~USD 98~~ → USD 88
₩99,500 ¥9,600 €77 ¥570

85 아드벡 우가다일
Ardbeg Uigeadail / 700ml
アードベッグ ウーガダール
雅柏 Uigeadail
USD 86 ₩97,500 ¥9,300 €75 ¥560

86 글렌모랜지 에이틴
Glenmorangie 18 Years Old / 700ml
グレンモーレンジィ 18年
格蘭傑18年
USD 116 ₩131,500 ¥12,600 €101 ¥750

88 글렌리벳 에이틴
The Glenlivet 18 Year Old / 700ml
ザ・グレンリベット 18年
格兰利威18年单一纯麦威士忌
USD 85 ₩96,500 ¥9,200 €74 ¥550

91 그레이 구스 VX
Grey Goose VX / 1 liter
グレイ グース VX
灰雁VX
USD 108 ₩122,500 ¥11,700 €94 ¥700
※동남아노선 탑재 판매상품(Korea-South East Asia Routes Only)

95 수정방
Shui Jing Fang / 500ml
スイジンファン
水井坊
~~USD 104~~ → USD 94
₩106,500 ¥10,200 €82 ¥610

103 랑콤 어드밴스드 제니피끄 아이 크림
Lancome Advanced Genifique Eye Cream / 15ml
ランコム ジェニフィック アドバンスト アイ クリーム
兰蔻蘭蔻精華肌底眼部凝霜
USD 68 ₩77,000 ¥7,400 €60 ¥440

104 랑콤 어드밴스드 제니피끄 에센스
Lancome Advanced Genifique Youth Activating Concentrate / 50ml
ランコム ジェニフィック アドバンスト
兰蔻精华肌底液
USD 112 ₩127,000 ¥12,100 €98 ¥720

105 랑콤 레네르지 멀티 리프트 크림
Lancome Renergie Multi-Lift Cream / 50ml
ランコム レネルジー マルチリフト クリーム
兰蔻新立体塑颜面霜
USD 112 ₩127,000 ¥12,100 €98 ¥720

108 랑콤 UV 엑스퍼트 XL-쉴드 BB 크림
Lancome UV Expert XL-Shield BB Complete / 50ml
ランコム UV エクスペール XL シールド BB クリーム
兰蔻全新柔皙遮瑕隔离乳
USD 56 ₩63,500 ¥6,100 €49 ¥360

그림 6.9 대한항공의 면세품 판매지 내용1

197 설화수 자음유액
Sulwhasoo Essential Balancing Emulsion / 125ml
雪花秀 エッセンシャル バランシング エマルジョン
雪花秀滋盈肌本平衡乳
USD 44 ₩50,000 ¥4,800 €39 ¥290

198 설화수 윤조에센스
Sulwhasoo First Care Activating Serum / 90ml
雪花秀 ファースト ケア アクティベーティング セラム
雪花秀润致优活肌底精华露
USD 85 ₩96,500 ¥9,200 €74 ¥550

202 바비 브라운 로즈 쉬머 브릭 & 브러쉬 세트
Bobbi Brown Rose Shimmer Brick & Brush Set / 10.3g
Bobbi Brown ローズ シマーブリック & ブラシ セット
Bobbi Brown 玫瑰星纱颜彩盘与刷具组
USD 54 ₩61,500 ¥5,900 €47 ¥350

210 비오템 라이프 플랑크톤 에센스
Biotherm Life Plankton Essence / 125ml
ビオテルム ライフ プランクトン エッセンス
碧欧泉护肤精华露(奇迹水)
USD 47 ₩53,500 ¥5,100 €41 ¥310

212 비오템 옴므 아쿠아파워
Biotherm Homme Aquapower / 75ml
ビオテルム アクアパワー
碧欧泉水动力男士保湿露
USD 39 ₩44,500 ¥4,300 €34 ¥250

214 비오템 옴므 아쿠아틱 로션
Biotherm Homme Aquatic Lotion / 200ml
ビオテルム アクアティク ローション
碧欧泉男士舒捷须后露
USD 38 ₩43,000 ¥4,200 €34 ¥250

215 비오템 옴므 UV 디펜스 울트라 라이트
Biotherm UV Defense Ultra Light Texture / 30ml
ビオテルム UV ディフェンス ウルトラ ライト
碧欧泉男士活力防护隔离霜
USD 35 ₩40,000 ¥3,800 €31 ¥230

216 비오템 아쿠아수르스 수분 크림
Biotherm Aquasource Gel Cream / 50ml
ビオテルム アクアソース ジェルクリーム
碧欧泉活泉润透水分露
USD 39 ₩44,500 ¥4,300 €34 ¥250

222 라프레리 스킨 캐비아 리퀴드 리프트
La Prairie Skin Caviar Liquid Lift / 50ml
スキンキャビア リキッドエッセンス
莱珀妮鱼子精华紧颜液
USD 467 ₩528,000 ¥50,500 €407 ¥2,990

223 라프레리 스킨 캐비아 럭스 크림
La Prairie Skin Caviar Luxe Cream / 50ml
ラ プレリー スキンキャビア ラックス クリーム
莱珀妮鱼子精华琼贵面霜
USD 430 ₩486,000 ¥46,500 €375 ¥2,760

229 시세이도 UV 프로텍티브 스틱 파운데이션
Shiseido UV Protective Stick Foundation / 9g
資生堂 サンケア UV プロテクティブ スティック ファンデーション
资生堂新艳阳夏遮瑕防晒粉条
USD 24 ₩27,500 ¥2,600 €21 ¥160

231 시세이도 아넷사 퍼펙트 UV 선스크린 A+N
Shiseido Anessa Perfect UV Sunscreen A+N / 60ml
資生堂 アネッサ パーフェクトUVサンスクリーン A+N
资生堂安热沙黄金钻级防晒露 A+N
USD 30 ₩34,000 ¥3,300 €27 ¥200

232 시세이도 UV 프로텍티브 콤팩트 파운데이션
Shiseido UV Protective Compact Foundation / 12g
資生堂 UV プロテクティブ コンパクト ファンデーション
资生堂日常防晒乳霜
USD 34 ₩38,500 ¥3,700 €30 ¥220

234 시세이도 바이오 퍼포먼스 슈퍼 코렉티브 아이크림
Shiseido Bio-Performance Super Corrective Eye Cream / 15ml
資生堂 Bio-Performance コレクティブ アイ クリーム
资生堂百优优效修护眼霜
USD 60 ₩68,000 ¥6,500 €53 ¥390

244 크리니크 팝 립 트리오 세트
Clinique Pop Lip Trio / 3.9g x 3
クリニーク ポップ リップトリオセット
倩碧甜心小方唇膏三重奏套组
USD 55 ₩62,500 ¥6,000 €48 ¥360

245 크리니크 롱 라스트 글로스웨어
Clinique Long Last Glosswear / 2.3g x 5 Pieces
クリニーク ロングラスト グロスウェアー(5本セット)
倩碧持久唇彩(5支装)
USD 30 ₩34,000 ¥3,300 €27 ¥200

255 엘리자베스 아덴 에잇아워 크림 나이트타임 미라클 모이스처라이저
Elizabeth Arden Eight Hour® Cream Skin Protectant Nighttime Miracle Moisturizer / 45g
エリザベスアーデン エイトアワー クリーム ナイトタイム ミラクル モイスチャライザー
伊丽莎白雅顿8小时晚安神奇保湿霜
USD 35 ₩40,000 ¥3,800 €31 ¥230

262 슈에무라 안티 / 옥시 스킨 리파이닝 안티 덜니스 클렌징 오일
Shu Uemura Anti / Oxi Skin Refining Anti-Dullness Cleansing Oil / 450ml
シュウ ウエムラ A / O ユースグロー クレンジング オイル
植村秀绿茶新肌洁颜油
USD 72 ₩81,500 ¥7,800 €63 ¥470

그림 6.10 대한항공의 면세품 판매지 내용2

그림 6.11 항공기에 탑재된 기내면세품을 확인하고 있는 객실승무원

목적지에 도착한 시점을 기준으로 한일, 한중노선은 48시간, 기타노선은 72시간 이후 출발 귀국편에 한하여 가능하다. 또한 면세품은 관세법상 기내에서의 교환 및 환불은 불가능하며, 상품하자의 경우에만 동일제품으로 교환이 가능하다. 따라서 승무원들은 각 면세품에 대한 정확한 상품 정보를 숙지하여 승객들이 보다 신중한 선택을 할 수 있도록 도울 수 있어야 한다. 또한 국가별 면세 허용량을 숙지하여 안내해야 한다.

3. 기내 오락 서비스(Cabin Entertainment Service)

항공사에서는 승객의 즐거운 여행을 위해 각종 엔터테인먼트(Entertainment)를 제공하고 있다. 최신 엔터테인먼트 시스템(Entertainment System)의 발달

NCS
항공객실서비스 직무능력매칭

능력단위	능력단위요소	수행준거
1203010504_13v1 비행 중 서비스	1203010504_13v1.4 면세품 판매하기	1. 규정에 따른 면세품의 기본적인 상품 세팅 및 판매 2. 규정에 따른 국가별 면세품 구매 한도에 관한 정보 전달 3. 규정에 따른 면세품 판매 전 · 후 재고파악 및 서류 정리

로 일부 항공사에서는 인공위성을 통하여 이메일, 회사 인터넷, 최신뉴스, 검색 등과 같은 인터넷 서비스를 개발 도입하고 있는 추세이다.

1) 기내 영화와 음악

미국의 델타 항공(Delta Airlines)에서 항공 여행을 하는 승객들을 대상으로 기내 시간을 어떻게 보내는가에 대한 복수 응답 조사를 실시했다. 그 결과 81%가 읽을거리, 64%가 조용한 명상, 55%가 기내 영화나 음악 감상, 54%가 잠을 청하는 것으로 보낸다고 대답했다.

이 통계는 주로 미국인들을 대상으로 한 것이어서 만약 영화나 음악을 더 좋아하는 아시아권 승객들을 대상으로 한다면, 그 비율은 더 높아졌을 것으로 분석된다.

기내에서의 영화 음악 감상은 이제 항공여행 중 필수적인 요소가 되었다. 이에 각 항공사는 보다 승객들이 지루하지 않게 여행할 수 있도록 풍부한 컨텐츠를 갖추기 위해 많은 비용을 소요하고 있으며, 최상의 프로그램 제공을 위해 노력하고 있다.

(1) 기내 영화

승객들의 높은 관심에 부응해 각 항공사들도 경쟁적으로 기내 영화를 운영하고 있다. 관련 하드웨어 설비에 상당한 비용을 투자하고 있으며, 이러한 추세는 앞으로도 계속 이어질 전망이다.

처음으로 영화를 기내 정규 프로그램으로 편성한 항공사는 미국의 티 · 더블유 · 에이항공사(TransWorld Airlines)로 1961년 뉴욕발 샌프란시스코행 구간에서 'By Love Possessed'를 상영했다. 그 후 1988년 노스웨스트 항공

NCS
항공객실서비스 직무능력매칭

능력단위	능력단위요소	수행준거
1203010504_13v1 비행 중 서비스	1203010504_13v1.3 기내 오락물 제공하기	1. 규정에 따른 오락물 상영을 위한 기내 시설물과 기물 사용 2. 규정에 따른 상영물에 관한 종류와 내용 고객에게 전달 3. 규정에 따른 조명 · 객실상태 점검 및 오락물 제공

SKY PROGRAM

스카이 영화 Sky Movies

Grease 그리스(1978)
E KS
111min Musical PG
출연 존 트라볼타, 올리비아 뉴턴존
감독 랜들 클라이저
Cast John Travolta, Olivia Newton-John
Director Randal Kleiser
Paramount

Platoon 플래툰(1986)
E KS
120min Action R
출연 찰리 신, 톰 베린저
감독 올리버 스톤
Cast Charlie Sheen, Tom Berenger
Director Oliver Stone
Terry Steiner Int.

The Dark Knight 다크 나이트(2008)
E KS
145min Crime PG13
출연 크리스천 베일, 히스 레저
감독 크리스토퍼 놀런
Cast Christian Bale, Heath Ledger
Director Christopher Nolan
Warner Bros.

한국 영화 KOREAN

더 폰 The Phone
K ES
114min Thriller PG13
출연 손현주, 엄지원
감독 김봉주
Cast Son Hyun-Ju, Um Jee-won
Director Kim Bong-joo
Next Entertainment World
관련 기사 Related Article 56P

사도 The Throne
K ES
126min Epic PG
출연 송강호, 유아인
감독 이준익
Cast Song Kang-ho, Yoo Ah-in
Director Lee Joon-ik
Showbox Inc

암살 Assassination
K ES
140min Action PG13
출연 전지현, 이정재, 하정우
감독 최동훈
Cast Gianna Jun, Lee Jung-jae, Ha Jung-woo
Director Choi Dong-hoon
Showbox Inc

연평해전 Northern Limit Line
K ES
129min Drama PG
출연 김무열, 진구
감독 김학순
Cast Gim Mu-yeol, Jin Goo
Director Kim Hak-soon
Next Entertainment World

아시아 영화 ASIAN

Mountains May Depart 산하고인
C ES
118min Drama PG
출연 자오타오, 장이, 량징둥, 동쯔젠
감독 자장커
Cast Zhao Tao, Zhang Yi, Liang Jingdong...
Director Jia Zhangke
Encore Inflight Limited

Goodbye Mr. Loser 하락특번뇌
C ES
102min Comedy PG13
출연 선텅, 마리, 왕즈
감독 펑다모, 옌페이
Cast Shen Teng, Ma Li, Wang Zhi
Directors Peng Damo, Yan Fei
Emphasis Media

Lost in Hong Kong 항경
C ES
114min Comedy PG13
출연 쉬정, 두쥐안, 자오웨이
감독 쉬정
Cast Xu Zheng, Du Juan, Zhao Wei
Director Xu Zheng
Vitality International

An 앙: 단팥 인생 이야기
J ES
112min Drama PG
출연 나가세 마사토시, 키키 키린
감독 가와세 나오미
Cast Masatoshi Nagase, Kirin Kiki
Director Naomi Kawase
Encore Inflight Limited

유럽 영화 EUROPEAN

Heidi 하이디
K G ES
112min Family G
출연 아누크 슈테펜, 브루노 간츠
감독 알랭 그스포너
Cast Anuk Steffen, Bruno Ganz
Director Alain Gsponer
Captive Entertainment

L'hermine 사랑의 법정
K F ES
94min Drama PG13
출연 파브리스 루키니, 시세 바베트 크누센
감독 크리스티앙 뱅상
Cast Fabrice Luchini, Sidse Babett Knudsen
Director Christian Vincent
Entertainment in Motion

Isla Bonita 이슬라 보니타
K S ES
101min Comedy R
출연 팀 베터만, 릴리안 카로
감독 페르난도 콜로모
Cast Tim Bettermann, Lilian Caro
Director Fernando Colomo
Sky Line

Highway to Hellas 헬라스로 통하는 고속도로
K G ES
88min Comedy PG13
출연 크리스토프 마리아 허브스트, 아담 보스도코스
감독 아론 레만
Cast Christoph Maria Herbst, Adam Bousdoukos
Director Aron Lehmann
Encore Inflight Limited

Disorder 디스오더
K F ES
99min Drama PG13
출연 마티아스 스후나르츠, 다이앤 크루거
감독 앨리스 위노커
Cast Matthias Schoenaerts, Diane Kruger
Director Alice Winocour
Encore Inflight Limited

Per amor vostro 사랑을 위하여
K I ES
117min Drama R
출연 발레리아 골리노, 마시밀리아노 갈로
감독 쥬세페 M. 가우디노
Cast Valeria Golino, Massimiliano Gallo
Director Giuseppe Gaudino
Sky Line

어린이 영화 KIDS

Kung Fu Panda 3 쿵푸팬더 3
K E J T KS CS
95min Animation PG
감독 알레산드로 칼로니, 여인영
Voice cast Jack Black, Bryan Cranston
Directors Alessandro Carloni, Jennifer Yuh Nelson
CJ E&M

The Good Dinosaur 굿 다이노
K E F I KS
94min Animation PG
감독 피터 손
Voice cast Jeffrey Wright, Frances McDormand
Director Peter Sohn
Buena Vista

Aladdin 알라딘
K E
91min Animation G
감독 론 클레먼츠, 존 머스커
Voice cast Scott Weinger, Robin Williams
Directors Ron Clements, John Musker
Buena Vista

Frozen 겨울왕국
K E
103min Animation PG
감독 크리스 벅, 제니퍼 리
Voice cast Kristen Bell, Idina Menzel
Directors Chris Buck, Jennifer Lee
Buena Vista

K 한국어 KS 한국어 자막 E English

그림 6.12 항공사 기내지에는 해당편에 상영되는 영화의 목록과 내용이 담겨있다.

(Northwest Airlines)에서 처음 개인용 비디오 시스템(Personal Video System)을 도입했고, 현재 많은 항공사들이 이 시스템을 기내에 갖추고 있다. 이에 따라 승객은 자신이 선호하는 영화를 선택할 수 있고, 보다 많은 영화를 감상할 수 있게 되었다. 한국에 취항하는 외국 항공사의 경우에도 한국어 더빙을 하거나 한국 영화를 상영하여 한국인 승객들의 즐거운 항공 여행을 위해 노력하고 있다.

정해진 상영시간에 정해진 프로그램의 영화만을 볼 수 있었던 기존의 방식에서 이제는 집에서 영화를 감상하는 것처럼 개인 모니터를 통해 보고 싶은 영화를 원하는 시간에 볼 수 있게 되었다. 자세한 사용법은 각 항공사의 기내 잡지에 상세히 안내되어 있다.

(2) 기내 음악

영화와 함께 승객들은 기호에 맞게 다양한 채널에서 다양한 장르의 음악을 즐길 수 있다. 기내 음악은 승객들에게 여행의 즐거움과 편안함을 주기 위해 준비되는 것으로 보통 2개월을 주기로 교체한다. 기내 음악 선정시에는 모처럼의 항공여행의 즐거움과 설렘을 반감할 수 있는 주제, 즉 이별, 죽음 등 슬픈 주제의 음악은 지양하고 승객의 다양한 국적과 인종, 연령을 고려하여 다양한 취향이 고루 반영될 수 있도록 하고 있다.

기내 음악 채널과 사용법에 대한 안내는 항공기 좌석 앞주머니에 비치되어 있는 각 항공사 기내 잡지를 통해서 알 수 있다. 오디오 프로그램은 기존의 되감기, 일시 정지 기능은 물론 다음 곡으로 건너뛰기, 전곡으로 돌아가기 등의 다양한 기능을 포함하고 있다.

(3) 단편물 상영

각 항공사에서는 영화와 음악 외에도 인기 TV프로그램, 뉴스 등의 단편물을 상영하고 있다. 국적 항공사인 아시아나 항공과 대한항공은 최신 TV 인기프로그램 뿐만 아니라 국제 단편 영화제 수상작 그리고 어린이를 위한 단편만화 등 다양한 단편물을 상영하고 있다.

한국에 취항하는 외국 항공사의 경우에도 한국 뉴스와 한편의 한국 단편물을 상영하고 있다.

한국의 정치, 경제, 스포츠, 오락 및 여행과 관련하여 한국에서 매일 발생하는 가장 취신의 중요한 사건 및 소식들을 MBC 'News Desk'와 아리랑TV의

MUSIC PREVIEW 프리뷰 음악 ▸62p

R&B/Soul/Urban 알앤비/소울/어번 (7 CDs)
샘 스미스 〈In The Lonely Hour(Standard Edition)〉, 크리스 브라운 〈X(Standard Ver.)〉 외.
In The Lonely Hour (Standard Edition) by Sam Smith, *X (Standard Ver.)* by Chris Brown and more.

Hip-Hop/Rap 힙합/랩 (2 CDs)
숀 킹스턴 〈Back 2 Life〉, 스누프 라이언 〈Reincarnated〉.
Back 2 Life by Sean Kingston, *Reincarnated* by Snoop Lion.

Country/Folk 컨트리/포크 (7 CDs)
캐리 언더우드 〈Greatest Hits: Decade #1〉, 케니 체즈니 〈The Big Revival〉 외.
Greatest Hits: Decade #1 by Carrie Underwood, *The Big Revival* by Kenny Chesney and more.

Dance/Electronic 댄스/일렉트로닉 (3 CDs)
베이스먼트 잭스 〈Junto(Special Edition)〉, 린지 스털링 〈Shatter Me〉 외.
Junto (Special Edition) by Basement Jaxx, *Shatter Me* by Lindsey Stirling and more.

한국 음악 KOREAN MUSIC

Recent Releases 최신 가요 (6 CDs)
싸이 〈칠집싸이다〉, 터보 〈AGAIN〉 외.
Psy 7th Album by Psy, *AGAIN* by Turbo and more.

Korean Favorites 추억의 가요 (27 CDs)
이문세 〈Memories〉, 신승훈 〈20th Anniversary〉 외.
Memories by Lee Mun-se, *20th Anniversary* by Shin Seung-hun and more.

Ballad/R&B/Soul 발라드/알앤비/소울 (21 CDs)
규현 〈The 1st Mini Album '광화문에서'〉, 토이 〈Da Capo〉 외.
The 1st Mini Album 'At Gwanghwamun' by KYUHYUN, *Da Capo* by Toy and more.

Rock/Hip-Hop/Rap 록/힙합/랩 (5 CDs)
에프티아일랜드 〈I WILL〉, 씨엔블루 〈Can't Stop〉 외.
I WILL by FTISLAND, *Can't Stop* by CNBLUE and more.

Dance 댄스 (19 CDs)
엑소 〈The 2nd Album 'EXODUS'〉, 위너 〈2014 S/S〉 외.
The 2nd Album 'EXODUS' by EXO, *2014 S/S* by WINNER and more.

Trot 트로트 (3 CDs)
장윤정 〈장윤정 6집: 10주년 앨범〉, 홍진영 〈인생노트 (LIFE NOTE)〉 외.
Jang Yoon-jeong Vol.6: 10th Anniversary by Jang Yoon-jeong, *Life Note* by Hong Jin-yeong and more.

Korean Classics 가곡 (5 CDs)
박인수 〈매혹의 테너 박인수 초청 음악회〉 외.
Invitation Concert of Park In-su, the Captivating Tenor by Park In-su and more.

Korean Traditional 국악 (7 CDs)
신영희 〈신영희 춘향가 1집〉 외.
Sin Yeong-hui Pansori Choonhyangga Vol. 1 by Sin Yeong-hui and more.

중국 음악 CHINESE MUSIC

Mandarin Music 만다린 음악 (6 CDs)
저우제룬 〈Aiyo, Not Bad〉, 모원웨이 〈I love Karen Mok–Best Collection〉 외.
Aiyo, Not Bad by Jay Chou, *I love Karen Mok - Best Collection* by Karen Mok and more.

Cantonese Music 광둥 음악 (5 CDs)
천이쉰 〈Getting Ready〉, 쉬샤오펑 〈Zhen Jin Dian–Paula Tsui〉 외.
Getting Ready by Eason Chan, *Zhen Jin Dian-Paula Tsui* by Paula Tsui and more.

! AVOD II의 일본 음악 및 중국 음악은 세계 음악에서 감상하실 수 있습니다. Japanese and Chinese Music on AVOD II can be found under the World Music category.

일본 음악 JAPANESE MUSIC

J-Pop Hits 최신 음악 (6 CDs)
아무로 나미에 〈Ballada〉, 메이제이 〈True Love〉 외.
Ballada by Namie Amuro, *True Love* by May J. and more.

J-Pop Favorites 추억의 음악 (9 CDs)
티알에프 〈Works–The Best Of TRF–〉, 하마사키 아유미 〈A Complete ~All Singles〉 외.
Works-The Best Of TRF- by TRF, *A Complete ~All Singles* by Ayumi Hamasaki and more.

세계 음악 WORLD MUSIC

European Pop 유럽 음악 (5 CDs)
마이라 안드라데 〈Navega〉, 에디트 피아프 〈The Very Best of Edith Piaf: 20 Songs〉 외.
Navega by Mayra Andrade, *The Very Best of Edith Piaf: 20 Songs* by Edith Piaf and more.

Latin 라틴 음악 (5 CDs)
샤키라 〈Shakira.(Deluxe Ver.)〉, 후안 가브리엘 〈Los Duo(Deluxe)〉 외.
Shakira. (Deluxe Ver.) by Shakira, *Los Duo (Deluxe)* by Juan Gabriel and more.

재즈 JAZZ

Contemporary Jazz 컨템퍼러리 재즈 (8 CDs)
제이슨 모런 〈ALL RISE: A Joyful Elegy For Fats Waller〉 외.
ALL RISE: A Joyful Elegy For Fats Waller by Jason Moran and more.

Traditional Jazz 전통 재즈 (5 CDs)
에디 히긴스 트리오 〈Bewitched〉, 조지 듀크 〈DreamWeaver〉 외.
Bewitched by Eddie Higgins Trio, *DreamWeaver* by George Duke and more.

Blues 블루스 (2 CDs)
케니 웨인 셰퍼드 밴드 〈Goin' Home〉, 빌리 홀리데이 〈See You Vol.1〉.
Goin' Home by Kenny Wayne Shepherd Band, *See You Vol.1* by Billie Holiday.

테마 음악 THEME MUSIC

Beyond Special 비욘드 스페셜 (9 CDs)
Various Artists 〈Disney–Pixar All Time Favorites〉 외.
Disney-Pixar All Time Favorites by Various Artists and more.

Relaxation 명상 음악 (8 CDs)
명상에 잠기기 좋은 다양한 앨범을 즐기실 수 있습니다.
Enjoy this selection of music for relaxation.

OST 영화 음악 (7 CDs)
인기 영화의 놓칠 수 없는 명반을 즐기실 수 있습니다.
Listen to various motion picture soundtracks.

Seasonal Favors 계절 음악 (4 CDs)
봄, 여름, 가을, 겨울 계절에 맞게 엄선한 곡들로 구성된 앨범을 즐기실 수 있습니다.
Enjoy music for the season to get you in the festive mood.

Learning Korean 한국어 배우기 (16 CDs)
외국인을 위한 기본 한국어 회화 교재로, 생활에 필요한 실용적인 대화로 구성되어 있습니다.
Listen to basic Korean communication, including practical conversations.

Audio Books 오디오북 (15 CDs)
두포전(한국어), 오페라의 유령(영어) 등 다양한 분야의 도서를 오디오북으로 청취하실 수 있습니다.
A selection of audio books in various genres, like *The Tale of Dupo*(Korean), *The Phantom of the Opera*(English).

! AVOD II의 오디오북 서비스는 오디오의 메인 메뉴에서 선택하실 수 있습니다. AVOD II provides Audio Books on the Audio main menu.

동요 KIDS SONGS

Korean Children's Songs 한국 동요 (4 CDs)
어린이들을 위한 다양한 한국 동요 앨범을 즐기실 수 있습니다.
A selection of Korean children's music.

World Children's Songs 세계 동요 (6 CDs)
어린이들을 위한 다양한 세계 각국 동요 앨범을 즐기실 수 있습니다.
A selection of children's music from around the world.

그림 6.13 기내 제공음악에 대한 채널별 안내가 담긴 대한항공의 기내지

앵커와 취재 기자들이 빠르고 신속하게 필리핀 항공(Philippine Airlines) 승객에게 40분 동안 제공한다. 이 뉴스는 한국에서 일어나는 최근의 소식을 알려줌으로써 필리핀 항공 승객에게 한국 소식에 뒤처지지 않게 해주고, 한국의 분위기와 관광을 제대로 즐길 수 있도록 완벽한 정보를 제공한다.

(4) 보딩 뮤직(Boarding Music)

승객이 접할 수 있는 기내 음악 중의 하나로 Boarding Music이 있다.

처음에 기내에 탑승하면 흘러나오는 음악을 보딩 뮤직(Boarding Music)이라고 한다.

보딩 뮤직은 여행을 시작하는 승객들에게 환영의 인사와 함께 편안한 느낌을 갖고 기내 환경에 적응할 수 있도록 도와주는 역할을 하며, 승객 하기시도 그 상황에 맞는 음악을 선곡하여 제공한다.

2) Air Show

Air Show란 비행 중 승객의 즐겁고 쾌적한 여행을 위하여 탑승한 항공기 비행에 관련된 다양한 정보를 실시간으로 비디오 시스템을 통해 승객에게 제공하는 것을 말한다.

즉 항공기의 비행 진행에 따라 변하게 되는 비행 고도와 비행 속도를 비롯해 바깥 온도와 맞바람의 세기, 남은 비행 거리와 남은 비행시간, 도착 예정 시간, 목적지 현재 시간, 출발지 현재 시간 등 자세한 비행 정보를 승객은 좌석에서 얻을 수 있는 것이다.

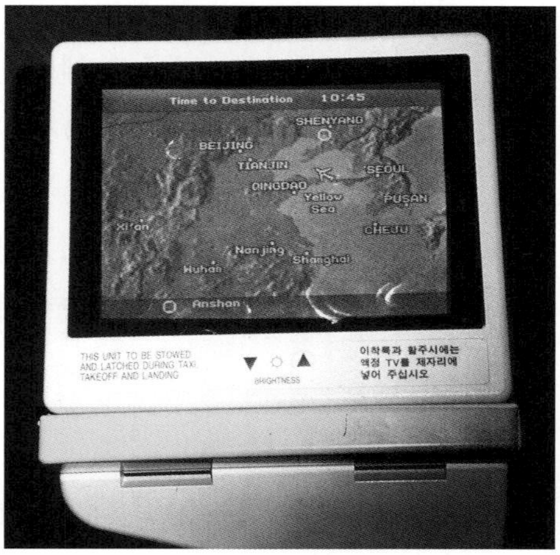

그림 6.14 Air Show가 방영되고 있는 개인용 모니터

3) 기내 독서물(Reading Material)

장거리 여행의 지루함을 해소하기 위하여 기내에는 자체 기내지, 신문, 잡지, 기내식 소개, 기내 독서물 등을 서비스 하고 도착지 정보 및 필요 수속 서류를 배치하여 승객의 여행 편의를 도모하고 있다.

또한 항공사의 서비스 품질 향상을 위하여 항공 여행 시 불편사항이나 의견을 접수할 수 있는 고객 제안서(Comment letter)를 비치하고 있다.

고객 제안서(comment letter)
승객이 항공사의 각 서비스 부문에서 경험하고 느낀 것을 칭송, 불만, 건의형식으로 쓸 수 있는 설문서의 일종으로 서비스 개선을 위한 중요한 통계자료로 이용되며 항공사는 제안을 한 승객 개개인에게 답신을 하기도 한다.

사례 2.1 필리핀 항공의 기내지 '마부하이'

필리핀 항공의 기내지인 '마부하이'는 필리핀어로 'Live' 또는 'Mat Tou Live' 라는 의미를 가지고 있다. 누구든지 "마부하이"라고 하면 상대방의 만수무강을 비는 말이 되는 셈이다. 이 말은 또한 축하, 감사, 행운 등과 같은 소망의 의미로도 사용된다. "마부하이"는 필리핀 항공사(Philippine Airlines)의 서비스 및 항공 프로그램의 고유 프로그램이며 필리핀 항공사의 VIP 고객들에게 멋지고 행복한 삶을 축하하기 위한 방식이다. 마부하이 기내지는 월마다 발행이 되며 필리핀에서의 새로운 소식, 먹을거리 소개, 문화, 예술, 인물, 관광, 스포츠에 대한 정보를 제공하며, 필리핀 항공의 여러 가지 기내 서비스 및 Mabuhay Miles, Mabuhay Club, Flying Sportsplus 에 대한 정보를 싣고 있다.

4) 기내 게임 서비스

각 항공사별 차이는 있으나 어린이를 위해서는 'Lego'와 같은 장난감을 대여해주고 체스나 바둑 같은 오락물품을 대여해주고 있다. 또한 기술의 발달로 항공기 자체 서버에 저장된 프로그램을 이용해 자동차 경주에서 카드 게임까지 다양한 게임을 항공 여행 중에 즐길 수 있다.

싱가포르 항공(Singapore Airlines)의 경우에는 '크리스 월드'라는 기내 엔터테인먼트 시스템에 의해서 약 42개의 다양한 멀티 플레어 네트워크 게임(Multi Player Network Game)을 승객들에게 제공하고 있다.

5) 기내 전화

일반적으로 일등석과 비지니스 클래스에서는 개인 좌석에 기내 전화가 장착되어 있다. 일반석인 경우에는 객실 전면에 장착되어 서비스 되어진다. 일부 항공사에서는 전좌석에서 기내 전화 사용이 가능한 경우도 있으며 점차적으로 더욱 늘어나는 추세이다.

기내에서의 전화를 사용할 때에는 요금이 부과되며, 주요 신용카드로 결제가 이루어진다. 수신자 부담 전화와 국제 전화번호 문의는 불가능하며 수신도 불가능하다.

6) 팩스 서비스

비지니스 승객을 위하여 대부분의 항공사에서는 팩스 서비스를 실시하고 있다. 승객의 요청이 있을 때 객실승무원은 서류를 받아 팩스 대행 서비스를 제공한다. 요금은 신용카드로 계산할 수 있다.

그림 6.15 팩스 서비스를 하고 있는 항공사 직원

7) 좌석 전원 공급시스템(In-seat Power Supply System, ISPS)

기내에서도 배터리 걱정 없이 휴대한 노트북을 최고 속도로 사용할 수 있다. 일부 항공사에서 실시되고 있으나 점차 확대되고 있는 추세이다.

일부 항공사에서는 노트북을 이용한 이메일 전송 시스템도 구비하고 있다.

8) 인터넷 서비스(Internet Service)

향후 여객기 기내에서 초고속 인터넷을 자유롭게 사용할 수 있을 것으로 전망되어진다. 국내 항공업계도 신규 도입되는 항공기는 물론 기존 항공기에도 인터넷 접속을 위한 별도의 장치를 장착하는 방안을 연구 중에 있다.

대한항공(Korean Air)은 대고객 서비스 강화차원에서 보잉사의 초고속 인터넷 시스템을 도입 실시하고자 하고 있으며, 현재 보잉사는 CBB(Connexion By Boeing)라는 자회사를 설립, 인공위성을 이용해 항공기 기내에서 초고속 인터넷을 이용할 수 있는 환경을 제공하고 있다.

독일 루프탄자 항공(Luftansa German Airlines)은 대서양 일부 노선에 무선 인터넷 서비스를 제공하고 있으며 스칸디나비안 항공(Scandnavian Airlines)과 일본 항공(Japan Airlines)도 기내 인터넷 서비스를 제공할 예정이다.

대한항공(Korean Air)의 인터넷 서비스는 B747 기종을 기준으로 최대 120명이 동시에 접속할 수 있고, 전송 속도는 초당 20메가비트까지 가능하고 요금은 사용시간이 3~5시간인 경우 15달러, 7시간 이상인 경우 25달러 안팎이 될 것이라고 예상하고 있다.

한편, 보잉사와 함께 양대 항공기 제조업체인 에어버스사도 기내 인터넷 접속 서비스를 개발중인 것으로 알려졌다.

그림 6.16 기내에서 인터넷을 사용하고 있는 승객

9) 기내 이색 오락 프로그램 서비스

항공사 이색 기내 서비스의 하나로 세부 퍼시픽 항공의 경우, 승객과 승무원이 리조트 분위기에서 게임을 함께 하는 서비스를 하기도 한다. 객실 승무원이 사회를 보고 손님이 직접 참여할 수 있는 많은 게임들이 준비되어 있는데 미니 농구 게임, 링 던지기, 가라오케 등이 있다. 각종 이벤트는 승객이 직접 참여하면서 비행시간의 지루함을 잊을 수 있을뿐더러 게임에는 T-Shirt부터 마우스패드 등 여러 가지 상품이 제공되어 승객들로 하여금 많은 호응을 얻고 있다.

'하늘 위에서 펼치는 음악회와 마술 쇼'. 아시아나 항공(Asiana Airlines)의 '플라잉 매직'팀은 장시간의 지루한 항공여행을 즐겁고 아름다운 '추억의 시간'으로 바꿔주는 '마술 팀'이다. 마술 쇼와 생일축하 생음악 공연, 음료와 식사 서비스 도중 선보이는 칵테일 쇼, 만화 · 얼굴 그림 그리기, 스트레칭 체조 서비스 등 이색 기내 서비스로 탑승객들에게 특별한 즐거움과 감동을 전해준다. 승객과 승무원 사이에 친밀감이 생기면서 항공여행의 지루함을 잊게 해준다.

플라잉 매직팀은 1998년 3월 기악, 마술, 노래 등에 재능과 특기를 갖춘 16명의 승무원들로 출발했다. 현재는 1,700여명의 승무원 중에서 선발된 31명의 승무원들이 3개 팀으로 나뉘어 활동하고 있다. 각종 악기 연주자이면서 마술사, 행사진행자 등 만능 탤런트인 팀원들은 마술과 칵테일 쇼를 위해 전문 교육기관과 내부 교육과정을 거친 뒤, 국제선 장거리 노선을 중심으로 서비스를 펼치고 있다.

특히 할리우드 마술교육기관인 '매직 캐슬' 연수를 거친 마술 솜씨는 세계적인 수준이다. 한 순간에 동전이 사라지게 하는 동전매직, 두 개의 로프를 묶어 생긴 마디가 저절로 없어지는 마술 등이 대단한 인기를 누리고 있다.

그림 6.17 승객들에게 아름다운 추억의 시간을 만들어주는 티웨이 항공의 이벤트팀

이 밖에 풍선마술, 반지빼기, 고무줄 점핑, 카드마술, 달팽이마술 등도 보여주고 있다.

생일 등 기념일을 맞은 승객에게는 바이올린, 플루트, 색소폰, 기타 등으로 구성된 연주 팀이 좌석 앞에서 생일축하 음악을 연주하고 노래를 불러준다. 생일 케이크와 폴라로이드 사진도 제공한다.

또한 티웨이항공과 아시아나항공은 겨울철에 계절이 다른 취항지로의 여행하는 승객의 편의를 도모하고자 국제선 탑승객의 겨울외투를 보관해주는 '외투 보관 서비스'를 실시하고 있다.

그림 6.18 티웨이항공의 코트룸서비스

4. 기내 의료지원 서비스

해외여행이 보편화와 대중화로 노약자, 어린이 등이 장거리 항공 여행을 하게 되면서 승객의 의학적 사고는 증가할 것으로 예상되어진다. 비행 중 승객의 건강문제는 각 항공사가 피할 수 없는 과제가 되었다. 따라서 각 항공사들은 승객의 건강한 항공여행을 위하여 스트레칭 체조시간, 비행 스트레스 방지센터 운영, 기내 건강 안내 비디오 상영, 사전 주문 시 건강식 제공, 산소 제공, 기본적인 의약품 배치 등의 자체 Health Care Program을 운영하고 있으며, 환자 발생 또는 승객의 부상에 대비하여 간단한 수술도구를 비치하고 있다.

기내에 상시 비치하는 의약보관함은 그 종류가 다양하며 승객의 건강상태의 정도에 따라 승무원이 사용하는 Medical Kit와 First Aid Kit, 의학 전문인이 전문처치를 위해 사용하는 Emergency Medical Kit(EMK)가 있다. Emergency Medical Kit(EMK)는 반드시 의사에 의해서만 사용이 가능하며, 사용 후 In-Flight Medical

그림 6.19 의료지원 서비스를 위해 탑재되는 First Aid Kit

NCS
항공객실서비스
직무능력매칭

능력단위	능력단위요소	수행준거
1203010508_13v1 응급환자 대처	1203010508_13v1.1 응급환자 발생상황 파악 · 보고하기	1. 규정에 따른 기내 환자 발생 여부 파악 2. 규정에 따른 환자에 대한 정보 상급자에게 보고 3. 규정에 따른 환자에 대한 정보 공유

표 6.7 기내탑재 의약 품목

기내 탑재 의약 품목
Nitroglycerin, 설하정, 일회용반창고, 아이티안 점안액, 압박 붕대, 4inch 붕대, 암모니아 흡입제, 인공기도 유지제, 화상연고, 시각 신호 코드, 보나링 에이 부스코판, 소독솜, 타이레놀, 오트리빈 분무제, 정로환, 제놀스틱 반창고, 가위, 부목, 응급처치 책자, 삼각건

Report를 회사에 제출해야 한다.

응급환자가 발생시는 정기적으로 응급처치의 기본적인 이해, 의료장비 기본지식, 메디칼 레코드, 환자증세 및 응급환자 기본조치 등의 응급환자대처 훈련을 이수한 객실승무원들이 대응 매뉴얼에 의거하여 이에 대한 대처를 실시한다.

그림 6.20 객실승무원은 승무원용 Portable Oxygen Bottle을 통해 산소를 공급받으며 승객에게 도움을 줄 수 있다.

1) 기내 의약품 보관함(First Aid Kit)

First Aid Kit는 비행 중 승객의 사고 및 질병 발생시 사용하기 위해 기내에 탑재하는 의약품으로서, 의사의 처방없이 사용가능한 것으로 항공법에 의해 기내에 반드시 탑재되도록 규정 되어 있다.

2) 휴대용 산소통(Portable Oxygen Bottle)

고공을 비행하는 항공기의 경우 객실 고도가 14,000ft가 되면 자동으로 산소마스크가 나오도록 장착되어져 있다. 고도 15,000ft에서의 유효의식 시간은 일반적으로 약 50분 이내이나, 승객 중에는 인체 특성에 따라서 저고도에서도 산소 결핍증을 일으키거나 위급환자가 발생하여 호흡에 장애를 일으킬 수도 있음에 대비하여 각 항공기마다 Portable Oxygen Bottle을 탑재하고 있다.

NCS
항공객실서비스 직무능력매칭

능력단위	능력단위요소	수행준거
1203010508_13v1 응급환자 대처	1203010508_13v1.2 응급환자 초기 대응하기	1. 규정에 따른 응급 처치 2. 규정에 따른 환자의 응급 상태 확인 · 탑승 의사와 의료진 탐색 3. 규정에 따른 응급치료 장비 활용 및 조치

표 6.8 휴대용 산소통 사용법

휴대용 산소통 사용법
1. 산소마스크의 튜브 Fitting이 PO2의 Outlet에 제대로 고정되어 있는지 확인한다.
2. PO2의 Lever를 반시계 방향으로 돌린다.
3. 산소 흐름이 원활한지를 확인한다.
4. 산소마스크를 환자의 코와 입에 댄다
5. 산소마스크의 고무 Band를 이용하여 코와 입에 댄다.
6. 산소 흐름을 계속 확인하며 호흡한다.
7. 산소통이 모두 빌 때까지 사용해서는 안 된다.

휴대용 산소통은 객실승무원 좌석 주변에 비치되어 있고 환자가 탑승할 경우에는 환자용으로 따로 탑재된다.

3) 기내 비상의약품 보관함(Emergency Medical Kit)

Emergency Medical Kit는 비행 중 응급 환자 발생시 전문적인 치료를 하기 위한 의약품 및 의료 기구를 보관하는 Kit이다. 탑승자 중 의사 또는 기장의 판단에 따라 Kit내의 의료 기구들을 사용할 수 있을 것으로 판단되는 의료인만이 사용할 수 있으며, 일반적으로 조종실(Cockpit)과 객실에 1Set씩 2Set가 탑재되어있다.

4) UPK(Universal Precaution Kit)

UPK(Universal Precaution Kit)는 환자와의 체액과의 직접적인 접촉을 예방하고 비행중 환자로부터 발생할 수 있는 의료 폐기물을 별도로 수거하기 위해 사용되는 물품이다. 일반적으로 Emergency Medical Kit와 동일 장소에 보관 된다.

NCS 항공객실서비스 직무능력매칭

능력단위	능력단위요소	수행준거
1203010508_13v1 응급환자 대처	1203010508_13v1.3 응급환자 후속 관리하기	1. 응급환자 대응매뉴얼에 따른 응급환자 상태 관리 2. 응급환자 발생에 따른 일반 탑승자의 쾌적한 여행 도움 및 조치 3. 착륙 후 응급환자 대응매뉴얼에 따른 공항과의 협조체제 진행 및 조치

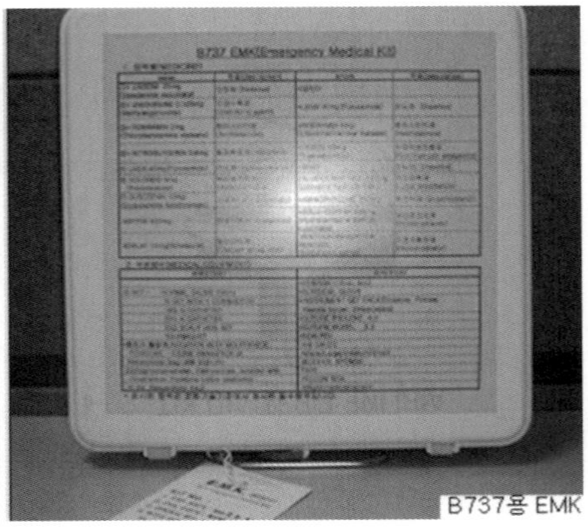

그림 6.21 항공기에 탑재된 Emergency Medical Kit와 Resuscitator Bag의 모습

5) 건강 안내 비디오

비행기내에 오랜 시간 앉아있게 되면 다리가 붓게 된다. 정상인에게는 특별한 문제가 없으나 임산부나 심장 질환이 있는 환자, 평소 말 혈관 장애가 있는 환자의 경우 다리가 부으면서 혈전증(핏덩어리가 떨어져 나가는 현상)이 생길 위험성도 증가한다. 최근 건강에 대한 관심이 높아지면서 항공 여행으로 생길 수 있는 질병을 사전에 예방하고자 각 항공사에서는 건강관련 비디오를 상영하고 있다.

대한항공, 아시아나 항공은 국제선 중장거리 구간에서 이륙 직후 '건강 안내 비디오'의 상영을 통해 고객들이 기내에서 적용 또는 활용 가능한 서비스를 파악하여 전체 비행의 계획을 세우며 건강한 비행을 이끌어갈 수 있도록 안내하고 있다. 그 내용으로는 이온음료를 포함한 생수, 주스 등 음료의 주기적인 섭취, 기내 좌석에서 시행 가능한 간단한 스트레칭, 로션을 발라 수

NCS
항공객실서비스 직무능력매칭

능력단위	능력단위요소	수행준거
1203010508_13v1 응급환자 대처	1203010508_13v1.4 환자 대처 상황 기록하기	1. 규정에 따른 응급환자 발생 시 조치 내용과 상태기록 2. 규정에 따른 응급환자 관련 후속 조치 내용 기록 3. 규정에 따른 응급환자의 공항 인계인수 내용 기록 4. 규정에 따른 비행 종료 후 환자 조치 내역 기록및 회사에 보고

다음은 근육과 관절을 부드럽게 해 주는 스트레칭 동작들이다. 좌석에 편안히 등을 대고 앉아서 호흡은 자연스럽게 하고 과도하게 스트레치 되지 않도록 주의를 요한다. 두 시간마다 반복하는 것이 좋다.

It is easy to stiffen up during a long flight. Here are a few shimple stretching exercises to help loosen muscles and joints. You can perform them in your seat, but make sure it is in the upright position. Remember to respect the airspace of other customers. Breathe normally, and do not overstretch. Repeat the programme at intervals of, say, two hours.

손가락 끼고 앞으로 펴기 손가락을 깍지 껴 어깨 높이에서 자연스럽게 앞으로 편다. 20초간 두 번 반복한다.

Arms Interlace your fingers, then straighten your arms out in front of you with palms facing out. Feel the stretch in arms and through upper part of back. Hold stretch for 20 seconds. Repeat two times.

머리 뒤 팔꿈치 아래로 누르기 한쪽 팔을 머리 뒤로 올린 후 구부린 상태에서 팔꿈치를 아래 방향으로 누른 후, 30초간 유지한다. 반대편도 동일하게 실시하며 과도하게 스트레치 되지 않도록 주의한다.

Upper Arm Hold your right elbow with your left hand, then gently pull elbow behind head until an easy tension-stretch is felt in shoulder or back of upper arm. Hold for 30 seconds. Do both sides. Do not overstretch.

1 2

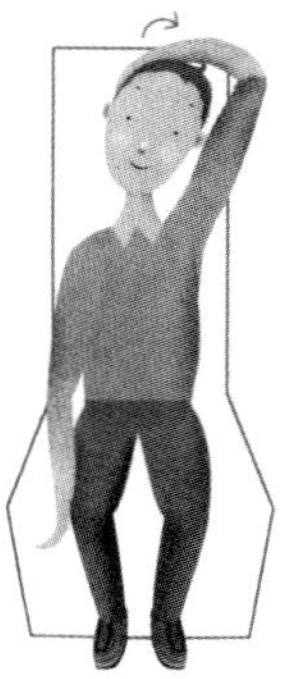

머리 기울이기 왼쪽 손을 반대쪽 머리 위에 위치한 후, 천천히 어깨쪽으로 잡아당긴다. 반대편도 동일하게 실시하며 2번 반복한다.

Neck Place your left hand on the upper right side of your head. Exhale, and slowly pull the left side of your head onto your left shoulder. Hold for 10 seconds. Repeat two times.

발목 위로 아래로 젖히기 두 발을 바닥에 대고 뒤꿈치를 붙인 상태에서 발가락을 들어올린 후, 이번엔 발가락을 바닥에 댄 상태에서 뒤꿈치를 가능한 들어올린다. 20회 반복한다.

Foot Start with both heels on the floor and point feet upward as high as you can. Put both feet flat on the floor. Lift heels high, keeping balls of feet on the floor. Repeat 20 times for legs.

3 4

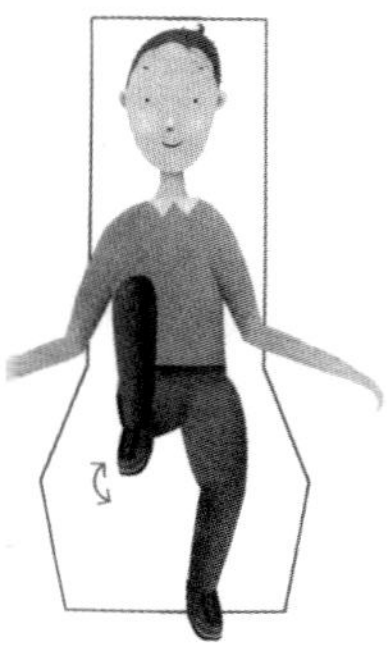

다리 구부리기 왼쪽 무릎을 구부려 가슴 부위까지 올린 상태에서 발목을 아래위로 움직인다. 반대로도 실시하며 20회 반복한다.

Knee Lift leg with knee bent while contracting your thigh muscle. Alternate legs. Repeat 20 times for each leg.

다리 들어올리기 두 손을 깍지 낀 후, 왼쪽 다리를 구부려서 가능한 한 가슴 쪽으로 잡아당긴다. 30초간 유지하며 반대편도 동일하게 실시한다.

Leg Hold on to your lower left leg just below the knee. Gently pull it toward your chest. To isolate a stretch in the side of your upper leg, use the left arm to pull the bent leg across and toward the opposite shoulder. Hold for 30 seconds. Do both sides.

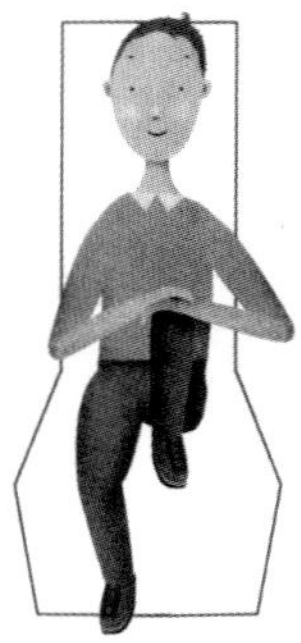

5 6

그림 6.22 기내 스트레칭(Stretching In The Air)

분 증발을 방지하는 등의 행동 요령을 포함하고 있다.

피로를 느끼기 쉬운 중장거리 구간은 비행의 특성을 고려하여 필요시 영화와 영화 사이에 특별 체조 비디오를 통해 좌석에 착석한 상태에서 가능한 체조를 따라할 수 있도록 하여, 승객들로 하여금 원활한 혈액 순환을 통한 피로감 감소와 불편함을 최소화하도록 노력하고 있다. 착륙 전에 다시 한 번 기내 체조 비디오를 서비스하여 고객들의 활기찬 기내 체조 서비스를 통해 비행 동안 쌓인 피로를 풀고 건강한 상태로 비행을 마무리할 수 있도록 도와준다.

5. 특별지원 서비스(Special Care Service)

유아를 동반한 승객과 같이 세심한 배려와 관심이 필요한 승객에게 항공사는 Special Care 서비스를 실시하고 있다. 이것은 해당 승객을 적극적으로 보살핌으로써, 주위 승객들이 보다 편안하게 여행할 수 있는 분위기 연출 차원에서도 실시되는 것이다. Special Care 서비스는 객실에 국한 되지 않고 객실, 예약, 발권, 운송 전분야가 연계하여 서비스 되어야 한다. 따라서 정확한 서비스 내용을 인지하고 약속된 서비스를 철저하게 제공할 수 있도록 하여야 한다. Special Care의 대상 승객으로는 보호자의 동반 없이 혼자 여행하는 어린이(UM: Unaccompanied Minor), 유아를 동반한 승객, 청각 장애와 같은 신체장애인, 노약자, 언어 장애 승객, 임신부 등이 있다

1) 비동반 소아(UM: Unaccompanied Minor)

비동반 소아는 만5세 이상 만12세 미만(국내선은 만13세 미만) 소아로서 동반자 없이 혼자 여행하는 어린이를 말한다. 지상 직원의 안내로 기내에 탑승하게 되며 승하기시 담당 객실승무원이 직접 돌보아야 한다. 비행중에는 식사나 우유를 제공하고 취식상태를 확인 하며 각 연령별에 맞는 서비스를 제공하여야 한다. 동반자가 없으므로 그들의 안전이나 건강에 유의해야 하며 주변 승객에게도 그들이 UM임을 알려 보다 적극적인 케어가 이루어지도록 하여야 한다. 객실사무장은 지상 직원으로부터 이들의 목적지 입국을 위한 서류 및 여권이 들어 있는 Envelope를 인수하여 도착지의 지상 직원에게 UM과 함께 인계한다.

2) 유아동반 승객

객실승무원은 유아를 동반한 승객에게 탑승시 적극적으로 짐을 들어주고 신속히 좌석을 안내한다. 비행중에 제공되는 유아식과 유아용 요람(Baby Bassinet)에 대하여 미리 안내하고 필요여부를 확인한다. 그리고 보호자에게 유아 동반시의 적절한 좌석 벨트 착용법, 기저귀 교환 장소, 기내 설비 사용법을 안내하고 비행 중에는 수시로 불편한 점이 없는지 확인한다.

Baby Bassinet
항공여행 중 유아가 누워서 쉴 수 있는 요람을 말한다. 기내의 벽에 고정시킬 수 있는 Plug in Fitting Type이며 허용중량은 몸무게 11kg미만, 신장 75cm미만(통상 6개월 미만 유아)이다. 각 Zone별 좌석앞에 설치하도록 되어있으며 보호자의 요청에 의해 이륙후 좌석 벨트 사인이 꺼진후 장착하고 착륙전에는 반드시 탈착하여야 한다.

3) 장애 승객

생활 수준의 향상과 항공 여행의 보편화에 힘입어 장애 고객이 점차 늘어나고 있는 추세이며, 각 항공사별로 세심한 서비스 제공을 위해 노력하고 있다.

사회적으로도 장애를 가진 사람들을 도와주고 보다 편리한 삶을 만들어 갈 수 있도록 다양한 방향의 운동이 전개 되고 있다. 항공사들도 장애인을 위한 각종 편의 시설을 마련하고 예약시 희망 좌석을 우선적으로 배정하고 장애 고객 응대 전담 직원을 배치하는 등 장애 고객 서비스 개선을 위해 많은 노력을 기울이고 있다.

객실승무원은 기내에서 장애 고객을 대할 때 진심으로 마음에서 우러나오는 따뜻한 서비스 제공을 위하여 노력하여야 하며, 장애 고객을 올바르게 이해하고 적절히 응대할 수 있는 방법을 익혀야 한다.

(1) 보행 장애 승객

혼자 힘으로 이동가능하나 위급 사태 발생시 타인의 도움 없이는 이동하기 곤란한 승객을 말하며, 일반적으로 Wheel Chair를 사용한다. 승 · 하기시에는

NCS
항공객실서비스 직무능력매칭

능력단위	능력단위요소	수행준거
203010502_13v1 승객 탑승 전 준비	1203010502_13v1.3 특별 서비스 요청사항 점검하기	1. 규정에 따른 해당 항공기의 특별 서비스 항목 점검 및 조치 2. 규정에 따른 해당 승객의 특별 서비스 용품 탑재 점검 및 조치 3. 규정에 따른 해당 승객의 특별 서비스 요청 사항 외 추가 요청 사항 확인 및 조치

물론 비행중에도 승무원의 협조가 요구된다.

그림 6.23 스텝카를 이용한 승 · 하기시 보행 장애 승객에게는 특별한 지원이 필요하다.

(2) 맹인(Blind)

성인 동반자가 있는 경우는 정상 승객으로 간주한다. 맹인 인도견을 동반한 경우, 인도견은 비행 중 맹인의 발아래에 위치하여야하며 재갈을 물려야 한다. 또한 인도견에게는 물을 제외한 어떠한 음식물도 제공해서는 안된다. 동반자가 없는 경우 담당 승무원은 기내 설비의 사용법과 위치를 상세히 설명해야 한다.

(3) 청각장애 승객

성인 동반자가 있는 경우는 정상 승객으로 간주한다. 동반자가 없는 경우 담당 승무원은 기내 설비 사용법과 위치 등의 필요한 정보를 문자나 그림을 통해 설명해 드린다. 보다 세심한 서비스를 위해 일부 항공사에서는 전 승무원에게 간단한 수화를 익힐 수 있도록 교육을 하기도 한다.

4) 추방자

사무장은 여권 및 기타서류를 별도로 보관하여 도착 시 지상 직원에게 직접 인계한다. 해당 승객은 대부분 불안 초조한 상태이므로 가능한 마음을 편안하게 해주도록하며 불필요한 이야기를 해서 자극하지 않도록 한다.

5) 임산부

임신 8개월 이내의 임산부는 의사가 항공여행을 금하지 않는 한 정상 승객으로 간주하고 이를 넘는 임산부는 항공기 출발 72시간 이내에 산부인과 의사가 작성한 건강진단서 3부를 작성해야 하며, 1부는 사무장이 지상 직원으로부터 인수하여 도착지 공항에 전달한다. 서비스는 정상 승객과 동일하게 제공하되, 혹 비행 중 불편한 사항은 없는지 수시로 확인한다.

Declaration Indemnity
환자 승객이 항공기 탑승 중 또는 탑승 후 발생될지 모를 건강상의 결과에 대해 항공사에 그 책임을 묻지 않으며 항공사 또는 제 3자에게 미친 손해에 대해 일체의 책임을 지겠다는 환자의 서약서

6) VIP, CIP

Seat Chart, SHR(Special Handling Request) 등으로 사전에 명단을 확인하여 직위 및 호칭 시 유의하도록 하며 이들에 대한 서비스는 해당 클래스 서비스에 준하여 실시하고 지나친 배려로 주위 승객의 불만이 발생치 않도록 한다.

7) 환자

환자 탑승시 지상 직원으로부터 Indemnity Letter를 받아 도착지 공항 운송 직원에게 인계한다. 담당 승무원은 비행 중 계속 환자의 건강상태를 점검하고 필요한 처치를 한다. 비행중에 환자가 발생할 경우 응급처치를 취하고 승객 중 의사나 간호사의 협조를 구한다. 사무장은 사태발생 경위 및 처치사항을 기록해 두어야 하며, 의사나 간호사의 진단 또는 간호를 받았을 경우 진단서 또는 소견서를 받도록 해야 한다.

그림 6.24 기내에서 발생한 환자는 응급처치후 지상에서 응급구조차로 이동후 병원으로 후송된다.

8) 만취승객(Intoxicated Person)

타 승객에게 불안 또는 위해를 줄 요인이 있는 경우에는 기장 및 지상 직원과 협의하여 운송을 거절 할 수 있다. 비행 중에는 알코올 음료를 제공해서는 안 되며, 타 승객에게 지장이 없도록 특별히 주의한다.

6. 탑승 기념품 서비스(Complementary Service)

각 항공사에서는 항공 여행을 기념할 수 있는 기념품을 제작하여 승객에게 제공하고 있다. 항공사에 따라 약간의 차이는 있으나 어린이를 위한 탑승 기념품에는 어린이 잡지, 퍼즐게임, 인형, 모형 비행기 등이 있고, 상위 클래스 승객에게는 OverNight Bag, 스카프, 넥타이, 편의복, 문구세트 등을 제공하고 있다. 탑승한 모든 승객에게 자사의 기내지를 탑재하여 탑승 기념품으로 제공하고 있으며 칫솔, 눈가리개(Slumber Mask)등의 간단한 항공 여행 필수 용품을 무료로 서비스하고 있다. 그리고 도착지 입국에 필요한 수속 서류를

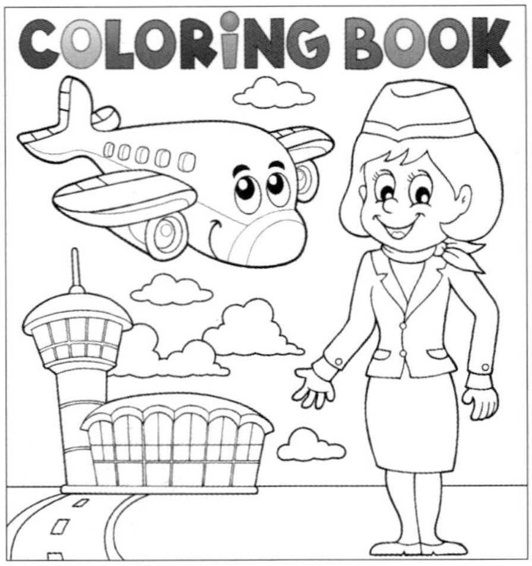

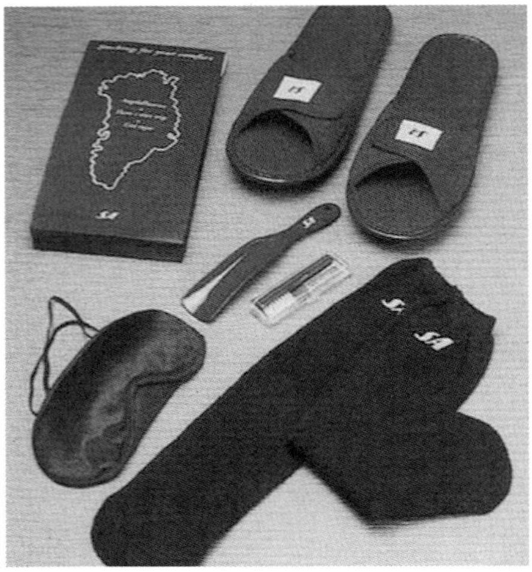

그림 6.25 항공사의 탑승 기념품 어린이승객에게 제공되는 컬러링 북(왼쪽), South African Airways의 Travel Kit(오른쪽)

제공하여 승객의 편의를 도모하고 있으며 승객이 기내에 탑재된 엽서를 항공사의 경비로 발송해주는 Passenger Mail 서비스도 시행하고 있다.

7. 항공객실서비스 용품

기내 서비스 용품은 승객에게 제공할 목적으로 객실서비스를 위해 탑재되는 물품으로 소모성을 띤 소모품과 기내에 비치하여 반영구적으로 사용하는 기물로 대별할 수 있으며 해외에 배치하여 탑재하는 물품과 모기지에서만 탑재, 하기하는 물품으로 구분되어 진다. 객실승무원들은 서비스 용품의 특성과 용도를 잘 이해하고 파악하여 고품질 서비스를 창출하도록 한다.

1) 소모품

소모품이란 기내 서비스 용품 중 한번 사용되거나 또는 시간이 지나면 서비스 효과가 없어지는 물품으로 각 항공사마다 자사의 이미지를 담은 고유의 색상과 디자인으로 제작되어진다. 기내에 탑재되는 소모품에는 탑승 기념품, 기내식 보조품, 기내식 보조식품, 화장실 용품, 독서물, 인쇄물품, 주류, 음료 등이 있다.

(1) 탑승 기념품

대부분의 항공사에서는 항공기에 탑승한 상위클래스 승객이나 어린이 및 유

그림 6.26 기내에 탑재된 기내용품

아 승객에게 탑승을 기념할 수 있는 선물을 제공하고 있다. 상위 클래스 승객에게는 각 항공사에서 기획한 고가의 탑승 기념품을 제공하고 어린이나 유아 승객에게는 비행 중에 애용할 수 있는 장난감이나 그림책 등이 주를 이룬 탑승 기념품을 제공한다.

그림 6.27 티웨이항공의 기내서비스용품 승객좌석의 Head Rest Cover

(2) 기내식 보조품

기내식 보조품은 식음료 서비스 시 기내에서 제공되는 서비스 기물외에 승객들에게 추가적으로 필요한 용품을 말한다. 주로 일회용품이 대부분이며 1회용 컵, 냅킨, 이쑤시개, 젓가락 등이 속한다.

(3) 기내식 보조식품

기내식 보조식품은 Catering Center에서 제조한 기내식을 보조하는 식품을 말한다. 주로 소금, 후추, 설탕이나 각종 소스류 그리고 Baby Food류가 여기에 속한다. 기내식 보조식품은 승객들이 취식하는 식품인 만큼 서비스 전에 유통기한을 살펴야 한다.

(4) 화장실 용품

화장실 용품은 기내에 탑재되는 소모품 중 가장 큰 비중을 차지하는 용품으로 객실승무원은 비행 출발전에 탑재량을 확인해야 하며, 비행중에도 수시로 점검하여 승객들이 불편하지 않도록 해야 한다. 화장품, 면도기, Roll Paper, Hand Tower, 크리넥스, 칫솔, 치약, 생리대(Sanitary Napkin) 등이 있다.

그림 6.28 **대한항공의 인쇄물품** 각종 기내지와 하늘마음 편지지

그림 6.29 객실승무원은 서비스용품의 특성과 용도를 잘 파악하여 고품질서비스를 창출한다.

(5) 독서물

기내에 탑재되는 독서물은 국내외 주요 일간지, 주간지, 월간지 등이 있다. 신문을 제외한 모든 독서물은 회수하는 것을 원칙으로 한다.

(6) 인쇄물품

인쇄물품은 Menu Card, 좌석 비치품(Safety Card, 구토대, 엽서), 각종 Sticker가 해당 된다.

(7) 음료

승객 서비스를 위해 기내에 탑재되는 각종 쥬스, 7-up, cola, 커피, 차종류 등을 말한다. 대부분 표준 탑재(Standard Loading) 되고 일부지역에서만 주문방식(Order Base Loading)으로 탑재 된다.

(8) 주류

승객 서비스를 위해 기내에 탑재되는 각종 Liquor, Wine, Beer 종류를 말하며 대부분 지역은 표준 탑재(Standard Loading) 되고 일부지역에서만 주문방식(Order Base Loading)으로 탑재 된다.

2) 서비스 기물

서비스 기물이란 소모품이 1회용인데 비하여 세척하여 반영구적으로 재사용이 가능한 물품이다. 따라서 객실승무원들은 각 회사의 소중한 재산임을 인식하여 취급 시 주의해야한다.

항공기 기종에 따라 Galley Type별로 적합한 기물을 사용하여야 하며 해외 배치 시는 기본 운용량을 산정, 배치하여 그 Stock을 일정하게 유지하도록 하여야 한다. 따라서 항공사 케이터링 부서에서는 매편마다 동일량을 탑재하여 Equipment Balance를 유지한다.

서비스 기물을 사용할 때 지켜야 할 일반적인 유의사항은 다음과 같다. 객실승무원은 서비스 시작전에 서비스 기물의 청결도 및 상태를 점검하여 사용하고 다음 팀에서 인계할 서비스 기물은 사용후 세척하여 정 위치에 보관 하며 모든 서비스 기물에 대한 원가 의식을 갖고 훼손 또는 손상을 줄일 수 있도록 Glass종류는 Rack에, 기타 서비스 기물은 안전하게 각 보관함(Compartment)에 회수하고 보관하여 하기한다.

서비스 기물은 서울 출발 시 탑재된 Cart 또는 Carry-On Box에 보관하며 Galley 내에서 사용하는 서비스 기물(Ice Scoop, Wine, Opener, Oven 장갑)은 Galley밖의 승객 가시권에서 사용하지 않도록 하며 서비스 기물은 바닥에 내려놓지 않도록 한다.

식음료 서비스에는 각 클래스별로 정해진 서비스 기물을 사용하며 상위 클래스에서는 뜨거운 식음료를 담는 서비스 기물은 Warming하여 사용한다.

그림 6.30 기내식을 보관 · 운반하는 Meal Cart

(1) 운반 기물(Carrying Equipment)

Carrying Equipment는 승객들에게 제공할 서비스 용품을 담아서 운반할 수 있는 기물을 말한다. Cart류, Carrier Box, Oven Rack, Holder류, Liquid Container류 등이 이에 해당하는데 항공기 종류에 따라서 Standard Type, Jamco Type, Atlas Type로 구분된다.

가장 대표적인 Cart에 대해 살펴보자. Cart는 음식물을 담는 Meal Cart와 음료를 담는 음료 Cart, 그리고 독서물 제공 등 기타 여러 용도로 사용되는 Serving Cart, 기내판매를 할 수 있게 탑재된 기내 판매 Cart로 나눌 수 있다. 그 용도와 취급 요령을 간단히 알아보면 다음과 같다.

취급시 공통적으로 유의해야 할 사항은 먼저 모든 Cart는 안정감있게 두 손으로 잡고, Aisle을 지날때는 승객이 다치지 않도록 주의해야 하며 Meal / 음료 Cart 내부나 Serving Cart 중단 등에서 Item을 꺼내거나 넣을 때는 무릎을 굽히고 자세를 낮추어 허리에 무리가 가지 않도록 해야 한다는 것이다. 그리고 서비스를 진행하는 도중 Aisle이나 Door Side에 Cart를 방치해서

표 6.9 Cart 종류

Cart	Class	용도	취급 요령
Meal Cart		Meal 탑재 기타 서비스 Item 탑재	Door를 여닫을 때에는 Locking 고리를 이용한다.
음료 Cart		음료 탑재 기타 서비스 Item 탑재	Cart 정지 시에는 Pedal을 이용하여 고정시킨다. Cart를 다룰 때에는 Cart 안의 내용물이 흐트러지지 않도록 조심스럽게 다루어야 한다.
기내판매 Cart		기내 판매	탑재 내용물 확인 철저
Serving Cart	Economy Class	신문 / Refreshment 기내 도서 Headphone 서비스 / 회수	상, 중, 하단을 펼쳐서 고정 시키고 서비스 중 정지 시에는 반드시 Locking 한다.
	Prestige Class	Meal & Beverage 서비스 / 회수	
	First Class	Meal & Beverage Giveaway FR / PR	

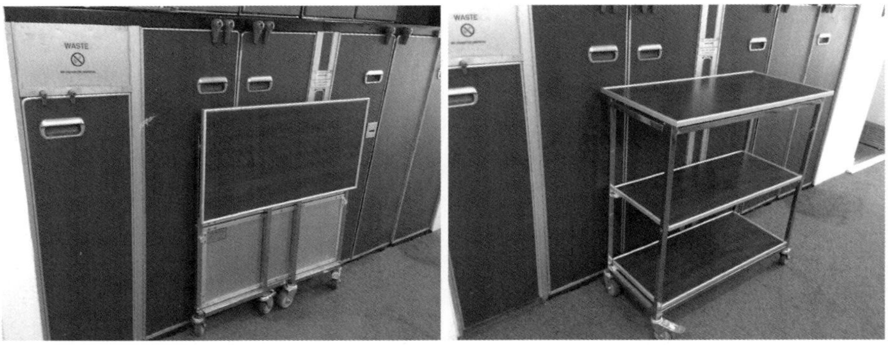

그림 6.31 다용도로 쓰이는 Serving Cart

는 안 되며 모든 Cart는 서비스 종료 시마다 항상 원위치에 보관하여야 한다. 비행중 불가피하게 비상구 주변에 Cart를 놓았을 경우에는 비상구를 막지 않도록 비상구와 수직이 되도록 하여야 한다. 사용 중 더러워진 Cart는 사용후 닦아서 보관하며, Cart가 고장 났을 때는 Repair Tag을 부착하여 모기지에서 Catering 담당자에게 인계하고, Serving Cart의 경우에는 CDLM(Cabin Discrepancy List & Memo)에 기재하여 다음에 기물을 사용할 승무원에게 불편을 끼쳐서는 안 된다.

(2) Serving Tool

Serving Tool은 기내 서비스 제공을 위해 필요한 기물들로 종류가 상당히 많고

표 6.10 Serving Tool의 종류

구분	종류	용도
Basket	Towel Basket	Towel
	Bread Basket	Bread
	Wine Basket	Wine
Tongs	Towel Tongs	Cotton Towel
	Ice Tongs	Ice
	Bread Tongs	Bread
	Food Tongs	Bread / Cheese
	Salad Tongs	• Fruit / Salad • Cheese
	Lemon Tongs	• Cracker/ Parsley/ Carrot • Lemon
각종 Serving Tool	Casserole Tongs	Casserole
	Muddler Box	Holder(Sugar, Cream, Tea Bag, Muddler 등)
	Ice Bucket	Ice
	Ice Scoop	Ice
	오븐 장갑	Entree setting 및 기타 오븐 작업
	Condiment Set & Holder	Salt & Pepper(Tableware)
	Hot Cup	• Hot Water / 라면 • Soup / 한식 국 / 탕 종류
	Sauce Holder	각종 양식 Sauce
	Serving Spoon / Fork	Main Dish / Dessert
	Soup Tureen & Ladle	Soup
	Salad Bowl	Salad
	Gravy Boat & Small Ladle	• Salad Dressing • Entree Sauce
	Salt Shaker & Pepper Mill	Salad
	Cheese Board	Cheese
	Silver Ware Pot	Coffee / Tea
	Cream Pitcher	액상 Cream
	Milk Pitcher	Fresh Milk
	Lemon Squeezer	Lemon
	Wine Stopper	Wine Bottle 마개
	Pot	• Coffee, Tea • 비빔밥용 국, 라면 서비스
	국자	한식 국
	밥주걱	한식 백반

그림 6.32 대한항공의 서비스기물

클래스별, 노선별로 제공되는 서비스에 따라 탑재 내용이 달라진다. 따라서 객실승무원은 자신이 담당해야 할 노선과 클래스에 해당되는 Serving Tool의 탑재여부를 매 비행 전에 꼼꼼히 점검해야 한다. 국제선 비행을 위해 탑재되는 클래스 별 사용 Serving Tool의 구체적인 내용을 정리하면 〈표 6.10〉과 같다.

Tableware
Meal Tray에 Setting되는 기물을 총칭한다.(Chinaware, Cultery, Plasticware, Glassware 등)

Cutlery
식탁용 Knife, Fork, Butter Knife, Spoon 등 Tableware의 일종으로 Stainless Steel, Silver등의 재질로 되어있다.

(3) Tableware

Tableware는 기내 서비스 시 승객의 식음료 서비스를 위해 승객의 Table 위에 마련되어지는 여러 가지 용품들을 말하며 Tray, Plate류, Chinaware, Glassware, Casserole, Cutlery 등이 있다. Tableware의 경우 클래스별 내용 차이가 가장 크

그림 6.33 각종 Tableware를 세척하여 카트에 보관하는 케이터링 직원

표 6.11 Tableware의 종류와 취급법(Tray, Cutlery)

구분	종류	용도	취급 요령
Tray	Large Tray	• Basic Tray(EY, PR, 단거리 FR) • 라면 Tray • 서비스 및 회수	※ Tray Mat 사용 기준 서비스 Item 제공 시 : Cotton Tray MAT 사용 회수 시: EY/CL용 Tray Mat 사용 주) PR/CL 중, 단거리 노선에서는 Welcome Drink를 제외한 모든 경우에 PR/CL 용 Paper Tray Mat 사용
	Small Tray	• Extra Cutlery Tray(상위클래스) • Basic Tray(EY) • 개별 제공 & 회수(EY) • Tea / Coffee 제공(EY)	Economy Class에서 Large/Small Tray 사용시에는 항상 EY/CL Paper Tray Mat를 깔아 사용한다.
	2/3 Tray	• Basic Tray(E/Y)	
	Serving Tray (상위 클래스)	• Cotton Towel 서비스 시 • 기타 서비스 시	Serving Tray에는 Serving Tray 전용 Mat를 사용한다.
Cutlery	Knife	All Purpose	목 부분을 잡는다. Knife는 칼날이 안쪽으로 향하도록 놓는다.
	Fork	All Purpose	Table에 놓을 때에는 Fork는 왼쪽에, Knife는 오른쪽에 놓는다.
	Soup Spoon	• Cereal / Soup • 한정식 / 비빔밥 제외한 한식 (PR, FR)	
	Tea Spoon	• Coffee / Tea / Ice Cream • Yoghurt • Fruit Cocktail	
	한식 숟가락	• 비빔밥(EY, PR, FR)	
	Chopsticks	• 한정식(FR) • 모든 한식 / 라면	

다고 할 수 있다. 항공사들은 클래스별 Tableware를 구분 제작하여 상위 클래스에서 물적 서비스의 차별화를 실현하고 있다. 객실승무원은 올바른 서비스 용품의 용도와 각각의 취급요령을 익혀야 한다.

(4) Fabric 및 Cotton류

승객들에게 제공되어지는 서비스 용품 중 Fabric 및 Cotton 종류에는 Blanket, Pillow, Tablecloth, Napkin, Hand Towel 등이 있다. Fabric 및 Cotton 종류는

표 6.12 Glassware의 종류와 용도

종류	용도	취급 요령
Tumbler Glass	• Water / Juices / Milk • Soft Drink / Beer • On The Rocks • Cocktail With Ice	Glass의 1/3 밑부분을 잡는다. Wine / Brandy Glass는 Stem 부분을 잡는다.
Wine Glass	• Wine • Cocktail Without Ice • Creme De Menthe Frappe • Champagne(PR/CL) • Champagne Cocktail(PR/CL)	Table에 놓을 때는 넷째와 다섯째 손가락 끝을 Table에 먼저 대어 소리가 나지않도록 한다.
Champagne Glass	• Champagne • Champagne Cocktail	
Brandy Glass	Brandy	승객의 입이 닿는 Glass의 Rim 부분에 손이 닿지 않도록 유의한다.
Liqueur Glass	• Liqueur • Liquor Straight	

표 6.13 Fabric의 종류와 용도

종류	용도	취급 요령
Table Cloth (상위클래스)	• Tablecloth • 단거리 Basic Tray (FR/CL) • Serving Cart 중, 하단 (FR/CL)	사용 전 청결 상태를 점검하며 구김이 가지않도록 다룬다.
Linen Napkin	• Bread Basket • Towel Basket • Wine, Champagne, Water서비스 용 • Extra Cutlery Tray • Linen Napkin(FR/CL) • Cutlery Set Pack(PR/CL, 단거리 FR/CL)	박음질 부위가 아래로 가도록 한다.
Tray Mat (상위클래스)	• Dessert Tablecloth (FR/CL) • Large Tray에 의한 서비스 시 • 라면 서비스 시 • 한(정)식 한상차림 서비스 시(FR/CL) • Basic Tray(PR/CL)	사용 후 Linen Vinyl Bag에 넣어 하기 시킨다.

특히 청결한 상태유지에 소홀함이 없어야 한다. 서비스 후 사용되지 않은 Linen 및 Cotton Towel은 전량 해당 Station에서 하기해야 하며, 하기 방법은 Linen 회수용 Vinyl Bag에 넣은 후 Cart나 Carry-On Box 내 빈 공간에 보관한다.

그림 6.34 Galley에서 Towel heating을 하고 있다.

PART 3

항공객실 서비스의 디자인

CHAPTER 07

항공객실승무원의 승무기준

1. 항공객실승무원의 자격

1) 객실승무원(Cabin Crew)

항공사의 승무원은 크게 운항승무원과 객실승무원으로 나눌 수 있다.

운항승무원(Cockpit Crew)은 조종실에서 항공기를 조종하고 항공기 내 각종 기기를 조작하는 기장(Captain), 부기장(Co-pilot), 항공 기관사(Flight Engineer), 항법사(Navigator)로 구성되며, 객실승무원은 항공기의 기내 객실 서비스를 담당하는 전문인으로 남, 여 객실승무원(Cabin Crew)이 근무 연한이나 직급에 따라 맡은 임무를 수행하고 있다.

객실승무원은 승객을 목적지까지 안전하고 편안하게 모시는 일을 주로 하므로 일반적인 서비스 전문인으로서의 자질은 물론 비상시 필요한 조치를 취할 수 있는 지식과 능력을 갖추고 있어야 한다. 승객의 욕구를 충족시켜 드리기 위해 승무원이 지녀야 할 객실서비스 기본자세로는 미소와 인사성(Smile), 민첩한 행동(Speed), 세련된 동작(Smartness), 성실성, 친절 그리고 따뜻한 마음(Sincerity)이 강조되어진다.

최초의 승무원은 독일의 루프탄자 항공(Lufthansa Airlines)의 남승무원(Steward)이었다. 그러나 승객들에게 보다 섬세한 보살핌을 제공할 서비스 전문인이 필요하다는 인식에 여승무원(Stewardess)을 각 항공사에서 채용하게 되었고, 승객들에게 심리적인 안정감 제공을 위하여 간호사 자격증을 소지한 여성을 선호하였다고 한다. 최근 항공사 승무원의 성별 분포를 보면 여승무

그림 7.1 최초의 8명의 여승무원 1930년 미국의 Boeing Air Transport는 간호사 자격증을 소지한 이들을 여승무원으로 채용했다.

원이 월등히 많은 것으로 나타나고 있다.

내국인 여승무원이 우리나라에 처음 소개된 것은 해방 직후인 1948년으로, 당시 국내를 취항하던 미국의 노스웨스트 항공(Northwest Airlines)이 최초로 한국인 여승무원을 채용했다고 한다.

이러한 객실승무원의 호칭은 매우 다양하다. 국내 항공사에서는 보통 객실승무원 또는 스튜어드(Steward), 스튜어디스(Stewardess)라고 부르며 해외 항공사의 경우는 Cabin-Crew, Cabin-Attendant, Flight-Attendant라 부른다. 해외 항공사에서는 기내 통역직으로 해당 항공사의 일정 노선에만 투입하여 기내 통역 담당을 하는 통역관(Interpreter)를 두기도 한다.

2) 객실승무원의 기본 자질

국제화 시대에 다양한 탑승객의 욕구를 충족시킬 수 있는 전문적인 서비스 요원인 객실승무원이 되기 위해서는 여러 자질들이 요구된다. 복잡하고 전문성을 요구하는 서비스 내용, 항공기 기내라는 근무환경, 다양한 문화권의 고객들, 전 세계의 자사 취항지의 체제 필요성, 이 모든 상황들을 적응하며 적절히 소화할 수 있는 객실승무원에게 필요한 자질들을 살펴보자.

첫째, 기내 환경 근무에 적합한 신체 조건을 갖추고 단정한 용모 및 상냥한 말씨, 부드러운 매너를 항상 유지할 수 있어야 한다. 대형화되는 항공기 제작 추세에 따라 항공사에서는 승무원의 기내 근무시 설비 활용의 평이성을

그림 7.2 승객의 요구를 살피며 부드러운 매너로 다가가는 객실 여승무원

고려하여 신장 조건을 채용 기준에 두고 있으며, 고객을 접하는 시점이 근무 시간의 대부분을 차지하는 승무원에게 있어서 대화법이나 고객 응대 매너는 필수적인 기본요소라 할 수 있다.

둘째, 2개 국어 이상의 외국어 의사 소통 능력은 물론 국제적 문화 상식과 감각을 가지고 있어야 한다. 항공사의 주 고객은 특히 국제선을 운영하는 항공사의 경우, 여러 국적의 고객을 대상으로 응대를 해야 한다. 세계가 하나의 지구촌으로 일컬어지는 글로벌 시대, 승무원에게 있어 외국어 능력과 국제적 감각은 필수적이라 하겠다.

셋째, 원만한 인간관계 형성을 위한 노력은 물론 철저한 자기관리 능력을 지녀야 한다. 매 비행 편 별로 배정되는 승무원들은 새로운 구성원과 팀워크를 이루어 근무하게 된다. 따라서 회사 생활은 물론 일상생활에서도 타인을 배려하고 조직 안에서 융화할 수 있는 대인 관계 능력을 키워야 한다. 그리고 객실승무원은 유니폼을 입고 있는 동안은 물론 출퇴근 시나 해외 체재 시, 신분의 노출이 쉽고 직무의 특수성으로 인해 항상 세인의 관심의 대상이 되므로 세심한 자기 관리를 필요로 한다.

마지막으로 객실승무원은 투철한 직업의식을 바탕으로 전문적인 업무 지식 습득에 최선을 다할 수 있어야 한다.

그림 7.3 객실승무원은 항공 신체기준에 적합한 자기관리에 힘쓴다.

3) 객실승무원의 자격 요건

객실승무원은 객실 업무수행을 위해 신입 전문 훈련 및 직급과 경력에 따라 필요한 소정의 교육 과정을 이수하고 심사에 합격하여야 하며 외국어 능력 및 서비스 전문 지식과 해당 자격증을 갖추어야 한다.

객실승무원은 항공기의 안전 운항과 비상시에 필요한 조치를 취할 수 있는 지식과 능력을 갖추기 위해 안전 교육 훈련을 정기적으로 이수하고 안전 자격증을 취득하여야 하며 1년 1회 이상의 정기 건강검진 등을 통하여 항공기 탑승 근무에 적합한 신체 및 건강 조건을 항상 유지해야 한다.

발병, 부상 등 신체 건강상의 사유로 근무에 적합하지 않은 경우에 승무원 자격이 일시 정지되거나 상실되기도 하며 일시 정지되었을 경우에는 회복 후 근무 복귀 시에 항공사 보건 의료원의 점검을 받아야한다.

객실승무원은 적정 체중유지에도 소홀함이 없어야한다.

국내 K 항공사의 경우 신장을 기준으로 과소 체중/적정 체중/과체중/초과 체중으로 분류 운영하며 여승무원의 경우 과소 체중, 과체중 및 초과 체중의 판단 기준은 다음 자료와 같다.

표 7.1 K항공사의 객실 여승무원 항공 신체 기준

신장(cm)	과소체중(kg)	적정체중(kg)	과체중(kg)	초과체중(kg)
160	43.1 이하	43.2~50.2	50.2~54.2	54.2 이상
161	43.6	43.7~50.7	50.7~54.7	54.7
162	44.1 이하	44.2~52.5	52.2~55.2	55.2 이상
163	44.6	44.7~52.7	52.7~55.7	55.7
164	45.1	45.2~53.2	53.2~56.2	56.2
165	45.6	45.7~53.7	53.7~56.7	56.7
166	46.1	46.2~54.2	54.2~57.2	57.2
167	46.6	46.7~54.7	54.7~57.7	57.7
168	47.1	47.2~55.2	55.2~58.2	58.2
169	47.6	47.7~55.7	55.7~58.7	58.7
170	48.1	48.2~56.2	56.2~59.2	59.2
171	48.6	48.7~56.7	56.7~59.7	59.7
172	49.1	49.2~57.2	57.2~60.2	60.2
173	49.6	49.7~57.7	57.7~60.7	60.7
174	50.1	50.2~58.2	58.2~61.2	61.2
175	50.6	50.7~58.7	58.7~61.7	61.7
176	51.1	51.2~59.2	59.2~62.2	62.2
177	51.6	51.7~59.7	59.7~62.7	62.7
178	52.1	52.2~60.2	60.2~63.2	63.2
179	52.6	52.7~60.7	60.7~63.7	63.7
180	53.1	53.2~61.2	61.2~64.2	64.2

2. 항공객실승무원의 임무와 책임

비행 중 객실승무원이 수행해야 할 임무는 크게 둘로 나누어 생각할 수 있다. 첫째로 안전 요원으로서의 임무가 그것이다. 객실승무원은 항공기의 안전 운항을 위해 기장을 보좌하여 운항 중의 승객 안전과 비상 탈출에 관한 임무를 수행하여야 하며 안전하고 쾌적한 비행 환경을 조성, 유지하는데 대한

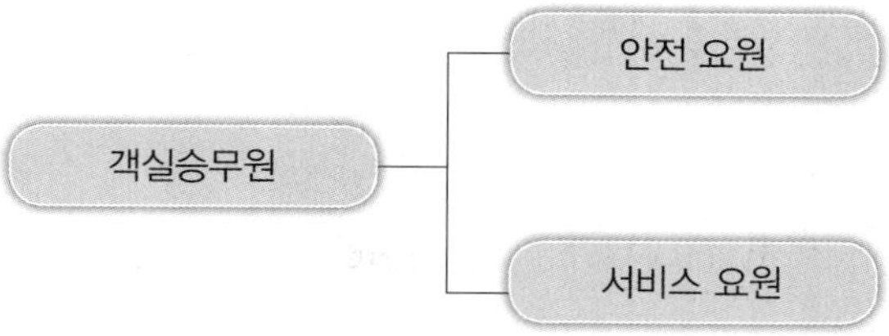

그림 7.4 항공객실승무원의 임무 구성

책임을 진다.

객실승무원의 나머지 임무는 서비스 요원으로서의 임무이다. 투철한 서비스 마인드를 가지고 제반 규정과 서비스 절차에 입각하여 승객의 요구에 부응하는 최상의 서비스가 제공되도록 맡은 바 최선을 다해야 한다.

직급에 관계없이 모든 객실승무원이 행해야 하는 일반적인 임무를 살펴보면 다음과 같은 내용들이 있다.

먼저 브리핑 참석 임무를 들 수 있다. 객실승무원은 직접적인 비행에 임하기 전 지정된 시간과 장소에 브리핑에 참석하여 해당 비행에 필요한 사항을 확인한다. 이는 객실 업무의 특성상 꼭 필요한 자리이며 성공적인 비행을 위해서는 승무원 개개인의 사전 비행 준비가 필수적으로 요구된다.

둘째로 서비스 비품 및 비상 장비에 대한 점검, 보고 임무를 지닌다. 항공기 내에는 여러 종류의 서비스 비품들과 비상시 대처를 위한 비상 장비, 그리고 의료 장비들이 비치되어 있거나 탑재된다. 일단 항공기가 출발지를 떠나면 목적지 도착까지 외부로부터의 물품 전달이 불가한 항공 운송업의 특성을 고려하여 이러한 비품 및 일체의 장비들은 승객 탑승 전 상태 및 수량 점검이 확실하게 마무리되어야 하며, 부족한 비품이나 이상을 나타내는 장비들은 늦어도 항공기 출발 전까지는 교체되고 충당되어야 한다. 담당 구역의 내용 점검시 이상이 발견되면 즉시 보고 체계에 따라 보고가 이루어져야 한다.

그림 7.5 객실승무원은 안전요원과 서비스요원으로서의 직무를 수행한다.

객실승무원의 세 번째 임무는 기내 안전 및 보안 사항에 대한 점검, 수행, 보고 임무이다. 항공기를 이용한 테러, 악천우에 의한 항공기 추락과 같은 대형 사고 이외에도 기내 화재, 기내 난동, 기내 감압 등과 같은 안전 관련 사고의 위험들이 도처에 도사리고 있다. 이를 미연에 방지하고 사고 확률을 줄이기 위해서는 일상적인 비행 업무시 안전 의식을 바탕으로 사전에 대비할 수 있도록 해야 하며, 점검 내

그림 7.6 객실승무원은 비행전 기내설비 점검 및 보고 임무를 지닌다.

용 이상이나 기내사고 발생시는 보고 체계에 따라 그 결과를 기장에게 보고할 의무를 지닌다. 기내 안전을 위해 객실승무원이 수행하는 업무 중 승객에게 보여지는 예를 들면 항공기 출발 직후 실시하게 되는 **안전 모의실연**(Safety Demonstration)과 항공기 이, 착륙 전에 실시하는 안전 관련 실시(Safety Instruction)가 그것이다.

Safety Demonstration
객실승무원이 항공기 이륙 전 비행안전 및 비상시에 대비하여 승객에게 Video화면으로 또는 실연(實演)으로 보여주는 안전 시범을 말한다. 그 내용은 금연, 좌석 벨트의 사용법, 비상 탈출구의 위치, Life Vest의 위치 및 사용법, 산소 마스크의 위치 및 사용법 등으로 구성되어 있다.

마지막으로 객실서비스 임무를 들 수 있다. 각 국 항공사마다 서비스 내용과 순서에는 약간의 차이가 있으나 항공기의 전체를 구역화하여 업무 배정을 맡은 승무원이 해당 구역에서 근무하도록 하는 서비스 담당제를 취하고 있다. 이외에도 항공기에 탑재되는 승객의 휴대 수화물, 우편물, 그리고 회사

그림 7.7 객실승무원이 실연으로 Safety Demonstration을 보여주고 있다.

표 7.2 K항공사의 기종별 객실승무원 탑승 기준

Aircraft Type	Mode Version	HL Number	Seat Configuration				Minimum Staffing	Int FLT Staffing	Dom FLT Staffing
			F	C	Y	TTL			
B747-400	744P	7407/12/72/82/83/84/85/86/87 7488/89/90/91/92/98	16	58	310	384	9	18	9
	744S	7402/04/60/61/65/73/93/94/95	12	58	306	376	9	17	9
	744H-81	7481	-	48	370	418	10	16	10
B747-Combi	744E	7480	-	48	236	284	8	13	8
B747-300	743R	7469	-	34	421	455	10	16	11
B777-300	773P	7532/30/31/74/75/98/7714/15	12	28	336	376	9	16	9
B777-200	772P	7526/30/31/74/75/98/7714/15	12	28	261	301	7	13	7
A330-300	333P	7524/25/40/53/54/84/85/86/87	12	28	256	296	6	13	6
	333P	7550/51	12	28	256	296	6	13	6
A330-200	332P	7538/39/52	6	18	234	258	6	11	8
A300-600	AB6P	7240/90/91/97	-	24	242	266	6	9	6
	AB6Y	7241/42/43/44/45/99	-	24	242	276	6	9	6
	AB6Y	7239/95	-	24	242	276	6	9	6
B737-800	738A	7555/56/57/58/59/63/64/67	-	8	156	164	4	7	4
	738B	7560/61/62/65/66/68	-	8	141	149	4	7	4
B737-900	739A	7569/99/7704/05/06/07/08	-	8	180	188	4	7	4

In-Flight Announcements
기내에서 승객에게 비행 중 서비스에 관한 내용, 시설 이용방법 및 여행에 필요한 각종 정보를 안내하는 한편 비행안전 사항에 대해서는 승객을 효율적으로 통제함으로써 승객의 안락하고 안전한 여행을 보장하기 위해 실시하는 방송을 말한다.

서류 파악과 In-Flight Announcements를 해야한다.

앞서 언급한 바와 같이 객실승무원은 다양한 임무를 수행하여야 한다. 이를 위하여 IATA(International Air Transportation Association)에서는 안전대책상, 승객의 수에 따라서 최소한의 승무원의 수를 규정하고 있다. 이러한 편성은 비상사태 발생을 대비하여 객실승무원 1인 당 승객 몇 명을 책임질 수 있도록 설정하여, 만일의 비상사태 발생 시 승객들이 안전하고도 신속하게 탈출할 수 있도록 하기 위함이다. 객실승무원의 임무 중 승객의 안전이 최우선의 임무라는 것을 알 수 있게 해주는 사항 중의 하나이다.

각 항공사는 기종별로 최소 승무탑승 인원의 수를 정해 놓고 있다.

3. 항공객실승무원의 직급 체계 및 직책별 임무

1) 객실승무원의 직급 체계

항공사의 승무원들도 일반 직장인들과 마찬가지로 근무 연한, 업무 성적, 회사에 대한 기여도 등에 의하여 승급을 하게 된다. 항공사마다 인사 제도가 상이하므로 직급 체계와 호칭은 다르다. 본 서에서는 국내 K항공사와 A항공사의 예를 들어본다.

국내 항공사는 물론 각 국의 항공사들은 자국 승무원뿐 아니라 노선 취항국의 현지 외국인 승무원을 채용하고 있다. 이는 취항 노선의 자국민외의 승객들에 대한 배려 차원으로 객실서비스의 충실화를 도모하기 위함이다. 자국 승무원과 현지 외국인 승무원은 직위나 직위별 체류 연한이 서로 다르고 비행 스케줄 편성을 비롯한 모든 행정적인 지원 체제가 별도로 운영된다.

표 7.3 항공사 객실승무원의 직급 체계

구분	K항공사	A항공사
CP(Chief Purser),	수석 사무장	수석 매니저
SP(Senior Purser),	선임 사무장	선임 매니저
PS(Purser),	사무장	캐빈 매니저
AP(Assistant Purser),	부사무장	부사무장
SN(Senior Stewardess),	X	선임 여승무원
SD(Steward), SS(Stewardess)	남승무원, 여승무원	남승무원, 여승무원

자국 승무원인 경우, 신입 사원으로 입사하여 입사 교육을 수료하고 신입 승무원전문 교육 훈련과 수습 비행을 마치면 정식 승무원이 된다. 정식 승무원이 된 후 일정 기간 동안 비행 근무를 하면 자격 심사를 거쳐 관리인 격인 부사무장으로 승격한다. 부사무장 승격이후에는 순차적으로 사무장, 선임 사무장, 그리고 객실승무원 직급 중 최고인 수석 사무장이 될 수 있다. 각 직급으로의 승격을 위해서는 철저한 근태 관리 및 항공사에서 요구하는 각종 자격이 필수 요건이다.

앞서 언급한 바와 같이 직급 체계는 자국 승무원과 현지 외국인 승무원이 다르게 구성되어 있고 근무의 특성을 살려 직급 별 호칭은 별도로 정하는데 비행 근무 중에는 이 호칭을 사용하게 된다.

표 7.4 항공사 객실승무원의 직급 체계

Rank	호칭
CR	Chief Supervisor
PR	Supervisor
SR	Senior
JR	Junior

2) 객실승무원 승무 직책별 임무

객실승무원은 개인의 근무 년한과 업무 능력에 맞는 개인별 직급을 지닌다. 하지만 이와는 별개로 해당 비행에 부여된 승무 직책을 소화해내야 한다. 일반적으로 선임 사무장이상의 직급과 남, 여 승무원 직급의 승무원은 비행 승무 시 주어지는 직책별 임무에 변동이 없으나 사무장과 부사무장 직급의 승무원은 국제선 비행 승무시 주어지는 승무 직책의 변동이 예상되므로 스케줄 조회시 동승하는 승무원 명단을 확인하여 본인의 직급 순위를 살펴야한다.

객실승무원의 근무 시 승무 직책은 다음과 같다. 해당 비행편의 객실서비스 업무를 총괄하는 객실사무장, 객실사무장의 업무를 보좌하는 객실 부사무장, 그리고 해당 업무 구역에서 서비스를 담당하는 다수의 일반 승무원으로 이루어지며 일반 승무원의 탑승수는 투입 기종과 시리즈에 따라 다르다. 객실사무장의 업무량이 국제선에 비해 상대적으로 줄어드는 국내선의 경우는 객실사무장과 일반 승무원이 근무하게 된다.

(1) 객실사무장(Duty Purser)

객실사무장은 해당 비행 구성팀의 책임자이자 관리자이다. 따라서 구성 승무원의 업무 성숙도를 파악하여 그 수준에 맞는 직무 편성을 하는 것은 물론 나아가 구성원 개개인의 업무 성숙도를 제고시키기 위해 기존 구성의 변화까지도 실행할 수 있다. 이를 위해서는 객관적으로 검증된 능력 이외에도 비행 경험에 따른 통찰력, 판단력, 순발력, 리더 등이 갖춰져야 한다.

객실사무장에게 주어진 관리자로서의 임무는 구성원의 욕구를 파악하여 팀의 업무 만족도를 높이는 것이다. 일반적으로 구성원의 욕구는 개인에 따라 다양하기 때문에 그 성숙도나 취향에 맞는 관리가 이루어져야 하는데 활력있게 일할 수 있는 동기를 부여하는 환경 조성은 필수적이다.

객실 업무의 지도 관리 책임을 맡는 해당 비행편의 책임자로서의 임무를 구체적으로 살펴보면 다음과 같다.

Cabin Briefing
객실승무원이 비행 근무를 하기 전 비행 근무에 필요한 사항을 점검하고, 회사로부터 해당 Flight에 필요한 지시를 전달 받기 위해 가지는 간단한 모임을 말한다(합동브리핑:운항 및 객실승무원이 함께 참석).

• 객실 브리핑(Cabin Briefing)을 주관하고 승무원의 업무 할당을 한다.

객실사무장은 비행근무에 임하기 전에 객실승무원이 갖는 객실 브리핑을 주관한다. 따라서 항상 항공여객운송 전반에 관한 정보와 현장에서 습득한 객실서비스에 관련 지식을 바탕으로 고객지향적인 관점에서 서비스 방침을 정하고 이를 바탕으로 브리핑을 진행해 나간다. 그리고 승무원의 업무 할당은 승객 수, 비행시간, 객실승무원의 자격과 경력 등을 고려하여 최고의 업무 효율을 기할 수 있도록 해야 하며, 차 상위 업무수행능력 배양을 위해 승무원 간에 적절한 업무 순환이 이루어지도록 한다. 승무원 감축 운영비행편인 경우는 승객분포, 승무경력, 적정 서비스수준을 고려하여 업무할당을 실시한다. 항공사들은 승무원의 업무 능력을 객관화하기 위해 자격제를 실시하고 있다. 일등석이나 비지니스석과 같은 상위 클래스를 담당하는 승무원은 서양식 이론과 접객 매너 등 전문교육을 이수해야하고, 기내방송을 담당하는 승

NCS 항공객실서비스 직무능력매칭

능력단위	능력단위요소	수행준거
1203010509_16v2 객실승무 관리	1203010509_16v2.1 객실 승무원별 근무 배정하기	1. 규정에 따른 객실 승무원 업무 할당 2. 노선 특성에 따른 객실 승무원별 업무 배정 조정 3. 객실 승무원의 역량 고려 및 업무 배정 조정

무원 역시 방송자격을 취득하여 일정자격 이상이 되어야만 해당업무를 수행할 수 있다.

그림 7.8 객실사무장은 모든 객실업무의 지도관리를 책임진다.

• 비행 중 기내 설비 및 장비의 기능 점검 및 확인을 한다.

일반적으로 항공기 출발 전 지상에서 항공정비사가 기내설비와 장비에 대한 점검을 마치게 된다. 이는 객실서비스뿐 아니라 안전과도 직결되는 사안인 만큼 철저하게 실시되어진다. 그러나 만일 비행 중에 일어날 수 있는 이 적인 상황에 대비하기위해 수시로 체크해야하며, 객실에서 자체 해결 가능한 경우에는 필요한 조치를 할 수 있는 업무능력도 배양해야 한다. 또한 기내설비에 관한 문제 발생시에는 CDLM에 반드시 기재하고 도착 후 항공정비사에게 알린다.

CDLM(Cabin Discrepancy List & Memo)
객실내의 설비에 대한 기록을 남기는 일지로 객실사무장은 비행 중 문제가 발생한 곳의 위치와 그 내용을 간략히 기입한다. 항공기 도착 후 항공 정비사는 일반적인 점검에 앞서 CDLM를 확인한다.

• 효율적인 객실서비스 진행을 위하여 관리 감독을 한다.

기내에서 제공되는 물적 서비스는 기내식과 음료제공, 면세품판매, 영화상영 등 여러 가지가 있다. 정해진 비행시간에 다수의 승객에게 균등하게 서비스를 제공하는 것은 쉬운 일이 아니다. 이에 서비스 표준화를 실시하고자 항공사는 자사의 서비스규정에 세부적인 지침을 두고 승무원들이 행하도록 한다. 객실사무장은 이를 바탕으로 객실서비스의 흐름이 원활하게 진행될 수 있도록 구성원들을 지도하고 서비스 템포를 조절하고 승객의 서비스 만족도를 확인해야 한다.

• 항공기 출입국 서류 및 Ship Pouch를 관리한다.

국제성을 띤 항공수송산업의 특성상 항공기는 항공사의 자국과 취항국의 경계를 넘나들게 된다. 이때 자국은 물론 취항국에서 항공기 출입국에 대한 허

Ship Pouch
항공기 출입항 관련 서류를 담는 가방으로 승객 명단, 화물목록, 승객입국 관련서류 및 각종 서류가 담긴다.

NCS 항공객실서비스 직무능력매칭

능력단위	능력단위요소	수행준거
1203010509_16v2 객실승무 관리	1203010509_16v2.2 운항 · 객실간 정보 공유하기	1. 규정에 따른 객실 상황 판단 후 상급자에게 보고 2. 규정에 따른 운항 정보 공유 3. 규정에 따른 승객 정보 공유

가를 받게 된다. 이에 관련된 서류가 기내에 탑재되는데 객실사무장은 관련 제반서류를 작성하고 관리하여 목적지 도착 후 항공사의 지상 직원에게 인계하거나 취항국의 해당 공무원에게 직접 전달해야 한다.

• 적절한 기내 방송이 이루어지도록 관리 및 감독을 한다.

항공기 출발과 도착에 관한 안내를 비롯하여 안전한 항공여행과 쾌적한 객실서비스에 관한 내용을 담은 여러 종류의 기내 방송이 있다. 항공사 승무원은 기내방송을 PA(Public Address)라 칭한다. 먼저, 객실사무장은 기내방송의 특성과 그 효과를 이해해야 한다. 다수의 승객에게 전달하는 정보인만큼 정확한 내용 전달이 중요하다는 것을 인지하고 이를 위하여 기내 방송에 관련된 전달기기의 상태, 담당 승무원의 방송 능력 등을 파악하여야한다.

Report
객실서비스 시 발생한 구두, 유선, FAX, 서면 등을 통하여 소속 그룹에 보고하는 것을 말한다. Irregular 상황에 대한 보고는 적시에 효율적으로 이루어져야 한다. 그러나 Cabin Service의 개선과 같은 제안 사항은 각 항공사의 보고서 형식에 맞게 작성하여야 한다. 설사 자신의 의견이 반영되지 않는 경우가 있다 하더라도 객실매니저로서 사명의식과 주인정신을 가지고 지속적으로 제안하는 것이 바람직하다.

• 현장에서 객실승무원의 교육을 실시하고 현장 문제점이나 서비스의 개선사항에 대하여 회사에 보고(Report)한다.

환대산업에 있어 서비스현장의 소리에 귀기울이는 것은 매우 중요한 일이다. 객실사무장은 대고객서비스를 하는 환대산업의 Supervisor 역할이라고 할 수 있다. 비행 중 적절한 시점에 구성원에 대한 현장교육을 실시하고, 현장에서 발생하는 문제점을 파악하고, 서비스의 개선사항을 상부에 보고하며, 조직

NCS
항공객실서비스 직무능력매칭

능력단위	능력단위요소	수행준거
1203010509_16v2 객실승무 관리	1203010509_16v2.5 객실서비스 관리하기	1. 규정에 따른 스페셜 식사의 오전달 · 누락 발생하지 않도록 재확인 2. 규정에 따른 기내 질서 유지 및 쾌적한 휴식환경 조성 및 단체승객에 의한 소란 · 소음 등 점검 3. 규정에 따른 화장실 청결 상태 확인 및 안전과 환자 발생에 대한 안전사항 점검 4. 규정에 따른 기내 소음에 대한 관리 5. 조리실(Galley) 내에 따른 통로(Aisle)을 걸어 다닐 때 · 승무원들 간의 대화 · 컴파트먼트(compartment), 카트(Cart), 캐리어박스(carrier box) 등의 문울 열고 닫을 때 · 객실 수화물 선반(Overhead Bin)의 손잡이 열고 닫을 때 등 승무원 관리 감독

구성원에게도 이를 권장하여 자사의 서비스 경쟁력을 키워나가야 한다.

• 해외 체재시 승무원을 관리하고 해외 지사와의 업무 연계 체계를 유지한다.

객실승무원은 국제선 승무시 귀국 편 비행까지 해외에 체재하게 된다. 이때 해당 비행편의 구성원에 대한 모든 책임은 객실사무장에게 있다. 투숙 호텔에 도착하면 체제시 객실승무원이 준수해야 할 사항에 관한 간단한 브리핑을 실시하며 해외지사와 정보교류는 물론 업무연계체계를 유지한다.

그림 7.9 객실사무장은 현장에서 객실승무원의 교육을 실시하고 서비스 개선사항을 보고한다.

• 안전비행을 위한 여러 가지 제반 조치를 취한다.

객실 사무장은 안전비행을 위해 항공기 조종을 담당하는 운항승무원과의 커뮤니케이션체제에 유의해야 한다. 비행 전 운항 브리핑 시점에는 운항승무원과 비행 전반에 관한 정보를 교류해야하며 비행 중에는 수시로 안전운항에 관한 정보를 듣고, 기내 상황에 대해 통보해야 한다.

이외에도 객실승무원의 업무 할당, 일반 객실서비스 수행 등의 임무가 있다.

(2) 객실 부사무장

객실 부사무장은 객실사무장의 업무를 보좌하며 객실사무장의 임무수행이 불가능한 경우 위임받은 업무를 대행한다. 따라서 이러한 경우 객실사무장의

NCS
항공객실서비스 직무능력매칭

능력단위	능력단위요소	수행준거
1203010509_16v2 객실승무 관리	1203010509_16v2.4 출 · 도착 서류 작성 · 관리하기	1. 규정에 따른 항공기 출발에 필요한 각종 서류 수량 · 종류 등 점검 2. 규정에 따른 도착지 국가별 입국에 필요한 서류 요청 3. 기내 안전 및 서비스 설비에 대한 특이사항 기록 4. 지상직원에게 인계해 줄 서류의 이상 유무 점검 5. 지상직원에게 객실 운항 관련 서류 인계

임무를 수행할 수 있도록 항상 미리 준비하는 자세가 요구된다.

먼저 일반적인 임무를 알아보자. 객실 부사무장은 객실 브리핑(Cabin Briefing)시 필요한 자료들을 준비하고 항공기 및 객실승무원의 입출국 절차 점검을 실시하며 수습승무원이 동승한 경우에는 이들에 대한 현장 훈련지도 및 평가 임무도 갖는다. 항공기 출발과 목적지 도착 전 Galley에 탑재되는 면세품, 보세품 등의 모든 서비스 관련용품의 탑재와 하기 상태를 확인하고 객실사무장에게 보고한다.

객실서비스에 관련된 객실 부사무장의 임무를 살펴보면 우선, 일반석 서비스 업무를 총괄한다. 실제로 객실사무장은 상위 클래스의 서비스 업무에 가담하여 해당 구역에 위치하므로 일반석 서비스에 관여하기는 역부족이다. 따라서 상위 클래스와 일반석으로 나누어 각자 분담하여 서비스 총괄업무를 수행한다. 그러나 객실 업무에 관련된 총책임은 객실사무장에게 있다.

(3) 일반 승무원

일반적으로 모든 항공사는 객실을 전방에서 후방으로 A, B, C순으로 항공기의 구조상의 구역을 나눠두고 이를 Service Zone이라 칭하며 승무원의 업무 효율을 위해 각각의 일반 승무원에게 Service Duty를 부여한다.

객실승무원은 각자에게 할당된 Duty Code에 맞는 객실서비스 업무를 담당하며 비행 안전 업무를 수행할 임무를 지닌다. 항공사는 승무원의 포지션에 따른 각각의 업무 내용을 객실승무원 업무규정집에 상세하게 기록하고 있다. 일반 승무원의 업무포지션은 비행마다 변하므로 비행에 임하기 전에 해당 포지션의 업무 내용을 반드시 확인하고 파악하여야 한다.

이들의 임무는 행하는 시점을 기준으로 할 때, 모든 승무원이 같은 시점에 동시에 행해야하는 업무와 그렇지 않은 업무가 있다. 전자는 주로 비행 안전

Duty Code
객실승무원은 서비스 구역별로 코드화 된 해당 비행편의 업무 할당을 받게되며, 이것은 서비스담당 구역뿐만 아니라 업무 할당에 따른 책임까지를 포함하는 것이다.

NCS
항공객실서비스 직무능력매칭

능력단위	능력단위요소	수행준거
1203010509_16v2 객실승무 관리	1203010509_16v2.3 불만 승객 대처하기	1. 규정에 따른 불만 상황에 대한 원인 파악 2. 규정에 따른 불만에 대한 해결 방안 모색 3. 규정에 따른 해결 방안에 대한 구체적인 행동 4. 규정에 따른 해당 승객에 대한 만족도 재확인

표 7.5 K항공사 국제선 Economy Class Junior의 업무내용

항공기 탑승 전	승객 탑승 전	승객 탑승시 – 이륙 전
필수휴대품 확인 • 여권(비자) • I. D Card • 승무원 등록증 • Memo Pad • Time Table • Handbook • 객실승무원 업무교본 • 방송문(자격자) 업무/공지사항 확인 비행정보 확인 • BRFG Sheet 정보 숙지 • 도착지 정보 숙지 • 기타 관련 사항 비행준비 서류 • Liquor Inventory List • Dry Item Inventory List Cabin Briefing참석	개인 짐 정리 운항브리핑 참석 비상/보안장비 점검 기내청소상태 점검 • Seat • Aisle • Seat Pocket • Overhead Bin • Coat Room 탑재 확인 및 준비 • 신문, 잡지 • 화장실용품 GLY정리정돈 Aisle정리정돈 Senior 업무 지원	담당 Zone Stand By • Welcome 인사 • 좌석안내 휴대수화물 정리 Pax Handling 비상구 좌석 승객 응대 Safety CHK • 승객 휴대수화물 정위치 여부 • Overhead Bin 닫힘 상태 • SVG Cart의 정위치 보관 상태 • 승객 착석 및 좌석벨트 착용 상태 • Seat Back/Tray Table/개인용 • Monitor의 원위치 상태 • LAV / Coatroom 닫힘 상태 • Door Slide Mode 변경 Welcome 인사 Demo시 Stand-By 안전업무 수행 • 객실 및 GLY내 유동물 고정 등 Ready Position 및 30 SEC Review

비행 중	착륙 준비	착륙 후
기내도서 서비스 GLY BRFG Towel SVC Aperitif SVC Meal & Hot BEV SVC Meal회수 & Aisle정리 LAV CHK • 화장실 용품/비품 Refill • 최소 30 MIN 간격 점검 기내판매 시 PAX Care 입국서류 배포 및 협조 SPCL PAX Care • UM 탑승 시 편지 작성 Self SVC BAR 정돈 Walk Around	서류 작성 재확인 • 승객 입국서류 • LIQ Inventory List작성 및 제출 • Dry Item Inventory List작성 및 제출 Headphone 회수/보관 잡지 / 기내도서 회수/보관 보관 품 반환 Cabin 정리 정돈 • Door Side Clear SPCL PAX Care 안전업무 수행 및 착륙 준비 • Approaching Signal 후 – 승객 휴대수화물 보관상태 점검	Safety CHK (Slide Mode 변경) Farewell 인사 SPCL PAX 하기 협조 화장실용품 회수 L/B Item 확인 • Seat • Aisle • Overhead Bin • 화장실,Coatroom 등 Debriefing 참여 • 특이사항 객실사무장에 보고

그림 7.10 일반승무원은 각자의 Duty Code에 맞게 해당구역에서 근무하게 된다.

에 관한 점검이나 보고시에 행해진다. 예를 들면 항공기 탑승 직후의 해당 승무원 좌석 주변의 비상장비와 안전장비 점검업무, 항공기 탑승구 개폐시에 행하는 슬라이드 모드변경 및 안전점검이 그것이다. 이외의 대부분의 업무는 서비스 순서에 따라 적당한 템포로 지정된 업무를 하면 된다.

비행 중 Irregular 상황 발생시, 사무장에게 보고해야하며 담당구역에서 근무하는 승무원 중에 수습 승무원이 있을 경우 이들을 지도하는 임무도 행한다. 일반승무원의 구체적인 임무를 국제선 일반석에 업무 배정된 주니어 승무원의 예를 들어 살펴보고자 한다. 수행업무의 내용이 많은 관계로 서비스 시점에 따라 분류하여 도표로 정리해본다.

OJT
On The Job Training의 약어로 객실승무원은 신입 훈련과정을 마치고 3~4개월 정도 수습기간을 갖는다. 이 기간을 거쳐야만 정식 승무원이 될 수 있다.

(4) 수습승무원(OJT)

객실승무원에게 요구되어지는 임무는 신규 채용된 신입 승무원이 항공사에서 실시하는 신입 교육이나 연수, 훈련에서 충분히 소화하고 익히기에는 무리가 따른다. 앞서 언급하였듯이 객실 승무직은 대고객서비스를 수행하는 철저한 현장직이므로 일정기간 실제 비행근무를 하면서 그들의 임무를 익히는 과정이 필수적으로 요구되어진다고 할 수 있다. 이에 항공사들은 신입 훈련을 마친 신입 승무원을 일정기간동안 수습승무원으로 비행에 투입하여 현장에서 선배 승무원으로부터 서비스 태도나 업무에 관련된 지식을 지도받고 서비스에 적합한 용모와 복장을 갖추었는지 등에 대해 매 비행시 평가를 받도록 한다.

수습승무원은 특정 구역에 업무 배정을 받지 않고 현장에서 근무하는 경우와 일반 승무원과 동일하게 업무 배정을 받고 비행에 임하는 경우가 있다. 항공사마다 수습 기간이나 근무 형태는 다르지만 일반적으로 일정기간 동안 일반 승무원의 협조자 및 관찰자 역할로 일을 익힌 후 업무 배정을 받아 해당 구역을 담당하고 책임지는 형태를 취하고 있다.

항공사들은 이들에게 일반 승무원과 동일한 업무를 수행하며 승무원으로서의 자질과 기술을 연마하게하고 수습 기간 중의 교육 훈련에 대한 보고서를 작성하여 제출하게 한다.

사례 3.1 어느 객실승무원의 회고

수습 배지를 달고 첫 비행

엄격한 훈련 과정들을 모두 마치고 나면 드디어 꿈에 그리던 승무원으로서의 첫발을 내딛게 됩니다. 가슴에는 하얀 수습배지를 달고서 말입니다. 입사해서 훈련을 받을 동안에도 신입 승무원이라는 이름으로 훈련원을 오고 갔지만 비행 근무 한번 하지 않고 승무원이라는 이름으로 불리는 것을 부끄럽게 생각했었습니다.
이제 드디어 비행을 하게 된다니 '나도 이제 정말 승무원이 되었구나!' 하는 생각에 어깨가 절로 으쓱해집니다. 하지만 이런 기분도 잠시 뿐입니다. 수습 비행근무는 정말로 긴장되고 난처한 시간들의 연속입니다.

특히 국제선 수습비행 때에는 훈련을 아무리 열심히 받고 우수한 성적으로 교육을 통과한 사람일지라도 일단 비행기에 탑승하면 '내가 어디서 근무해야 하지?' 할 정도로 당황하게 됩니다. 게다가 비행 근무 내내 실수를 연발하여 다른 선배 승무원들의 방해거리가 된 것 같은 기분이 들기도 합니다. 승무원으로서의 길이 멀게만 느껴지고 자신이 초라하게 보이기까지 합니다. 그렇게 정신없이 비행기 안을 왔다 갔다 하다 보면 어느새 목적지의 공항에 도착하게 됩니다. 어떤 때는 한숨 돌릴 여유도 없이 뉴욕(New York)이나 로스앤젤레스(Los Angeles)에 도착하고 나서는 동기들끼리 '걸어서 뉴욕(New York)까지 다녀왔다'라는 푸념을 하기도합니다 . 지금 생각해보면 '어떻게 그런 비행을 할 수 있었을까' 하는 생각이 들 정도 입니다. 하지만 모든 일의 시작에는 시련이 있기 마련이지요. 이 기간동안 선배들의 도움을 받으며 실제 현장 업무를 익히고 갖가지 새로운 경험을 쌓아 가기 위한 과정이라고 생각하세요.

머지 않아 수습 승무원으로서의 티를 벗고 자신감과 세련된 매너를 겸비한 전문 스튜어디스로 면모를 갖추어 나가고 있는 자신의 모습을 발견할 수 있을 것입니다.

수습승무원 시기는 말 그대로 실제 비행을 통한 훈련의 연장이므로 약간의 실수는 용납이 됩니다. 사실 승무원으로서 제 역할을 해내려면 앞으로도 몇 배의 노력이 필요합니다.

(5) 외국인 현지 여승무원(RS)

일반 승무원과 마찬가지로 비행 근무 중 할당된 객실서비스 업무를 담당하며 추가로 현지 외국인 승객을 위한 기내통역을 담당한다. 그리고 비행 중 실시되는 기내 안내방송을 해당 현지어로 실시한다. 기내 면세품 판매 업무는 이들에게 할당되지 않는다. 우리나라에 취항하는 항공사의 현지 여승무원으로 입사하게 되면 KLM-Royal Dutch Airlines과 같이 서울에 주로 머물면서 서울과 네덜란드 구간만을 근무하는 경우와 Cathay Pacific과 같이 본국(Hong Kong)에 체류하면서 모든 비행 노선에 투입되고 또한 본국 여승무원과 동일

RS
Regional Stewardess의 약어로 각 항공사가 취항지의 현지 인력을 자사의 객실승무원으로 고용하는 것을 말한다

한 업무를 수행해야 하는 경우가 있다.

3) 승무원의 지휘 체계

여객기의 승무원은 크게 나누어 운항승무원과 객실승무원으로 나뉜다. 이 중 운항승무원은 조종실에서 비행기를 조종하며 기기를 조작하므로 Cockpit Crew혹은 Flight Crew라고 하며 객실승무원은 객실에서 승객에 관한 일체의 서비스를 담당하므로 Cabin Crew라 하는 것이다.

이들의 담당업무는 구분되어 있지만 안전하고 쾌적한 비행을 위하여 운항 중 수시로 비행 편에 관한 정보를 공유하고 비상시는 지휘체계에 따라 신속하게 조처 방안을 강구하고 이를 실행에 옮겨야 한다. 이를 위하여 운항승무원의 업무이해는 객실승무원에게 기본적으로 요구되는 사항이다.

우선 운항승무원은 기장(Captain), 부기장(Co-Pilot), 항법사(Navigator) 등이 있으며 1개의 항공기에 있어서 운항승무원의 구성은 일반적으로 기장, 부기장, 항공 기관사의 3인으로 구성되나 근간에 제작되고 있는 신기종에는 조종실 내부의 장비 대부분이 컴퓨터화 되어 있어 비행 중 항공기관사가 해야 할 역할을 모두 해내고 있으므로 기장과 부기장만으로 구성된 Two Pilot System을 주로 채택하고 있다. 또한 비행시간이 긴 노선에서는 중간 교대가 가능하도록 두개의 Team을 한 Flight에서 근무하도록 한다.

그림 7.11 여객기의 항공승무원은 운항승무원과 객실승무원으로 나뉜다.

그림 7.12 안전운항을 위한 사전점검을 마치고 객실사무장에게 수신호를 보내고 있는 운항승무원

기장은 조종사로서 조종간을 잡고 비행기를 조종하는 한편 기내의 최고 책임자이기도 하다. 따라서 객실승무원을 포함한 전 승무원에 대한 지휘와 감독의 권한을 부여받고 있다. 또한 출발에 앞서 비행계획을 결정하고 비상사태시에는 조종 및 그 지식에 대하여 지휘, 감독한다.

기장은 항공법에 정해진 정기운송용 조종사 자격과 민간 외교관으로서의 인격과 교양, 상식을 겸비해야 하며, 기내에서 범죄 방지에 대해서는 사법권에 준하는 권력을 행사할 수도 있다.

부조종사는 First Officer라고도 하며 기장을 보좌하여 비행기의 조종에 임하지만 그와 동시에 지상 관제 시설과의 무선연락에 의한 항공기의 안전운항도 임무의 하나로 되

그림 7.13 승무중 객실과 조종실간, 객실 구역간 정보공유는 필수적이다.

어 있다.

항공기관사는 비행 중 엔진을 비롯하여 항공기의 각 시스템 기기의 정상적인 작동의 유지, 적절한 연료의 사용에 의한 운항의 유지 등을 주된 임무로 하고 있으며 출발 전 제반기기의 점검, 연료의 탑재관리 등을 한다. 이전에는 항공기관사의 임무는 지상정비의 연장이라고 간주하여 고도의 기술과 지식 및 경험을 필요로 하였지만 항공기의 기종 추세가 제트기로 변하면서 엔진을 비롯하여 각종 기기조작이 용이하게 된 것이나 지상의 지원시스템이 완벽해진 것 등의 이유로 그 주된 임무 면에서 정비를 주체로 생각하기보다는 운항의 안전을 담당하는 방향으로 변화하였으며 부조종사 또는 장래의 기장이 되는 하나의 과정이라고 생각되어지고 있다.

해당 비행편의 총 지휘체계는 〈그림 7.14〉와 같이 기장, 객실사무장(객실팀장), 객실부사무장(객실부팀장), 일반 승무원 순이다. 일반적으로 항공기 운항 및 안전운항에 대한 책임은 기장에게 있으며, 객실서비스, 면세품 판매

NCS
항공객실서비스 직무능력매칭

능력단위	능력단위요소	수행준거
1203010509_16v2 객실승무 관리	1203010509_16v2.2 운항 · 객실간 정보 공유하기	1. 규정에 따른 객실 상황 판단 후 상급자에게 보고 2. 규정에 따른 운항 정보 공유 3. 규정에 따른 승객 정보 공유

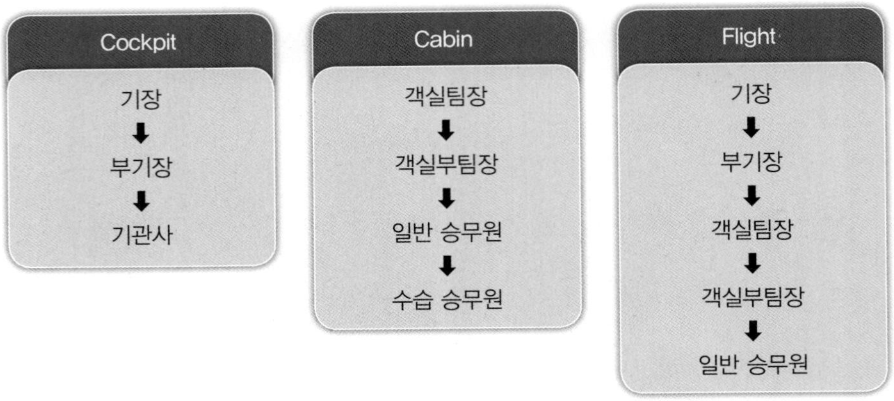

그림 7.14 항공사 운항승무원과 객실승무원의 지휘 체계

등 항공기 운항과 무관한 사항에 대한 책임은 사무장(객실팀장)에게 있다.

객실승무원에 대한 지휘 책임은 운항 브리핑에 참석한 시점부터 항공기 하기 후 해산하는 시점까지는 기장에게 있으며, 해외체재시에는 객실사무장(객실팀장)에게 있다. 객실승무원은 해외 체재시 모든 상황의 처리는 반드시 정해진 지휘체계에 따라야 하며 업무 수행시 근무 중 발생한 제반 Irregular 지휘계통의 정당한 명령을 따르지 않거나 지시사항을 이유없이 지키지 않은 객실승무원의 행동은 징계사유가 된다.

4. 항공객실승무원의 소속조직

항공사는 기업의 전략기획, 재정관리, 인사 및 자산 총괄 기획을 담당하는 일반 부서와 운항, 정비, 영업, 고객 서비스를 담당하는 현장 부서로 운영된다.

항공사의 일반적인 운영 조직은 〈그림 7.15〉와 같다. 관련 그림을 보고 객

그림 7.15 전형적인 항공사 운영조직

실승무원의 조직내 포지션을 확인한다.

객실승무원의 조직은 항공사마다 그 명칭과 형태는 약간 다르지만 고객 서비스를 담당하는 부서의 객실 승무 혹은 객실승원본부에 속하는 대체적인 맥락은 같다.

객실승무원들은 크게 보아 객실승무본부에, 한 단위 아래로는 객실 승원부에 소속되어 있으며 승무원들의 근무조 구성을 하나의 Team, 그리고 그보다 큰 단위인 Group혹은 Island로 형성하여 체계적으로 운영관리하고 있다.

본서에서는 국내 K항공사 객실승무본부의 조직을 소개한다. K항공사는 객실승무본부 아래에 객실승원부와 객실승무기획부, 그리고 객실 훈련원이 있다. 각 부서의 항공사내 역할을 알아본다.

1) 객실승원부

객실승원부서는 현장 객실서비스를 담당하는 객실승무원들이 소속되어 있는 부서로서 전 객실승무원은 객실승원부 소속이다. 상부기관으로 국제, 국내 승원팀을 총괄, 운영하는 승원 운영그룹이 있고 그 아래에 국제 승원팀과 국내 승원팀이 있다.

국제 승원팀은 10개의 국제그룹으로 나뉘며 현지 승무원팀도 이에 속한다. 국내 승원팀은 국내그룹과 부산그룹이 있다.

객실승무원의 효율적 관리를 위하여 각 항공사는 팀제 운영방식을 채택하고 있으며 회사의 업무 지시, 객실승무원의 근태 및 인사관리 회사와 객실승무원간의 상호 연계를 위하여 **팀 관리자**(Team Coordinator)를 두고 있다. 전체 팀 수는 영업기획과 팀 기준 비행시간에 따라 전체가용 승무원 범위 내에서 신축적으로 조정하며 팀 편성 시에는 전 객실승무원을 팀에 배속시키는 것을 원칙으로 한다.

우선 상위클래스 서비스, 기내 안전 및 보안 업무, 기내 방송을 수행할 수 있는 적정 자격 인원을 고려하여 팀의 효율과 인화를 극대화할 수 있는 구성원으로 편성한다. 팀 교체는 1년을 주기로 전원 교체함을 원칙으로 하나 승격, 장기병가, 징계, 퇴직, 사직, 신입 승무원 신규 배속 및 팀 관리자 임명 해체에 따른 조정 및 후속 조치 등의 경우에는 팀원의 일부 교체를 실시하기도 한다.

팀 관리자
객실승무원은 일정한 장소와 규칙적인 시간의 근무형태를 지니지 않는 특이한 근무환경을 갖고 있다. 이러한 객실승무원을 구성원으로 둔 객실승원부에서는 부서내의 운영효율을 도모하기 위해 각 팀에 Team Coordinator를 두고 있다. 이들은 팀에 배속된 객실승무원들을 관리하며 승무원 상호간의 분쟁 조정 및 업무 이해를 돕고 회사와 승무원간의 연결책이 되는 임무를 지닌다.

2) 객실 승무기획부

객실 승무기획부는 객실승무원의 일반적인 승무를 총괄적으로 기획하는 부서로 객실승무지원팀, 객실서비스 계획팀, 그리고 객실 안전표준팀으로 구성되어져 있다.

객실 승무지원팀에서는 비행 편조 계획을 수립하고 객실승무원 개개인의 월별 비행스케줄을 작성, 배포 및 사후관리를 하며 비행시간, 휴가, 여권, 비자관련 업무 등 객실승무원의 승무를 지원하는 다양한 업무를 담당한다. 객실서비스 계획팀은 객실서비스 계획수립은 물론 고객의 제언이나 승무원들의 현장 아이디어들을 담은 서비스의 개선, 서비스 규정집 발간 등을 주 업무로 한다.

객실 안전표준팀은 비행안전과 보안관련 업무를 담당하며 승무원들에게 관련정보를 제공함은 물론 항공계의 국제안전표준기준을 모니터하여 반영한다.

3) 객실 훈련원(Training Center)

객실 훈련원에서는 객실서비스에 관한 현장 경험을 지닌 유능한 강사들이 훈련의 필요성을 결정하여 총괄적인 교육계획 및 현장집행기관이 실시할 수 있는 훈련계획을 개발하고, 이를 기준으로 훈련에 필요한 자료, 개요, 교과목, 교재 및 시청각 교재 등의 준비와 수집을 통하여 훈련 대상자에게 과정별로

표 7.6 K항공사 객실 승무기획부 팀구성과 업무분장

객실 승무기획부		
객실서비스 계획팀	객실 승무지원팀	객실 안전표준팀
• 객실서비스 및 기내 판매 계획, 개발업무 • 기내설비, 영화 및 일반관리, 전산개발 • 기내용품, 식자재, 기판 품 구매운영	• 객실승무원 업무계획 • 인력운영계획, 승무기준 및 서비스 기준 수립 • 객실승무원 급여, 자격 및 근태관리 • 각종 지급품, 제 증명 출입증관련 업무 • 편조계획 수립 • 객실승무원 월별 스케줄 배포 및 • 사후관리 • 비행실적 분석 및 제반 통계업무 • 편조 SKD에 따른 승무원 수급계획 수립	• 안전운항 관련자료 배포 • 안전관련 규정집발간 • 안전관련 제반통계업무 • 기내안전관련 Report 관리

표 7.7 K항공사 객실훈련원의 그룹구성과 교육과정

객실 훈련원	
안전 훈련그룹	서비스 훈련그룹
• 일반안전교육 • 항공보안교육 • 응급처치법 • 비상안전교육	• 방송교육 • 외국어교육 • 신입사원교육 • 업무향상교육 • 상위클래스교육 • 강사 양성교육

교육하고 있다. 교육 후에는 훈련결과의 성과와 효율을 평가하여 다음 과정에 반영하고 있다.

객실승무원을 교육, 훈련하는 곳으로 서비스 훈련그룹과 안전 훈련그룹으로 구성된다. 서비스 훈련그룹은 신입 승무원을 교육하는 신입 교육, 일반 승무원의 방송이나, 상위 클래스 승급을 위한 보수 교육 등 여러 과정들이 개설되고 있고 입과 통보를 받은 승무원은 반드시 교육을 이수하도록 되어있다.

그림 7.16 대한항공 객실훈련 센터

안전 훈련그룹에서는 안전 정례훈련 과정을 실시한다. 객실승무원은 1년에 한 번 반드시 본 과정을 이수하도록 되어 있다.

CHAPTER 08

항공객실승무원의 근무규정

항공 여행을 원하는 고객은 자신의 여행 조건에 적합한 항공사를 선택하여 항공사가 책정한 요금을 지불하여 동시에 승객과 항공사간에 운송 계약이 이루어진다. 객실승무원의 주 근무내용이라 할 수 있는 항공객실서비스란 항공사가 고객과의 운송 계약을 이행하기 위해 여객운송에 필요한 장비, 즉 항공기를 이용하여 고객이 원하는 최종 목적지까지 운송하는 영업 행위의 일부이다.

항공사 서비스는 안전성, 정시성, 안락성, 고속성, 편리성, 수요충족의 총 6가지로 집약될 수 있으며 이 중 객실서비스가 맡고 있는 역할은 주로 안전성과 안락성에 있다고 할 수 있다.

객실승무원의 근무는 타직종과 다른 몇 가지의 특성을 갖는다. 첫째, 먼저 개개인의 근무 할당은 월간 배포되는 스케줄에 따른다. 일반직 직원의 정시 출퇴근과는 달리 변형된 Shift근무가 일상적이다. 불규칙적인 근무시간으로 인해 근무 후의 휴식시간까지도 불규칙적으로 갖게 된다.

둘째는 주 근무처의 변동성이다. 객실승무원의 주 근무처는 항공기의 객실이라 할 수 있다. 항공기는 항공사의 기종배치 현황과 해당일의 기종 스케줄에 따라 변동되고 객실승무원은 자사의 보유 항공기를 근무 당일에 배치 받게 된다. 셋째는 잦은 해외 체류를 들 수 있다. 승무 비행 후 다음 비행에 임하기 전까지 해외에서 체류를 하게 되는데 국제선 비행을 전담하는 객실승무원의 경우 이러한 단기성 해외체류가 한달 평균 3회에 달하게 된다.

이러한 객실승무원의 근무특성을 바탕으로 각 항공사는 객실승무원이 근무시 지켜야할 규정을 정해두고 이를 실천하도록 권고하고 있다. 본서에서는 국내 K항공사의 근무규정을 살펴본다.

그림 8.1 안전성과 안락성을 승객에게 제공하는 것이 항공객실서비스의 역할이다.

1 항공객실승무원의 근무형태

객실승무원의 근무는 일반직의 근무와 상이한 점이 많고 근무형태 또한 다양하다. 항공사 직원으로서 객실승무원이 종사하는 모든 업무를 말하며 업무의 형태에 따라 객실승무원의 주 업무라 생각되는 항공기 탑승 승무, 일반 지상 근무 및 대기 근무로 구분하며, 브리핑, 교육훈련도 승무에 포함한다.

비행근무는 객실승무원이 비행 임무를 위하여 회사가 정한 장소에 출두한 시각부터 해당 임무가 종료된 시각까지의 모든 업무를 말한다.

비행근무 산정기준은 해당편 브리핑 시작 시각부터 도착지 공항 Ramp In 후 30분까지로 한다. 공항 대기시간, 기내 휴계시간은 비행 근무시간에 포함하나 호텔에서의 휴식시간은 제외한다. 그리고 최종 목적지 공항 도착 시 근무형태가 Ferry Flight 또는 편승일 경우는 도착 후 30분의 시간은 산정 기준에서 제외한다.

Ferry Flight
유상물을 탑재하지 않고 실시하는 비행을 말하며 항공기 도입, 정비, 편도, 전세 운항 등이 이에 속한다.

1) 승무(On-Duty Flight)

승무(On-Duty Flight)는 객실승무원이 부여된 임무를 갖고 항공기에 탑승하여 일반적인 객실서비스 업무를 수행하는 것을 말한다. 승무의 개인별 스케줄은 월 단위로 배포되며 객실승무원은 이 개인 스케줄에 따라 승무를 하게 된다.

근무시간은 최초 항공기가 이륙하기 위하여 움직이기 시작한 시각으로부터 비행완료 후 정지한 시각까지의 총 시간으로 하며 승무가 양월에 걸친 경우에는 해당편 출발 공항의 현지 일자를 기준으로 산정한다.

객실승무원은 승무 중 업무 절차 및 제반 지침에 의거하여 승무에 임하게 된다. 이에 관한 내용은 본서의 Part 3에서 구체적으로 살펴본다.

2) 편승(Extra Flight)

편승(Extra Flight)이란 승무원이 다음 승무를 위해 또는 승무를 마치고 돌아가기 위해 할당된 업무 없이 공항과 공항 간을 자사 또는 타 항공사에 탑승하여 이동하는 것을 말한다. Off-Duty Flight라고도 하며, Ferry Flight를 포함한다.

시간산정은 편승시간 산정기준에 의하며 일반적으로 항공기 탑승 전까지 편승 승무원은 On-Duty 승무원과 동일한 근무절차를 밟아야 한다. 비행기 탑승 후에는 On-Duty 승무원과의 구별을 위하여 제복이 아닌 사복을 착용하여야 한다. 편승 승무원의 근무에 대해 살펴보자.

편승 승무원은 편승 근무를 위하여 해당 편 On-Duty승무원과 동일한 요령으로 Show-up해야 한다. 객실 브리핑(Cabin Briefing)은 사무장이 포함된 편승 팀은 사무장이 주관하며 그렇지 않은 경우는 해당 편의 사무장이 주관하는 객실 브리핑(Cabin Briefing)에 참석한다. 운항 브리핑은 사무장이 포함된 편승팀인 경우에는 부사무장이 운항승무원과의 운항 브리핑(Flight Briefing)에 대표로 참석한 후 Briefing의 중요사항을 전 편승 승무원에게 전달하고 그렇지 않은 경우에는 편승팀 전 승무원이 운항 브리핑에 참석한다.

편승 승무원에 대한 지휘 책임은 편승팀의 사무장(선임 승무원)에게 있으며 비상시에는 해당편 기장의 지휘를 받는다. 일반적으로 출국시에는 해당편 승무원에 이어 출국 수속을 받으며 항공기 탑승은 승객 탑승 전에 완료되어야 한다. 그리고 목적지 도착 후 해당편 승무원보다 먼저 하기하여 취항국의 입국 절차를 받는다.

편승 시간은 편승한 Flight의 승무시간으로 산정하며 월간, 년간 승무 제한시간에 가산하지 않는다. 그리고 모기지 귀한시나 업무상 필요시를 제외하고는 연속해서 16시간을 넘지 않는다.

3) 대기근무(Stand-by)

Charter Flight
공표된 스케줄에 따라 특정구간을 정기적으로 운항하는 정기편 항공 운송과 달리 운항구간, 운항시기, 운항스케줄 등이 부정기적인 항공운송 형태

대기 근무는 정기, 부정기 항공편(Charter Flight)에 갑작스런 결원이 발생하거나 스케줄 및 기종 변경 등의 이유로 객실승무원의 충원이 필요할 때 승무인력을 즉시 공급하기 위하여 실시하고 있으며, 대기 근무를 하는 객실승무원은 회사가 지정하는 시간에 지정된 장소에서 대기해야 한다. 국내 항공사들은 이러한 대기 근무형태를 실시하고 있으나, 몇몇 외국 항공사의 경우는

Crew Building내나 Crew Building 근거리에 객실승무원 사택을 두고 있어 승무원이 공항에서 대기하는 근무형태는 찾아볼 수 없다.

대기 근무는 공항 내 지정된 장소에서 대기하는 공항 대기와 거주지에서 대기하는 자택 대기가 있다. 대기근무의 형태와 근무수칙은 다음과 같다.

그림 8.2 대기근무를 할당받은 승무원은 지정된 장소에서 완전한 승무복장을 갖추고 임한다.

(1) 공항 대기

먼저 공항대기 승무원은 완전한 승무 복장을 갖추고 어떠한 승무(특히 장거리 비행)에도 임할 수 있는 태세가 완비되어 있어야 하며, 회사의 허가 없이 지정된 근무 장소를 이탈해서는 안 된다. 공항대기 근무는 대기 A, B, C조로 구분하여 Shift제로 실시되며 근무시간은 다음과 같이 규정되어 있다. 출퇴근시 대기 승무원은 Show-up 대장에 서명을 해야 한다.

(2) 자택대기

• RF(Ready Flight)

비행 당일 정비, 기상 Irregular 등으로 인하여 Duty Hour 제한을 초과하거나 과도한 근무가 발생되거나 또는 공항대기 인원이 부족할 경우 승무원을 교체하여 객실승무원의 휴식 보장 및 객실서비스의 향상을 도모하는데 그 목적이 있다. 따라서 RF 대기 승무원은 당일 장거리비행 준비를 하고 정해진 시간까지 (RF 대기 시간은 당일 09:00~17:00) 회사와 연락할 수 있는 방법을 유지

표 8.1 K항공사 공항대기 근무의 구분

	구분	근무시간
국내선 공항대기	대기 A조 (SA) 대기 B조 (SB) 대기 C조 (SC)	06:00~11:00 11:00~16:00 16:00~ 국내선 최종편 STD
국제선 공항대기	대기 A조 (IA) 대기 B조 (IB) 대기 C조 (IC)	07:00~10:00 10:00~15:00 15:00~ 20:00

시키고 자택에서 대기해야 하며, 출발 당일 4시간 전에 회사로부터 Schedule이 통보되면 장거리 비행근무 준비를 하고 회사가 지정하는 장소로 출근해야 한다.

• Contactable(CT)

Contactable (CT)은 병가, 공상 등으로 인한 연쇄적인 Schedule 변경을 방지하고 승무원의 사생활을 보장하여 원활한 승무인력을 운영하는 데 그 목적이 있다. CT 승무원은 일정기간(1주~2주) 동안 정해진 Schedule없이 자택에서 대기하다가 해당비행 전일에 회사로부터 근무를 할당받아 비행을 수행한다.

2. 항공객실승무원의 근무할당

객실승무원의 개인별 비행 근무시간은 규정에 의해 1일, 월간 및 연간 일정 제한 시간을 두고 이를 초과하지 않도록 배정되어 있으며, 비행시간 및 노선 배정의 평준화 등이 이루어지도록 공평하게 짜여진다.

승무원 편성은 효율적인 객실서비스 업무를 수행하기 위해 기종별로 직위에 따른 적절한 인원을 안배하여 조를 편성 운용하게 되는데, 기종별 탑승 인원 책정 및 편성 시에는 각 비행 편의 안전을 위한 최소한의 적정 인원 여부, 비행 조성 및 비행시간에 따른 서비스 내용, 국제선 및 국내선 노선 편성, 승무원 인원 수급 변동계획과 같은 사항이 고려된다.

객실승무원의 근무할당 원칙을 살펴보면 〈표 8.2〉와 같다.

연속되는 24시간 중 동일구간을 비행하는 경우, 비행소요 예정시간이 8시간을 초과하는 경우에는 승무 중 교대휴식(Crew Rest)을 취하도록 운용하거

표 8.2 항공사 객실승무원의 근무할당 허용한도

구분	승무시간 (Time Table상의 비행시간)	근무시간	착륙횟수	총 승무시간	
				1개월	1년
국내	8시간	13시간	6회	100시간	1100시간
국제	16시간	20시간	4회		
국내 국제 연결편	10시간	16시간	6회		

나 1개 조 이상의 승무원이 탑승하여 교대근무를 하도록 조치한다. 그리고 휴식 시간없이 연속되는 24시간 중 승무 및 근무시간, 착륙횟수가 다음의 기준을 초과하지 않도록 한다.

승무원의 월 승무시간은 최고 100시간을 할당 상한선으로 하고 3개월 이상 연속하여 월평균 100시간을 초과하여서는 안 된다.

객실승무원의 하루(연속 24시간) 최대 총 비행 근무는 20시간으로 한다. 그러나 회사에서 별도 편수의 승무시간에 대해서 하루(연속 24시간) 최대 16시간을 초과하지 않도록 편조를 한다. 단, 악 기상, 정비, 항공교통관제, 천재지변, 비상사태, 긴급사태 등으로 인하여 항공기가 출발시점에 계획된 시간 내에 목적지에 도착할 수 없거나, 회사가 통제할 수 없는 상황으로 인해 비행 근무시간을 초과한 경우는 예외로 한다. 개인별 승무 제한시간은 월 100시간, 연 1,100시간을 원칙으로 하며 단, 긴급 착륙, 재해 회피 등 부득이한 사유로 승무원 교대가 불가능할 경우 승무제한 시간이 초과되더라도 다음 예정된 승무를 완료해야 한다.

객실승무원의 항공기 탑승 인원은 효율적인 서비스 업무 수행, 클래스별 서비스 수준 유지 및 비행 안전을 고려하여 결정하며 일반적으로 승객의 비행 안전 확보를 위한 최소 탑승 객실승무원 수는 승객 좌석 50석당 1명으로 한다. 그러나 기종별, 노선별 객실승무원 탑승 인원 및 편성 기준은 항공사마다 다르다.

1) 개인별 스케줄(Monthly Individual Schedule)

객실승무원은 정하여진 개인별 스케줄(Monthly Individual Schedule)에 의거하여 근무한다. 개인 스케줄에는 승무, 편승, 공항대기, 지상근무 및 휴일, 휴가, 자택대기, 교육 등의 근무형태가 기재되며 객실 총괄업무부서에서 월

NCS 항공객실서비스 직무능력매칭

능력단위	능력단위요소	수행준거
1203010509_16v2 객실승무 관리	1203010509_16v2.1 객실 승무원별 근무 배정하기	1. 규정에 따른 객실 승무원 업무 할당 2. 노선 특성에 따른 객실 승무원별 업무 배정 조정 3. 객실 승무원의 역량 고려 및 업무 배정 조정

Roster Summary from 01MAY10 -- 31MAY10

(Times shown are in Port Local times)

Actual Flight Times

Latest 30 Days: 85:30 **Current Month:** 88:52 **Latest 90 Days:** 278:32 **Latest 1 Year:** 1086:28

DeadHead Times

Latest 30 Days: 04:04 **Current Month:** 04:04 **Latest 90 Days:** 06:19 **Latest 1 Year:** 29:07

Page **1** of 1

Sunday	Monday	Tuesday	Wednesday	Thursday	Friday	Saturday
						May 01 KE 0833 1700 ICN SHE 1750 KE 0834 1848 SHE ICN 2120
May 02 KE 0623 2005 ICN MNL 2309	May 03 KE 0624 0030 MNL ICN 0512	May 04 DO 0000:2359 ICN	May 05 KE 0765 1014 ICN CTS 1300 KE 0766 1405 CTS ICN 1708 KE 0721 1919 ICN KIX 2104 LO 2134 KIX KIX 2359	May 06 LO 0000 KIX KIX 0820 KE 0722 0923 KIX ICN 1113	May 07 ATDO 0000:2359 ICN	May 08 KE 0723 0942 ICN KIX 1117 KE 0732 1249 KIX PUS 1419 KE 1118 1634 PUS GMP 1727
May 09 ATDO 0000:2359 ICN	May 10 KE 0637 1857 ICN HKT 2319 LO 2349 HKT HKT 2359	May 11 LO 0000 HKT HKT 2335	May 12 KE 0638 0033 HKT ICN 0819	May 13 ATDO 0000:2359 ICN	May 14 KE 0081 1102 ICN JFK 1155 LO 1225 JFK JFK 2359	May 15 LO 0000 JFK JFK 2340
May 16 KE 0086 0050 JFK ICN 2359	May 17 KE 0086 0000 JFK ICN 0350	May 18 ATDO 0000:2359 ICN	May 19 ATDO 0000:2359 ICN	May 20 KE 0681 1915 ICN SGN 2220 LO 2250 SGN SGN 2359	May 21 LO 0000 SGN SGN 2240 KE 0682 2350 SGN ICN 2359	May 22 KE 0682 0000 SGN ICN 0650
May 23 ATDO 0000:2359 ICN	May 24 KE 0763 1800 ICN KIJ 1955 LO 2025 KIJ KIJ 2359	May 25 LO 0000 KIJ KIJ 0820 KE 0764 0930 KIJ ICN 1145 KE 0725 1500 ICN KIX 1640 KE 0726 1735 KIX ICN 1935	May 26 ATDO 0000:2359 ICN	May 27 ADO 0000:2359 ICN	May 28 ADO 0000:2359 ICN	May 29 KE 1115 1400 GMP PUS 1455 KE 1116 1530 PUS GMP 1625 KE 1615 1930 GMP USN 2025 KE 1616 2100 USN GMP 2155
May 30 KE 0627 1545 ICN CGK 2035 LO 2105 CGK CGK 2359	May 31 LO 0000 CGK CGK 2055 KE 0628 2205 CGK ICN 2359					

그림 8.3 K항공사 객실승무원 개인별 스케줄

단위로 배포한다. 근무일정은 운항 스케줄이나 회사의 업무상 사정으로 변경될 수 있으므로, 객실승무원은 개인 스케줄을 수시로 확인 할 책임이 있다. 개인 스케줄에 할당된 근무를 사전에 승인 없이 불이행하면 징계의 대상이 되며 승무원 상호간에 임의로 대직할 수 없다. 대직을 할 경우, 대직절차는 반드시 회사에서 정한 별도의 규정에 따라야 한다.

개인별 스케줄에는 해당 승무원의 이름, 고유번호, 직급, 직책, 전화번호, Team번호, 방송자격, 여권 유효일자, 신체검사일 등의 개인 정보와 Schedule 일정(Itinerary), 항공편의 출발, 도착시간, Day Off, 휴가, 교육 등 비행 외의 정보들이 기재되어 있다.

Monthly Individual Schedule 용어 해설

DO: DAY OFF
RF: READY FOR FLIGHT (자택대기)
CT: CONTACT FOR FLIGHT (장거리 투입 대기)
SA/SB/SC: AIRPORT STAND BY (김포 공항대기)
IA/IB/IC: AIRPORT STAND BY (인천 공항대기)
TFR: FR/CL SERVICE TRAINING (FR/CL 기초훈련)
TPR: PR/CL SERVICE TRAINING (PR/CL 기초훈련)
YVC: YEAR VACATION (연휴)
MVC: MONTHLY VACATION (월휴)
TVL: TRAVEL (편승)

2) 승무원 여정표(Daily Cabin Crew Schedule By Flight)

Daily Cabin Crew Schedule By Flight 란 해당 비행편의 승무원 여정 표를 말하며 객실승무원은 이 양식을 통해 당일 동승하는 승무원들의 명단을 알 수 있다. 출발, 도착시간을 비롯한 해당 비행편의 다양한 정보들이 자세하게 수록되어 있다. 객실승무원들은 비행 준비시 당일 비행편의 해당 양식을 확인하고 객실 브리핑에 참석해야 한다.

Daily Cabin Crew Schedule By Flight 상의 용어

HL: 기번
AC: 기종
F/T: Flight Time (비행시간)
L/T: Lay Over Time (체류시간)
D/T: Duty Time (근무시간)
STD: Standard Time of Departure
STA: Standard Time of Arrival
QUAL: Qualification (자격)

Daily Crew Schedule By Flight에는 해당편 비행에 임하는 승무원 명단과 각 승무원의 고유번호, 비행시간, 직급, Team 번호, Lay-Over 시간 등의 개인 정보가 수록되어 있고 해당편에 투입되는 항공기의 기종 및 기명, 편수는 물론

• ITINERARY

Crews on Flight

Date(LCL) : 2010-09-27 FLTNO : 0687

HL	AC	FltNo	DUTY	DEP	DAY	STD	ARV	DAY	STA	F/T	D/T	L/T	TEAM	STAFFNO	RANK	QUAL	NAME
	73R	0687	FLY	ICN	MO	1905	REP	MO	2230	05:25	05:25	23:20	1012	8705336	SP001	TP B JP	WON **
	73R	0688	FLY	REP	TU	2330	ICN	WE	0640	05:10	05:10		1012	0050584	AP006	FFSSB JP	KIM **
													1012	0154615	SS001	FPFPB JP	NA **
													1012	0962953	SS009	YY B	JANG **
													1012	1061712	SS010	YY B	KIM **
													1012	1062482	SS010	YY B	LEE **
	73R	0687	TVL	ICN	MO	1905	REP	MO	2230		05:25	24:40	0812	9750613	PS003	TP A JP	JUN **
HL"561	73H	0676	FLY	REP	WE	0020	PUS	WE	0720	05:00	05:00		0812	9956461	AP005	FFFPB JP	KIM **
	73P	1104	TVL	PUS	WE	0930	GMP	WE	1025		00:55		0505	0154814	AP006	FFSSB JP	SHIN **
													OOT	0154221	SS001	YY B	HWANG **
													0812	0962592	SS009	YY B	KIM **
													0812	1063506	SS010	YY B	CHO **

Crews on Flight

Date(LCL) : 2010-09-26 FLTNO : 2728

HL	AC	FltNo	DUTY	DEP	DAY	STD	ARV	DAY	STA	F/T	D/T	L/T	TEAM	STAFFNO	RANK	QUAL	NAME
	333	2727	FLY	GMP	SU	1635	KIX	SU	1810	01:35	01:35		1012	8705336	SP001	TP B JP	WON **
	333	2728	FLY	KIX	SU	1925	GMP	SU	2110	01:45	01:45		1012	9754102	AP002	FFSSB JP	CHANG **
													1012	0050584	AP006	FFSSB JP	KIM **
													1012	0154766	AP006	FFFPB JP	SEO **
													1012	0054224	SS000	FPFPB	KIM **
													1012	0071046	SS000	FPFPB	CHOI **
													1012	0154615	SS001	FPFPB JP	NA **
													1012	0956723	SS007	FPFPB	PARK **
													0321	0071400	AP007	FFFPB DE	LEE **
													0528	0055510	SS000	YY B	CHO **
													1012	0070394	SS000	FPFPB JP	LEE **
													1012	0962953	SS009	YY B	JANG **
													0205	1062504	SS010	YY B	LEE **

그림 8.4 K항공사 객실승무원 여정표

출발/도착시간, 예상 비행시간, Lay-Over 시간, 도착일자, Schedule 운영기간, 운항 Area, 해당 Schedule 연속 편명 등의 해당 항공편에 대한 자세한 정보들이 담겨있다.

한국 · Korea → 미주 · The Americas

Flight 편명	Departure 출발	Arrival 도착	Aircraft 기종	Class 클래스	Day 요일	Via 경유지	Validity/Miles 유효기간/획득마일
Seoul 서울 (ICN 인천 +9) — Los Angeles 로스앤젤레스 (LAX -7/-8)							5,968
*KE017	15:00	08:35	747	PCY	1234567		~1.27
*KE017	15:00	08:55	747	PCY	1234567		1.28~3. 8
*KE017	15:00	09:55	747	PCY	1234567		3. 9~
*KE011	19:30	13:10	747	PCY	1234567		~1.27
*KE011	19:30	13:30	747	PCY	1234567		1.28~3. 8
*KE011	19:30	14:30	747	PCY	1234567		3. 9~
*KE015	20:10	13:55	777	PCY	1-3-5--		~1.25
*KE015	20:10	14:15	777	PCY	1-3-5--		1.28~3. 7
*KE015	20:10	15:15	777	PCY	1-3-5--		3.10~
KE001	11:20	07:25	777	FCY	1234567	NRT	~1.27
KE001	11:20	07:45	777	FCY	1234567	NRT	1.28~3. 8
KE001	11:20	08:45	777	FCY	1234567	NRT	3. 9~
*KE8015	20:10	13:50	747	PCY	------7		1. 6

● 일광 절약 기간 Daylight saving time schedule : 3.9~11.1

Seoul 서울 (ICN 인천 +9) — New York 뉴욕 (JFK -4/-5)							6,882
*KE081	11:00	10:35	747	PCY	1234567		~1.27
*KE081	11:00	10:50	747	PCY	1234567		1.28~3. 8
*KE081	11:00	11:50	747	PCY	1234567		3. 9~
*KE085	19:30	19:10	747	PCY	1234567		~1.27
*KE085	19:30	19:25	747	PCY	1234567		1.28~3. 8
*KE085	19:30	20:25	747	PCY	1234567		3. 9~

● 일광 절약 기간 Daylight saving time schedule : 3.9~11.1

Seoul 서울 (ICN 인천 +9) — San Francisco 샌프란시스코 (SFO -7/-8)							5,639
*KE023	16:35	09:45	777	PCY	-2-4-67		~1.27
*KE023	16:35	10:05	777	PCY	-2-4-67		1.28~3. 8
*KE023	16:35	11:05	777	PCY	-2-4-67		3. 9~

● 일광 절약 기간 Daylight saving time schedule : 3.9~11.1

● *: 신기재 운영 노선 (기재 운영은 사전 고지 없이 변경될 수 있습니다.)

한국 · Korea → 미주 · The Americas

Flight 편명	Departure 출발	Arrival 도착	Aircraft 기종	Class 클래스	Day 요일	Via 경유지	Validity/Miles 유효기간/획득마일
Seoul 서울 (ICN 인천 +9) — Los Angeles 로스앤젤레스 (LAX -7/-8)							5,968
*KE017	15:00	08:35	747	PCY	1234567		~1.27
*KE017	15:00	08:55	747	PCY	1234567		1.28~3. 8
*KE017	15:00	09:55	747	PCY	1234567		3. 9~
*KE011	19:30	13:10	747	PCY	1234567		~1.27
*KE011	19:30	13:30	747	PCY	1234567		1.28~3. 8
*KE011	19:30	14:30	747	PCY	1234567		3. 9~
*KE015	20:10	13:55	777	PCY	1-3-5--		~1.25
*KE015	20:10	14:15	777	PCY	1-3-5--		1.28~3. 7
*KE015	20:10	15:15	777	PCY	1-3-5--		3.10~
KE001	11:20	07:25	777	FCY	1234567	NRT	~1.27
KE001	11:20	07:45	777	FCY	1234567	NRT	1.28~3. 8
KE001	11:20	08:45	777	FCY	1234567	NRT	3. 9~
*KE8015	20:10	13:50	747	PCY	------7		1. 6

● 일광 절약 기간 Daylight saving time schedule : 3.9~11.1

Seoul 서울 (ICN 인천 +9) — New York 뉴욕 (JFK -4/-5)							6,882
*KE081	11:00	10:35	747	PCY	1234567		~1.27
*KE081	11:00	10:50	747	PCY	1234567		1.28~3. 8
*KE081	11:00	11:50	747	PCY	1234567		3. 9~
*KE085	19:30	19:10	747	PCY	1234567		~1.27
*KE085	19:30	19:25	747	PCY	1234567		1.28~3. 8
*KE085	19:30	20:25	747	PCY	1234567		3. 9~

● 일광 절약 기간 Daylight saving time schedule : 3.9~11.1

Seoul 서울 (ICN 인천 +9) — San Francisco 샌프란시스코 (SFO -7/-8)							5,639
*KE023	16:35	09:45	777	PCY	-2-4-67		~1.27
*KE023	16:35	10:05	777	PCY	-2-4-67		1.28~3. 8
*KE023	16:35	11:05	777	PCY	-2-4-67		3. 9~

● 일광 절약 기간 Daylight saving time schedule : 3.9~11.1

● *: 신기재 운영 노선 (기재 운영은 사전 고지 없이 변경될 수 있습니다.)

그림 8.5 K항공사 국제선, 국내선 Time Table

3) Time Table

각 항공사는 여객의 선호와 요구에 가장 적합한 운항시간을 갖추어 자사의 이용률을 높이려 한다. 이에 자사의 항공편 운항 시간표를 제작하여 승객에게 편의를 제공하고 있으며, 또한 국제항공운송단체에서는 세계 각국항공사의 운항시간과 항공여행에 관한 다양한 정보를 OAG(Official Airline Guide)라는 안내 책자로 매달 발간하여 각 항공사에서 활용할 수 있게 한다.

Time Table은 자사의 비행 스케줄을 비롯하여 여행시 필요한 정보, 승객이 알아 두어야 할 제반 규정, 서비스 상품에 대한 개요, 노선별 비행시간과 자사의 연락 번호 등이 수록되어 있으며 국내선, 국제선의 2가지로 구분되어 있다. 구간별로 편명, 운항요일, 출발시간, 도착시간, 항공기 기종, 서비스 클래스, 취항지의 GMT 등의 운항관련 정보와 승객 및 수하물 관련 안내, 항공권 구입, 탑승수속시간, 항공사 서비스 관련 정보 등의 각종 안내사항을 주요 내용으로 한다.

(1) GMT와 시차

GMT는 Greenwich Mean Time의 약자로 영국 Greenwich지방의 시간을 세계의 표준시로 정하고 전 세계를 24개 시간대로 나누어 각 지역별로 한 시간씩의 시차를 두며 동반구는 '+'로 서반구는 '−'로 표시되어 진다. 국제 날짜 변경선을 따라 동반구는 서반구보다 1일이 빠르다.

(2) Terminals & City Code

각국의 국내선 취항 도시와 공항 Code

사례 3.2 국가간 시차, 비행시간 계산방법

예 1) 시차, 현지시간 계산

• Seoul +9 • Bangkok +7 • New York −5

서울과 뉴욕은 14시간 차이가 있으며 서울이 뉴욕보다 동 에 있으므로 14시간이 더 빠르다. 서울이 3월3일 오전 10시면 뉴욕은 3월 2일 오후 8시이다.

서울 3월 3일 10: 00

시차 − 14: 00

뉴욕 3월 2일 20: 00

예 2) 비행시간 계산

두 도시간의 시간을 한쪽 도시의 시간으로 고쳐 간단하게 계산할 수 있다. 한국에서 3월 3일 10: 00에 출발한 KE025는 뉴욕 시간으로 3월 3일 09: 20에 도착한다. 뉴욕도착 당시의 서울 시간은 3월 3일 23:20이다. 따라서 서울과 뉴욕간의 비행시간은 13시간 20분이 된다.

한국지역

도시명	공항 Code	도시명	공항 Code
인천	ICN	부산	PUS
제주	CJU	대구	TAE
광주	KWJ	포항	KPO
울산	USN	강릉	KAG
김포	GMP	군산	KUV
목포	MPK	여수	RSU
진주	HIN	예천	YEC
청주	CJJ	원주	WJJ

일본지역

도시명	공항 Code	도시명	공항 Code
Tokyo	NRT	Sapporo	CTS
Osaka	KIX	Okayama	OKJ
Nagoya	NGO	Kagoshima	KOJ
Fukuoka	FUK	Niigata	KIJ

미주지역

도시명	공항 Code	도시명	공항 Code
Los Angeles	LAX	Anchorage	ANC
New YOrk	JFK	Boston	BOS
Hawaii	HNL	Atlanta	ATL
Chicago	ORD	Denver	DEN
San Francisco	SFO	Vancouver	YVR
Washington D.C	IAD	Toronto	YYZ
Dallas	DFW	Sao Paulo	SAO

구주, 중동지역

도시명	공항 Code	도시명	공항 Code
Paris	CDG	Madrid	MAD
London	LHR	Moscow	SVO
Rome	FCO	Cairo	CAI
Frankfurt	FRA	Bahrain	BAH
Zurich	ZRH	Telaviv	TLV
Amsterdom	SPL	Jeddah	JED

중동, 아시아국가

도시명	공항 Code	도시명	공항 Code
Beijing	PEK	Denparsar	DPS
Shanghai	SHA	Kuala Lumpur	KUL
Tianjin	TSN	Phuket	HKT
Harbin	HRB	Macau	MFM
Qingdao	TAO	Hochimin	SGN
Shenyang	SHE	Auckland	AKL
Viadivostok	VVO	Brisbane	BNE
Ulanbaatar	ULN	Chrischurch	CHC
Mumbai	BOM	Sydney	SYD

도시명	공항 Code	도시명	공항 Code
Hong Kong	HKG	Fiji	NAN
Bongkok	BKK	Saipan	SPN
Singapore	SIN	Guam	GUM
Jakarta	CGK		

(3) 각국의 Airline Code

항공사	항공항 Code	항공사	항공항 Code
Aeroflot Soviet Airlines	SU	Air Canada	AC
Air China	CA	Air France	AF
Air India	AI	Alitalia Airlines	AZ
All Nippon Airways	NH	American Airlines	AA
Asiana Airlines	OZ	Air New Zealand	NZ
British Airways	BA	Continental	CO
Cathay Pacific	CX	China Airlines	CI
China Eastern Airlines	MU	China Northen Airlines	CJ
China Southern Airlines	CZ	Continental	CO
Delta Airlines	DL	Garuda Indonesia	GA
Japan Air System	JD	Japan Airlines	JL
Klm-Royal Dutch Airlines	KL	Korean Air	KE
Krasnoyarsk Airlines	7B	Lufthansa Airlines	LH
Malaysia Airline System	MH	Mongolian Airlines	OM
Northwest Airlines	NW	Philippine Airlines	PR
Qantas Airways	QF	Shkahalinsk Airlines	HZ
Singapore Airlines	SQ	Scandinavian Airlines System	SK
Saudi Arabian Airlines	SV	Trans World Airlines	TW
United Airlines	UA	Thai Airways International	TG
Vasp Brazilian Airlines	VP	Uzbekistan Airways	HY
Vladivostok Air	XF	Vietnam Air	VN

3. 항공객실승무원의 근무 변경과 휴식

1) 근무변경

객실승무원은 개인스케줄 작성 전 회사에서 정한 일정기한까지 휴가 및 요청비행(Request Flight)을 신청할 수 있다. 회사에서는 타당성 여부를 검사한 후 다음달 스케줄에 반영시킨다. 그러나 스케줄이 배포된 후에는 원칙적으로 변경할 수 없다. 그러나 가족의 사망, 천재지변, 본인의 질환으로 근무가 불가능한 경우에는 회사에 보고하여 변경할 수 있다. 위와 같은 상황에서는 이를 증빙할 수 있는 서류 즉 진단서 및 사유서를 제출하여야 한다.

질환이나 부득이한 사유로 인해 근무가 불가능하거나 근무변경을 원하는 경우에는 해당 편 출발(또는 해당 근무시간) 24시간 이전에 소정의 절차를 거쳐 허가받아야 한다. 질환의 경우에는 공공의 진단서 또는 보건 관리자의 소견서를 첨부하여야 한다. 응급을 요하여 상기 절차를 거칠 시간적 여유가 없을 경우에는 우선 전화 등으로 회사로 연락하여 조치를 받고 사후에 소정의 절차를 거쳐 허가를 얻어야 한다.

모기지
객실승무원이 거주하는 지역을 말하며 내국인 승무원의 경우에는 별도의 규정이 없는 한 서울을 의미한다.

비행근무시간 기준을 초과하였을 경우 모기지에서는 승무원 교체를 원칙으로 한다. 단, 기상 Irregular 등으로 인하여 다수의 편수가 근무시간 기준 초과가 예상되는 경우에는 우선순위를 결정하여 교체함을 원칙으로 하고 대기 승무원 부족으로 인하여 승무원 교체가 이루어지지 못한 Flight에 대해서는 예외로 한다.

2) 객실승무원의 휴식

(1) 지상 휴식

일정시간의 탑승근무를 마친 객실승무원은 휴식 시간을 보장받게 되며 이 휴

NCS 항공객실서비스 직무능력매칭

능력단위	능력단위요소	수행준거
1203010512_16v1 항공 기내방송 업무	1203010512_16v1.1 항공기내 방송 준비하기	1. 규정에 따른 국가별 항공기 코드 파악 2. 규정에 따른 국가별 도시와 공항명 파악 3. 그리니치 평균시(GMT)에 따른 도착지 시차 계산

표 8.3 K항공사 객실승무원의 비행근무시간에 따른 지상 휴식시간 기준

계획된 비행근무시간	탑승인원	지상휴식시간	인가된 휴식시간	휴식감축을 위한 경우 차기 휴식시간
14시간이하	최소 탑승인원	8	8	10
14~16시간	최소탑승인원+1명	12	10	14
16~18시간	최소탑승인원+2명	12	10	14
18~20시간	최소탑승인원+3명	12	10	14

식 시간은 비행근무시간에 따라 산정된다.

국제선의 경우 객실승무원이 비행을 마치고 모기지에 돌아왔을 때는 모기지를 떠난 후의 총 승무시간(편승 포함)의 2배 이상의 휴식시간이 부여된다. 단, 모기지 이외 지역에서 연속 36시간 이상 휴식을 취한 경우는 동 휴식시간 이전의 승무시간은 휴식시간 산정을 위한 총 승무시간 산출시 제외한다.

운항 Schedule상 해외지역에서 5시간 이상의 지상시간이 발생하거나 또는 이러한 상황이 예상되는 경우에는 호텔로 이동하는 것을 원칙으로 한다. 그러나 현지 여건에 따라 공항 내 Crew Lounge에서 휴식을 취하는 경우도 있다. 단, 항공기 정비, 기상악화 등으로 인한 Irregular시는 예외로 한다. 객실승무원은 휴식중이라 하더라도 다음 근무시의 고객서비스 및 비행안전, 승무원으로서의 품위 유지, 신변 안전을 위하여 회사의 제반 규정을 준수해야 한다.

Crew Rest
비행소요 예정시간(Scheduled Flight Time)이 10시간 이상인 직행 Flight 및 객실승무원 교대 없이 운항하는 두 구간의 비행소요 예정 시간의 합이 10시간 이상인 Flight에서 객실승무원이 비행중 휴식을 취하는 것을 말한다.

(2) 기내 휴식(Crew Rest)

장거리 비행에서의 업무 생산성 제고를 위하여 비행소요 예정시간 (Scheduled Flight Time)이 8시간 이상인 Flight에는 Crew Rest가 부여된다. 단 비행시간이 8시간 이상 10시간 미만인 경우, Crew Rest Seat가 확보되거나 또는 Bunk가 장착된 Flight에 한해 Crew Rest가 부여되며 사무장은 Crew Rest조로 2개조를 편성 운영한다.

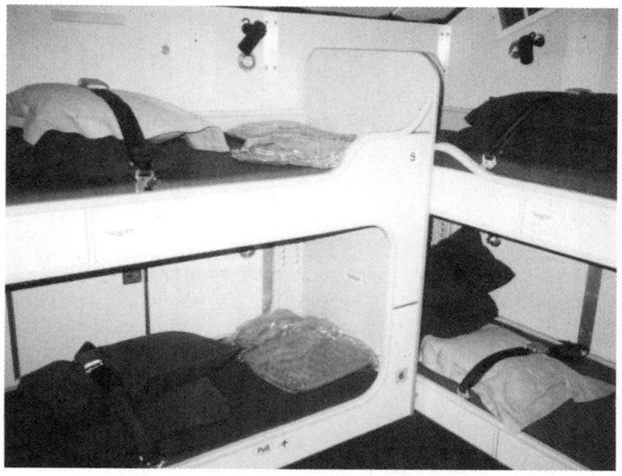

그림 8.6 객실승무원은 다음 Duty를 위해 충분한 휴식을 취해야 한다.

객실승무원들은 Crew Rest중에는 승무원 신분이 노출되지 않도록 유의해야 하며 근무조 승무원은 Crew Rest조 승무원의 담당구역에 공백이 발생치 않

도록 만전을 기해야 한다. Crew Rest중 개인적인 여가 활동을 해서는 안 되며, 다음 Duty를 위해 충분한 휴식을 취해야 하며 Crew Rest후에는 자신의 용모를 점검하고 근무에 임해야 한다.

4. 항공객실승무원의 일반 준수사항

1) 용모 및 제복에 관련된 준수 사항

각 항공사는 자사의 이미지를 반영하는 고유 디자인의 유니폼을 제작하며 객실승무원은 회사가 지정하는 유니폼을 입게 된다. 유니폼이 각 항공사의 이미지를 대표한다 해도 과언이 아닐 정도로 그 선정과 제작에 심혈을 기울이고 있으며 항공사들은 자사의 이미지 관리 및 홍보 차원에서 유니폼과 승무원의 Hair Style, Make-Up, 장신구 착용에 대한 규정을 두고 있다.

항공사들이 일반적으로 제시하는 유니폼 착용시의 준수사항은 다음과 같다.

개인적으로 그 형태나 규격을 임의로 변경할 수 없게 하고 있으며 매매, 교환, 기부는 물론 제3자에게 양도할 수 없게 하여 유니폼이 타 용도로 사용되는 것을 방지한다.

근무 목적이나 근무를 위한 연속적인 시점에 있는 경우를 제외하고는 착용이 금지되어 있으며, 항상 청결하고 단정한 차림으로 착용하게 한다. 회사에서 규정하는 부착물(명찰, Wing, 견장, 기타 회사에서 지정한 부착물)은 완

그림 8.7 회사가 규정하는 부착물은 완전한 상태로 패용한다.

그림 8.8 객실승무원은 항상 밝은미소와 바른자세로 근무한다.

전한 상태로 패용하고 일체의 개인적인 부착물은 허용하지 않는다.

객실승무원의 유니폼은 각 항공사의 이미지를 대표하므로 채용시 자사의 유니폼을 착용시킨 후 자사의 이미지와 잘 어울리는 사람을 채용하는 항공사도 증가하는 추세이다.

2) 승무시 준수사항

객실승무원은 항상 밝은 미소와 바른 자세로 행동하고 품위와 교양 있는 태도로 승객에게 응대해야 한다. 승객과 대화시는 적정거리에서 마주 응대하며 적절한 호칭과 존경어를 사용하며 세련되고 성의있는 접대를 하여야 한다.

업무지시에 정통하여 승객의 물음에 정확한 답을 할 수 있어야 하고 세련되고 민첩하게 행동해야 한다. 만일 승객이 희망하는 물품이 없을 경우 사유를 설명하고 이에 대신하는 것을 권하며 승객의 호출이 있는 경우는 우선적

능력단위	능력단위요소	수행준거
1203010513_16v1 고객만족 서비스	1203010513_16v1.2 이미지 메이킹하기	1. 규정에 따른 단정한 용모 복장 2. 규정에 따른 호감 주는 표정 관리 3. 규정에 따른 호감 주는 음성 표현 4. 규정에 따른 상황별 기본 매너 준수

NCS
항공객실서비스
직무능력매칭

으로 담당승객의 요구사항을 해결한다.

객실승무원은 꾸준한 자기 계발과 세심한 관심으로 승객의 욕구를 미리 예측할 수 있는 해안을 기르도록 하며 비행 근무시 서비스의 전체적인 흐름을 리드할 수 있는 능력을 기른다. 이를 위해 항상 자신감 있는 서비스 주관을 가지고 근무에 임하며 승객의 불평, 건의, 항의는 주의 깊게 받아들이고 해결책을 강구하는 자세를 지닌다.

3) 편승시 준수사항

편승 승무원은 편승 근무의 본 취지를 충분히 이해하고 편승이 개인적인 항공여행이 아닌 다음 비행근무를 위한 근무의 연속임을 상기하여 충분한 휴식을 취하며 목적지로 이동한다.

출입국절차 및 지상 이동 간에는 유니폼을 착용하며 탑승 직후 사복으로 바꿔 입고 승객탑승 전 지정된 좌석에 착석한다. 비행 중 편승 승무원은 자신의 신분을 노출하는 행동이나 타승객에게 불편을 주는 행동은 삼간다. Duty승무원의 업무에 지장을 주는 행동이나 상위 클래스의 서비스 용품을 사용하는 것, 서비스 용품을 독점하는 행위, 음주행위 역시 금하도록 규정되어 있다.

4) 해외 체재시 준수사항

국제선 구간을 담당하는 객실승무원은 장거리 비행을 통해 자사의 취항지인 현지에서 해외 체재 기회를 갖게 된다. 장거리 비행 중 해외 체재는 긴 시간 동안의 비행에서 벗어나 휴식을 통해 재충전 할 수 있는 기회를 제공한다는 점에서 승무원에게 있어서는 무엇보다도 귀중한 시간이다. 그러나 해외 체재 역시 승무원에게는 근무의 연장이라는 점을 잊지 말고 적당한 휴식시간을 갖는다.

객실승무원은 회사의 공식적인 서면 승인 없이 해외 체재에 사용할 개인용도로 회사의 재산(기내에 탑재된 서비스용품을 포함한 모든 물품)을 반출하여 사용해서는 안 되며, 이를 방지하기위해 각 항공사는 객실승무원에게 적정의 현지 체재비를 지급한다.

해외 체재시 Station이 속해 있는 행정구역 명칭상의 Boundary를 넘어 이동할 수 없으며 지정된 숙소 이외의 숙박이나 장시간 외출 시에는 사무장에

그림 8.9 호텔에서는 호텔 측의 일반적인 규칙을 준수한다.

게 행선지, 연락처, 전화번호 및 귀환시간을 보고하고 허가를 얻어야 한다. 계속되는 근무를 위해 체재 시 개인위생 및 컨디션 유지에 힘쓰고 호텔 Pick-Up 12시간 전부터는 충분한 휴식상태를 유지하여 비행근무에 지장이 없도록 한다.

호텔 이용시에는 호텔 측이 요구하는 일반적인 규칙을 준수하며 호텔 재산에 피해를 입히는 일이 발생치 않도록 주의한다. 특히 객실내의 취사행위나 도박행위, 이성과의 문란행위로 인해 회사와 승무원의 이미지를 손상시키는 일이 없도록 한다.

이밖에도 객실승무원이 지켜야 하는 일반 준수사항은 다양하다.

근무의 특성으로 인해 거주지의 주소와 전화번호를 회사에 등록해야 하며, 변경시에는 3일 이내에 변경 내용을 통보해야 하며 근무나 회사의 지시나 공지는 확인하고 그 내용을 숙지하여 이행해야 한다.

부과된 직무를 효율적으로 수행하기 위해 항상 신체적으로 비행근무에 적합한 상태를 유지해야 하며, 질병의 발생을 조기에 발견할 수 있도록 한다. 이를 위해 항공사들은 객실승무원을 대상으로 정기적인 신체검사와 기초체력 Test를 실시한다.

객실승무원은 허가되지 않은 회사의 물품이나 용구를 개인적인 목적을 위해 임의로 사용할 수 없으며 승객에 관한 제반 기록을 비밀로 해야 하며 이에 관한 어떤 정보도 외부에 공개해서는 안 된다. 또한 승무원의 신분으로서 회사의 사전 승인 없이 일체의 매스컴 활동 및 홍보활동을 할 수 없다.

비행 전 수혈 행위를 금하며 비상시나 가족의 요청에 의한 수혈을 했을 경우에는 72시간 이내에 비행을 할 수 없다. 그리고 승무 중이거나 대기근무 중 또는 할당된 Flight 출발 12시간 이내에 알코올 성분이 함유된 음료를 마셔서는 안 되며 향정신성 물질을 복용하고 비행에 임할 수 없다. 불가피하게 약물을 복용하고 근무를 수행해야 하는 경우, 항공보건의료원의 허락을 받아야 한다.

CHAPTER 09

항공객실승무원의 교육훈련

항공사를 비롯한 서비스 기업에서 직원 교육의 중요성이 강조되는 이유는 기업간의 치열한 경쟁 때문에 직원의 중요성이 증대되었기 때문이다. 다시 말해 항공사가 경쟁적 우위를 점하는데 필요한 요소로서 운항 스케줄, 운항 기자재, 기내 시설, 예약 시스템도 중요하지만 잘 교육된 고객 지향적인 항공사 직원 없이는 그것들이 빛을 발하기 힘들기 때문이다. 항공사가 승객 한명에게 운송 서비스를 생산, 판매, 제공하는데 많은 종사원이 직 · 간접으로 참여하는데 이들의 사고와 서비스 마인드가 바로 운송 서비스의 품질에 결정적인 영향을 미치는 것이다.

훌륭한 항공사의 직원은 저절로 육성되는 것이 아니라 일상 업무의 수행과정에서 고객에게 봉사하려는 쉼 없는 노력을 통해 새롭고 능률적으로 다듬어지고 만들어 진다. 따라서 항공사는 조직 재활성화를 추구하고 조직 성격을 고객 중심으로 전환시키는데 유효한 방법인 교육훈련 프로그램의 실행에 힘쓰고 교육 훈련과정을 통해 직원의 서비스 마인드를 함양시킴과 동시에 그들의 기능, 즉 인적 자원을 개발하는 일이 항공사의 최우선 과제임을 인식해야 한다.

국내에서는 현재 대한항공, 아시아나 항공 그리고 티웨이항공, 진에어, 에어부산, 이스타항공, 제주항공, 에어서울이 경쟁을 벌이고 있으며 다수의 외국 항공사들이 취항하며 국제경쟁에 있어서 우위를 확보하기 위하여 치열한 경합을 벌이고 있다. 이러한 경영환경에서 항공업계의 객실서비스의 성패는 우수한 인력의 확보는 물론이요, 확보한 인력의 잠재능력을 최대한으로 개

그림 9.1 이미지 메이킹을 위한 메이컵 교육을 받고 있는 객실승무원

발 · 육성하여 자사의 경영목표에 적합한 조직능력을 갖춘 유능한 객실승무원으로 양성하며, 양성한 인력의 효율을 얼마나 높일 수 있는가에 의해 결정될 수 있다.

객실승무원은 직종의 특수성으로 인하여 학교 교육만으로는 부족하며 반드시 항공사 입사 후에 체계적인 교육훈련 과정을 이수해야만 정식 객실승무원이 될 수 있으며, 이 훈련과정이 항공사 간의 항공기내 객실서비스 경쟁에서 우위를 확보할 수 있는 중요한 시기이다. 따라서 각 항공사는 객실승무원의 교육 · 훈련과정을 기업의 경영전략의 일환으로 삼고 있다.

민간 여객기에 탑승하는 객실승무원이 승객의 안전성 · 안락성의 확보에서 중요한 역할을 수행하지 못하면 안 되므로, 각 항공사는 전문훈련, 보수교육, 정기교육, 특별교육, 위탁교육 등의 과정을 통하여 그 양성 및 훈련에 힘쓰고 있다.

객실승무원에 대한 교육 · 훈련은 각 항공사에 따라 다르지만 공통적으로 주력하고 있는 사항은 객실승무원으로서의 기초훈련, 정기훈련 및 승격훈련이다.

본서에서는 국내 K항공사와 외국 J항공사의 교육과정과 내용을 살펴본다.

그림 9.2 비상시 비상탈출을 지휘하기 위해 받게되는 안전훈련은 실제 Escape Slide에서 실시한다.

1 입사교육 및 전문훈련

1) 입사교육

복잡하고 어려운 채용 시험을 거친 객실승무원은 입사하게 되면 먼저 항공사의 연수원에서 합숙 훈련을 통해 신입사원 입사교육을 받는다.

각 항공사의 일반적인 입사교육은 사회인으로서의 바른 자세, 자사의 경영목표와 조직에 대한 이해, 신입사원의 마음가짐, 운송사업의 사명과 자사의 경영방침 등에 관한 일반 교육과 항공운송 업무전반에 걸친 기초적인 실무지식을 그 내용으로 하며 이 교육 과정을 통해 신입 승무원은 애사심과 직장인에게 필요한 프로 마인드를 다지게 된다.

항공사별로 특수한 교육체계를 갖춘 항공사도 있다. 외국 J항공사의 경우는 객실승무원 신입 전문훈련에 입사 전 3개월에서 5개월 동안 자사의 국내외 지점이나 영업소에 배속되어 예약, 발권 등의 지상업무를 하게 하여 항공사 전반에 걸친 업무에의 이해도를 높이는 지상연수제를 실시한다.

일반적으로 입사교육 후에 신입 승무원이 받게 되는 교육훈련에는 신입 전문훈련, 국제선 전문훈련, 안전 훈련 등이 있으며 이외에도 근무연한에 따라 전문 승무원이 되기 위한 부분별 훈련 프로그램과 여러 가지 특별교육이 다양하게 실시된다.

2) 신입전문훈련

처음 신입 승무원으로 입사를 하게 되면 일정 기간 동안 승무원이 되기 위한 본격적인 신입 전문훈련을 거쳐 국내선 근무로 첫 비행생활을 시작한다. 신입 전문훈련은 승객의 안전을 책임질 수 있는 강인한 정신력과 판단력을 키울 수 있는 안전 교육과 서비스 마인드 함양 및 실전서비스를 위한 일반 교육으로 구성되어져 있다.

그림 9.3 어린이 승객응대법을 익히는 신입전문훈련

우선 객실승무원으로서 기본적으로 필요한 지식, 기량 및 태도, 그리고 서비스를 위한 필수 요소라 할 수 있는 외국어, 비상시를 대비한 응급처치 요령, 비상 탈출 및 착수요령 등, 각종 훈련을 일정 기간에 걸쳐 받게 된다.

교육 중에는 철저한 훈련과 테스트가 계속되며 상당히 엄격한 방법으로 실시된다. 지각, 결석, 태도 불량, 용모 불량 등의 지적을 받게 되면 개인 별로 벌점이 누적되며 이로 인해 훈련 과정을 이수하지 못하면 정식 승무원으로서 국내선 비행을 할 수 없게 된다. 이 과정은 비행근무를 하기위한 준비과정이기도 하지만 본인이 과연 객실승무원으로 근무할 수 있는지를 스스로 판단하는 시간이기도 하다.

표 9.1 J 항공사의 신입 전문훈련 교육내용

구분	비상	영어	지식	기량	적성	일반
과목	Emergency Test	English	First Aid Aircraft Route Information Regulation CIQ Squawk Handling Flight Operation Test	In-Flight Sales Account PA Performance Baby Care Demo Practice Liquor Service Meal Service Flight Duty(OVS) Flight Duty(DOM) Dress Code Test	Beauty Lesson Service Manner Service Mind Interview Fitness 합숙훈련	Opening Ceremony Instructions Health Advice PT Test Airport Observation Standard Motion OJT Briefing Closing Ceremony

표 9.2 K항공사 신입전문훈련 교육내용

일반 교육	안전 교육
• 서비스 기본자세 및 태도 • 대화 및 승객 응대법 • Manner & Etiquette • 용모와 복장 • 객실구조 • 기내방송 • 객실업무관련 항공 운송 • 비행실무	• 비행안전 업무 • 비상시의 상황별 대응자세와 행동 절차 • 수영테스트 • 비상장비 사용법 • 항공보안 • 공중보건 • 응급처치법

3) 수습비행훈련

그림 9.4 **입사교육** 서비스 마인드 함양을 위해 강의를 듣고 있는 객실승무원

신입 전문훈련과정을 모두 이수하고 나면 가슴에 수습 훈련배지를 부착하고 현장 수습비행훈련(OJT)을 하게 된다. 이 기간 동안에는 사무장이나 선배 승무원으로부터 서비스 태도, 비상장비 사용법에 대한 지식 확인 및 바른 용모와 복장 등 수습비행에 대한 평가를 받고, 일정 수준 이상의 성적을 받으면 정식 인턴승무원이 된다. 일부 승무원은 재교육을 받기도 한다.

수습비행 훈련 이후 교육체계는 항공사별로 차이가 확연하다. 외국 J항공사 승무원은 수습 비행 훈련 과정 수료 후에도 6개월간 Line에서 현장교육을 받으며 '6 Month Check'을 받고 정식 인턴 승무원이 된다.

국적 항공사와 아시아권의 일부 항공사의 경우에는 신입 전문훈련 과정 뒤 일정기간 국내선 근무기간을 갖고 국제선 근무를 하게 된다. 그 외 다수의 외국항공사는 이 과정이 생략되는 교육체계를 지닌다.

표 9.3 K 항공사 국제선 전환훈련 교육내용

구분	일반 업무지식	서비스 실무교육	인성교육, 평가
과목	입과 식 국제선 업무 소개 승객 연구 비행안전 항공기 현장 견학 상품지식 Station Information 기내판매 사 연구 Demonstration 기내회화(영어, 일본어) 건강관리	Economy Class Service First Class Service이론 First Class Service실무 Galley 실습	이론평가 실기평가 이미지취재 합숙훈련

4) 국제선 전환훈련

국내선 승무원이 일정기간의 국내선 근무와 각종자격을 취득하면 국제선 비행 근무에 대한 교육을 받는다. 이 기간에는 신입 전문훈련에 받은 안전훈련과 서비스 훈련을 받게 될 뿐만 아니라 국제선 비행근무에 필요한 어학교육과 서양식음료에 관한 교육, 출 · 입국과 세관절차, 세계 여러 나라의 환율과 문화정보에 관한 교육이 추가된다. 이 과정 또한 테스트를 거치게 되는데 일정 성적이 되지 않으면 국제선 비행을 할 수 없게 된다.

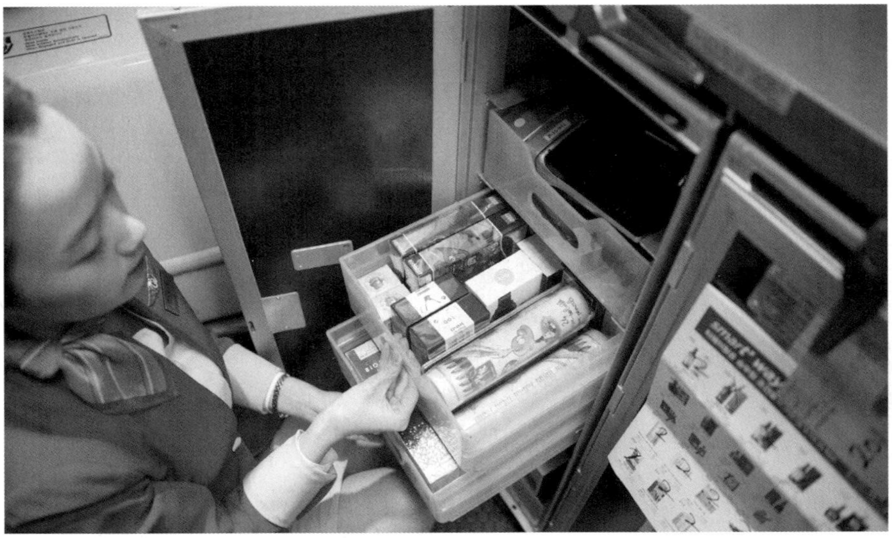

그림 9.5 국제선 전환훈련에서 기내판매실무를 익히는 객실승무원

5) 상위 클래스 서비스전문훈련

승무원으로 입사하여 신입전문훈련 등 소정의 교육과정을 이수하고 일정기간 일반석 비행 근무를 하게 되면 일등석과 비즈니스석의 상위클래스에서 근무할 수 있는 전문 훈련을 받게 된다. 상위 클래스는 승객들에게 응대서비스를 제공하는 승무원과 주방(Galley)에서 식음료를 준비하는 승무원으로 구성되며, 서비스 정도가 숙련된 승무원들이 근무하게 된다. 상위 클래스의 서비스는 일반석과는 다르며 일류호텔의 레스토랑에서 제공하는 서비스 이상으로 품위 있고 질적으로 우수한 서비스를 제공해야 하므로 별도로 정해진 기간 동안 서비스 전문 훈련을 실시한다.

그림 9.6 객실승무원은 서양식음료, 기내안전, 세계 여러 나라의 문화 등에 대한 서비스 전문훈련을 받는다.

위에서 언급한 전문교육이외에도 직급별 승격전문훈련이 실시된다. 항공사별로 과정명칭은 다르지만 해당직급의 업무 수행 능력을 배양 할 수 있는 교육내용들이 주를 이룬다.

다음은 국내 K항공사의 사무장과 부 사무장 전문훈련 Syllabus이다.

표 9.4 K 항공사 사무장과 부사무장 전문훈련 교육내용

구분/과목	비행안전	기량	지식	일반	적성
사무장	비상처리 절차	방송	근무지침 Document, IRR FLT 취급절차 평가표 및 Report 작성 요령 상품지식 FR/CL, PR/CL Service 객실정비 후배지도요령 팀 사례연구 칭송 및 불만 사례 업무지시 소개	회사현황 및 전망 훈시 Discussion 및 평가	건강관리
부사무장	비상처리 절차	방송 서비스 모범연기	현장지도 기법 상품지식 운송지식 기내시설관리 Briefing기법 및 Report 작성법 서비스 사례 연구	정신훈화 회사현황 및 전망 평가	건강관리 및 시차 극복

2. 보수교육

객실승무원은 위의 교육 훈련과정 이외에도 직급에 따라 임무 수행에 필요한 소정의 보수교육을 이수해야 한다. 이미 승무를 하고 있는 기성 승무원에 대한 기량의 유지 및 향상을 위한 보수교육으로는 정기 안전훈련, 상위 클래스 리더 교육, 팀워크 훈련, 방송교육, 외국어교육 등이 있고 상위직급으로의 승격을 위한 승격훈련이 근무기간 중 계속적으로 실시되어 진다.

그리고 이러한 기량을 위한 실무교육 이외에도 수시로 정신 교육 등이 합숙의 형태를 취해 실시되기도 한다.

1) 안전 교육

안전교육은 정기적으로 모든 객실승무원을 대상으로 실시되는데 이는 항공기에 만일의 비상사태가 발생했을 경우 객실승무원은 즉각 필요한 조치를 취할 수 있는 지식과 능력을 갖추어야 하기 때문이다. 항공사에서는 모든 객실

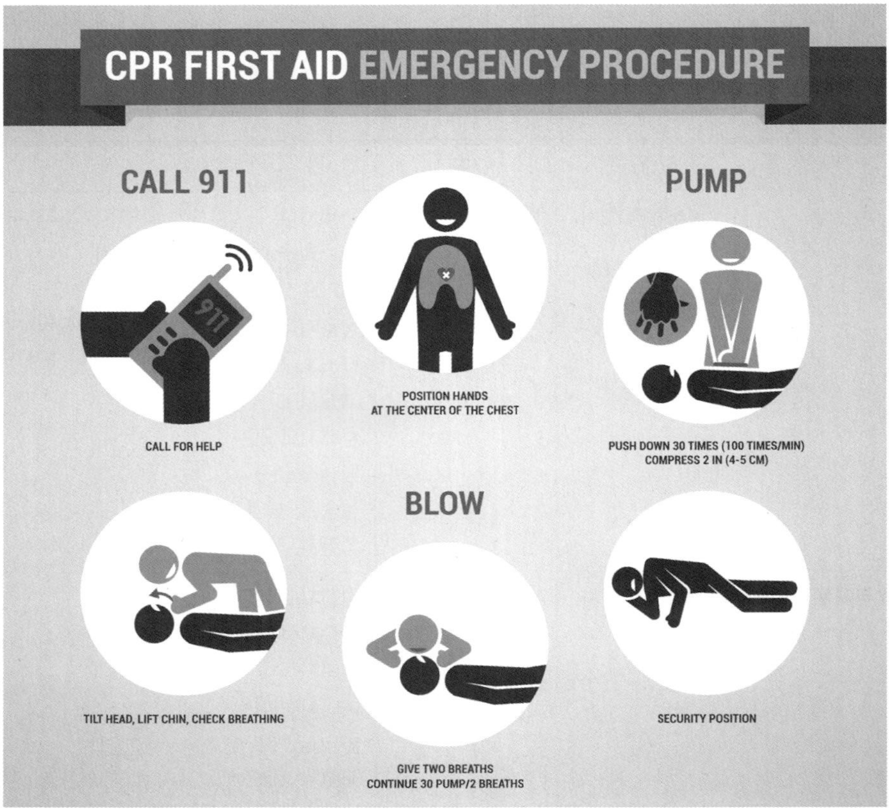

그림 9.7 안전교육 내용에는 기내환자 발생시 응급처치를 위한 항공의무교육도 포함된다.

승무원들이 이를 습득, 유지하기 위하여 운항규정에 명시된 객실승무원 안전훈련 심사규칙에 따라 소정의 교육을 이수하고 심사에 합격하도록 하고 있다. 훈련내용은 주로 비상 탈출 시의 행동절차, 승객통제요령, 비상장비 사용법, 응급처치법 등으로 구성되며 훈련과정은 테스트의 연속이며 그 과정을 거쳐 안전훈련 수료증을 받게 된다. 이 수료증이 없이 비행근무자체를 할 수 없고 안전훈련은 다른 교육과정보다 철저하고 까다롭게 진행된다.

그림 9.8 팀워크훈련은 운항 · 객실부서가 공동으로 실시하기도 한다.

2) 팀워크 훈련

팀워크 훈련은 일정기간 동안 한 팀으로 비행을 같이 하는 경우 팀이 구성된 초기에 상호 협동심을 고양시키기 위해 받게 되는 훈련이다. 모든 팀원이 팀워크 교육프로그램을 받으면서 팀 구성원 파악은 물론, 공동운명체로서의 일체감과 협동심을 높이고 팀 자체적으로 객실서비스향상을 위한 아이디어를 모으기도 한다.

3) 방송 보수교육

항공사에서는 객실승무원에게 있어서 기내방송의 중요성을 인식하고 방송능력테스트를 수시로 실시함으로써 승무원들로 하여금 방송실력의 함양에 박차를 가하도록 독려하고 있다.

이처럼 객실승무원들은 입사해서 신입 전문훈련을 시작으로 국제선 전문훈련, 상위클래스 서비스 전문훈련, 방송교육, 안전훈련 등 꾸준한 교육과 훈련 그리고 이에 따른 평가를 계속 받으면서 비행근무를 한다. 그리고 최근에는 객실승무원의 근무특성을 고려하여 재택 학습이 가능한 사이버교육과정을 개설하고 운영하여 인터넷을 통한 학습과 평가를 실행하고 있다.

이러한 객실승무원의 교육훈련의 체계가 어떻게 이루어져 있는지 국내 K 항공사와 외국의 J 항공사의 예를 들어 살펴본다.

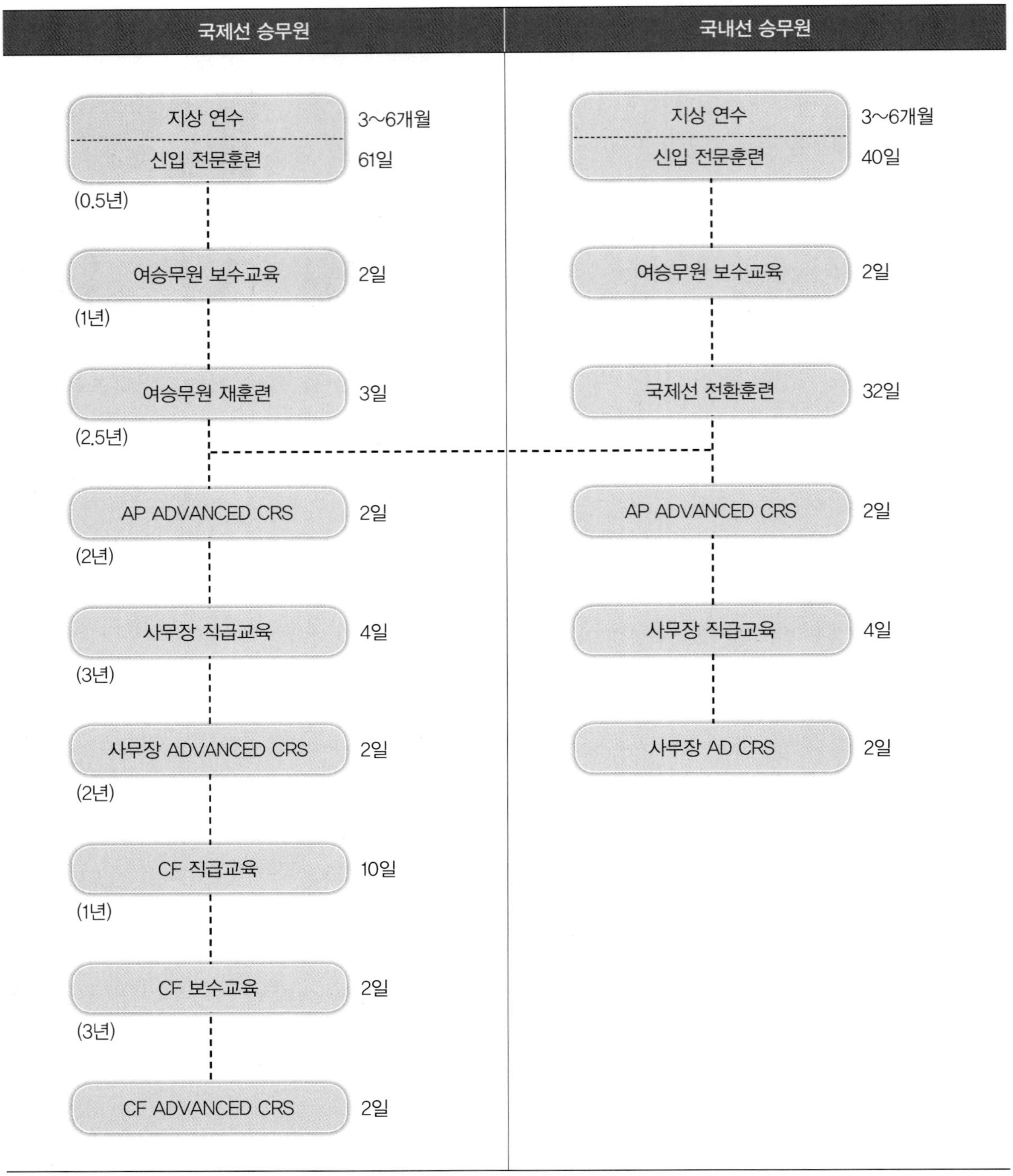

그림 9.9 J항공사 객실승무원 교육훈련 체계

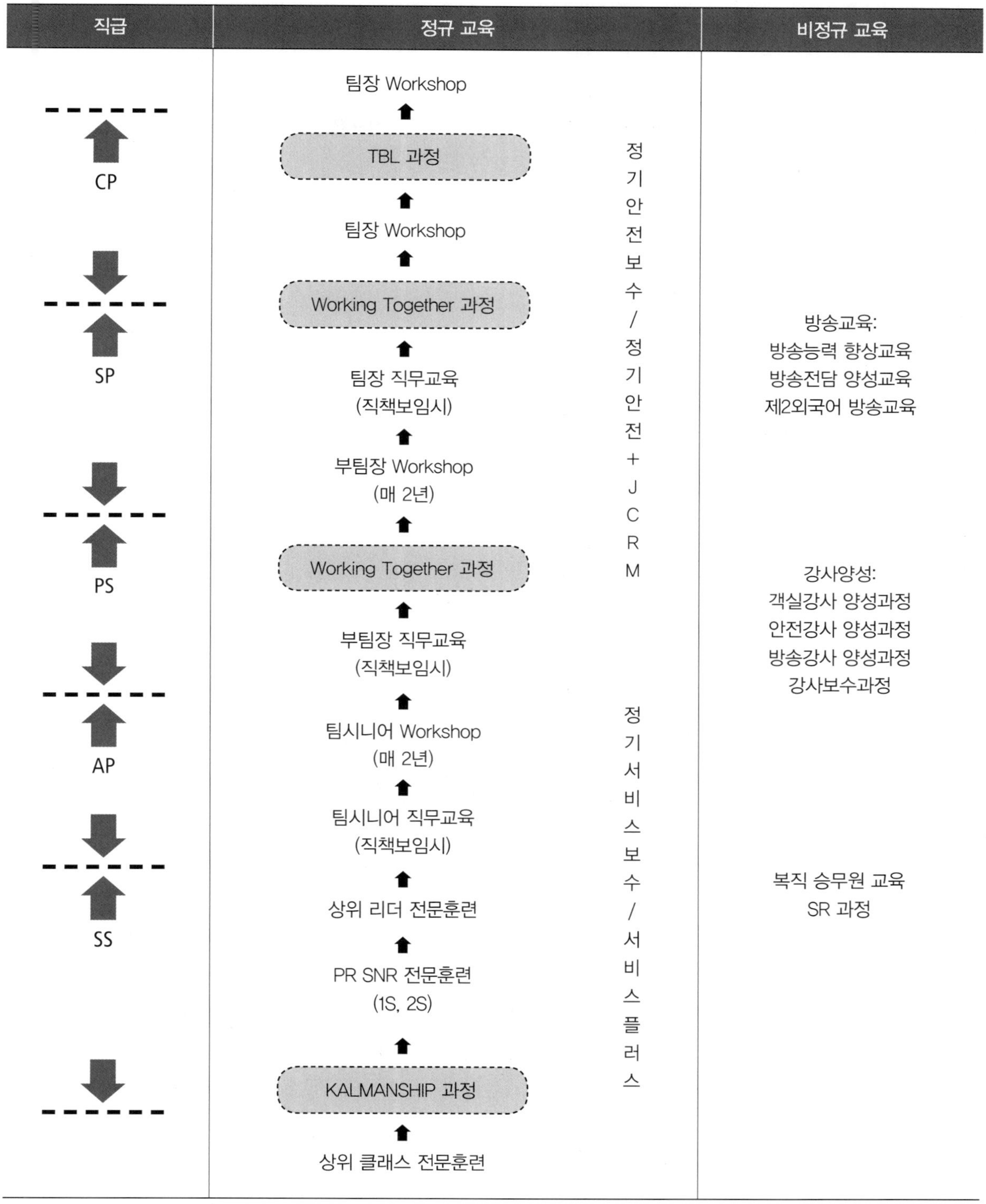

그림 9.10 K항공사 객실승무원 교육훈련 체계

PART 4

항공객실 승무원의 운영관리

CHAPTER 10

항공객실승무원의 승무개요

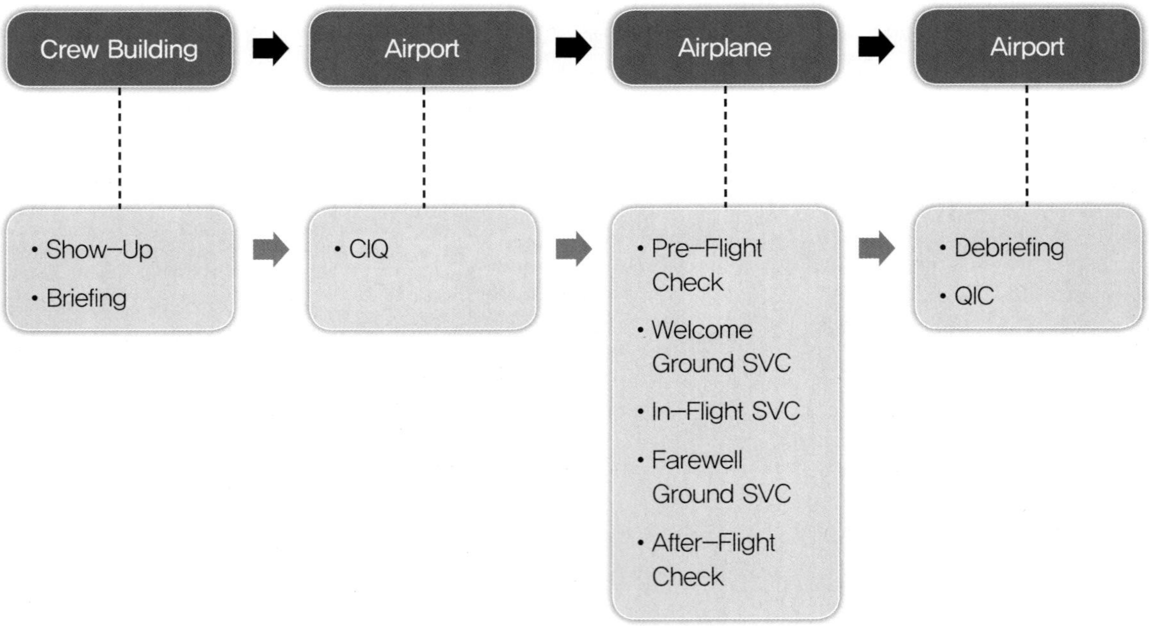

[항공객실승무원 비행관련 업무의 근무공간별 분류]

1. 항공객실승무원의 승무

객실승무원은 주 근무공간이 항공기인 현장 서비스 직원이다. 일련의 객실승무원의 근무절차는 크게 회사 출근, 탑승을 위한 공항이동, 항공기 탑승근무, 비행근무 종료 후 공항이동, 퇴근으로 볼 수 있다. 이를 근무공간의 이동순서를 기준으로 살펴보면 Crew Building, Airport, Airplane, Airport, Crew Building의 순이 된다.

객실승무원의 탑승근무를 위한 승무절차를 살펴보자.

먼저 충분한 시간적 여유를 가지고 Crew Building으로 출근하여 해당 비행에 필요한 여러 가지 비행준비를 한다. 같은 비행여정을 가진 승무원과의 만남의 시간을 Cabin Briefing을 통하여 갖게 되고 개인적인 소지품 및 비행에 필요한 휴대품을 확인한 후 공항으로 이동하게 된다.

국내선 비행근무의 경우는 간단한 보안점검으로 공항수속이 마무리되지만 국제선 비행에 투입된 경우는 이와 다르다. 객실승무원도 일반 승객과 마찬가지로 출입국 절차를 밟아야 한다. 이때 승무원은 빠른 공항수속을 위해 상주직원 심사대를 이용하게 된다.

출국 CIQ(Customs · Immigration · Quarantine) 수속을 마치고 항공기로 간 후 승객이 탑승 전까지는 서비스 물품과 객실설비의 수량 및 상태를 확인한다. 승객의 탑승후에는 음료 제공과 안전에 관한 안전 모의실연(Safety Demonstration) 등의 Welcome Ground Service를 행하며 이륙 후 안전을 최우

Customs(세관)
물품 및 화폐에 대한 확인, 관리 업무(관세청 소관)

Immigration(출입국 관리 사무소)
인적사항에 대한 확인 및 관리 업무(법무부 소관)

Quarantine(검역소)
전염병 및 해충의 이동을 막기 위한 검사 및 검역(보건부 소관)

그림 10.1 항공객실승무원의 승무는 Airport, Airplane, Crew Building에서 이루어진다.

선으로 기내식, 기내 오락(Entertainment), 면세품 판매 등의 당일 비행편에 해당하는 In-Flight Service를 실시한다. 당일비행편의 In-Flight Service의 내용은 비행 소요시간과 출발지의 현지시각, 노선의 성격에 따라 다소 차이가 있다.

착륙 후 Farewell Ground Service를 끝으로 항공기내에서의 근무는 종결된다. 목적지 공항에 도착하면 해당 여행일정(Itinerary)을 마감하는 비행 후 브리핑(Debriefing)을 갖고 퇴근한다.

국적 항공사와 외국 항공사는 비행구분을 다르게 하고 있다. 국적 항공사는 비행 노선을 먼저 국제선과 국내선으로 나누고 국제선은 비행시간을 기준으로 장거리, 중거리, 단거리로 구분하며 노선의 성격에 따라 한일노선, 미주노선, 유럽노선, 중국노선, 동남 아시아노선으로 구분하여 노선별로 차별화된 객실서비스 내용을 계획하고 구상하여 이에 부합하는 서비스를 실시하고 있다.

그림 10.2 외국항공사는 비행시간을 기준으로 장거리와 단거리비행으로 구분한다.

외국 항공사에서는 비행시간을 기준으로 장거리비행(Long Flight)과 단거리비행(Short Flight)으로 나누어 운영하고 있으며 특이한 사항은 일부 외국항공사의 경우 항공기 기종마다 승무자격제를 실시하여 해당 기종의 각종 안전테스트를 거친 승무자격증을 가진 승무원만 그 기종의 비행에 투입되는 예가 있다. 이것은 언제 발생할 지 모르는 항공사고에 대한 대비책으로서 항공안전을 중시하는 항공 산업 전반의 추세를 엿볼 수 있는 현상이다.

앞서 언급한 승무절차는 국적 항공사와 외국 항공사 공히 Service 내용을 제외하고는 동일한 것으로 확인 되었다. 상기 내용은 국제선 장거리비행(Long Flight)을 기준으로 기술한 것이며 국적 항공사인 경우 국내선 비행편에서는 공항수속과 In-Flight Service 내용에 있어서 국제선 비행과 차이가 있다.

2. 근무공간별 업무개요

1) Crew Building

Crew Building은 승무원들이 출 · 퇴근은 물론 비행에 필요한 최종준비 및 점검을 하는 장소이다. 항공사마다 명칭은 다르나 이 건물에는 승무원 개인 사

그림 10.3 대한항공의 승무원전용셔틀버스 Crew Building에서 Airport 이동 시 자사의 셔틀버스를 이용한다.

물함과 메일 함, 그리고 각자 용모와 복장을 살필 수 있는 이미지 메이킹실, 각종 대기실 등이 있고 항공 서비스 관련 정보 및 비행 정보를 검색할 수 있는 정보검색실도 운영되고 있다. 대부분의 경우 공항과 인접한 곳에 위치해 있어 승무원의 이동 소요시간을 줄여준다.

객실승무원은 일반직 종사자들과는 상이한 근무의 형태로 객실승무원들은 각자의 근무영역인 사무실과 Desk가 없다. 승무원들의 근무처는 항공기내 객실과 담당서비스구역이 되는 것이다.

항공기 출발시간을 기준으로 산정하여 충분한 시간적 여유를 가지고 Crew Building으로 출근하여 비행 관련 모든 준비를 마무리하고 Show-up을 하며 정해진 시간, 정해진 장소에서 객실 브리핑(Cabin Briefing)을 하고 근무시 필요한 휴대품과 해외체제 시 필요한 개인소지품, Perdiem을 수령하여 소지하고 공항으로 이동하게 된다.

Show-Up
객실승무원이 할당받은 비행 근무를 위해 지정된 시간내에 출두하여 지정된 양식에 서명하는 것을 말한다.

Perdiem
승무원의 해외 체류 시 사용하도록 회사에서 각 승무원에게 지급하는 해외체재경비를 말한다.

2) Airport

객실승무원은 항공사직원으로 공항이용자의 분류에서 보면 상주직원에 속한다. 특히 공항은 자사의 승객들이 각 항공사의 항공운송서비스를 처음 접하게 되는 장소이며, 이곳에서 자사서비스의 첫 이미지가 형성된다는 점을 명심해야 한다.

승객들은 항공사의 유니폼을 입은 객실승무원에게 탑승수속이나 출국수속에 관한 질문을 해오는 경우가 많다. 항공서비스의 전문가가 되기 위해서는 일반적인 항공 산업 전반에 관한 내용과 운송업무 관련지식을 평소 습득하려는 마음자세가 필요하다.

운송

FLT H/D 계획수립
- SKD확인
- RSVN Status
- T/S PAX 현황
- SPCL PAX 현황

Check–In
- PAX/BAG 수속
- SBY PAX 처리
- CIQ 안내

Check–In Close

Boarding
- Load Planning
- Cargo 접수

출항 허가
- G/D & M/F
- Load Sheet
- SHR

Deplane

T/S Pax 서비스
- Security Check
- 우대서비스 제공

CIQ
- IMM TRBL
- BAG TRRE
- STPC SVC

운항

운항 Briefing
- A/C CONN Status
- SKD 결정 (정시/지연/조기운항)
- Crew 점검
- 기상(출발지/노선/도착지)
- 해당공항 운항제한사항
- 탑재연료량 산출
- FLT Plan File

CIQ 통과
- Crew 자격
- Crew M/F 제출

A/C 탑승
- Check List
- 항공기 내외부 점검
- 연료탑재량 확인

Boarding Sign

Door Close
- ATC Clear

Push Back
- Taxiway
- ATC Clear

Take–Off
- Runway
- AGTOW
- Vr
- 순항고도/순항속도
- Approach/Decision Height

Landing
- Parking Spot
- Boarding Bridge

CIQ Clear
- 임시 상륙허가

Debriefing

객실

PMO 접수
- Preliminary Meal Order(기내식수요 파악)
- Cabin SVC Item 탑재준비
- SPCL Meal 파악
- 기판품 탑재준비

Cabin Item 탑재
- Meal Tray
- Cart

기내청소 확인

F.M.O 접수
- Final Meal Order

Welcome Greeting
- Seat 안내
- Reading Material
- Safety DEMO
- Hand Towel
- Earphone

- Beverage
- Coctail
- Meal SVC
- In–flight Sale
- In–flight Movie
- CIQ Form 배포

Farewell Greeting

정비/조업

운항 정비
- 항공기 출발태세 점검
- GPU (Ground Power Unit)

- Fueling
- A/C Cleaning
- Air Condition
- Stepcar

Bag Container 작업

BAG/CGO Loading

Towing

BAG/CGO Unloading

그림 10.4 항공사 객실 관련부서의 업무체계

Crew Building에서 출발한 승무원 셔틀버스(Shuttle Bus)는 공항 출국장에 도착한다. 먼저 자사의 카운터로 가서 위탁수하물을 부치고 CIQ(Customs · Immigration · Quarantine)를 통과하여 출국수속을 마치게 된다.

그림 10.5 객실승무원은 공항의 기본시설 및 운송업무 관련지식을 갖추어야 한다.

3) Airplane

공항에서 출국수속을 마친 객실승무원은 해당 비행편의 항공기가 위치한 탑승구로 가서 탑승하게 된다. 일반적으로 늦어도 항공기 출발 1시간 전까지는 항공기에 도착하여야 한다.

Airplane에서의 업무가 객실승무원의 주된 업무이며 이를 위하여 이전 단계에서 철저한 준비가 필요하다. 흔히 항공기 기내 서비스를 In-Flight Service라고 통칭한다.

본 서에서는 기내 서비스를 Pre-Flight Check, Welcome Ground Service, In-Flight Service, Farewell Ground Service, After-Flight Check의 5단계로 나누어 구성해 보았다.

Pre-Flight Check은 객실승무원이 항공기에 탑승한 시점부터 승객이 탑승하기 전까지의 업무내용을 말하며 개인소지품정리, 운항 브리핑 참석, 객실 및 시스템점검, 객실서비스 준비 등이 포함된다. Welcome Ground Service는 승객탑승시점부터 항공기가 이륙하기 전까지를 의미한다. 간단한 음료와 신문, 잡지를 제공하며 안전운항을 위한 Demonstration도 실시한다. 이륙 후 항공기가 적정한 순항고도에 이르게 되면 본격적인 In-Flight Service가 실시된다. 장거리구간인 경우 대개 2차례의 기내식사제공과 영화상영을 하고 있으며 항공사마다 그 서비스 내용과 방법은 다소 상이하다. 항공기가 목적지공항에 도착을 하면 항공여행의 유종의 미를 거둘 수 있는 Farewell Ground Service를 한다. 승객하기 후 객실승무원은 해당 비행의 완전한 마무리를 위하여 After-Flight Check업무를 행하게 된다.

그림 10.6 First Class 승객에게 Wine을 제공하는 대한항공의 객실승무원

그림 10.7 비행근무를 마치고 숙소로 이동하는 운항승무원

4) Airport

항공기에서 당일 각자에게 부여된 비행업무를 마친 객실승무원은 도착지 공항에서 입국수속을 거쳐 휴식을 취할 수 있는 장소로 이동한다. 도착지가 모기지일 경우는 공항에서 간단한 Debriefing을 하고 자택으로 퇴근하게 되며 해외에서 체제하는 경우는 항공사의 지정숙소인 Hotel로 이동하여 다음 비행근무일까지 개인 휴식시간을 갖게 된다.

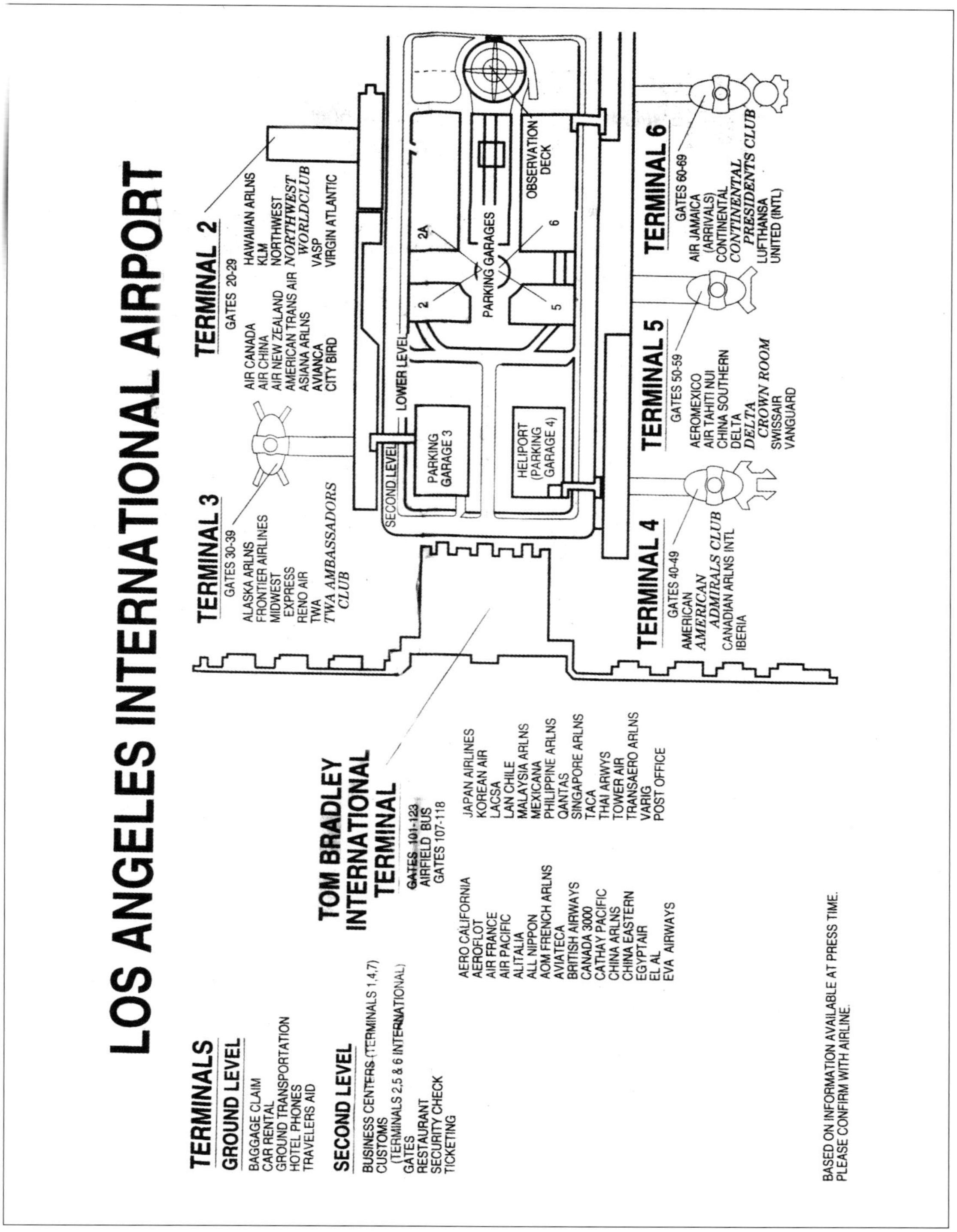

그림 10.8 Los Angeles Intenational Airport 여객터미널 도해

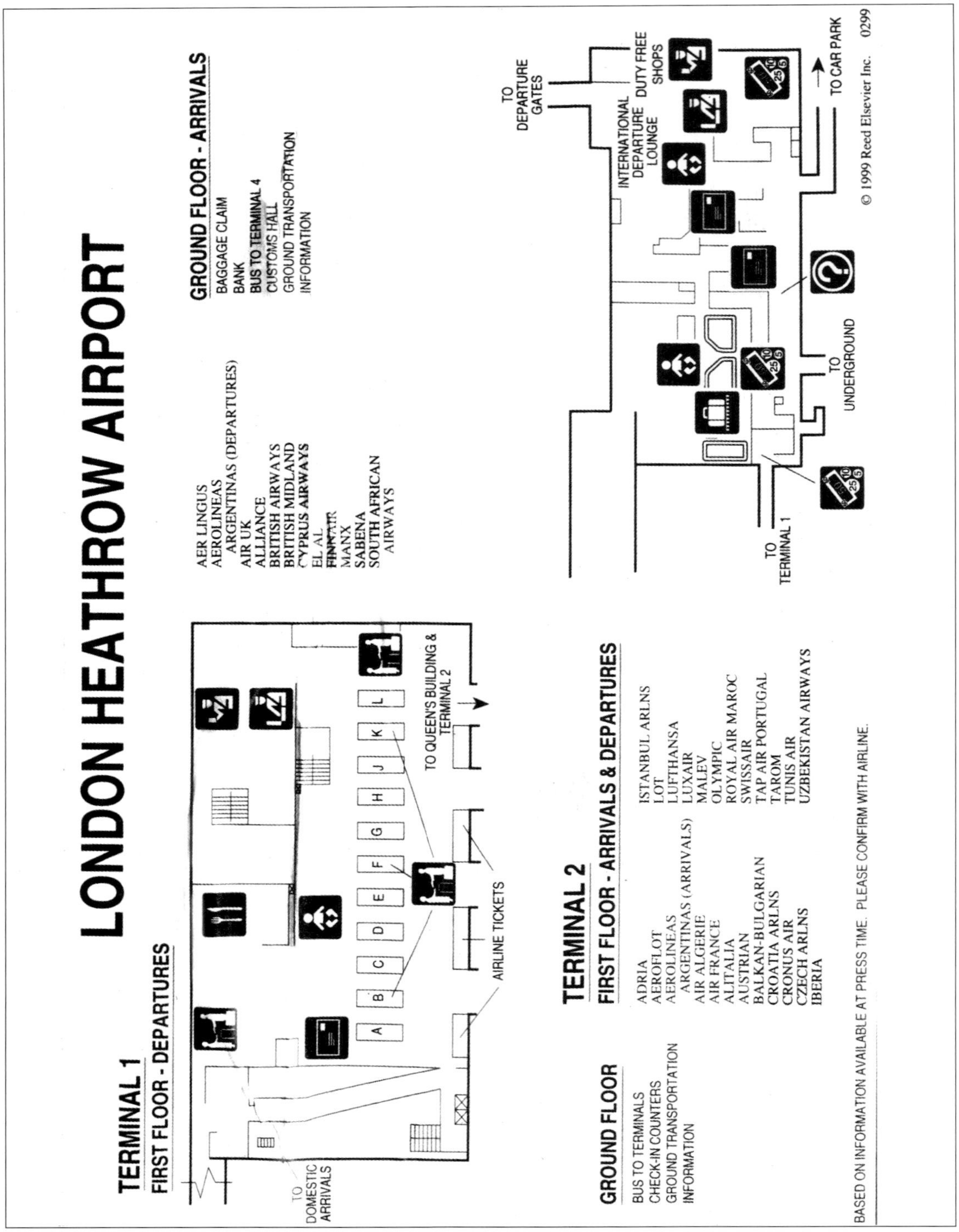

그림 10.9 London Heathrow Airport 여객터미널 도해

CHAPTER 11

항공객실승무원의 국내선 업무절차

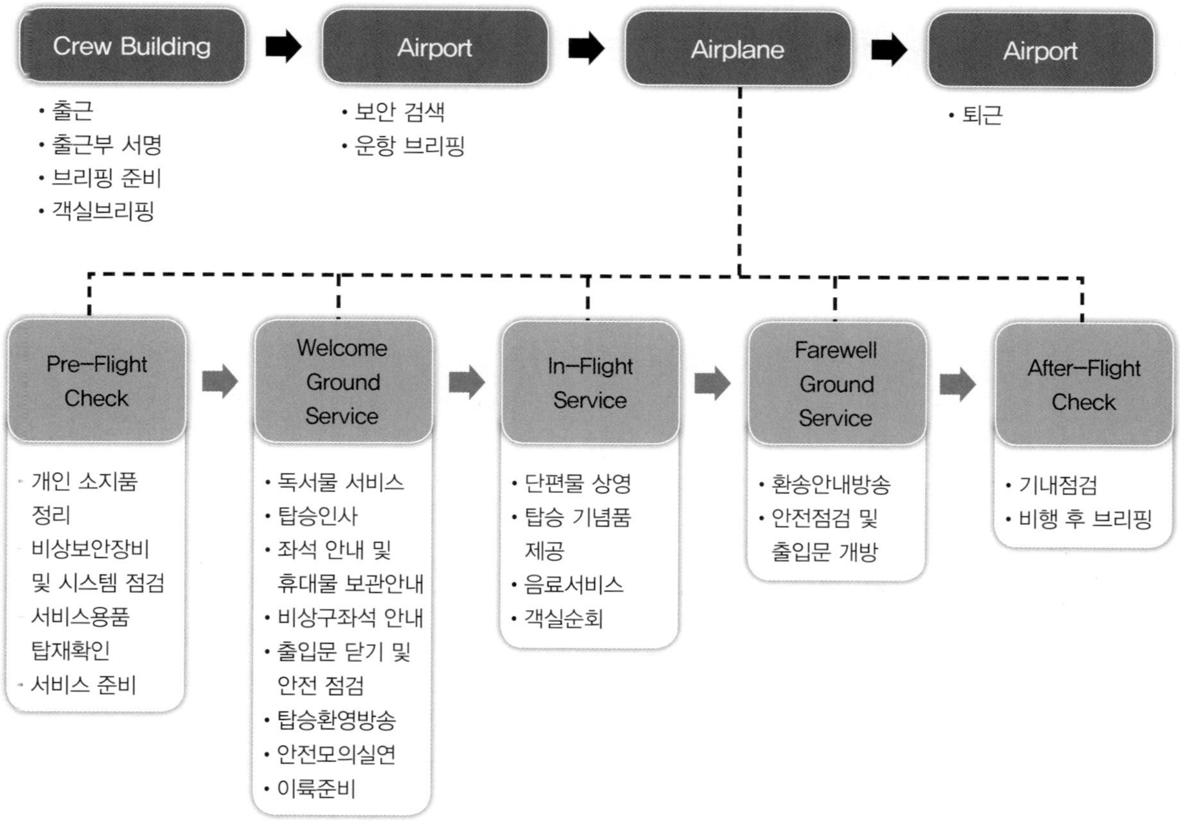

[항공객실승무원의 국내선 업무 절차]

1. 회사(Crew Building)에서의 업무

객실승무원은 개인 스케줄에 할당된 비행업무를 위하여 출근을 하게 된다. 일반적으로 공항에 위치한 승무원빌딩으로 출근하며 이곳에서 비행에 필요한 최종준비를 하며 해당 편 승무원들과 대면을 하는 객실 브리핑(Cabin Briefing)을 갖게 된다.

승무원 빌딩(Crew Building)에는 개인 사물함들이 비치되어진 라커룸과 회사에서 전달되는 개인우편물과 직장동료간에 메모를 전할 수 있는 개인 메일함이 있고 용모복장 재점검을 위한 미용실이 있다. 여유시간에 승무원 상호간에 대화를 나눌 수 있는 휴게장소는 물론 추가 비행정보 준비를 위한 정보공유실도 있다.

승무원 빌딩에 출근을 한 승무원은 라커룸과 미용실에서 용모와 복장점검을 마치고 Show-up을 한 후 개인 메일함을 둘러보고 정보공유실로 가서 해당 비행편의 업무 할당과 브리핑 정보, 당일 회사소식 등을 조회한다. 이를 마친 승무원은 객실 브리핑(Cabin Briefing)시간까지 휴게실에서 개인 용무를 보며 대기한다.

1) 출근

계절, 기후, 교통 혼잡 등 여러 출근 상황을 고려하여 충분한 시간적 여유를 가지고 출근한다. 유니폼을 입고 출근할 때에는 회사 규정에 맞는 Make-Up과 Hair Style을 갖추어야 하며, 사복 착용시에도 승무원의 품위 유지를 위하여 정장 차림을 하여야 한다.

2) 출근부 서명(Show-up)

승무원은 할당된 비행근무를 수행하기 전 지정된 장소에 비치되어 있는 Show-up List에 자신의 출근 여부를 서명에 의해 확인해야 한다. Briefing 실시전에 하며 비행근무를 위한 제복 착용을 완전하게 갖춘 상태에서 한다.

표 11.1 항공객실승무원의 필수 휴대 품목

필수 휴대품(Domestic Flight 경우)	
사무장	• Cleaning Coupon • 방송문, 객실승무원업무교본(COM) • 객실승무원업무규정집(SSH)
일반 승무원	• 여권 및 직원 신분증 (I. D Card) • 업무 수행에 필요한 지급품(Apron, 기내 화 등) • 개인휴대로 지정된 물품 (메모지, 손전등, 향수 등) • 객실승무원 업무 규정집, 방송문, Flight Diary • Time Table • 안전 자격증(Safety Certificate)

3) 브리핑(Briefing) 준비

Uniform을 입은 후 용모와 복장을 점검하고 해당 노선 관련 정보를 수집하고 최신 업무지시 및 공지사항을 확인한다. 그리고 필수 휴대품의 이상 유무를 확인한다.

4) 객실 브리핑(Cabin Briefing)

객실 사무장이 주관하는 객실 브리핑(Cabin Briefing)은 근무의 첫 출발점이며 함께 비행할 팀원과의 첫 만남이 이루어지는 시간이다. 또한 이 시간의 활용도에 따라 해당편 비행의 서비스 품질이 좌우되기도 하므로 그 중요성은 근무 전반에 걸쳐 상당히 높은 비중을 차지한다고 할 수 있다.

전 팀원은 Team Power를 극대화시켜 고객 감동 객실서비스를 창출하기 위하여 한정된 시간 내에 최대의 효과를 올리기 위한 전략적 사고와 자세를 겸비하여 객실 브리핑(Cabin Briefing)을 준비하고 임해야 한다.

표 11.2 객실 브리핑 내용

Cabin Briefing의 내용	
• Stretching • 승무원 소개 • Flight Inform • Passenger Inform • Duty Assignment • 최신 업무 지시 전달 및 확인	• 노선 특성에 입각한 서비스 전략 수립 • Emergency Procedure 숙지도 Test • 휴대품 준비사항 확인 • 서비스 동기부여 • 용모, 복장 점검 • 방송 담당자 지정 및 우선순위 결정

2. 공항(Airport)에서의 업무

그림 11.1 공항 출국장에 들어가는 대한항공 객실승무원

객실 브리핑(Cabin Briefing)을 마친 객실승무원들은 버스로 국내선 공항 청사로 이동하게 된다. 객실승무원의 항공기 탑승시간과 운항 브리핑시간이 정해져 있으므로, 반드시 이동시의 소요시간을 고려하여야 한다. 일반적으로 동일 비행편의 승무원은 같은 셔틀버스를 이용하게 된다.

4장에서 살펴본 바와 같이 항공 서비스는 운송과 객실 부서간의 서비스 연계가 밀접하게 이루어져 있다. 따라서 객실승무원은 본인의 비행근무뿐 아니라 완전한 대 고객 서비스의 차원에서 공항의 기본시설 및 항공사 서비스의 공항업무에 대한 이해가 요구된다.

항공기의 이착륙을 위한 필요한 공항의 기본시설을 살펴보면 대체로 활주로(Runaway), 유도로(Taxiway), 주기장(Apron), 항공보안시설 정도로 구분된다.

활주로는 항공기가 이 · 착륙할 때 가속이나 감속하기 위하여 필요한 지상 활주용 도로표면이며, 유도로는 항공기가 활주로와 주기장 및 정비지역을 왕복하는데 이용되는 통로를 말한다. 주기장은 공항에서 여객의 탑승 및 하기, 화물의 적재 및 하역, 연료보급 및 정비 등을 하기위해 항공기

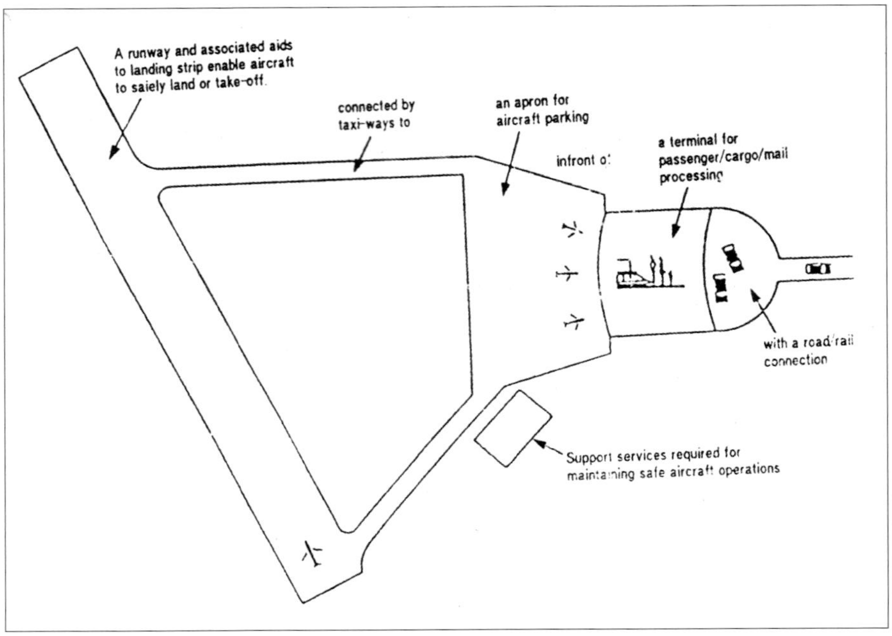

그림 11.2 공항의 기본시설

가 주기하는 장소이며, 항공 보안시설은 안전하고 질서 있는 항공기 운항을 위해 이를 지휘하고 비행중이나 착륙과정에서 항공기를 유도해주는 시설로 관제시설(Air Traffic Control Tower), 항공 보안 무선시설, 항공 등화시설이 있다.

항공사의 공항업무는 승객의 좌석 탑승 수속(Check-In)과 수화물 관련 업무를 주로 하는 여객운송업무와 Catering 작업, 기내 청소, 기내 용품과 기물관리를 담당하는 객실 관련 업무이외에도 항공기 점검, 부품 관리 및 정비 관리 점검을 하는 정비업무, 그리고 조업사 관리와 감독 업무, 화물 운송 및 연료관련 업무 등이 있다.

그림 11.3 콴타스항공의 클래스별 탑승안내표지판

1) 보안검색

승무원은 ID Card를 패용하고 보안검색대를 통과한다. 보안검색은 항공기 안전운항에 저해되는 위험물품의 항공기내 탑재를 방지하기 위하여 실시하게 되며 보안검색의 방법은 다음과 같다.

휴대수하물은 X-Ray Machine으로 통과 검색하게 되고 신체휴대물은 Gate형 금속탐지기로 통하여 검색한다. 청원경찰의 판단에 따라 필요시는 휴대용 금속 탐지기 또는 촉수검색이 실시될 때도 있다.

그림 11.4 상주직원라인에서 보안검색을 위해 대기하는 항공사 승무원

2) 운항 브리핑

운항 브리핑이란 공항으로 이동 후 운항승무원과 객실승무원이 함께 정해진 시각에 모여 기장 주관 하에 안전에 관한 협력 체제를 구축하는 시간이다. 운항 브리핑의 주요 내용으로는 비행시간, 운항노선, 기상상태에 관한 것과 해당 노선 특색에 따른 협력사항 확인 등이 있다.

3. 항공기(Airplane)에서의 업무

공항에서 보안검색을 마친 객실승무원은 해당 비행편의 항공기가 위치한 탑승구로 가서 탑승하게 된다. 흔히 항공객실서비스를 In-Flight Service라고 통칭한다.

본 서에서는 In-Flight Service를 Pre-Flight Check, Welcome Ground Service, In-Flight Service, Farewell Ground Service, After-Flight Check의 5단계로 나누어 구성해 보았다.

Pre-Flight Check은 객실승무원이 항공기에 탑승한 시점부터 승객이 탑승하기 전까지의 업무내용을 말하며 개인소지품정리, 객실 및 시스템점검, 객실서비스 준비 등이 포함된다. Welcome Ground Service는 승객탑승시점부터 항공기가 이륙하기 전까지를 의미한다. 신문, 잡지를 제공하며 안전운항을 위한 Demonstration도 실시한다. 이륙 후 항공기가 적정한 순항고도에 이르게 되면 본격적인 In-Flight Service가 실시된다. 국내선 구간은 비행시간관계로 간단한 음료서비스가 제공되고 있으며 항공사마다 그 서비스 내용과 방법은 다소 상이하다. 항공기가 목적지 공항에 도착을 하면 항공여행의 유종의 미를 거둘 수 있는 Farewell Ground Service를 한다. 승객하기 후 객실승무원은 해당 비행의 완전한 마무리를 위하여 After-Flight Check업무를 행하게 된다.

1) Pre Flight Check

Pre-Flight Check란 객실승무원이 공항수속을 마치고 항공기에 도착하여 승객들이 항공기에 탑승하기 전까지를 이른다. 운항 브리핑 후 객실승무원은 항공기 탑승 후 각자 배정된 Duty에 따라 안전 및 서비스 분야에 대한 비행 전

NCS
항공객실서비스 직무능력매칭

능력단위	능력단위요소	수행준거
1203010501_15v2 기내 안전관리	1203010501_15v2.1 승객 탑승 전 안전 · 보안 점검하기	1. 규정에 따른 항공기 객실의 안전장비 점검 2. 규정에 따른 항공기 객실의 보안장비 점검 3. 규정에 따른 항공기 안전 운항에 의심스러운 물건 보고 4. 규정에 따른 기내 작업 인력에 대한 동향 파악 후 이상 발생 시 보고

Pre-Flight Check	Welcome Ground Service	In-Flight Service	Farewell Ground Service	After-Flight Check
• 개인 소지품 정리 • 비상보안장비 및 시스템 점검 • 서비스용품 탑재확인 • 서비스 준비	• 독서물 서비스 • 탑승인사 • 좌석 안내 및 휴대물 보관안내 • 비상구좌석 안내 • 출입문 닫기 및 안전 점검 • 탑승환영방송 • 안전모의실연 • 이륙준비	• 단편물 상영 • 탑승 기념품 제공 • 음료서비스 • 객실순회	• 환송안내방송 • 안전점검 및 출입문 개방	• 기내점검 • 비행 후 브리핑

그림 11.5 국내선 비행을 위한 항공기에서의 업무절차 및 내용

점검을 실시하고 서비스 준비를 하게 되는데 승객의 안전한 여행과 객실승무원의 원활한 업무수행을 위해 정확하고 신속하게 실시해야 한다.

(1) 개인 소지품 정리

객실승무원은 항공기 탑승 후 비행용 가방(Flight Bag)과 Hanger 등 승무원의 기내 반입 수하물을 Overhead Bin, Coat Room, 좌석 하단으로서 전방과 통로 측 방향에 고정 장치가 설치되어 있는 공간 등 지정된 위치에 승객의 안전과 편의를 최우선으로 고려하여 안전하게 보관하여야 하며, 승객 좌석 주변이나 Door Side 등에 방치하지 않도록 한다. 비행 중 업무에 필요한 개인용품은 승무원 좌석 부근의 승객이 사용하지 않는 좌석 주머니(Seat Pocket), 또는 기내 주방(Galley) 주변 보관함(Compartment) 내에 보관한다.

Coat Room
승객이나 승무원의 Coat 및 Baggage를 보관할 수 있는 설비를 말한다.

(2) 비상 장비 및 기내 설비 점검

객실승무원은 사고를 미연에 방지하고 비상사태 발생시 신속하게 대처하기 위해 반드시 비행 전 각자 근무를 배정 받은 담당 구역에서 Check List를 의거하여 비행 전 비상장비와 보안 장비 점검을 실시하여야 하고, 그 결과를 사무장에게 보고하여야 한다. 그리고 담당구역별로 지상 조업원이 실시한 기내 청소 상태(Cabin, Galley, Lavatory Area, Passenger Seat, Seat Pocket) 및 각자 담당구역의 PA(Public Address) 성능을 확인하고 Cabin내의 방송 상태를

표 11.3 항공객실승무원의 비상, 보안점검 Check List

<table>
<tr><th>구분</th><th colspan="2">CHK POINT</th></tr>
<tr><td>비행전</td><td>• Show Up Sign
• 비행 필수품 휴대
• Duty 확인
• 비상장비 위치 및 사용법
• 조종실 출입절차 숙지</td><td>• 최근 업무지시 및 공지사항 확인
• Door 작동 요령 숙지
• 비상처리절차 숙지
• 비상시 임무분담 숙지
• Cockpit 및 Cabin간 연락방법(비상시, Turbulence 발생시)</td></tr>
<tr><td>승객 탑승 전</td><td colspan="2">• 승무원 휴대품 정리
• 담당구역의 비상장비 점검
<table>
<tr><th>비상/보안장비</th><th>CHK POINT</th></tr>
<tr><td>First Aid Kit</td><td>Seal 이상유무</td></tr>
<tr><td>Banyan Kit</td><td>Seal 이상유무</td></tr>
<tr><td>Portable Oxygen Bottle</td><td>Gauge Green색의 바늘 확인
산소마스크 확인</td></tr>
<tr><td>Fire Extinguisher</td><td>Gauge Green색의 바늘 확인
직접장탈</td></tr>
<tr><td>PBE</td><td>진공포장여부</td></tr>
<tr><td>Emergency Flash Light</td><td>Signal Lamp 점등여부</td></tr>
<tr><td>Seat Belt (유아용 포함)</td><td>이상유무</td></tr>
<tr><td>Megaphone</td><td>작동여부</td></tr>
<tr><td>Radio Beacon</td><td>비닐포장 상태</td></tr>
<tr><td>Smoke Detector</td><td>작동여부</td></tr>
<tr><td>방탄담요 / 방탄조끼</td><td>탑재여부</td></tr>
<tr><td>비상벨</td><td>작동여부</td></tr>
</table>
• Door Slide Mode 확인
• Door Side 및 Aisle Clear</td></tr>
<tr><td>승객 탑승부터
이륙 전까지</td><td>• 승객 휴대 수하물의 정위치 보관 안내
• Slide Mode 및 Door Locking 상태 확인
• Seat Belt 착용 상태 점검
• 승무원 정위치 착석</td><td>• 노약자, 환자, 유아 승객에 대한 Special Care
• Head Bin Close 및 Locking 상태 확인
• 유동 물건의 고정
• 30 Second Review 실시</td></tr>
<tr><td>이륙 후부터
착륙 전까지</td><td>• Turbulence 사고 방지 유의 (Seat Belt 상시 착용)
• 감압 시 조치사항 숙지
• 보안장비 관리
• IRRE 발생시 보고</td><td>• 기내 환자 발생 유의
• 금연구역 내에서의 흡연 제지
• 제한품목 보관 관리
• Door Side 및 Aisle Clear</td></tr>
<tr><td>착륙 후</td><td>• 항공기 완전 정지까지 승객 이동 제지
• 유실물 점검
• 사무장의 최종 점검</td><td>• Slide Mode 변경 및 수신호
• 가스분사기 인수인계 및 보관</td></tr>
</table>

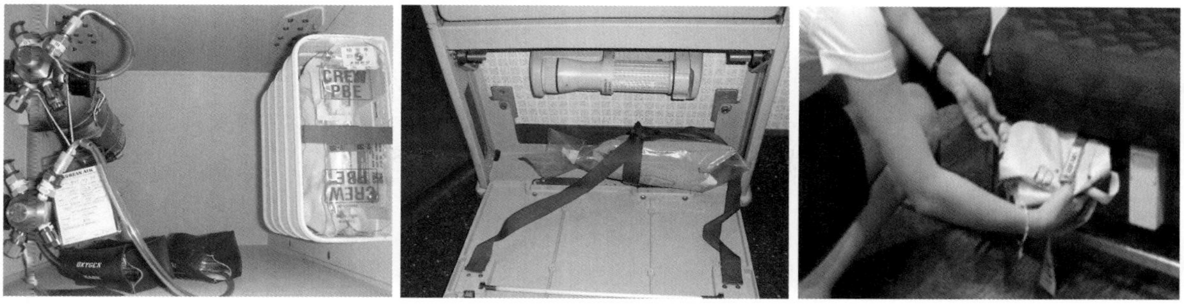

그림 11.6 승무원 좌석 주변의 비상장비와 승객좌석 밑의 구명조끼

Monitor한다. 아울러 승객 좌석, 화장실, 기내주방(Galley)내의 설비나 시스템이 정상적으로 작동하는지 그 이상의 유무를 점검한다. 점검사항은 〈표 11.3〉과 같다.

(3) 서비스 용품 탑재 확인

객실승무원은 해당노선의 특성, 출발시간에 따른 서비스내용, 탑승객 수를 고려하여 서비스에 필요한 기물 및 용품의 수량, 청결상태 등을 점검한다.

일부 항공사에서는 아침 출발 항공편에서는 탑승객들에게 아침식사 대용으로 빵을 제공하고 있으며, 어린이 날이나 크리스마스 등 특별히 의미 있는 날에는 이벤트 서비스용품을 탑재하여 승객들에게 제공하고 있다.

표 11.4 K항공사 국내선 서비스 용품

국내선 서비스 용품	
기물	Coffee Pot, Muddler Shelf, Basket, Cart Holder 등
기내음료	Coffee, Orange Juice, Coke, 생수, 녹차 등
서비스용품	Cocktail Napkin, Cart Mat, Paper Cup, Cup Lid, Muddler Straw, Cream & Sugar, Service Tag, Tray Mat, Plastic Bag, Time Table, Give-away 등

NCS
항공객실서비스 직무능력매칭

능력단위	능력단위요소	수행준거
1203010502_13v1 승객 탑승 전 준비	1203010502_13v1.2 서비스 설비 및 기물 점검하기	1. 규정에 따른 서비스 설비 및 기물의 이상 유무 점검 및 조치 2. 규정에 따른 화장실 설비의 이상 유무 점검 및 조치

(4) 서비스 준비

객실승무원은 각자 할당받은 Duty에 맞는 서비스 준비 업무를 하게 된다.

일반 승무원은 Ground에서 서비스되어지는 신문과 잡지를 Cart에 보기 좋게 진열하여 준비한다. 각종 음료수는 승객 수를 감안하여 Chilling을 확인하고 기타 서비스 용품을 미리 준비해둔다.

모든 탑재 확인 및 준비 업무가 끝난 후 담당 구역별로 이상 유무를 사무장에게 보고한다.

지상 조업과 객실내 비행 준비가 완료되면 사무장은 기장에게 이를 보고하고 기장과 협의하여 지상 직원에게 승객의 탑승시작 시간을 알려준다. 또한 승객 탑승의 원활한 진행을 위해 객실승무원을 배치하고 지휘한다.

사무장은 Pre-Recorded Announcement, Light Control System, 온도 조절장치 등 Panel을 점검하고 승객 탑승 전 Boarding Music System을 작동시킨다.

Cart
기내물품 운반 용구로 항공기에 따라 크기와 종류가 다양하다. 항공기 운항거리 및 기내구조에 따라 Full Size Cart, Half Size Cart로 구분되며 용도에 따라 Meal Cart, Liquor Cart, Waste Cart, Sales Cart, Serving Cart 등으로 구분된다.

그림 11.7 승객의 좌석 앞 주머니속에 비치된 항공사 기내지

NCS 항공객실서비스 직무능력매칭

능력단위	능력단위요소	수행준거
1203010502_13v1 승객 탑승 전 준비	1203010502_13v1.1 기내서비스용품 점검하기	1. 규정에 따른 서비스용품 탑재 여부 점검 및 조치 2. 규정에 따른 서비스 용품의 품질 상태 · 이상유무 점검 및 조치 3. 규정에 따른 서비스 용품 위치 배열

또한 단편물 상영이 가능한 기종에서는 비디오 시스템(Video System) 작동여부를 확인하고 Air Show 상영을 위한 기본 Data(출발지, 목적지, 비행시간)를 입력한다. 그리고 안전 모의실연 테이프(Safety Demonstration Tape)을 준비한다.

Air Show
비행 중 승객들에게 해당 비행에 관련된 각종 정보를 안내하는 시스템을 말한다. 비행속도, 고도, 현재 위치, 목적지까지의 거리와 남은 시간, 현지 시각, 외부 온도 등의 정보를 기내 스크린을 통해 제공한다.

BGM(Boarding Music)
승객 탑승 또는 하기시에 항공기 객실에 장착된 Loud Speaker를 통해 제공되는 기내음악을 말한다. 기내에는 보통 4개 채널의 음악이 준비되어 있다.

2) Welcome Ground Service

Welcome Ground Service란 승객이 항공기에 탑승하여 항공기가 이륙하기 전까지 객실승무원이 해야 하는 업무를 말한다. 우선 승객과 첫 대면이 이루어지는 시간이니 만큼 좋은 항공사의 이미지를 전달할 수 있도록 승객 탑승시 밝은 환영인사와 더불어 정성껏 좌석안내를 해야 한다. 이 시기의 객실승무원의 업무는 서비스 업무보다는 항공기 운항전반과 이륙을 위한 안전 업무에 비중을 두고 있으므로 안전요원으로서의 역할을 충실히 이행하여야 한다. 또한 운항관련 서류인수나 특별 승객 응대 시 지상 운송 직원과의 업무 협조에도 소홀함이 없어야 한다.

(1) 독서물 서비스(Reading Material Service)

승무원이 미리 준비해 놓은 신문, 잡지 Cart를 승객 탑승시 승객이 직접 가지고 갈 수 있도록 안내하고 탑승구에 위치한 담당 승무원은 수시로 부족분을 채우고 재 정돈하여 승객이 원하는 신문을 선택할 수 있도록 한다. 또한 탑승 완료 후에는 잔량의 신문을 재서비스 한다. 기상 상황이나 Cart비치 여건이 좋지 못할 경우는 센스 있게 융통성 있는 신문 서비스를 한다.

그림 11.8 탑승게이트가 항공기와 연결된 항공편에서는 신문카트를 항공기 외부에 비치한다.

그림 11.9 객실승무원이 담당구역에서 좌석안내와 탑승인사를 실시한다.

(2) 탑승인사

승객 탑승이 시작되면 모든 객실승무원들은 각자의 Boarding Position에서 친절하고 명랑하게 인사한다. 이때 가능한 승객 개개인에게 환영인사가 이루어지도록 한다. 탑승구에 위치한 승무원은 환영인사와 더불어 탑승객 확인 및 좌석방향 안내를 담당하며 객실내에 있는 승무원은 각자의 담당구역에서 좌석안내와 함께 유연성있게 이동하며 인사를 실시한다.

(3) 좌석안내 및 휴대물 보관안내

탑승구에 위치한 객실승무원은 환영인사와 함께 탑승권을 확인하여 좌석의 방향을 정확하게 제시하며 'L' Side와 'R' Side를 구분하여 안내한다.

객실내에 위치한 승무원은 담당구역에서 원활한 승객 탑승 진행을 위해 이동하면서 적극적으로 안내를 실시하고 특히, 노약자, 환자, 어린이, 유아동

NCS
항공객실서비스 직무능력매칭

능력단위	능력단위요소	수행준거
1203010503_16v2 승객 탑승 및 이륙전 서비스	1203010503_16v2.1 탑승위치 대기하기	1. 규정에 따른 임무 수행을 위해 해당 근무지역에서 대기 2. 규정에 따른 승객 탑승 시 대기 자세 3. 규정에 따른 승객 탑승 시 밝은 표정의 환영 인사 4. 규정에 따른 눈높이 서비스 자세

그림 11.10 좌석안내 및 휴대물 보관안내를 하고 있는 객실승무원

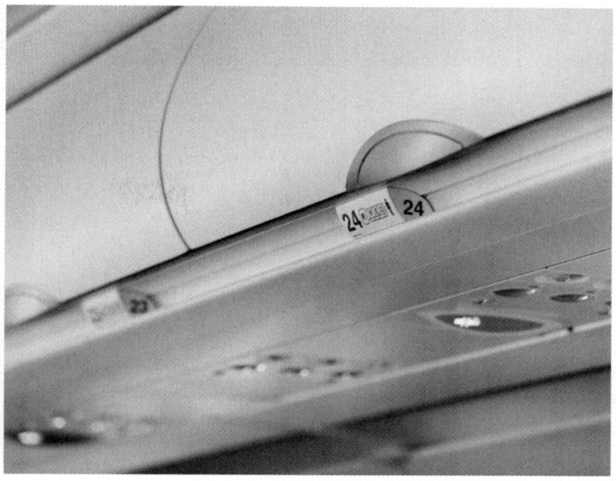

그림 11.11 좌석중복 배정이 확인되면 우선 정중히 사과한다.

반 승객에 유의한다. 또한 좌석 안내 후 승객에게 휴대 수하물 정리 및 보관 요령 전자 기기 사용규정에 대한 안내를 한다.

Double Seat와 같은 Irregular 상황이 발생했을때에는 사무장에게 즉각적인 보고가 이루어져 신속한 조치가 이루어지도록 한다.

기내 반입한 수하물은 Overhead Bin또는 좌석 밑에 보관하도록 안내하며 승객안전에 유의한다. Overhead Bin에 보관 시에는 물품을 Bin의 바닥에 놓아 열었을 때 떨어지지 않도록 하고 좌석 밑에 보관하는 물품은 통로를 가로막지 않도록 안내한다. 만일 Overhead Bin이나 좌석 밑에 보관할 수 없는 수화물이 불가피하게 반입된 경우, 기내 Storage Compartment 또는 빈좌석에 고정 상태로 보관한다.

- 좌석 중복 승객 처리
  - 승객의 이름, 좌석번호를 확인한다.
  - 좌석중복 배정으로 확인되면 우선 정중히 사과한다.

NCS
항공객실서비스 직무능력매칭

능력단위	능력단위요소	수행준거
1203010503_16v2 승객 탑승 및 이륙전 서비스	1203010503_16v2.2 탑승권 재확인하기	1. 규정에 따른 승객의 출발 일시 확인 2. 규정에 따른 승객의 목적지 파악 3. 규정에 따른 승객의 좌석 등급 구별 4. 규정에 따른 승객의 좌석번호 확인

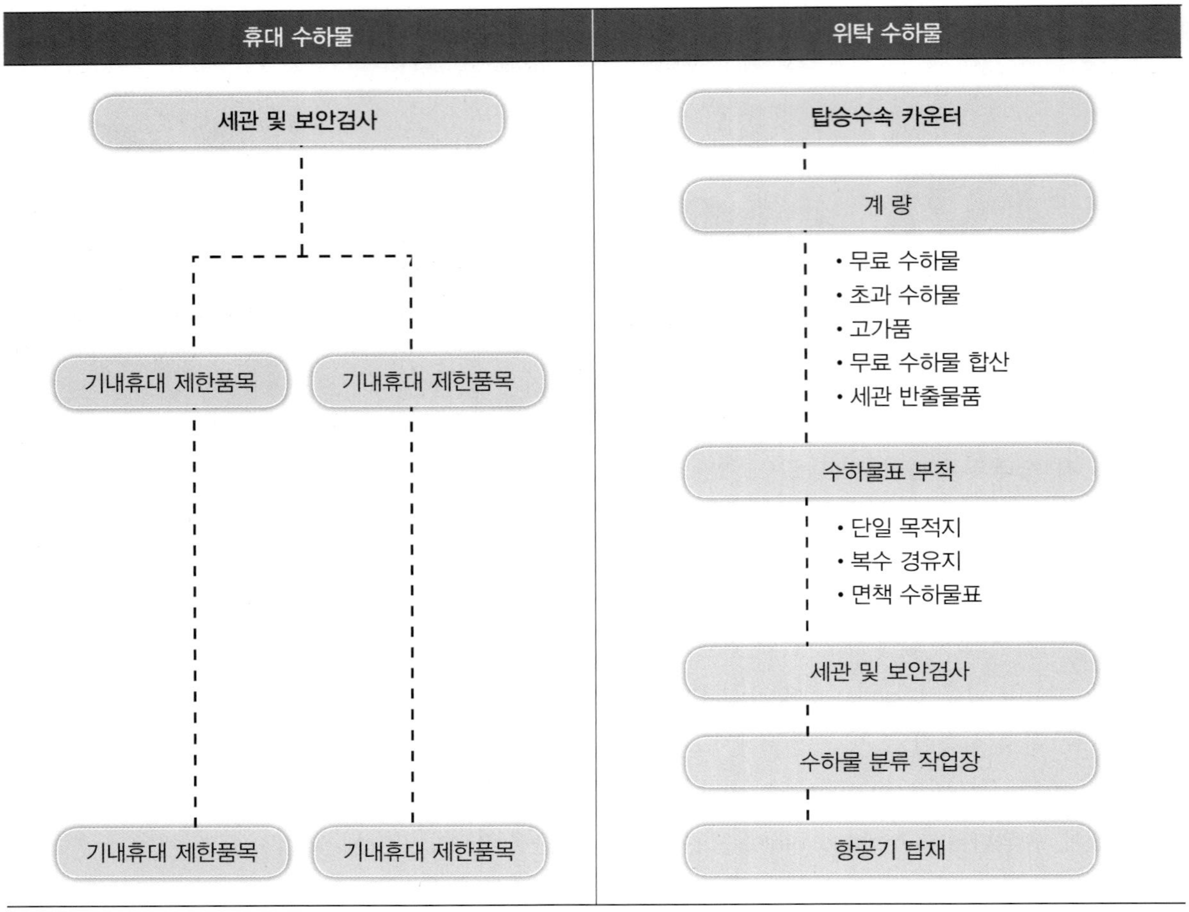

그림 11.12 승객수하물의 분류와 탑재과정

- 나중에 탑승한 승객에게 Jump Seat에서 기다리도록 권유한다.
- 객실사무장에게 보고한다.
- 객실사무장은 지상 직원에게 좌석 재배정을 요청한다.
- 좌석 여유가 있는 경우 나중에 탑승한 승객을 선호 좌석으로 재배정한다.
- 담당 승무원은 재배정한 좌석으로 승객을 안내한다.

• 기내 위탁품 처리
  - Coat, Jacket, Hanger등은 보관시 Tag을 이용하고 보관 장소를 승객에게 알려준다.
  - 부피가 큰 물건은 Coatroom 등 적당한 장소에 보관한다.

- 모든 위탁품은 승객하기시 승객에게 되돌려 준다.
- 고가의 중요한 물건의 보관을 부탁받았을 경우는 동료 승무원에게 알려주고 하기시 필히 반환되도록 유의한다.
- 승무원 교대시는 보관물건을 승객에게 일단 돌려 드리고 다음 교대 승무원에게 다시 맡기도록 한다.

그림 11.13 노약자를 도와주고 있는 객실승무원

- 초과 휴대수하물에 대한 처리
  - 승객 탑승 중 초과 휴대물 발견시 승객의 최종 목적지까지 일반 화물로 보내도록 조치한다.
  - 현금, 유가 증권 등 중요서류는 승객이 꺼내서 소지하도록 한다.
  - 깨지기 쉬운 물건은 승객의 서명을 받은 후 'Fragile Item Tag'을 부착하도록 한다.

(4) Exit Seat 안내

비상구 좌석에 착석한 승객들이 비상시에 승무원의 업무를 도울 수 있도록 승객들이 비상시 취해야 할 임무에 대하여 다음과 같은 간단한 브리핑

표 11.5 비상구 좌석 승객의 임무

Exit Seat 착석승객 임무	
• 비상구 확인 및 개방	• 비상구 주변 장애물 제거
• 비상구 외부 상황 파악	• 슬라이드 팽창 확인 및 안정 유지
• 승무원의 구두 또는 수신호에 따름	• 안전한 비상 통로로 신속히 탈출

그림 11.14 비상구 좌석 승객들에게 간단한 브리핑을 하는 객실승무원

그림 11.15 승객위탁수하물을 수송하는 콴타스항공의 지상조업원들

(Briefing)을 실시한다. 만약 신체적인 장애로 임무를 수행하기 어려운 승객이거나 15세 미만의 소아를 동반한 승객과 같이 임무 수행에 부적합한 승객이 배치되었을 경우 반드시 사무장에게 보고 후 좌석 재배치를 해야 한다.

(5) Door Close 및 Safety Check

승객 탑승이 거의 종료되면 모든 객실승무원은 항공기 출발을 위한 준비를 하여야 한다. 담당 구역별로 전 승객의 착석과 수하물 보관 정돈 상태 등을 마무리하여야 한다.

Ship Pouch
항공기 출입항에 필요한 각종 제반 서류를 말한다. Special Handing Request, Restricted Item, 귀중품 인계인수서, UM운송신청서, 서약서(임산부,환자), 병약 승객 운송신청서

지상 직원으로부터 Ship Pouch를 인수하고 그 내용을 확인한 후 Weight & Balance 관련 서류가 기장에게 전달되었는지 확인하고 객실 사무장은 탑승 종료 상황을 최종적으로 점검한 후 탑승 승객 수, 특이사항 등을 기장에게 보고한 후 항공기 Door Close를 한다. Door Close 후 사무장의 지시에 따라 전 객실승무원은 안전 확인(Safety Check)을 실시한다. Safety Check은 항공안전과 비상시 신속한 대처를 위한 조치로 Door Close 후 Boarding Bridge 또는 Trap이 항공기와 분리된 직후 사무장의 방송에 따라 동시에 실시된다.

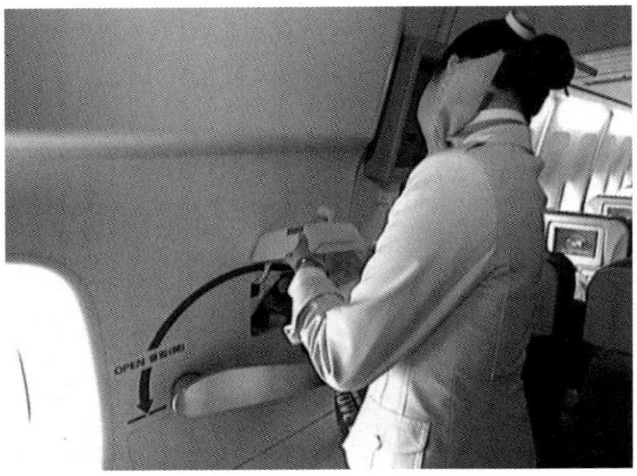

그림 11.16 Door Close후 Slide Mode를 변경하는 객실승무원

전 승무원은 해당구역의 안전운항 관련사항을 점검하고 해당 Door의 Slide Mode를 변경한다. 방법은 항공기 출발시점에는 Manual에서 Automatic위치로 변경하며 항공기 도착 시에는 Automatic에서 Manual로 변경한다. Side Mode 변경 후 L Side, R Side 승무원이

NCS 항공객실서비스 직무능력매칭

능력단위	능력단위요소	수행준거
1203010503_16v2 승객 탑승 및 이륙전 서비스	1203010503_16v2.4 수하물 정리 지원하기	1. 규정에 따른 좌석 주변의 공간 파악 및 승객에게 객실 선반의 위치 안내 2. 규정에 따른 안전하게 선반 작동 3. 규정에 따른 수하물의 특성별 보관 및 안내 4. 규정에 따른 수하물 안전하게 사용 5. 규정에 따른 수하물의 보관 위치 기억 후 승객에게 다시 전달

표 11.6 안전한 항공기 출발을 위한 점검사항

항공기출발 시점의 Safety Check 사항
• 좌석 벨트 착용상태 확인 • Door의 Close및 Slide Mode의 변경상태 • 좌석 등받이, Table 및 Arm Rest 원위치 • 승객 휴대 수하물 및 기타 유동물 고정 • Door Side 및 Aisle 승객의 Baggage 방치 유무

상호 점검하고 아래 사항을 점검한 다음 객실 사무장에게 최종 보고한다.

(6) Welcome Announcement

객실승무원이 실시하는 기내방송은 승객에게 비행 중의 서비스 내용, 시설 이용방법 및 여행에 필요한 정보를 안내하는 한편, 비행안전 사항에 대해서는 승객을 효율적으로 통제함으로써 승객의 안락하고 안전한 여행을 보장하기 위해 실시된다.

객실승무원은 이를 비정상 상황 발생시 효과적인 정보전달 수단으로 활용하며, 상황과 여건에 따라 신속한 상황판단 능력과 융통성을 발휘하여 정확하고 적절한 방송을 실시함으로써 승객의 불안감이나 항공기 비정상 상황에 대한 궁금증을 해소시키고 승객의 알고자하는 욕구를 충족시킬 수 있어야 한다. 그리고 방송 능력 향상을 위해 노력해야 한다.

그림 11.17 밝고 정중한 어조로 기내 방송을 하고 있는 객실승무원

Door Close 후 방송담당 여승무원(방송자격이 있는 여승무원 중 사무장이 지정)은 탑승객에 대한 감사인사를 안내방송을 통하여 실시한다. Welcome Announcement는 승객의 탑승을 환영하고 당일 비행 편에 대한 간단한 주요정보를 소개하는 방송이며, 전 승무원이 동시에 승객과 대면하게 되는 유일한 방송이므로 밝고 정중한 어조로 실시한다.

NCS
항공객실서비스 직무능력매칭

능력단위	능력단위요소	수행준거
1203010503_16v2 승객 탑승 및 이륙전 서비스	1203010503_16v2.6 탑승 환영 안내방송하기	1. 규정에 따른 정보 파악 2. 규정에 따른 언어 구사 3. 규정에 따른 표준어 사용

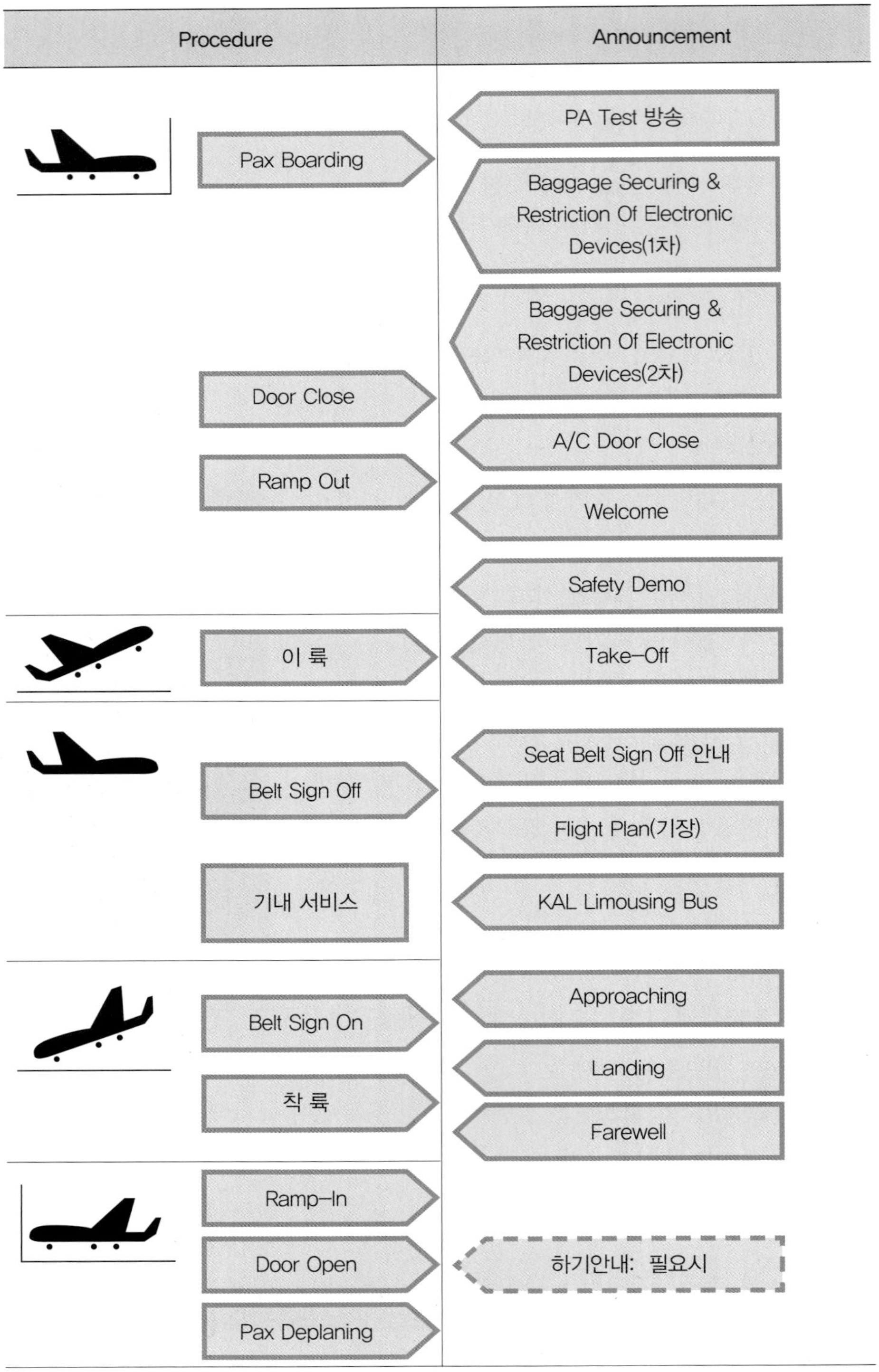

그림 11.18 K항공사 국내선 기내방송의 구성

표 11.7 고품위 서비스를 위한 기내방송법

수준 높은 기내 방송 요령
• 방송문을 유창하게 읽을 수 있도록 평소 많은 노력을 기울인다. • 방송현장에서는 밝은 미소를 띄고 방송하여 밝고 경쾌한 톤을 유지한다. • 적당한 Pause를 하며 동일한 억양이 반복되지 않도록 변화를 준다. • 공연히 멋을 부리기 위한 습관이 붙지 않도록 주의한다. • 외국어는 차분히, 또박또박 방송하여 의미전달이 쉽도록 노력한다. • 여유 있고 친근감 있는 방송이 되도록 매 방송 시 최선을 다한다. • 방송내용을 충분히 이해하고 내용에 따라 느낌을 부여한다.

(7) Safety Demonstration

탑승 환영방송에 이어 비행 중 발생할 수 있는 비상사태에 대비하여 비상용 구명 장비의 위치와 사용법을 승객에게 Demonstration 한다.

Safety Demonstration(안전 모의실연)은 항공기에 장착된 Video System(비디오 시스템)을 이용하여 상영하는 것이 원칙이나 미 장착 기종에서는 객실 사무장이 해당 내용을 Pre Recorded Announcement나 육성으로 방송하고 일반 승무원들은 담당구역에서 안전 모의실연(Safety Demonstration)을 실연한다. 실연을 담당하는 승무원들은 지정된 위치에서 내용이 확실히 전달될 수 있도록 정확하고 절도 있는 동작으로 실시하며 Key Word에 맞춰 통일된 동작이 보여지도록 한다.

그림 11.19 안전모의실연을 하고 있는 객실승무원

표 11.8 안전 모의실연의 내용

Safety Demonstration 내용	
• 비상탈출구 위치	• 산소마스크의 위치 및 사용법
• 비상등	• 좌석벨트 사용법
• 구명복의 위치 및 사용법	• Safety Instruction Card 안내

NCS 항공객실서비스 직무능력매칭

능력단위	능력단위요소	수행준거
1203010501_15v2 기내 안전관리	1203010501_15v2.6 상황별 안전안내 방송하기	1. 상황별에 따른 안내방송 선택 2. 선택된 안내방송 즉시 실시 3. 상황변화에 따른 추가안내 방송

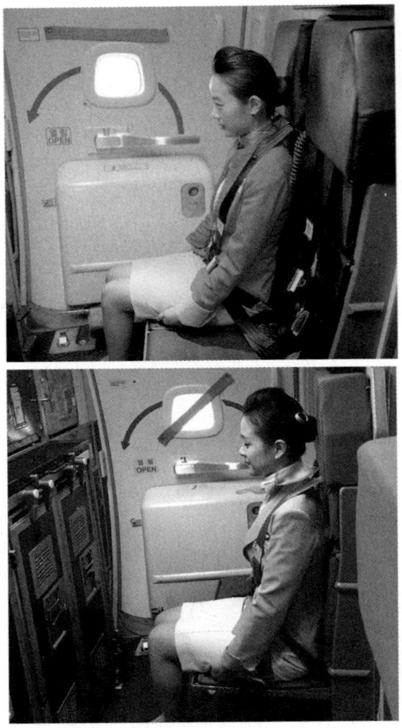

그림 11.20 좌석벨트와 Shoulder Harness를 착용한 티웨이항공(위)과 대한항공(아래) 객실승무원

항공사 비행편의 안전 모의실연(Safety Demonstration)실시는 국제항공 안전규정에 의한 항공사의 의무사항이며, 실연에 의한 안내일 경우는 항공기 기종별 실연 인원수가 규정되어 있다.

안전 모의실연(Safety Demonstration)이 끝난 직후 일반 승무원은 담당 구역별로 승객의 좌석벨트 착용 여부를 일일이 확인하여야 한다.

(8) 이륙 준비

이륙전 전 승무원들은 담당 구역별로 비행 안전에 대비하여 다음 사항을 확인하고 점검해야 하며 승무원도 지정된 좌석에 착석해야 하며 좌석벨트와 Shoulder Harness를 착용해야 한다.

3) In-Flight Service

In-Flight Service란 항공기가 이륙하여 적정고도에 이르러 좌석벨트 사인이 꺼진 시점부터 목적지에 도착을 위하여 좌석벨트 사인이 켜지는 시점까지의 객실승무원의 비행중 업무를 말한다. 국내선 구간에서는 음료와 기내 오락의 객실서비스를 제공하게 된다.

표 11.9 안전한 항공기 이륙을 위한 점검사항

이륙 준비 Check 사항	
• 승객의 착석 및 좌석벨트, 좌석 등받이, Tray Table, Arm Rest의 상태확인 • Door Side 및 Aisle Clear 상태 • 승객 휴대 수화물 및 유동물건의 고정 • 전자제품 사용 안내 및 확인	• 화장실 점검 및 승객의 사용 여부 확인 • Galley 내의 탑재물 및 유동물 고정, 안전상태 점검 • 객실조명 조절(Dim 상태)

NCS
항공객실서비스 직무능력매칭

능력단위	능력단위요소	수행준거
1203010501_15v2 기내 안전관리	1203010501_15v2.2 항공기 이 · 착륙전 안전 · 보안 관리하기	1. 규정에 따른 승객에게 좌석 벨트 착용 안내 2. 규정에 따른 미착석 승객 확인 및 착석 유도 3. 규정에 따른 객실 수화물 선반(Overhead Bin) 잠금 상태 확인 및 조치 4. 규정에 따른 설비 잠금 상태 확인 및 조치

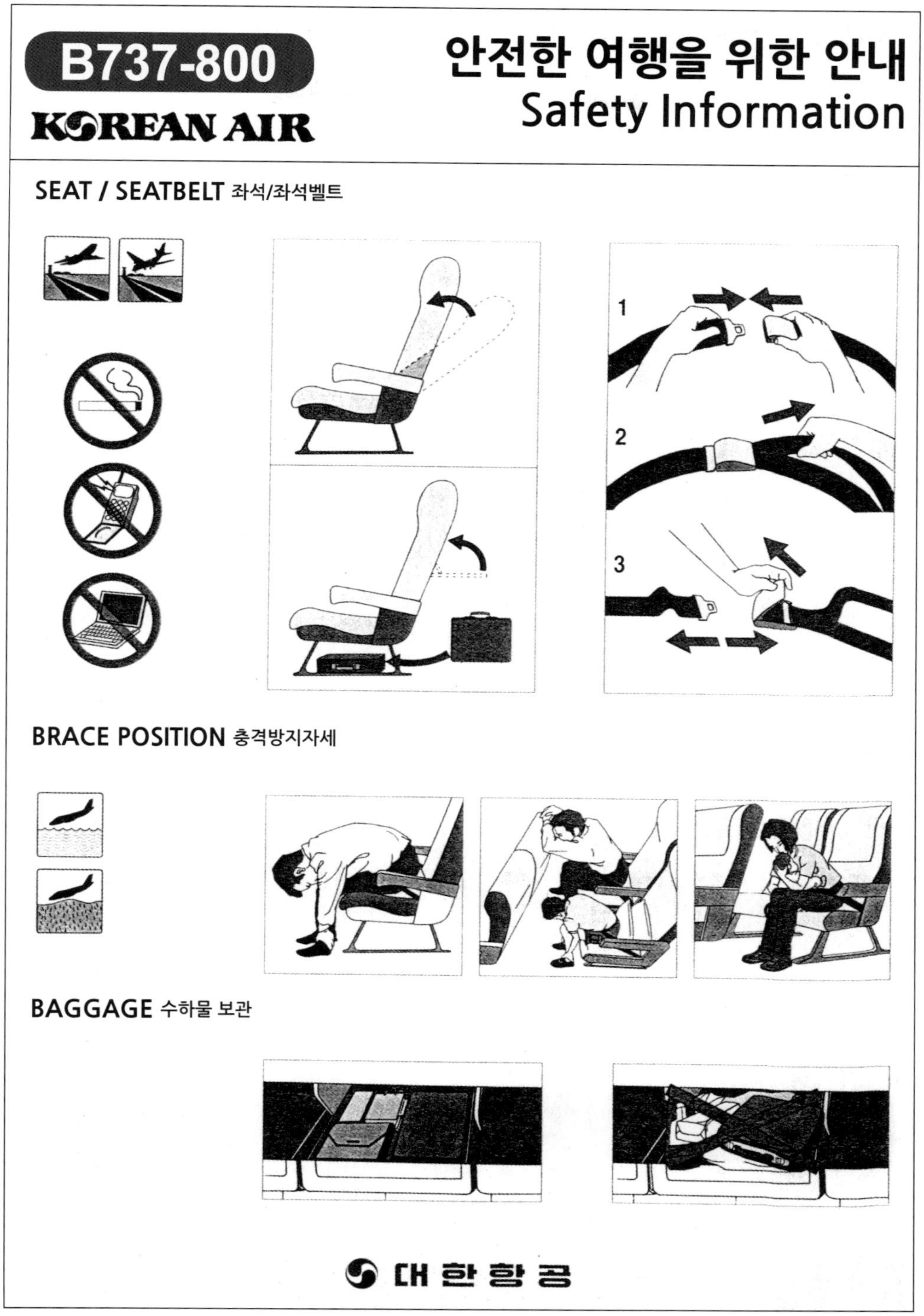

그림 11.21 대한항공의 Safety Instruction Card

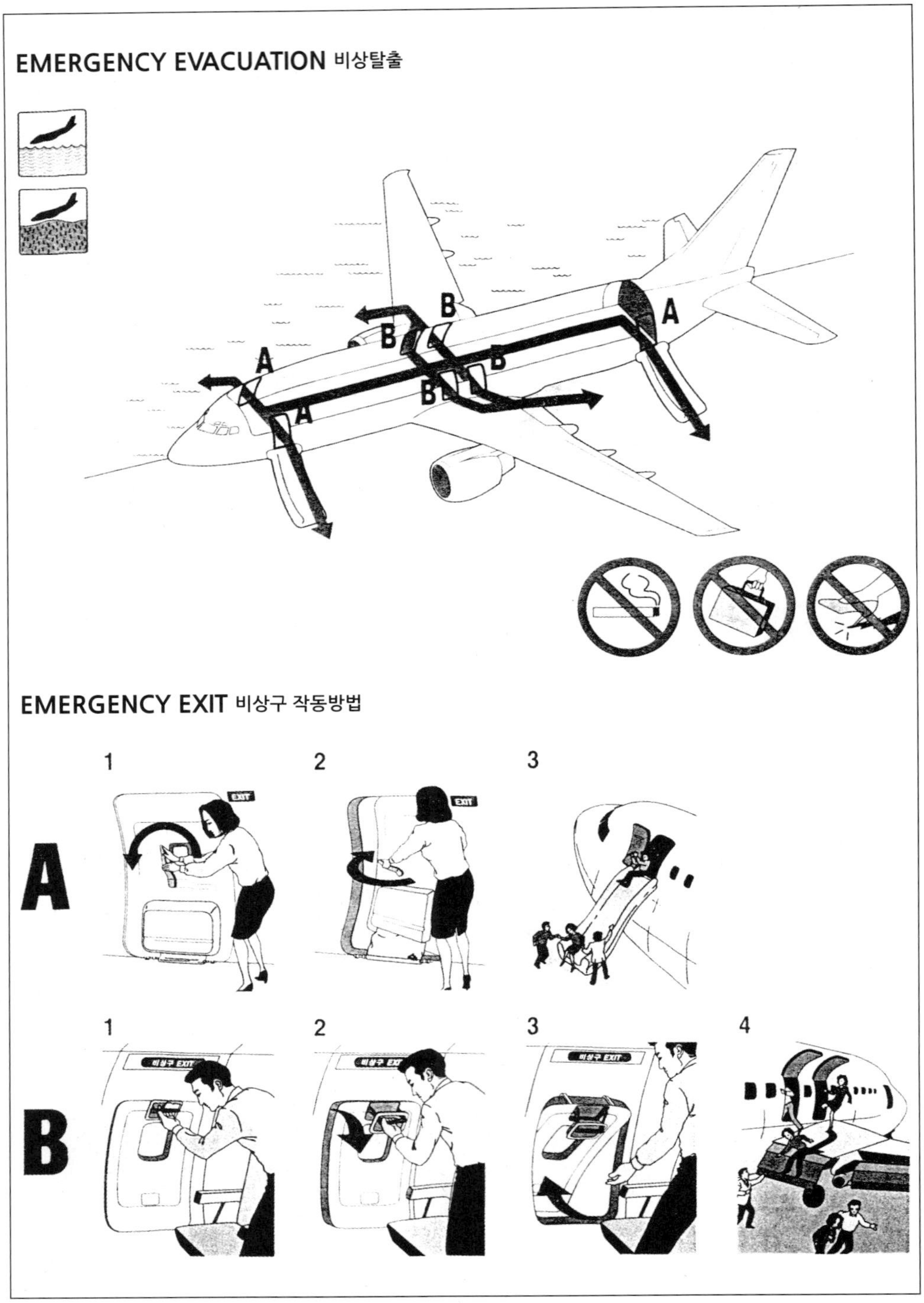

그림 11.22 비상탈출구와 비상구 작동법을 안내하는 대한항공의 Safety Instruciton Card

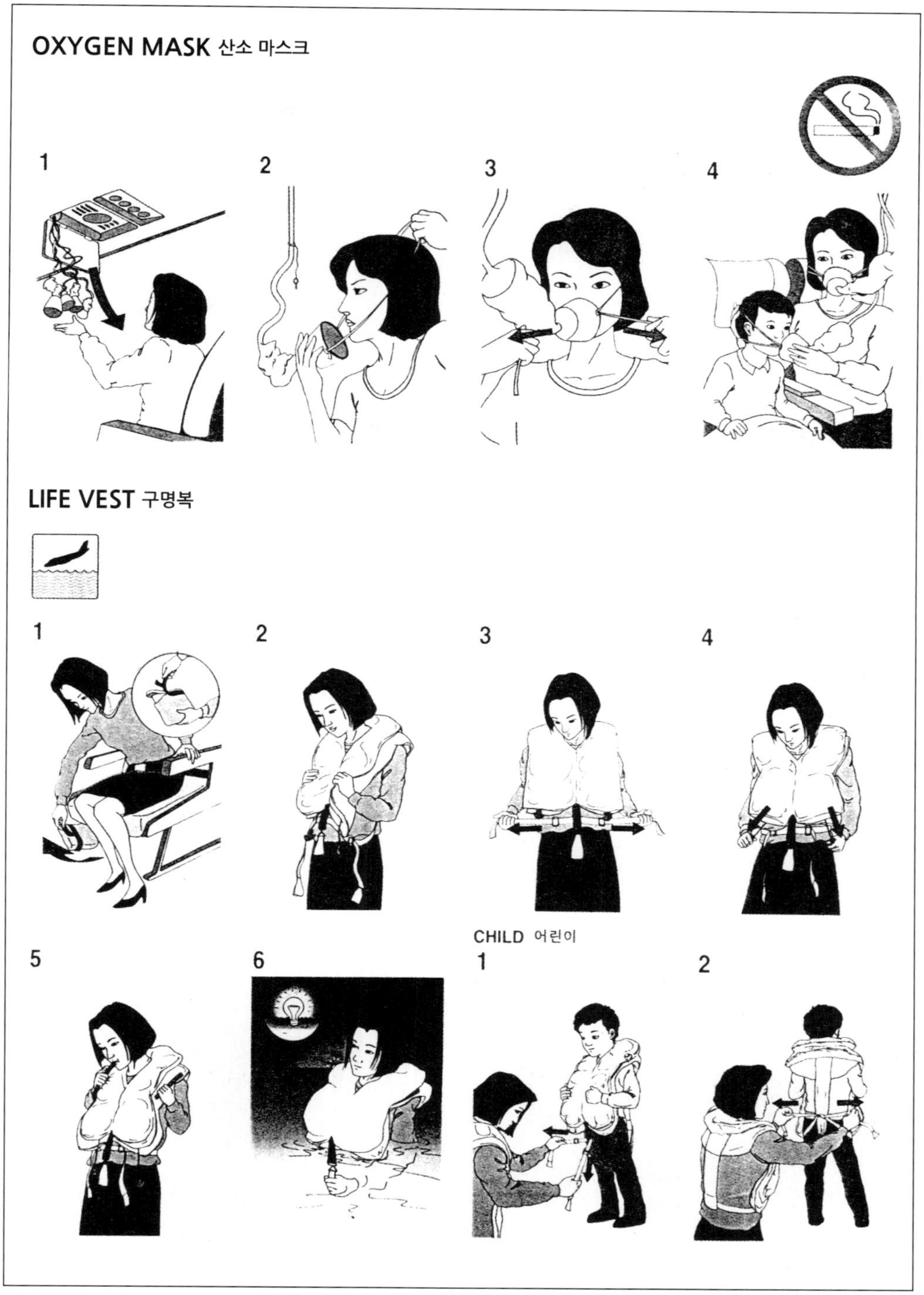

그림 11.23 산소마스크와 구명복 착용법을 안내하는 대한항공의 Safety Instruction Card

그림 11.24 Singapore Airline의 기내서비스 승객들이 개인용 모니터를 통해 단편물을 감상하고 있다

Short Subject
코메디, 스포츠, 다큐멘터리 등 상영시간이 60분 이내인 영화를 말한다.

(1) 단편물 상영(Short-Subject Service)

좌석벨트 착용 사인(Fasten Seat Belt Sign)이 꺼지면 객실 사무장은 국내선에서 상영 할 수 있는 Sport, 문화영화 등의 단편 물을 상영한다. 목적지 도착을 알리는 기장 방송이 나올 때까지 상영이 종료될 수 있도록 상영시작 시간을 잘 조정해야 한다. 이때 일반 승무원은 해당 기내주방(Galley)에서 서비스복장을 갖추며 Beverage Cart Set-up 및 Hot Beverage 서비스 준비를 한다.

(2) 음료 서비스(Complementary Service & Beverage Service)

승무원은 이륙 후 각종 Soft Drink, Coffee, 녹차, 물 등 서비스 용품(Service Item)을 Cart로 서비스한다. 또한 조조편의 경우에는 간식과 우유를 추가하

그림 11.25 기내주방에서 음료서비스카트를 준비하는 객실승무원

그림 11.26 국내선구간에서 승객에게 음료서비스를 하는 객실승무원

여 승객에게 제공하고 있다. 음료 Cart 준비 시에는 Cart 1대당 승무원 1명 혹은 2명이 담당하며 나머지 승무원은 Aisle에서 신문 Refill 및 Child Give-Away 제공 등을 수행하여 객실 내 승무원 공백 현상을 방지한다. 음료 서비스 시에는 항상 바른 자세로 승객의 눈을 마주보고 응대하여야 하며, 정중한 존대법을 사용하여 절도 있고 성의 있는 서비스가 이루어지도록 하여야 한다.

표 11.10 음료서비스 시 유의사항

음료 서비스 시 유의사항
• 항상 밝은 표정과 명랑한 태도로 서비스한다. • 서비스 전 반드시 Tray를 편 후 Napkin을 깔아드리고 서비스한다. • Coffee를 주문받았을 경우 설탕, 크림의 사용여부를 확인하고 서비스한다. • 생수, 주스, 우유, 탄산음료, 이온음료는 반드시 차가운 상태로 서비스한다. • 음료서비스 시 특히 뜨거운 음료는 반드시 승객의 주의를 환기시키며 서비스한다. • 음료를 쏟은 경우 먼저 사과와 함께 조치를 취한 다음 사무장에게 보고하여 Cleaning Coupon 발급 등의 후속조치를 취한다.

(3) 객실 순회(Cabin Patrol)

음료 서비스가 끝나면 객실승무원들은 객실을 순회하며 승객좌석 주변이나 통로, 화장실 등의 객실 곳곳의 청결상태를 살핀다. 더불어 어린이 및 노약자 등 도움이 필요한 승객에게 세심한 주의를 기울이며 독서물을 보시는 승

NCS
항공객실서비스 직무능력매칭

능력단위	능력단위요소	수행준거
1203010501_15v2 기내 안전관리	1203010501_15v2.3 비행 중 안전 · 보안 관리하기	1. 규정에 따른 승객에게 상시 벨트 착용 여부 확인 및 안내 2. 규정에 따른 승객의 기내 흡연 여부 확인 및 제지 3. 규정에 따른 밀폐공간 내부 상태 확인 및 조치 4. 행동이 의심스러운 승객의 동태 및 이상 물건에 대하여 신속히 보고 5. 난기류(Turbulence) 발생 시 승객에게 안내 방송 후 필요 조치

그림 11.27 객실순회를 하며 담요와 베개를 권하는 객실승무원

객에게는 독서등(Reading Light)를 켜드리는 등 담당구역의 승객들의 쾌적한 항공여행을 위해 적극적인 Personal Touch를 한다.

승객과의 대화는 부담을 주지 않는 내용으로 하며, 특정 승객에게 오랜 시간을 할애하는 일이 없이 담당 구역의 모든 승객에게 균등한 서비스가 이루어지도록 한다.

그림 11.28 승객 하기를 위해 객실 조명을 조절한다.

(4) 착륙 준비

착륙 준비는 항공기가 착륙을 위해 순항(Approaching)하는 시점을 기준으로 실시하며 승무원들은 담당 구역별 승객, 기내주방(Galley), 화장실 등 착륙 준비를 확인하여야 한다. 구체적인 사항은 이륙 시와 동일하다. 승객 물건을 보관한 승무원은 이 시점에 물품을 돌려드리고 담당 구역별로 해당 승무원이 승객의 탑승에 대한 감사인사를 드린다.

사무장은 전 Cabin의 착륙 준비 상태를 확인하고 조명 조절(Light

NCS
항공객실서비스 직무능력매칭

능력단위	능력단위요소	수행준거
1203010506_16v2 착륙 후 서비스	1203010506_16v2.1 도착 안내방송하기	1. 규정에 따른 착륙 후 도착 안내방송 (Farewell) 실시 2. 규정에 따른 해당 공항의 상황별 안내방송

표 11.11 객실승무원의 착륙준비를 위한 점검내용

착륙 준비 Check 사항	
• 승객의 착석 및 좌석벨트, 좌석 등받이, Tray Table, Arm Rest의 상태 • Door Side 및 Aisle Clear 상태 • 승객 휴대 수화물 및 유동물건의 고정 • 화장실 점검 및 승객의 사용 여부 확인	• Galley 내의 탑재물 및 유동물건의 고정, 안전상태 점검 • 객실조명 조절 (Dim 상태) • 전자제품 사용 안내 및 확인

Control)을 실시하며 착륙점검을 마친 전 객실승무원은 지정된 승무원좌석에 착석한다.

4) Farewell Ground Service

Farewell Ground Service란 항공기가 목적지 공항에 안전하게 착륙하여 승객이 하기할 공항터미널까지 이동하는 동안 객실승무원이 행하는 근무를 일컫는다.

(1) Farewell Announcement

방송 담당자는 착륙후 엔진의 역회전이 끝난 시점에 Farewell Announcement를 실시한다. 이때 사무장은 배경 음악을 켠다. 또한 Taxiing 중에는 좌석벨트 사인(Seat Belt Sign)이 꺼질 때까지 모든 승객의 착석을 유도하고 안전업무를 수행하지 않은 한 모든 승무원은 Jump Seat에 착석해 있어야 한다.

방송 담당자는 탑승객들이 다시 자사를 이용할 수 있도록 성심껏 감사의 말씀을 전해야 하며 항공기가 정시에 도착하지 못한 경우는 상황에 맞는 사과방송을 행해야 한다.

(2) Safety Check & Door Open

항공기가 완전히 정지한 후 객실사무장의 지시에 따라 안전 확인(Safety Check)을 실시한다. Slide Mode는 이륙 시와 반대로 Automatic 위치에서 Manual 위치로 변경하며 안전 확인(Safety Check) 보고방법은 이륙 시와 동일하다.

사무장은 Slide Mode의 Manual위치 여부, Door 외부의 장애물 유무, 좌석벨트 착용 사인(Fasten Seat Belt Sign) Off상태를 확인하고 Door Open을 위해 지상직원에게 신호를 보낸다.

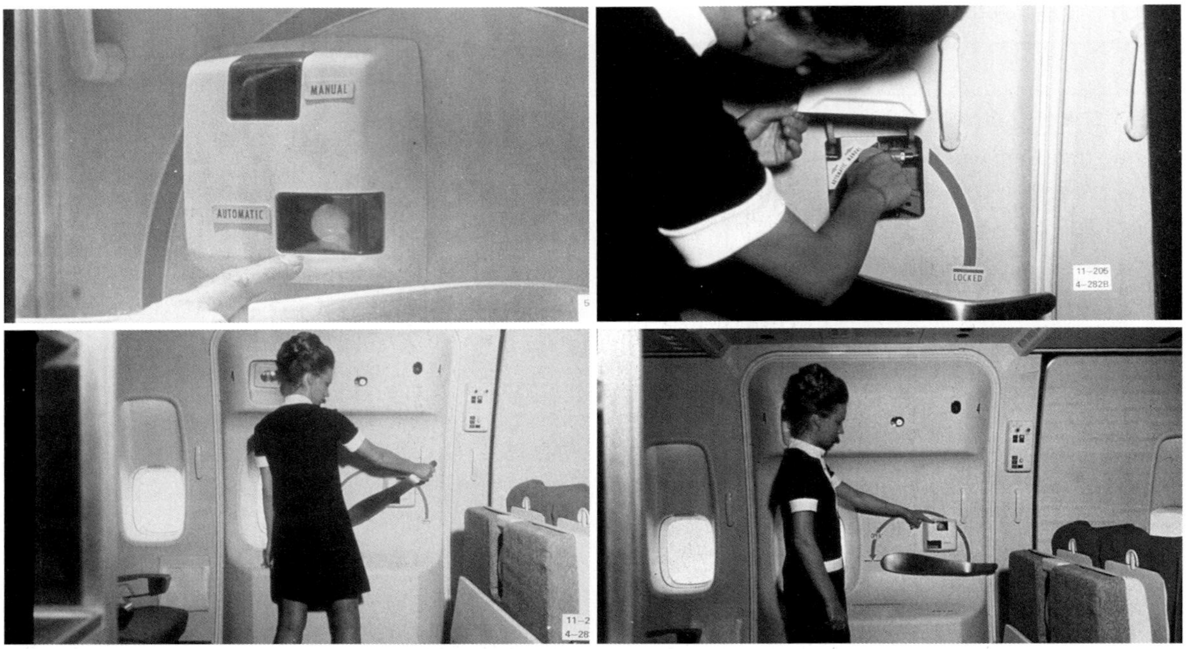

그림 11.29 Silde Mode 점검과 Door Open 과정(왼쪽 상단 그림부터 시계방향순)

(3) 승객하기 안내 및 Farewell 인사

항공기 Door를 열면 우선 지상 운송직원에게 항공 관련 서류를 전달하고 승객하기를 시작한다. 승객하기시 승객에게 감사의 인사를 실시하고 UM (Unaccompanted Minor), 장애인 승객, 유아 동반승객, 노약자 등 도움을 필

표 11.12 승객하기 안내 순서

Standard Deplaning Priority	
① 응급환자	⑤ UM, Special Care승객
② VIP, CIP	⑥ 일반승객
③ 일등석승객	⑦ 제한승객
④ 이등석승객	⑧ Stretcher 및 Wheel Chair 승객

NCS
항공객실서비스 직무능력매칭

능력단위	능력단위요소	수행준거
1203010506_16v2 착륙 후 서비스	1203010506_16v2.2 승객 하기 지원하기	1. 규정에 따른 감사하는 마음으로 하기 인사 실시 2. 규정에 따른 승객의 짐 운반 등 적극적으로 도움

그림 11.30 항공기 후방 담당구역에서 승객하기를 지원하는 객실승무원

그림 11.31 지상직원에게 관련서류를 전달하고 승객하기를 시작한다.

요로 하는 승객에게는 적극적인 협조가 이루어지도록 한다.

5) After-Flight Check

After-Flight Check란 항공기가 목적지 공항의 터미널에 도착하여 승객이 전원 하기한 후의 근무내용으로 승무원이 비행업무를 마감하는 항공기에서의 기내점검 업무와 항공기 하기 후 업무로 나뉘어 진다.

(1) 기내점검

전 승무원은 승객 하기 완료 후 담당 구역별로 아래의 사항을 점검하고 서비

NCS
항공객실서비스 직무능력매칭

능력단위	능력단위요소	수행준거
1203010506_16v2 착륙 후 서비스	1203010506_16v2.3 특수 고객 지원하기	1. 규정에 따른 지상직원에게 여객 및 화물 운송 관련 서류(Ship pouch) 인계 · 중요 승객이나 특별 승객에 대한 정보 전달 2. 규정에 따른 응급환자, VIP, F/C, C/C, UM(비동반소아), Y/C, Stretcher(환자) 승객 순으로 하기 안내 3. 규정에 따른 특수 고객을 위해 적극적으로 게이트(Gate)까지 지원

스 용품과 각종 기물들을 규정에 의거하여 회수하여야 한다. 그리고 Catering 직원의 기내 서비스용품 하기업무에 협조한다.

(2) 비행 후 브리핑(Debriefing)

사무장 주관 하에 당일 비행편에 근무한 전 승무원은 비행 종료 후 Irregular 상황 보고 및 기타 업무 개선에 관한 Idea 상호 교류를 통하여 비행을 종료한다. 사무장은 Flight Coupon인계와 보고서 및 기타서류를 회사에 제출한다.

표 11.13 승객하기 기내 점검 내용

기내 점검사항
• 객실 내의 잔류 승객 확인 • Overhead Bin Open 및 유실물 Check • Slide Mode 정상 위치 확인 • Cabin Squawks 사항 및 Logging • Galley 및 Lavatory 최종 확인

NCS
항공객실서비스 직무능력매칭

능력단위	능력단위요소	수행준거
1203010501_15v2 기내 안전관리	1203010501_15v2.4 착륙후 안전 · 보안점검 · 관리	1. 규정에 따른 이동 승객 제지 및 착석상태 유지 안내 2. 규정에 따른 승객의 유실물 점검 및 조치 3. 규정에 따른 기내 설비 이상 유무 점검 및 보고

CHAPTER 12

항공객실승무원의 국제선 업무절차

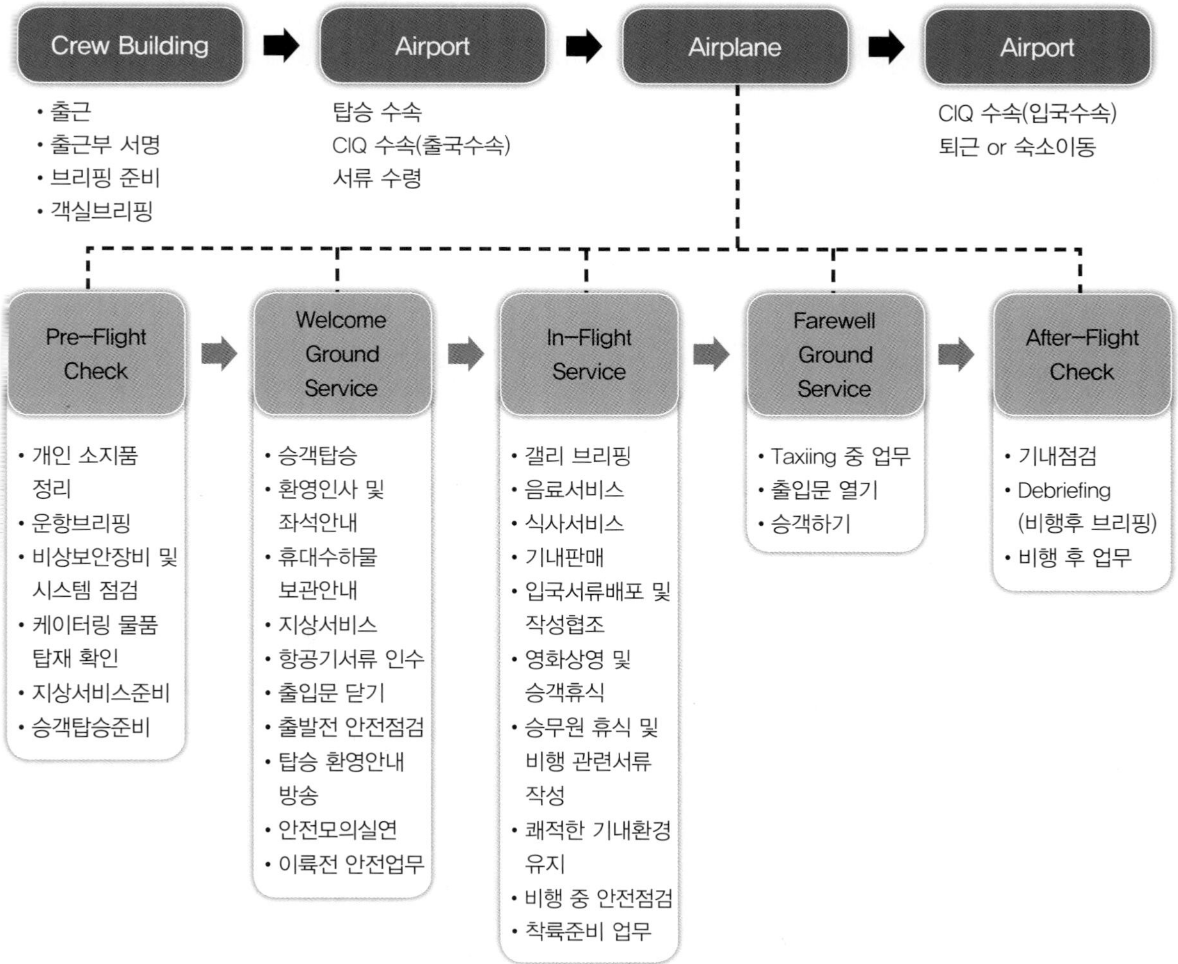

[항공객실승무원의 국제선 업무 절차]

1. 회사(Crew Building)에서의 업무

객실승무원들은 스케줄에 할당된 비행업무를 위하여 출근을 하게 된다. 모기지에서의 출발 비행일 경우는 일반적으로 공항에 위치한 승무원 빌딩(Crew Building)으로 출근하며 이곳에서 비행에 필요한 최종 준비를 하며 해당 편 승무원들과 대면하는 객실 브리핑(Cabin Briefing)을 갖게 된다.

승무원 빌딩에는 개인 사물함들이 비치되어진 라커룸과 회사에서 전달되는 개인 우편물과 직장 동료간에 메모를 전할 수 있는 개인 메일박스가 있고 용모복장을 재점검할 수 있는 미용실이 있다. 여유시간에 승무원 상호간에 대화를 나눌 수 있는 휴게장소는 물론 추가 비행 정보준비를 위한 비행준비실도 있다.

그림 12.1 대한항공의 Crew Net 홈페이지

승무원 빌딩에 출근을 한 승무원은 라커룸과 미용실에서 용모와 복장점검을 한다. Show-up을 한 후 개인 메일함을 둘러보고 비행준비실로 간다. 이때 해당 비행편의 업무할당과 브리핑 정보, 당일 회사 소식 등을 조회한다. 이를 마친 승무원은 객실 브리핑(Cabin Briefing) 시간까지 휴게실에서 Perdiem을 수령하거나 개인 용무를 보며 대기한다.

1) 출근

국제선 비행에 임하는 객실승무원은 계절, 기후, 교통 혼잡 등 여러 출근 상황을 고려하여 충분한 시간적 여유를 가지고 출근해야 하며 유니폼(Uniform)을 입고 출근할 때에는 회사 규정에 맞는 Make-Up과 Hair Style을 갖추고 사복 착용 시에도 승무원의 품위 유지를 위하여 정장 차림을 하여야 한다.

국제선 근무를 배정받은 객실승무원은 기본적인 비행 준비뿐 아니라 해외체제 시 필요한 개인용품 및 복장준비에도 소홀함이 없어야 한다. 또한 방문국의 기후와 일정, 상황 등의 사전 정보숙지는 필수적이다. 회사자체의 Intra-Net과 인터넷을 통해 해당 편수에 관한 비행정보와 목적지 공항정보는 물론 취항지의 날씨, 환율, 교통상황, 유명관광지 등의 다양한 정보를 얻을 수 있다.

2) Show-up(Briefing Sign)

객실승무원은 할당된 비행근무를 위해 용모복장을 완전하게 갖춘 상태로 지정된 장소에 비치된 List에 서명하여야 한다. Show-up을 하면서 당일 비행편의 상세한 추가정보들을 얻을 수 있다. 해당편 비행 정보에는 비행편명, 비행 구간, 출발/도착시간, 항공기 기종, Lay-Over Time, 탑승승무원 수, 승무원 명단, 각 승무원의 직위, Grade, ID Number, 방송이나 서비스 자격코드 등 이다.

3) 브리핑(Briefing) 준비

Show-up을 마친 승무원은 객실 브리핑(Cabin Briefing)에 참석하기 전 비행근무에 차질이 없도록 최근 업무지시, 서비스 정보 등의 공지사항을 숙지하기 위하여 개인 Mail-Box를 점검하고 승무원 필수 휴대품의 소지 및 이상 유무를 확인하며 이때 현지에서 사용할 개인 Perdiem도 수령한다.

브리핑(Briefing) 및 비행 전반에 관한 준비는 출근 전 직원전용 전산망을 통해 자택에서 미리 이루어져야 하며 승무원 빌딩(Crew Building)에서는 최종적으로 확인한다. 특히 각자에게 부여된 Duty Position에서의 안전(Safety) 관련 업무는 브리핑(Briefing)참석하기 전에 완벽하게 숙지하여야 한다.

객실승무원이 비행 근무를 위해 반드시 확인하고 준비해야 할 휴대품과 사전 학습내용을 살펴보면 다음과 같다.

먼저, 객실승무원 필수 휴대품은 여권과 해당국의 Visa, 직원 신분증(ID Card) 및 승무원 등록증, 회사가 지급한 서비스 책자, 출입국 및 비행 근무에

표 12.1 국제선 승무원 필수 휴대품

객실승무원 필수 휴대품(International Flight 인 경우)	
사무장	• A/C 및 Flight관련 각종 서류양식 • 일반 승무원의 필수 휴대품
객실승무원	• 여권, 비자, 직원 신분증(ID Card) • 업무수행에 요한 지급품(Service Tools, Apron, 기내화 등) • 개인 휴대로 지정된 물품(시계, 메모지, 손전등, 향수 등) • 객실승무원 업무 규정집, 방송문, Flight Diary Time Table(국제선, 국내선), 각종 서류 • 안전 자격증(Safety Certificate) • 객실승무원 업무교본(COM)

- **Aircraft** : HL7492(744K) : View Diagram 1

HL No	AC Ver	Seat Config	IFE			IVS		PRAM	전원(ISPS)	Internet SVC
			System	Video	Audio	F , C	Y			
HL7492	744K	10 / 50 / 262								

- **Reservation** : F 8 / C 52 / Y 262 (10 / 60 / 262) - **Sales Crew Added Route** : NO

- **Duty Assignment** : Duty Purser JEONG DO SEOK (8809721 , SP03 / 0110TM) / Duty Purse' confirmed

Duty	RANK	TEAM	NAME	J/S	DUTY	RANK	TEAM	NAME	J/S	DUTY	RANK	TEAM	NAME	J/S
FA1	AP06	0203		L1	FG	SS00	0116		R1	FA2	SS01	0718		R1
UPS	AP07	0222		UL	UPG	SS02	0616		UR					
PS	AP08	0107		L2										
					PG1	SS07	0819		R2	CPS	SR05	KULC		L2
DL	SS00	0110		L3	DG	AP08	0110		L3	DR	SS08	1006		R3
EL	SS08	0110		R5	EG	PS05	0110		L5	ER	SS07	0110		R4
					EM	SS98	0908		L4					
BRFG ROOM		Remarks	1. Prepare crew item (p/p, id...) 2. Remind com gen info & dir											

- **Announcement** : (　　　) - **In-flight Sales** : (DG , ALL CREW) - **TASER** : (EG , FA1)
- **Added Sales Crew** : () - **City & Art Guide** : ()

그림 12.2 K항공사 Duty Code 및 Service Zone

필요한 서류, 국제선/국내선 Time Table과 메모지, 기타 개인 휴대품으로 지정된 물품이다.

객실 브리핑 참석 전에 숙지할 사전 학습내용은 당일 비행편에 투입된 기종과 운영되는 Class, 해당 항공기의 장비와 시스템 및 비상시 처리 절차와 Door 작동 법, 객실 설비와 객실서비스 절차와 방법, 목적지 정보(입국 서류 및 검역 절차, 면세 기준, 보세품 처리절차, 공항 정보 및 Transit 절차, 시차)와 브리핑 관련정보(기장, 사무장 성명, 자신의 할당 Duty, 해당 편 Briefing Sheet 내용, 업무 지시와 공지사항)이다.

Duty Code 약어해설

DP : Duty Purser
J : Junior Duty
L : Left- Side Duty
UP : Upper Deck Prestige Class
S : Senior Duty
G : Galley Duty
R : Right- Side Duty

4) 객실 브리핑(Cabin Briefing)

개인별 비행준비를 마친 승무원은 정해진 시간에 지정된 장소에서 해당 비행편 승무원들과 객실 브리핑(Cabin Briefing)을 갖게 된다. 객실 브리핑 전 비행 및 서비스에 관한 정보는 항상 Up-Date된 내용을 개인적으로 숙지하고 있어야 하며, 특히 안전(Safety)관련 사항은 객실 브리핑(Cabin Briefing)시 있게

표 2.2 K 항공사 객실 브리핑 시간과 주요내용

구분	국내선		
	ICN	GMP/PUS	기타지역
시간	1시간 10분전		1시간 전
장소	객실 브리핑실(여객 청사)	객실 브리핑실	객실 전방

구분	국제선		
	ICN	GMP/PUS	기타지역
시간	1시간 45분 전	1시간 40분 전	1시간 10분 전
장소	객실 브리핑실		객실 전방

주관	항목	모기지 출발 편	모기지 도착 편
객실 사무장	비행 준비 점검	• 인원 확인–Duty, Extra, Ferry 인원포함 • Duty 확인 • 용모 및 복장 점검–승무원 상호 Check • 필수 휴대품 소지 여부 확인: 여권 및 Visa, I. D Card 및 승무원 등록증, Time Table, Memo Pad, Service Standard Handbook	좌동
	업무 지식 점검	• 노선 관련 서비스 사항: 브리핑 지원일지 • 안전/보안: 승무원 휴대품 정리, 비상/보안 장비 점검, 비상구 작동법, 비상 처리 절차 • 승객 응대: 칭송 및 불만 사례 • 브리핑 강조 사항: 전달 사항/강조 사항	• 안전, 보안관 Debriefing실시: 승무원 휴대품 정리, 비상/보안 장비 점검, 비상구 작동법, 비상 처리 절차 • 기내서비스관련 Debriefing실시: 기본자세 서비스, 정규 서비스, 승객 탑승 및 하기 시 서비스, 객실 쾌적성 및 편의성 제공, 승객 오락물 서비스, 기내 방송
		• 해당 편 출/도착 시각: 비행시간/시차 포함 • A/C Type 및 HL NO. • 승객 상황 점검: 예약 상황, SPCL Care PAX 등 • 기내 서비스 순서 및 절차 • 각 클래스별 Meal Type • 기내 상영 영화 • 목적지 정보 및 노선 특이사항: CIQ 관련 유의 사항	• 해당 편 출/도착 시각: 비행시간/시차 포함 • A/C Type 및 HL NO. • 승객 예약 상황: SPCL Care PAX 등 • 기내 서비스 순서 및 절차 • 각 클래스별 Meal Type • 기내 상영 영화 • 목적지 정보 및 노선 특이사항: CIQ 관련 유의 사항
기내 판매 Duty	기내 판매 관련 사항	• 기판 관련 사항: 면세 기준, 기판 참여 Duty Crew, 목적지 도착 후 보세품처리법	• 기판 관련 사항: 고객 불만 사례 소개, 기판관련 기본 정보, 기판업무 수행 절차
최상위 여승무원	기본 자세 인식	• Service TIP • Campaign • 인사 및 인사말 연습 • 공상 방지 Stretching	좌동

될 불시 점검(Random Check)에 대비하여 철저한 학습이 필요하다.

일반적으로 모기지에서는 Crew Building에서 실시되나 해외 Station에서는 지정숙소인 Hotel이나 Airport에서 이루어지기도 한다.

객실사무장이 주관하는 객실 브리핑(Cabin Briefing)은 근무의 첫 출발점이며 함께 비행할 팀원과의 첫 만남이 이루어지는 시간이다. 또한 이 시간의 활용도에 따라 해당 편의 서비스 품질이 좌우되기도 하므로 그 중요성은 근무 전반에 걸쳐 상당히 높은 비중을 차지한다고 할 수 있다. 모든 팀원은 Team Power를 극대화시켜 고객감동 객실서비스를 창출하기 위하여 한정된 시간 내에 최대의 효과를 올리기 위한 전략적 사고와 자세를 견지하고 객실 브리핑(Cabin Briefing)을 준비하고 임해야 한다.

객실 브리핑(Cabin Briefing)은 승무원 소개를 시작으로 승무원 개인별 업무할당이 이루어지며 이때 방송과 기내판매 담당자가 지정된다. 그리고 비행편과 승객에 관한 정보를 제공하고, 최신 업무 지시를 전달하고 확인한다.

비상시 신속하고 현명한 대처를 위한 비상시 근무절차(Emergency Procedure)에 대한 해당기종의 브리핑(Briefing)은 매 브리핑(Briefing)마다 실시되며 안전(Safety)관련 시험(Test)이 수시로 실시된다. 휴대품 준비사항과 용모, 복장 점검 확인을 마지막으로 객실사무장은 승무원 상호간에 도착지 Station에 관한 정보를 공유하도록 하며 적절한 동기부여로 노선 특성에 입각한 서비스가 이루어질 수 있도록 독려한다. 국내 K항공사의 예를 들어 객실 브리핑(Cabin Briefing)의 시간과 구체적인 내용을 살펴보자.

2. 공항(Airport)에서의 업무

그림 12.3 대한항공의 승무원 전용 Shuttle Bus

객실 브리핑(Cabin Briefing)을 마친 객실승무원들은 버스로 공항 청사로 이동하게 된다. 객실승무원의 항공기 탑승시간과 운항 브리핑시간이 정해져 있으므로 반드시 이동시 소요시간을 고려하여야 한다. 일반적으로 동일 비행편의 승무원은 같은 셔틀버스(Suttle Bus)를 이용하게 된다.

4장에서 살펴본 바와 같이 항공 서비스는 운송과 객실 부서간의 서비스연계가 밀접한 특성을 띠고 있었다. 따라서 객실승무원은 본인의 비행 근무뿐만 아니라 완전한 고객 서비

TIME	SERVICE	ANN & VIDEO
0020	HEADPHONE SVC	S/BELT OFF & SKY PASS
0030	REFRESH TOWEL SVC	JUST FOR LAUGHS(20 MIN)
0040	NUTS & BEV (TRAY)	GILLETTE (25 MIN),CNN NEWS (25 MIN)
0100	MEAL(DNR) SVC WZ WINE, HOT BEV SVC	OPEN CONCERT(60 MIN)
0130	MEAL TRAY COLLECTION	체조(Sky team Care 13 MIN)
0150	AISLE & LAV CLEANING	
2000	SALES, DISTRIBUTION OF THE ENTRY DOCUMENTS	SALES(사전주문홍보 실시)
	& ASSISTANCE IN FILLING OUT FORMS, BEV IND SVC	WALKING WZ BEASTS(30 MIN)
	MOVIE 1, H/PHONE REFILL SVC	MOVIE
0440	BEV SVC (TRAY)	다큐멘터리(50 MIN)
0550	MOVIE 2, WALK AROUND & PAX CARE	MOVIE
0840	COTTON HAND TOWEL SVC	
0850	BEV SVC (TRAY)	
0900	MEAL(BRF) SVC WZ HOT BEV	체조(Skyteam Care 13 MIN)
0930	MEAL TRAY COLLECTION	
1000	RECHECK ON THE WRITTEN ENTRY DOCUMENTS	
1030	H/PHONE & MAGAZINE COLLECTION	
	SEALING THE LIQ CARTS & LOCKING GLY COMP"T	ARR(USA)

9월1일부터
1st : DINNER
FR/CL 1. Hanjeongsik 2. Eight treasure Beef oriental style 3. Fillet of orange roighy WZ shallot sc
PR/CL 1. Bibimbap 2. Beef Tenderloin WZ Mustard SC 3.stir-fried shrimps
EY/CL 1. Bibimbap 2. Stir-fried Beef in hot bean sc

2nd : BREAKFAST
FR/CL 1. Korean Soup (Pollack Soup) 2. 우동 3. Omelette WZ sweet corn
PR/CL 1. Korean-style porridge 2. Egg pocket WZ vegetables 3.Fried rice Wz egg,vege&ham
EY/CL 1. Omelette 2. Fried rice Wz egg,vege&ham

9월 MOVIE
MOVIE : ANGER MANAGEMENT (COMEDY 100Min)
MOVIE : WHALE RIDER (DRAMA 105Min)
10월 MOVIE
Bruce Almighty [Comedy 100min]
Pirates of the Caribbean [Action/Adventure 130Min]

▶KE011 / DL7861공동운항 편입니다.
방송담당자는 기내방송시 참고 바랍니다.
BAGGAGE SECURING 2차 / WELCOME ANN(공동운항안내)

▶The operation of Premium First Class(HL7402,7404,7460,7461,7473,7493,7494,7495)
1) Blanket & Pillow / Order for In Flt Sales
2) Giveaway - Comfortable wear(It should be served after ground h/towel svc)
Giveaway of PR/CL can be served to MC/CL passenger who doesn"t want a comfortable wear
★ Compotable wear cannot be served for cockpit crew

그림 12.4 K항공사 객실브리핑 자료(Cabin Briefing Sheet)

스의 차원에서 공항의 기본 시설 및 항공 수송 서비스의 공항 업무에 대하여 이해하고 있어야 한다.

항공사의 공항 업무는 승객의 Check-In, 수하물 관련업무, CIQ(Customs · Immigration · Quarantine) 안내를 주로 하는 여객운송 업무와 Catering작업, 기내청소, 기용품과 기물관리를 담당하는 객실관련 업무이외에도 항공기점검, 부품 관리 및 정비 관리 점검을 하는 정비업무, 그리고 조업사 관리감독 및 OAL(Other Airlines) 지상조업을 제공하는 조업업무, 화물운송 및 연료관련 업무 등이 있다.

1) 탑승 수속(Check-in, Checked Baggage)

객실 브리핑(Cabin Briefing)이 끝나면 전 승무원은 공항으로 이동한다. 공항 도착 후 출국 터미널의 당사 카운터에서 탑승 수속을 실시한다. Duty Crew는 별도의 탑승 수속(Check-In)없이 수화물 탁송절차만 거치면 되지만 Extra Crew인 경우에는 좌석배정을 위해 항공사 직원 전용 탑승 수속(Check-In) 카운터 에서 탑승권(Boarding Pass)을 발급받아야 한다. 수화물탁송 절차는 Duty, Extra Crew 모두가 행해야 하는 절차이며 일반적으로 모든 공항에는 항공사 직원 전용 카운터가 마련되어 있으며 이는 승무원의 빠른 탑승 수속과 공항 이동을 가능하게 한다.

2) CIQ(Customs · Immigration · Quarantine) – 출국수속

탑승 수속(Check-In)을 마친 후 전 승무원은 공항청사 내의 출국장으로 가서 법무부, 관세청, 보건부에서 실시하는 일련의 출국수속을 밟게 된다.

먼저 항공기 안전운항에 저해되는 위험물품의 항공기 탑재 및 과잉 외화 유출방지를 위해 실시되는 보안 검색(Security Check)이 있다. 휴대 수하물은 X-Ray 검색대를 통과하고 신체 부착물은 Gate형 금속감지기나 Bar형 탐지기로 검색한다. 필요시 촉수검사가 실시되기도 한다. 출국시 세관 신고대(Customs Check)에서 고가의 외제품을 소지한 승무원은 귀국시 확인을 위한 신고가 반드시 이루어져야 한다.

그림 12.5 출국수속을 위해 대기중인 객실승무원

출국 심사대(Immigration Check)에서는 여권 및 비자검사가 이루어진다. 일반적으로 한국에서 출국하는 경우 출입국 신고서 2부를 작성하여 1부를 제출하고 확인받은 1부는 입국시 제출하도록 되어 있는데 해당여권으로 최초 출국하는 승무원을 제외한 모든 승무원은 이 과정이 생략되고 직원신분증(I/D Card)으로 명단 확인을 한다.

마지막으로 병충해나 전염병의 이동을 막기

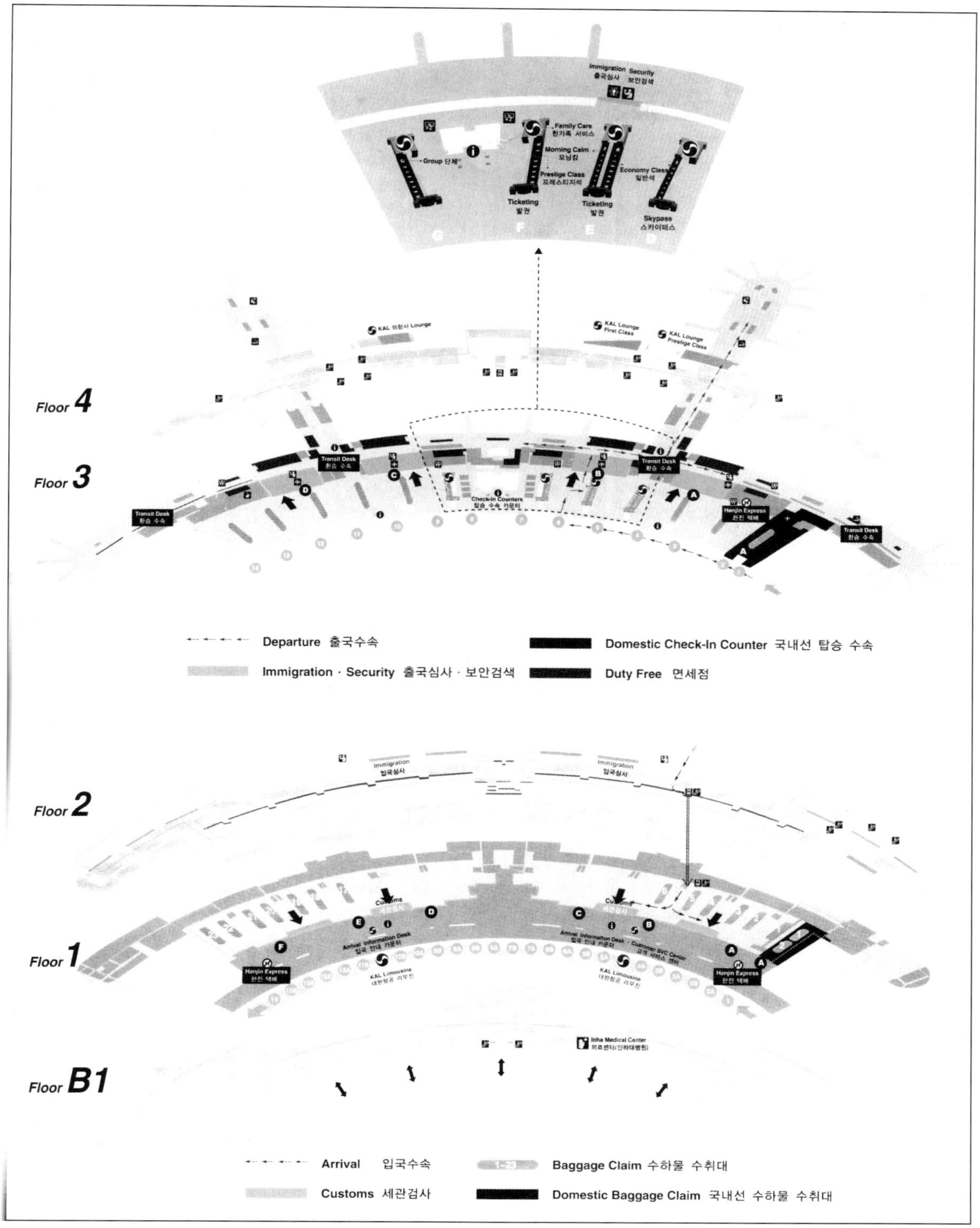

그림 12.6 인천국제공항 청사 안내도

농산물 검역안내

Quarantine Information for the travelers into the Korea or the United States

Agricultural or livestock products - plants or meats - you are bringing into Korea from a trip abroad can be infected with pests that may be invisible but are deadly to the environment. Therefore, all agricultural or livestock products should be declared to the plant or animal quarantine service for inspection.

Fruits, Vegetables, and Plants Inspectors will examine all plants or plant products such as fruits, vegetables, seeds and nursery stocks if they are free of pests or diseases. Import of most tropical fruits(mango, papaya, etc.) and plants with soil is prohibited whether or not the commodities are pest-free.

Meats, Meat Products, and Livestock Products Meats(beef, pork, etc.) and meat products(ham, sausage, etc.) from import prohibited countries cannot be brought into Korea. When the commodities are brought from import permitted countries, they should be accompanied by a certificate issued the national animal quarantine authorities of the origin countries.

You should declare any of these items by marking on the customs declaration card. If you are found carrying any of these items without declaration, you will be fined up to 5 million Korean Won for plants and meats. (Into the United States, $50~$250)

韓国またはアメリカに入国なさる際の農畜産物検疫

海外から持ち込まれた農畜産物には、自然環境に多大な被害をもたらす恐れのある病害虫に感染しているものがあります。農畜産物を持ち込む際には、必ず事前に申告して、検疫を受けください。

野菜、果物(マンゴ、パパイヤ等)、植物(種子や苗木等)

すべての農産物と植物類に対して、病原菌と害虫の検査が行われます。また、ほとんどの熱帯果物および土の付いた植物類は、病害虫の有無に関係なく、持ち込みが禁じられています。

肉類(牛肉、豚肉等)、肉加工品(ハム、ソーセージ等)

輸入が禁止されている国や地域の畜産品を持ち込むことは禁じられています。また、輸入が許可されている国や地域の畜産物でも、原産国で発行された検疫証明書がなければ、持ち込むことができません。

事前に申告をしないで摘発された場合

韓国では500万ウォン、アメリカでは50～250ドルの罰金が課せられます。上記に該当する農畜産物をお持ちの方は、必ず税関申告書に記入して、検疫官または税関員に提出してください。

한국 또는 미국으로 입국하시는 여행객들에 대한 농산물 검역 안내

해외 여행시 가지고 들어오는 식물류나 육류 등 농 · 축산물은 눈에 보이지 않으나 자연 환경에 큰 피해를 줄 수 있는 무서운 병해충에 감염되어 있을 수 있습니다. 따라서 농 · 축산물을 휴대하고 계신 여행객들은 동 · 식물 검역 기관에 반드시 사전 신고하여 검역을 받으셔야 합니다.

과일, 채소 등 각종 농산물 검역관들은 과일, 채소, 종자, 묘목 등 모든 식물류에 대해 병원균(病原菌)이나 해충(害蟲) 감염 가능 여부를 검사하게 됩니다. 대부분의 열대 과실류(망고, 파파야 등)와 흙이 묻어있는 식물은 수입 금지품으로 병해충 감염 여부에 관계 없이 반입할 수 없습니다.

육류, 육 가공품 등 축산물 육류(쇠고기, 돼지고기 등)와 육가공품(햄, 소시지 등)은 국내 반입이 금지된 국가들이 있습니다. 수입이 허용되는 국가의 경우에도 당해 국가의 동물 검역기관에서 발행한 검역 증명서를 휴대하여야 반입이 가능합니다. 신고를 하지 않고 반입하려다 적발되면 식물류 및 육류는 500만원의 과태료가 부과(미국의 경우 $50～$250)되고 있으니 해당 물품을 소지하고 계신 승객께서는 세관신고서에 기재하여 도착 즉시 검역관 또는 세관원에게 제출하여 주시기 바랍니다.

Declare it,

Dump it,

Or pay a fine!

국립식물검역소
http://www.npqs.go.kr

국립수의과학검역원
http://www.nvrqs.go.kr

그림 12.7 대한항공의 농산물 검역안내

위해 보건복지부에서 실시하는 검역(Quarantine) 관련 수속을 받게 되는데 승무원은 이 과정을 생략한다. 그러나 일상생활이나 근무시 항상 개인위생에 스스로 관심을 가지고 건강관리에 유의해야 한다.

객실승무원은 각자의 공항에서의 출국수속뿐 아니라 승객들의 출국수속 관련 내용도 숙지하고 있어야 한다.

(ㄷ) 승객의 CIQ(Customs · Immigration · Quarantine) 수속

CIQ란 세관(Customs), 출입국 관리부(Immigration), 검역소(Quarantine)를 의미하며, 세관검사 때 귀중품(시계, 카메라, 보석 등)은 신고하여 입국할 때 이상이 없도록 조치해야 하고, 출입국 관리사무소에는 여권, 탑승권(Boarding Pass)를 제시하여야 한다. 또한 지역에 따라 예방접종과 같은 검역 조치가 필요하기도 하다.

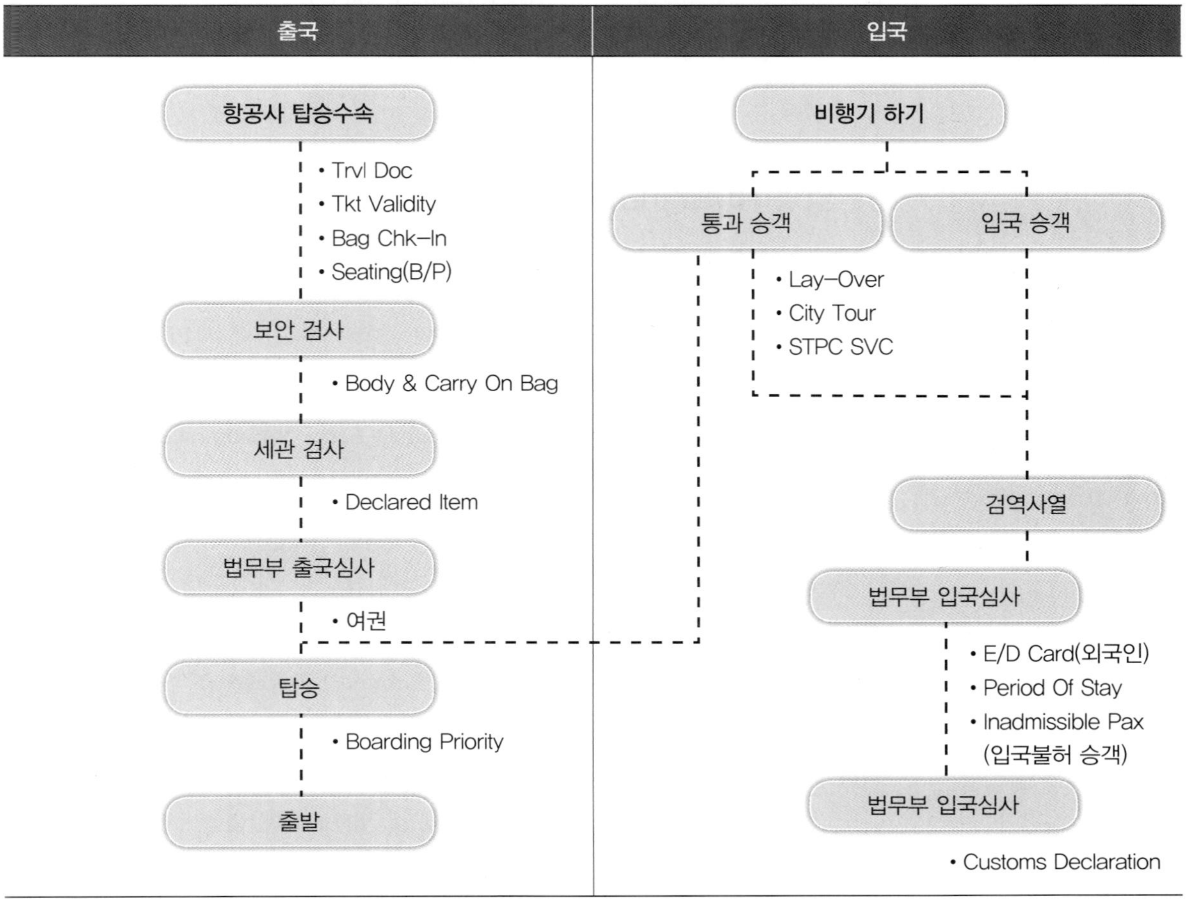

그림 12.8 승객의 CIQ 수속절차

(2) 출입국 카드 작성: E/D Card(Embarkation/Disembarkation Card)

모든 공항의 출입국 시에는 필히 출입국 카드를 작성하여야 하며, E/D Card (Embarkation/Disembarkation Card)를 작성 할 때에는 반드시 여권의 기재사항과 동일하게 작성한다. 외국에 입국할 때 항공기가 목적지에 가까워지면 객실승무원들은 항공편을 이용하는 여행자의 입국 편의를 위해 목적지 입국에 필요한 서류작성을 위한 서비스를 한다. 입국 카드와 세관신고서를 작성하도록 설명하고 여행자의 입국수속에 필요한 서류작성에 협조하며 Sample을 제시한다.

3) 서류수령

CIQ(Customs · Immigration · Quarantine)통과 후 객실승무원들은 해당편의 출발 Gate로 이동한다. 이때 서류 담당 승무원은 해당 카운터에서 출발편을 밝히고 도착지 입국에 필요한 승객 관련 서류를 지상 직원으로부터 수령하여 항공기로 향한다.

3. 항공기(Airplane)에서의 업무

공항에서 보안검색과 출국수속을 마친 객실승무원은 해당 비행편의 항공기가 위치한 탑승구로 가서 탑승하게 된다. 흔히 항공객실서비스를 In-Flight Service라고 통칭한다.

본 서에서는 In-Flight Service를 Pre-Flight Check, Welcome Ground Service, In-Flight Service, Farewell Ground Service, After-Flight Check의 5단계로 나누어 구성해 보았다.

Pre-Flight Check는 객실승무원이 항공기에 탑승한 시점부터 승객이 탑승하기 전까지의 업무내용을 말하며 개인 소지품 정리, 객실 및 시스템 점검, 객실서비스 준비 등이 포함된다. Welcome Ground Service는 승객 탑승시점부터 항공기가 이륙하기 전까지를 의미한다. 신문, 잡지를 제공하며 안전운항을 위한 Demonstration을 실시한다. 이륙후 항공기가 적정한 순항고도에 이르게 되면 본격적인 In-Flight Service가 실시된다. 비행시간, 운항구간, 항공기 출발시간에 따라 비행편의 In-Flight Service의 서비스 패턴이 달라지고 항공사

그림 12.9 국제선 비행을 위한 항공기에서의 업무(절차 및 내용)

가다 그 서비스 내용과 방법은 다소 상이하다. 항공기가 목적지 공항에 도착하면 항공여행의 유종의 미를 거둘 수 있는 Farewell Ground Service를 한다. 승객 하기후 객실승무원은 해당 비행의 완전한 마무리를 위하여 After-Flight Check업무를 행하게 된다.

1) Pre-Flight Check

Pre-Flight Check란 객실승무원이 공항수속을 마치고 항공기에 도착하여 승객들이 항공기에 탑승하기 전 까지를 이른다. 객실승무원은 항공기 탑승 후 각자 배정된 Duty에 따라 안전 및 서비스 분야에 대한 비행전 점검을 실시하고 서비스 준비를 하게 되는데 승객의 안전한 여행과 객실승무원의 원활한 업무수행을 위해 정확하고 신속하게 실시해야 한다.

(1) 개인 소지품 정리

객실승무원은 항공기 탑승후 비행 가방(Flight Bag)과 Hanger 등 승무원의 기내 반입 가능한 개인 소지품을 정리한다.

그림 12.10 기장이 주관하는 운항브리핑은 운항 · 객실승무원이 전원 참석하여 실시된다.

개인 소지품은 그 수와 규격이 정해져 있으며 회사 지급품인 Crew Tag이 부착되어야 한다. 보관위치는 Overhead Bin, Coat Room, 전방과 통로측 방향에 고정 장치가 설치되어 있는 좌석 하단 공간으로 승객의 안전과 편의를 최우선으로 고려하여 안전하게 보관하여야 하며, 승객 좌석 주변이나 Door Side 등에 방치하지 않도록 한다.

비행중 업무에 필요한 개인 용품은 승객의 안전과 편의를 최우선으로 고려하여 승무원 좌석 부근의 승객이 사용하지 않는 Sear Pocket이나 기내주방(Galley) 주변 보관함(Compartment) 내에 보관한다.

(2) 운항 브리핑

해당 비행편의 전 객실승무원은 운항, 객실승무원이 함께 참여하는 운항 브리핑에 참석한다. 브리핑시간은 근무규정에 정해져 있으며 대개 항공기 출발 1시간 20분 전, 객실브리핑실에서 이루어진다. 운항 브리핑은 기장 주관 하에 실시하며 주요 내용은 실 비행시간(Actual Flight Time), 현지 및 목적지 기상 운항조건 및 운항항로에 관한 정보와 당일 비행의 특이사항에 대한 것이다.

연결 편의 도착 지연 또는 기타 사유로 승무원 탑승 지연 시 운항 브리핑은 기내가 아니더라도 승객과 분리된 다른 장소에서 실시할 수 있다. 만일 출발 준비 시간이 충분치 않고 적절한 브리핑 장소가 확보되지 않은 경우에는 기장이 객실 사무장에게 브리핑하여 이 내용이 전 객실승무원에게 전달되도록 한다.

표 12.3 국제선 운항브리핑 주요내용

운항 브리핑 내용	
• 보안 사항 및 계획된 비행시간, 고도, 항로 • 항로상 예상되는 Turbulence, 목적지 기상과 도착시간 • 승객 예약 상황 – VIP, CIP, Extra Crew, 환자 • 화물 상황 – 탑재량, 고가품 • 특별한 CIQ 절차	• 조종실 출입 절차 • 안전 고려 사항 – 좌석벨트 운영 방법, Turbulence시 P. A 운영 방법 • 비상 절차 – 비상 신호 사용, 비상구, Slide 사용, 비상 탈출 등 • 기장과 객실승무원 간의 협조 사항

(3) 비상 보안 장비 및 시스템 점검

객실승무원은 각자 근무를 배정 받은 담당 구역에서 응급조치 장비, 화재진압 장비, 안전 장비, 비상탈출 및 착수 장비 등 비행 전 비상 · 보안 장비 점검을 실시하여 그 결과를 객실사무장에게 보고 해야 한다. 점검 시에는 장비의 Up-Date상태는 물론 탑재 수와 이상 유무 점검을 꼼꼼히 해야 한다. 그리고 비행 중에 필요한 각종 설비의 시스템 점검이 함께 이루어져야 한다.

Communication System Check은 객실승무원 전원이 자신의 담당 Station에 설치되어 있는 Handset과 Panel을 점검하고 방송 담당자가 PA(Public Address) 작동 상황을 점검한다.

PA(Public Address) 점검방법은 다음과 같다. 객실사무장이나 방송 담당 승무원이 시험방송을 실시하고 나머지 승무원은 각자의 업무구역에서 이를 Monitor한다.

그림 12.11 담당 Station의 Panel을 점검하는 객실승무원

객실조명 시스템점검(Cabin Light System Check)은 객실사무장과 객실 부사무장이 담당한다. 객실조명을 단계별로 조절하여 이상 유무를 확인하며 기내주방(Galley)장비는 Galley Duty가 기내주방(Galley)에 설치되어 있는 장비의 작동여부를 확인하는 방식으로 점검이 이루어진다.

기내 화장실 시스템(Lavatory System)은 화장실이 위치한 담당 구역의 승무원이 화장실의 청결 상태 및 설비의 작동여부를 확인한다. 그리고 승객 좌석 위와 통로 측에 돌출되어 비상탈출에 지장을 주는 Monitor와 Screen은 해당 구역의 승무원이 점검하며 승객 탑승, 하기, 이 · 착륙시에는 반드시 원위치 한다.

그림 12.12 승객탑승, 하기, 이 · 착륙시 스크린은 반드시 원위치해야 한다.

NCS
항공객실서비스 직무능력매칭

능력단위	능력단위요소	수행준거
1203010501_15v2 기내 안전관리	1203010501_15v2.1 승객 탑승 전 안전 · 보안 점검하기	1. 규정에 따른 항공기 객실의 안전장비 점검 2. 규정에 따른 항공기 객실의 보안장비 점검 3. 규정에 따른 항공기 안전 운항에 의심스러운 물건 보고 4. 규정에 따른 기내 작업 인력에 대한 동향 파악 후 이상 발생 시 보고

이와 같이 다양한 객실서비스 제공을 위해 승객 위락 시설물을 포함한 여러 가지 객실 설비가 설치되어 운용되고 있다. 객실승무원은 승객의 서비스 만족을 제고하기위해 철저한 사전 설비점검(Pre-Flight Check)을 해야 하며 기종에 따라 설비의 사양과 작동법이 다르므로 이를 숙지하여 업무 효율을 기해야 한다.

(4) 객실 청결상태 점검(Cabin Cleaning Check)

기내청소와 각종 용품 탑재는 도착 항공기의 승객이 하기한 후 지상 조업원이 실시하며 객실승무원은 승객들의 쾌적한 여행을 위해 담당 구역별로 청소 작업 상태를 점검해야 한다.

올바른 점검을 위해서는 지상 조업원의 업무내용을 알고 있어야 한다. 지상 조업원은 기내청소 후 승객 좌석에 담요(Blanket)과 베개(Pillow)를 비치하고, Head-rest Cover를 교체한다. 화장실에 Roll Paper, Tissue, Paper Towel, 3 OZ Cup, Disposal Toilet Seat Cover를 마련한 후, 주방과 화장실의 쓰레기 봉지(Trash Vinyl)를 교체하고, 베개 커버(Pillow Cover), Entrance Mat를 정리한다. 그리고 마지막으로 Seat Pocket Item 및 기내지의 탑재 업무를 담당한다.

다음의 내용은 객실 내 청결상태가 유지되어야 할 부분들이다. 객실승무원은 승객 탑승전의 점검뿐 아니라 비행중에도 수시로 청결과 정돈상태를 살펴보아야 하며 필요한 비품들은 적시에 채워져야 한다.

NCS 항공객실서비스 직무능력매칭

능력단위	능력단위요소	수행준거
1203010502_13v1 승객 탑승 전 준비	1203010502_13v1.2 서비스 설비 및 기물 점검하기	1. 규정에 따른 서비스 설비 및 기물의 이상 여부 점검 및 조치 2. 규정에 따른 화장실 설비의 이상 유무 점검 및 조치 3. 규정에 따른 제반 입국 관련 서류의 탑재 여부 · 수량 점검 및 조치 4. 규정에 따른 면세품의 탑재 여부 · 수량 점검 및 조치

표 12.4 객실 청결상태 점검부분

객실(Cabin Area)	Galley Area	· 화장실(Lavatory Area)
– Passenger Seat – Floor Carpet – Handset (Cabin Attendant Station) – 클래스 나눔대 Class Divider(Curtain) – 코트룸(Coatroom) – 승무원 좌석(Jump Seat) – 트래이 테이블 보관함 (Dog House) – 승무원 휴식실 Crew Rest Area (Bunk)	– 쓰레기통 (Waste Container) – 씽크대(Sink) – 바닥(Floor) – 보관처(Compartment)	– Toilet Bowl – 거울 (Mirror & Mirror Frame) – 개수대(Water Basin) – 바닥(Floor) – 재떨이(Ashtray) – 기저귀 교체대 (Diaper Shelf) – 액체 비누통 (Liquid Soap Dispenser) – 화장실 용품비치 (Lavatory Item' Setting)
Passenger Seat	**Seat Pocket Item's Setting**	**Seat Pocket Item's Setting**
– 좌석(Seat) – 좌석 앞 주머니 (Seat Pocket) – 트레이 테이블(Tray Table) – 좌석벨트(Seat Belt) – Headrest Cover – Window Shade – Box For Stowage Of Small Articles – 바닥(Floor)	– 구토대(Air Sickness Bag) – Safety Information Card – 잡지(Airline Magazine) – 기내판매 안내지 (Sky Shop Guide Book) – Stationary Folder	– Drink Fountain Sink Area – Entrance Mat

Class Divider
객실의 동일구역에 2개의 Class가 설치되는 경우 Class를 구분하기 위해 설치되는 칸막이를 말한다.

Window Shade
기내 창문커튼을 말한다. 기내 영화상영시나 승객 Rest시 Window Shade의 개폐 여부는 승객의 선택사항이다. 단, 승무원 좌석의 Window Shade는 항공기 이착륙시 외부 상황의 판단을 위하여 열어 두어야한다.

(5) Catering Item Check

Catering Item은 항공여행 중 승객에게 제공되는 기내식, 기내 음료, 서비스 기물, 기내 판매품, 신문, 잡지 등 기타 서비스 용품들이다.

객실승무원의 모든 점검 업무들은 무엇보다 정확성을 요구하며 그 중 Catering Item Check은 기내 물적 서비스와 직결되는 업무이므로 그 중요도가 더 하다고 할 수 있다. 특히 기내식은 해당 편의 승객 수에 따라 탑재량이 정해지므로 객실사무장은 승객 탑승 종료 시 당일 탑승객에게 제공될 적정량의 기내식이 탑재되었는지 정확하게 확인해야 한다.

Catering Item Check은 Carry-on Box, Cart, Compartment 외부에 기재되어 있는 품목의 수와 내용이 그 내부의 것과 일치하는지를 확인하는 방법으로 실시되며 각 Galley Duty는 해당 노선에 필요한 서비스 기물과 서비스 용품

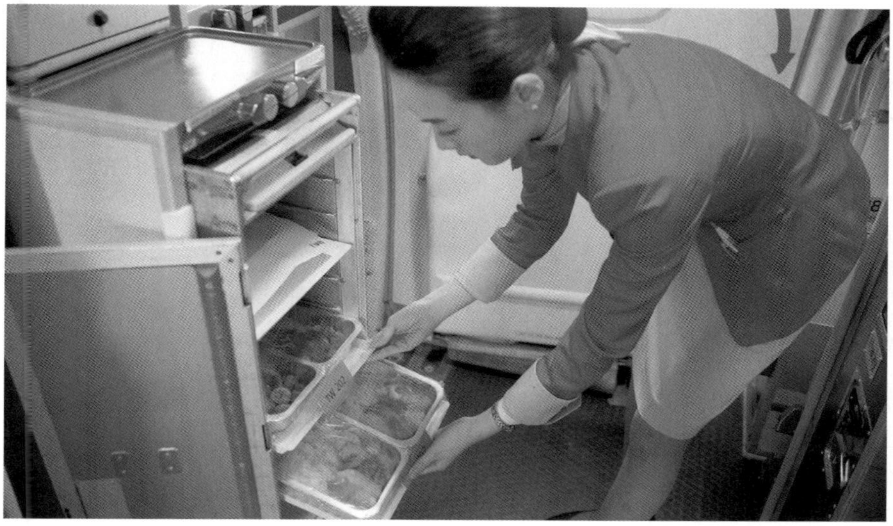

그림 12.13 티웨이항공의 객실승무원이 탑재된 기내식을 점검하고 있다.

그리고 기내식의 탑재내역을 최종적으로 확인하고 객실 부사무장에게 보고한다.

만일 서비스 용품의 추가 탑재가 필요한 경우에는 객실사무장에게 보고하고 Catering부서의 Load Supervisor에게 필요한 만큼의 수량을 주문할 수 있으나 서비스 용품 탑재가 항공기의 출발지연을 가져오지 않도록 용품 수송시간을 잘 고려하여 주문해야 한다.

(6) 지상 서비스 준비

비상 보안 장비점검과 서비스 용품 탑재점검이 일차적으로 마무리되면 객실승무원들은 지상에서 제공될 서비스 준비를 하게 된다. 클래스별로 제공되는 서비스의 내용은 다르지만 안전한 항공기 이륙을 위해 지상 서비스는 간단히 진행된다.

NCS
항공객실서비스 직무능력매칭

능력단위	능력단위요소	수행준거
1203010502_13v1 승객 탑승 전 준비	1203010502_13v1.1 기내서비스용품 점검하기	1. 규정에 따른 서비스용품 탑재 여부 점검 및 조치 2. 규정에 따른 서비스 용품의 품질 상태 · 이상유무 점검 및 조치 3. 규정에 따른 서비스 용품 위치 배열

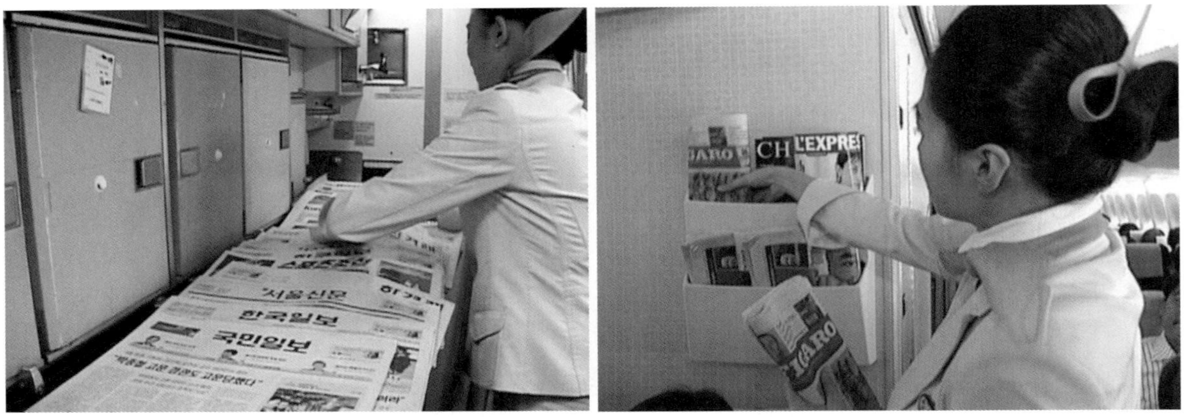

그림 12.14 신문과 잡지를 Galley 선반과 잡지꽂이에 정리하는 객실승무원

항공사마다 서비스 내용은 다르지만 대부분의 항공사의 일반석에서는 신문, 잡지서비스를 하고 상위클래스에서는 환영음료와 신문, 잡지 서비스를 제공하고 있다.

• 신문, 잡지 서비스 준비

항공기 기내에는 한국어, 영자 신문은 물론 노선에 따라 해당국의 현지신문이 탑재되며 지상에서 서비스하는 경우는 승객이 탑승하면서 원하는 신문이나 잡지를 직접 선택하도록 하고 있다.

해당 업무를 부여받은 객실승무원은 Serving Cart나 Galley 선반에 신문을 준비하여 항공기 밖 Bridge 접속 부분이나 Step Car상단에 비치하고 기내의 신문, 잡지꽂이에도 종류별로 가지런히 마련해둔다.

• 이어폰 서비스(Earphone Service) 준비

항공사는 승객의 여행의 무료함을 달래주기 위하여 비행 중 각종 기내 오락 서비스(Entertainment Service)를 실시하며 객실승무원은 승객이 이를 즐기기 위해 필요한 이어폰(Earphone)을 제공한다.

장거리 비행(Long Flight)에서는 이륙 후에 서비스하지만 비행시간이 2시간 이상 3시간 미만의 단거리인 경우에는 상대적으로 이륙 후 서비스 시간이 짧아지므로 지상에서 이어폰(Earphone)을 준비하여 제공한다. Towel Basket에 담당 Zone의 승객 수 만큼 준비하여 서비스한다.

(7) 승객 탑승 준비

전 객실승무원은 당일 비행편의 최종 점검을 마치면 승객이 항공기에 도착하기 전에 정복을 착용한 후 담당 Zone에서 승객을 맞이할 준비를 한다. 각자 위치에서 대기하고 Overhead Bin을 열어두어 승객이 비어있는 Overhead Bin을 쉽게 찾을 수 있도록 배려한다.

객실사무장은 승객 탑승전 PA(Public Address)를 통해 전 승무원에게 승객 탑승 시작 시간을 알리고 해당노선에 어울리는 Boarding Music를 켠다. Boarding Music은 안전 모의실연(Safety Demonstration) 상영 전에 끈다.

그림 12.15 승객을 맞이할 준비를 하는 객실승무원

2. Welcome Ground Service

Welcome Ground Service란 승객이 항공기에 탑승하여 항공기가 이륙하기 전까지 객실승무원이 해야 하는 업무를 말한다. 우선 탑승객과 첫 대면이 이루어지는 시간이므로 좋은 항공사의 이미지를 전달할 수 있도록 승객 탑승 시 밝은 환영인사와 더불어 정성껏 좌석안내를 해야 한다.

지상에서의 객실승무원의 업무는 서비스 업무보다는 전반적인 항공기 운항과 이륙을 위한 안전업무에 비중을 두고 있으므로 안전요원으로서의 역할을 충실히 이행하여야 한다. 또한 항공기 입출항 관련 서류 인수나 특별승객 응대시 지상 운송직원과의 업무협조에도 소홀함이 없어야 한다.

(1) 승객 탑승

항공기내 점검과 비행준비가 완료되면 승객의 탑승이 시작된다. 원활한 승객 탑승은 운송 직원과 객실승무원의 업무 협조하에 이루어질 수 있다. 항공기 탑승전 지상에서 운송 직원이 승객의 휴대 수하물규제를 규정에 의해 실시하고 공항 터미널에서 탑승 안내가 제 시간에 이루어져야 승객의 기내 탑승이 정시에 시작되고 이는 항공

그림 12.16 승객탑승시는 첫 대면이 이루어지는 시간으로 환영인사와 좌석안내가 동시에 실시된다.

기 정시 출발로 이어진다.

항공사는 항공기 기종에 따라 승객의 항공기 탑승 시간을 다르게 정하고 있다. 대형기종과 국제선 비행은 탑승 소요시간이 길기 때문에 소형기종이나 국내선 비행에 비해 탑승 시간(Boarding Time)이 빠르다.

승객탑승이 시작되면 객실사무장은 탑승구에 위치하여 전반적인 승객 탑승이 원활히 진행되도록 객실승무원을 배치하고 안내 업무를 지휘한다. 객실 부사무장은 탑승구 주변에 위치하여 승객 탑승 안내 업무 및 특별 승객(Special Passenger)의 탑승을 안내한다.

탑승구에서 환영 인사를 하는 담당 승무원은 주 탑승 구에 위치하여 탑승하는 승객에게 환영 인사를 실시하고 탑승권을 참고로 해당 좌석 방향을 안내하며 그 밖의 객실 내 승무원은 담당 구역 비상구 주변에 위치하여 승객이 도움을 필요로 할 때 즉시 응대할 수 있도록 유연성 있게 이동하면서 승객 좌석을 안내하고 휴대 수하물을 적절한 장소에 보관토록 협조한다.

국내간선
국내선 중 Ground Time이 40분 이하이고, 승객 승하기시 Bridge를 이용하며, 국내 화물이 없는 경우(화물 Container가 실리지 않는 경우)를 의미한다.

표 12.5 K항공사 기종별 객실승무원 탑승시간

기종별 Boarding Time			
	PAX Boarding Time		
	DOM	INT'L	국내간선
B747 / B777-300	D-30	D-30	
B777-200 / A330-300	D-25	D-30	D-20
A330-200	D-20	D-30	
A300	D-20	D-30	D-15
B737	D-20	D-20	D-15

NCS
항공객실서비스 직무능력매칭

능력단위	능력단위요소	수행준거
1203010503_16v2 승객 탑승 및 이륙전 서비스	1203010503_16v2.1 탑승위치 대기하기	1. 규정에 따른 임무 수행을 위해 해당 근무지역에서 대기 2. 규정에 따른 승객 탑승 시 대기 자세 3. 규정에 따른 승객 탑승 시 밝은 표정의 환영 인사 4. 규정에 따른 눈높이 서비스 자세

승객 탑승 순서

- Stretcher PAX
- UM, 제한 승객
- 노약자, 유아 동반 승객
- VIP, CIP
- PF/CL 승객, FR/CL 승객, MMC, Elite Plus Member
- PR/CL 승객, Elite Member
- Y Plus/CL 승객
- EY/CL 승객

(2) 환영 인사 및 좌석 안내

객실승무원은 단정한 복장을 갖추고 Door 근처나 통로(Aisle)에 대기하여 밝은 표정으로 승객에게 환영의 인사를 전한다. 좌석을 안내할 때는 먼저 승객 탑승권의 좌석번호를 확인하고 해당 좌석의 방향을 안내한다. 승객탑승이 원활히 진행될 수 있도록 하고 특히 노약자, 환자, 어린이, 유아동반 승객은 적극적으로 안내한다.

만일 좌석이 중복된 승객이 있을 경우는 먼저 승객의 탑승권을 보고 날짜, 편명, 이름, 좌석번호를 확인하고 정중히 사과드린 후 잠시 대기 할 장소를 제공하고 안내한다. 이 상황을 사무장에게 보고하며 사무장은 지상 직원에게 좌석 재배정을 요청한다. 좌석 여유가 있는 경우 나중에 탑승한 승객을 선호 좌석으로 재배정하여 안내한다.

(3) 휴대 수하물 보관 안내

좌석안내와 동시에 수행되어야 하는 객실승무원의 업무는 휴대 수하물 보관 안내 및 협조업무이다.

NCS
항공객실서비스 직무능력매칭

능력단위	능력단위요소	수행준거
1203010503_16v2 승객 탑승 및 이륙전 서비스	1203010503_16v2.5 특수 고객 지원하기	1. 규정에 따른 특수 고객 탑승 여부 확인 2. 규정에 따른 특수 고객의 특성 인사 및 좌석 안내 3. 규정에 따른 특수 고객에게 기내 설비 사용법 안내 4. 규정에 따른 특수 고객에 대한 여행 편의 제공

그림 12.17 객실승무원은 필요시 승객들의 탑승권 재확인을 실시한다.

기내반입 수하물은 Overhead Bin, Coatroom 또는 Restraint Bar가 설치된 좌석 밑에 보관되어야 하며, 객실승무원은 Overhead Bin에 보관된 물품이 떨어져 승객이 상해를 입지 않도록 휴대 수하물의 보관 상태를 철저히 확인한다. 승객이 짐을 적정장소에 보관할 수 있도록 안내하며, 외견상 도움이 필요하다고 판단되는 승객이나 도움을 요청하는 승객에게는 짐을 올리거나 옮기는 등의 직접적인 도움을 제공한다. 휴대 수하물은 승객이 직접 관리해야 하며 항공사는 분실이나 파손에 대해 책임을 지지 않는다.

일반적으로 기내 휴대가 허용되는 수하물은 승객의 좌석 밑이나 기내 선반에 올려놓을 수 있는 물품으로 그 크기가 3면의 합이 115cm이내인 수하물 1개로 제한된다. 하지만 상위 클래스 승객은 2개까지 허용된다.

승객탑승 중 초과 휴대 수하물 발견시 운송 직원의 도움을 받아 승객의 최종 목적지까지 일반 화물로 보내도록 조치한다. 이때 현금, 유가증권 등 중요한 서류는 승객이 꺼내서 직접 소지하도록 권유하며 깨지기 쉬운 수하물은 승객의 서명을 받은 후 'Fragile Tag'을 부착한다.

NCS
항공객실서비스 직무능력매칭

능력단위	능력단위요소	수행준거
1203010503_16v2 승객 탑승 및 이륙전 서비스	1203010503_16v2.2 탑승권 재확인하기	1. 규정에 따른 승객의 출발 일시 확인 2. 규정에 따른 승객의 목적지 파악 3. 규정에 따른 승객의 좌석 등급 구별 4. 규정에 따른 승객의 좌석번호 확인

그림 12.18 항공수하물 중 깨지기 쉬운 것은 Fragile Tag을 부착한다.

승객의 짐은 공항 수속시 보안 검사에서 기내 휴대 가능품목과 제한 품목으로 분류되며 휴대가 가능한 품목은 승객이 직접 휴대하고 휴대가 제한된 품목은 항공사 지상직원에 의해 화물칸에 탑재되어 목적지 공항에서 찾도록 되어 있다.

(4) 지상 서비스

승객 탑승 후 항공기 이륙전까지의 지상 서비스는 항공사나 각 항공사의 클래스(Class)별로 제공되는 서비스의 내용은 약간의 차이가 있다. 하지만 안전한 항공기 이륙을 위해 지상 서비스는 대체로 간단하다는 공통점을 지닌다. 주로 일반석에서는 신문이나 잡지 등의 독서물을 제공하며 상위 클래스에는 탑승 환영 음료와 신문, 잡지 서비스가 실시된다.

지상 서비스는 항공기가 Push-Back하기 전에 안전업무를 수행하기에 지장이 없는 범위 내에서 실시하며, 그 이후에 승객이 서비스를 요구하는 경우 이륙후 서비스하는 이유를 정중히 설명한다.

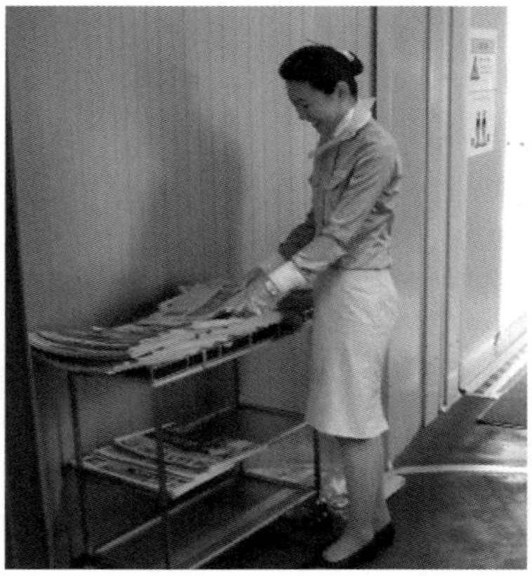

그림 12.19 Gate앞에서 Serving Cart상단에 신문을 Setting하는 객실승무원

NCS
항공객실서비스 직무능력매칭

능력단위	능력단위요소	수행준거
1203010503_16v2 승객 탑승 및 이륙 전 서비스	1203010503_16v2.3 좌석 안내하기	1. 규정에 따른 승객들에게 지정된 좌석번호 재확인 2. 규정에 따른 좌석 배열 파악 및 승객에게 정확한 좌석으로 안내 3. 규정에 따른 승객에게 좌석 설비 사용법 안내 4. 규정에 따른 좌석 상태 파악 및 조치

• 신문 · 잡지 서비스

주 탑승구에 위치한 객실승무원은 비치된 신문을 승객이 탑승 시 직접 고르실 수 있도록 안내한다. 승객이 원하는 신문이 없을 경우, 우선 다른 신문으로 대체하여 권유하고 승객의 의향을 물어 다른 승객이 다 보신 신문을 수거하여 재서비스 한다.

서비스 후 남은 신문과 잡지는 기내의 잡지꽂이에 가지런히 정돈하여 비치하고 승객들이 수시로 원하는 내용물을 택할 수 있도록 한다.

• 이어폰 서비스(Earphone Service)

단거리 국제선 노선에서는 예약 승객의 90%정도 탑승이 완료되면 담당 Zone 별로 앞쪽부터 Earphone Service를 실시한다. 서비스시 승객에게 사용법을 설명한다.

(5) Ship Pouch 인수

항공기 내에 승객의 탑승이 완료되고 지상 서비스가 마무리가 되면 객실사무장은 지상 직원으로부터 여객 및 화물 운송 관련 서류, Flight Coupon, SHR(Special Handling Request) 등을 인수한다. 이러한 내용물이 담긴 가방을 Ship Pouch라 한다. 이때 도착지 Entry Document(출입국 카드, 세관 신고서, 검역 설문서) 탑재 여부 및 탑재량을 다시 한번 확인한다.

SHR
(Special Handling Request)
탑승객에 관한 정보가 기재된 서류로 승객의 인적사항, 특별한 서비스 요구사항, VIP(Very Important Person), CIP (Commecial Important Person), UM(Unaccompanied Minor), TWOV((Trasit Without Visa), 환자, 단체 등의 정보를 표기한 List

(6) Door Close

객실사무장은 승객의 탑승이 완료된 후 휴대 수하물의 보관과 Overhead Bin의 닫힌 상태, 서비스 용품의 탑재가 확인되어 객실의 출발준비가 완료되면

NCS
항공객실서비스 직무능력매칭

능력단위	능력단위요소	수행준거
1203010503_16v2 승객 탑승 및 이륙전 서비스	1203010503_16v2.4 수하물 정리 지원하기	1. 규정에 따른 좌석 주변의 공간 파악 및 승객에게 객실 선반의 위치 안내 2. 규정에 따른 안전하게 선반 작동 3. 규정에 따른 수하물의 특성별 보관 및 안내 4. 규정에 따른 수하물 안전하게 사용 5. 규정에 따른 수하물의 보관 위치 기억 후 승객에게 다시 전달

지상직원에게 이를 통보한다. 그리고 기장에게 탑승객 수와 준비 완료를 보고하여 기장의 동의를 얻어 탑승구를 닫는다. 탑승구를 닫기 전에 PA(Public Address)를 통해 지상 직원의 잔류여부를 확인한다.

(7) 안전 점검(Safety Check)

안전 점검(Safety Check)은 항공기의 지상 이동을 위한 객실준비 상태를 점검하기 위해 실시된다. 항공기가 지상 이동을 시작하기 전에 객실사무장의 All Attendant Call에 응답하는 것은 Door Slide Mode 변경 사실의 보고 및 비상 장비 점검상태, 비상구좌석 착석 상태, 휴대 수하물의 정위치 보관 및 Overhead Bin 닫힘 상태, Serving Cart의 정위치 보관 상태, Seat Back, 개인용 Monitor, Tray Table, Foot Rest의 원위치 상태가 이상이 없음을 보고하는 절차이다.

객실사무장은 객실 준비사항을 재확인한 후 기장에게 Push-back 준비완료를 보고한다.

Door Slide Mode
객실승무원은 비상 사태 발생시 신속한 비상탈출을 위해서 항공기가 출발하고 도착하기전에 비상구에 장착된 Slide Mode를 변경한다. 이는 비상구 Slide의 빠른 팽창을 위한 조치이며 그 변경방법은 다음과 같다. 항공기가 출발하기 위해 문을 닫은 후에는 Armed Position, 그리고 목적지 도착 후 항공기 문을 열기 전에는 Disarmed Position에 위치시킨다. 항공기의 기종에 따라 Slide Mode의 형태와 작동 법은 다르다.

Push-back
항공기가 주기되어 있는 곳에서 이륙하기 위해 후진하는 행위로 항공기는 자체의 힘으로 후진이 불가능하므로 Towing Car를 이용하여 후진한다.

(8) 탑승환영 방송(Welcome Announcement)

항공기 출입문을 닫고 나면 방송자격을 갖춘 담당 승무원이 승객의 탑승을 진심으로 환영하는 안내방송을 하게 된다. Welcome Announcement는 탑승환영 인사말과 간단한 비행관련 정보로 구성된다. 방송이 객실에 나오는 동안 객실승무원들은 해당 구역에서 승객들을 향해 정중히 인사를 하고 본인이 담당 승무원임을 알린다.

(9) 안전 모의실연(Safety Demonstration)

안전 모의실연(Safety Demonstration)은 일상 비행안전에 관한 안내뿐 아니라 비상시 항공기가 비상 착륙, 착수할 때 그리고 갑작스런 기내 고도변화로 기내 감압상황 발생시 승객들에게 필요한 정보를 제공하기위해 실시된다.

구명복, 산소마스크, 비상구, 좌석벨트 등의 위치와 사용 방법 등이 구체

NCS 항공객실서비스 직무능력매칭

능력단위	능력단위요소	수행준거
1203010503_16v2 승객 탑승 및 이륙전 서비스	1203010503_16v2.6 탑승 환영 안내방송하기	1. 규정에 따른 정보 파악 2. 규정에 따른 언어 구사 3. 규정에 따른 표준어 사용

사례 4.1 대한항공의 탑승환영 방송문

저희 대한항공을 찾아주신 고객여러분, 안녕하십니까.

이 비행기는 ○○까지 가는 스카이팀 회원사인 대한항공 ○○편입니다.

목적지인 ○○공항까지의 비행시간은/ 이륙 후 ○○시간 ○○분으로 예정하고 있습니다.

오늘 ○○ 기장과 ○○ 사무장, 그리고 승무원 ○○명이 여러분을 정성껏 모시겠습니다.

하늘 가득히 사랑을 드리는 저희 대한항공과 함께 편안한 여행을 하시기 바랍니다.

Good morning (afternoon, evening), ladies and gentlemen,

On behalf of Captain ○○ and the entire crew, welcome aboard Korean Air, a member of SKYTEAM, flight ○○bound for○○(via○○).

Our flight time to ○○will be○○hour(s) ○○minutes after take-off.

[R/S JOINING] On this flight, we have (a) ○○based cabin crew on board.

If there is anything we can do to make your flight more comfortable,

our cabin crew is happy to serve you. Please enjoy the flight. Thank you.

み さま おはようございます.(こんにちは, こんばんは)

きょうも SKYTEAMのKOREAN AIRを ごりようくださいまして まことに

ありがとうございます.

この飛行機は○○便 (○○經由)○○ゆきでございます.

○○までの 飛行時 夕 離陸後 /○○時 ○○分を 豫定しております.

本日は, 機長(FAMILY NAME), PUSER(FAMILY NAME)を はじめ, 乗務員 ○○名が 皆様を○○まで ご案內いたします.

ご用の際は わたくしどもに ごえんりょ く お知らせくださいませ.それでは これからのそらのたび どうぞ ごゆっくり おくつろぎくださいませ.

적으로 제시되며 VTR Film 상영 또는 승무원의 실연으로 실시된다.

안전 모의실연(Safety Demonstration)은 Multi-Portion인 경우 중간 기착지에서 신규 탑승한 승객여부에 관계없이 모든 구간에서 실시하며, Diversion과 회황 후 재출발 시에도 반드시 실시한다.

객실사무장은 안전 모의실연(Safety Demonstration)이 승객에게 효과적으로 전달되도록 승무원이 실연할 때에는 객실조명을 Full Bright로 하며 VTR

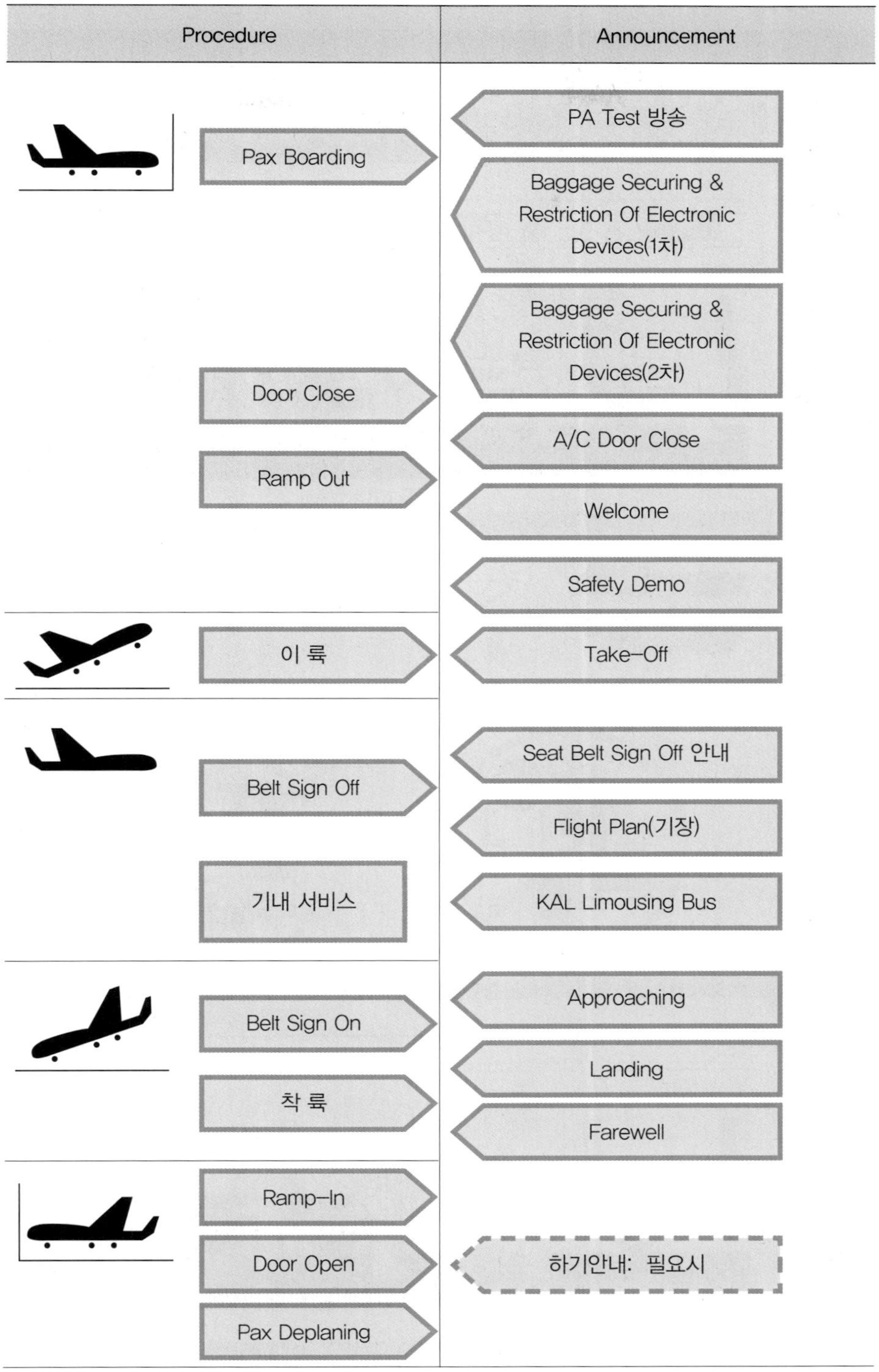

그림 12.20 대한항공의 국제선 기내방송 절차

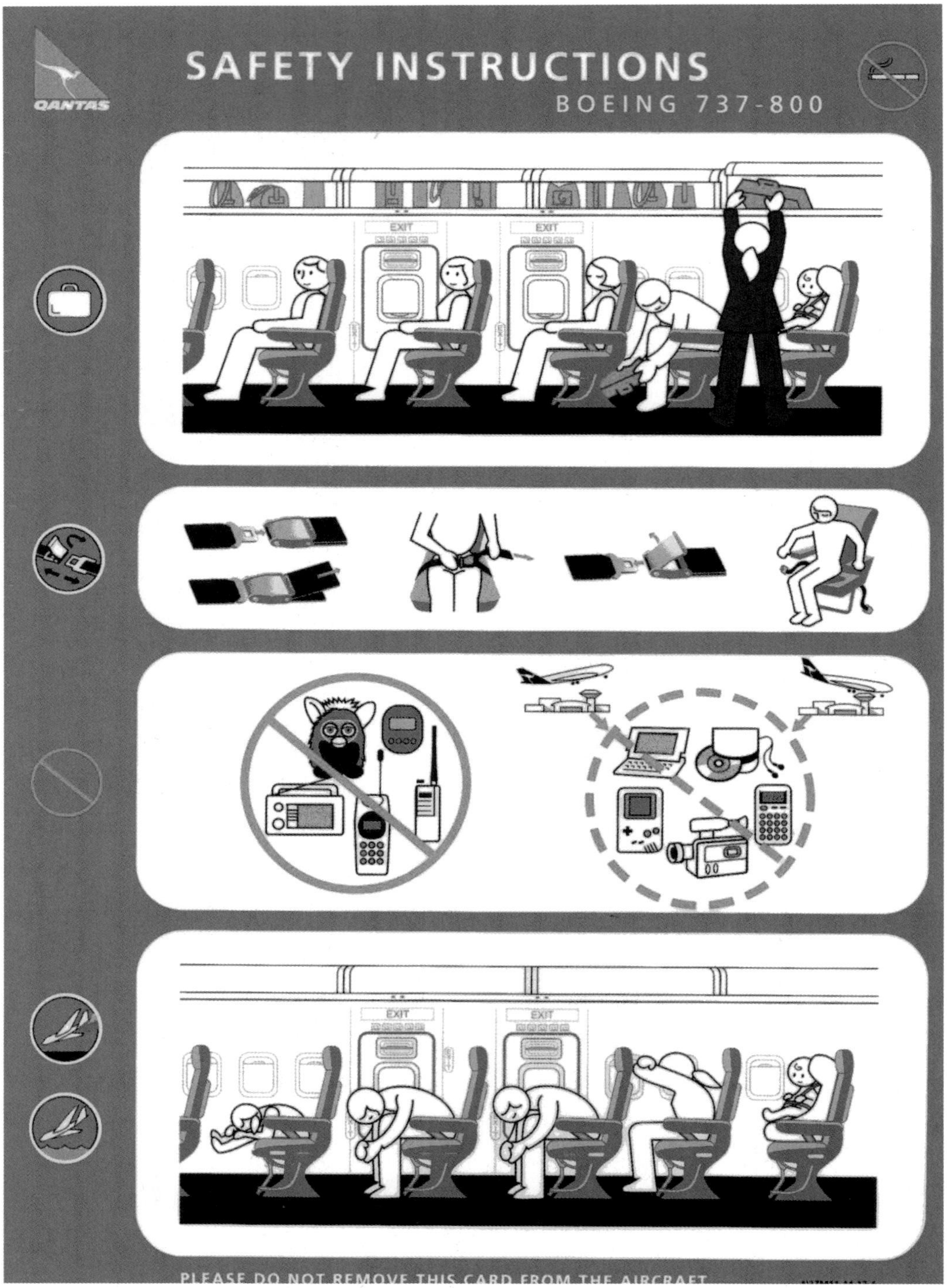

그림 12.21 Quantas 항공의 Safety Instruction Card

Film상영시에는 Dim으로 조절한다.

객실승무원은 해당 구역의 승객 중 UM(Unaccompanied Minor), 장애 승객, 노인 승객 등의 비상 탈출시 도움을 필요로 하는 승객이나 객실 구조상 안전 모의실연(Safety Demonstration)을 볼 수 없는 좌석에 착석해 있는 승객에게 개별 브리핑을 실시하고, 상영이 종료되면 담당 구역의 승객들의 좌석 벨트 착용과 수하물 보관상태를 다시 한번 점검한다.

그림 12.22 안전모의실연은 구명복, 산소마스크, 비상구, 좌석벨트 등의 위치와 사용법등이 구체적으로 제시된다.

(10) 이륙전 안전 업무

지상 서비스와 안전 모의실연(Safety Demonstration)이 종료되면 객실승무원은 본격적인 항공기 이륙을 위한 안전 업무를 수행하게 된다. 기내 주방(Galley)내의 유동물을 고정하고 모든 기내 보관함(Compartment)과 Cart의 상태를 확인하고 Safety Strap을 장착한다. 담당구역 승객의 이륙준비 상태와 화장실 점검업무를 종료하는 즉시 지정된 승무원 좌석에 착석한 후 좌석 벨트(Seat Belt)와 Shoulder Harness를 착용하고 30 Second Review를 실시한다.

그림 12.23 객실승무원은 항공기 이륙전 기내주방내 모든 유동물을 고정하고 기내보관함의 상태를 확인한다.

객실사무장은 이륙 사인(Take Off Signal)이 나오면 객실 및 기내주방(Galley)내 유동물 고정, 승객 좌석의 원위치(Seat Back, Foot-Rest, Tray Table, Individual Monitor 등), 승무원 착석 상태(Seat Belt, Shoulder Harness)를 최종적으로 확인하고 이륙 안내방송을 실시하며 기장에게 객실 이륙준비 완료를 보고한다. 그리고 이륙 전 객실 조명을 외부 밝기에 맞도록 적절하게 조절한다.

NCS 항공객실서비스 직무능력매칭

능력단위	능력단위요소	수행준거
1203010501_15v2 기내 안전관리	1203010501_15v2.2 항공기 이 · 착륙전 안전 · 보안 관리하기	1. 규정에 따른 승객에게 좌석 벨트 착용 안내 2. 규정에 따른 미착석 승객 확인 및 착석 유도 3. 규정에 따른 객실 수화물 선반(Overhead Bin) 잠금 상태 확인 및 조치 4. 규정에 따른 설비 잠금 상태 확인 및 조치

3) In-Flight Service

In-Flight Service란 항공기가 이륙하여 적정 고도에 이르러 승객들에게 기내식, 기내 엔터테인먼트(Cabin Entertainment), 면세품 판매 등의 여러 가지 객실서비스를 제공하는, 목적지에 도착하기 전까지의 객실승무원의 비행 중의 업무를 말한다.

서비스 내용과 절차나 방법은 항공사에 따라 상이하며 한 항공사에서도 노선별로 차이가 있다. 본서에서는 K항공사의 장거리 비행을 기준으로 살펴본다.

장거리 비행의 In-Flight Service는 크게 두 차례의 식음료 서비스와 영화 상

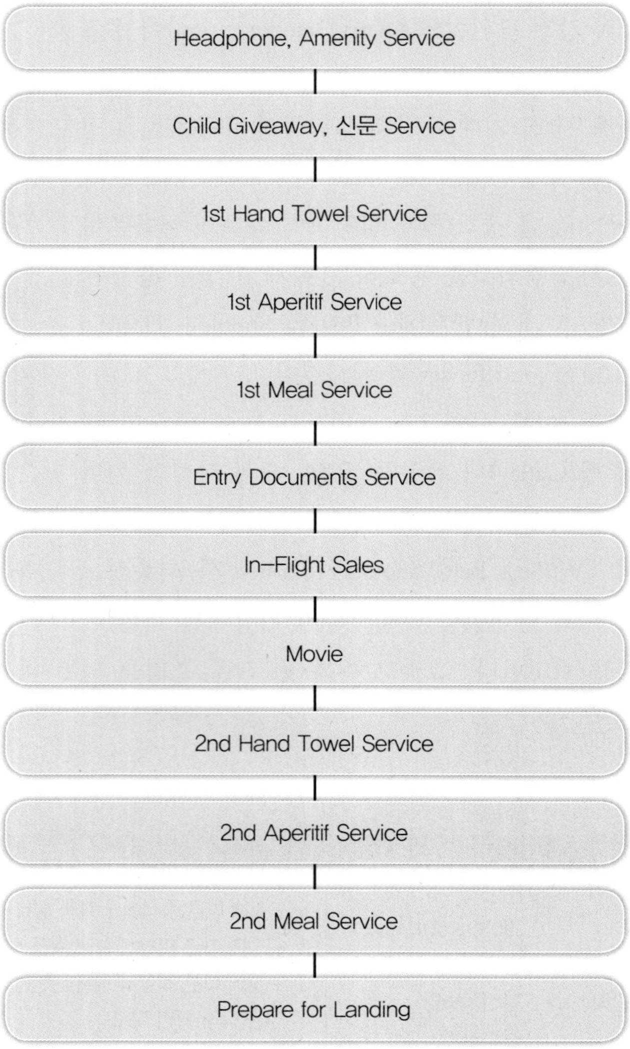

그림 12.24 K항공사의 In-Flight Service Procedure (장거리 비행의 경우)

역으로 이루어진다. 그리고 여행객의 편의를 도모하기 위해 목적지의 입국 서류를 배포하며 구입희망자에 한해 면세품 판매도 실시하고 있다. 또한 승객의 안락한 휴식과 쾌적한 기내환경 유지를 위해 수시로 객실을 순회하며 필요한 조치를 한다.

(7) Galley Briefing

항공기가 이륙하여 적정고도에 이르면 조종실에서는 좌석벨트 착용사인(Fasten Seat Belt Sign)을 꺼서 객실승무원에게 서비스 업무가 가능하다는 신호를 준다. 각자의 서비스 담당 기내주방(Galley)에 모인 승무원들은 서비스를 위한 복장을 갖추고 해당 비행의 In-Flight Service를 위한 기내주방 브리핑(Galley Briefing)을 갖는다.

기내주방 브리핑(Galley Briefing)은 기내주방(Galley)장이 주관이 되어 이루어지며 탑승객 정보, 기내식의 내용과 탑재수량, 해당구역의 특별식(Special Meal) 내용 및 수량, 서비스 방법과 유의사항 등이 담당 승무원에게 전달된다. 이 내용들은 객실 브리핑(Cabin Briefing)에서 이미 전달된 내용이지만 해당구역의 정보를 서비스 전에 다시 한번 숙지하는 것이다.

상위 클래스에서는 해당 클래스의 Senior가 주관하여 실시한다.

기내주방 브리핑(Galley Briefing)을 마치고 적정한 서비스 준비가 완료되면 식사 서비스가 시작된다. 객실서비스를 담당하는 승무원은 서비스에 전념하며 기내주방(Galley)장들은 기내주방(Galley)내 서비스 준비 업무수행과 동시에 서비스에도 가담하여 균형있는 서비스가 이루어지도록 한다.

국제선 장거리 비행에서는 항공기 출발시간을 고려하여 평균적으로 2회의 식사 서비스가 이루어진다. 모든 식사 서비스에는 먼저 Towel이 제공되고 뒤

그림 12.25 승객에게 음료 서비스를 하는 객실승무원

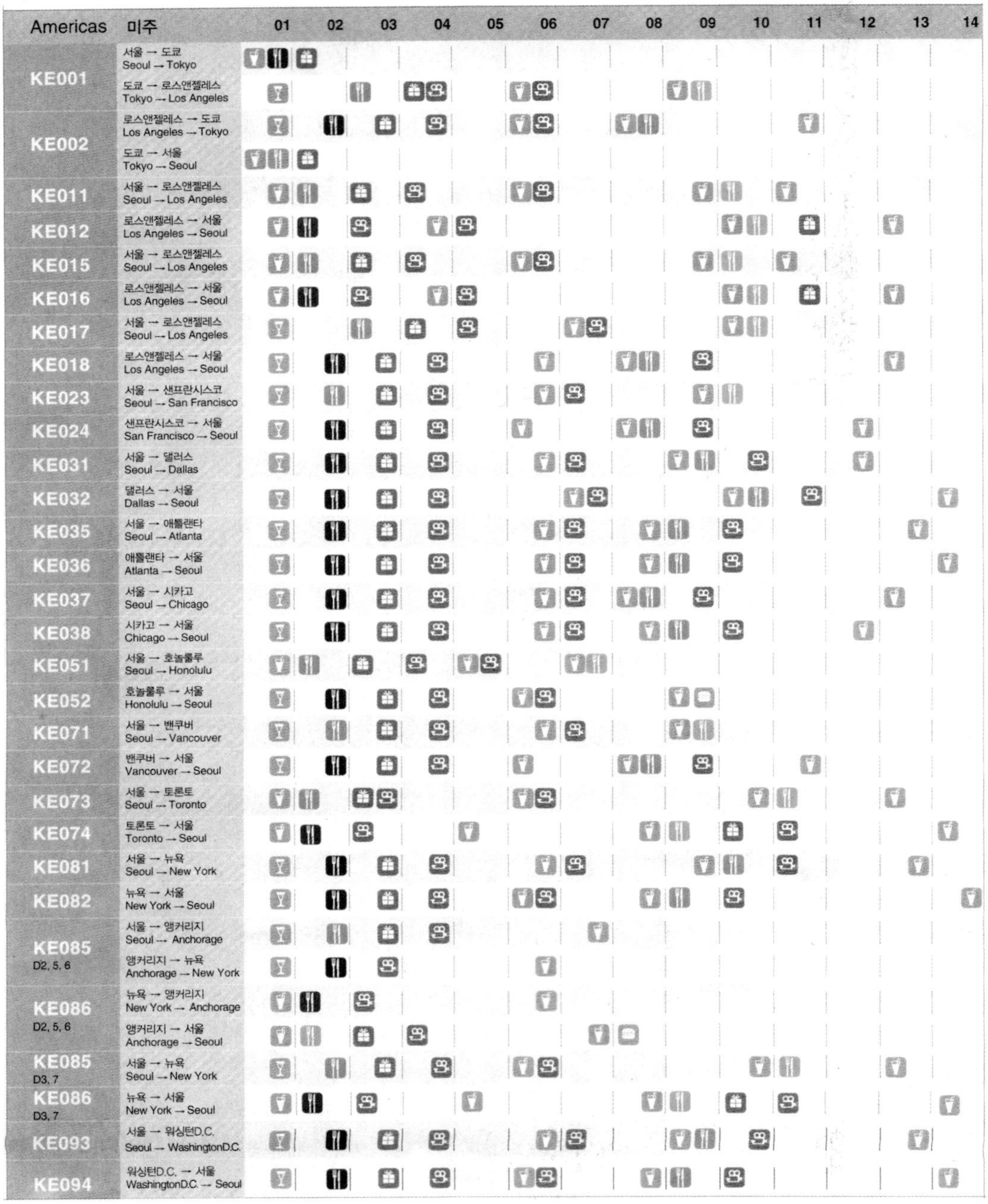

그림 12.26 대한항공의 기내서비스 순서

표 12.6 Cocktail의 종류

Whisky Base	Gin Base	Wine Base	Champagne Base	Vodka Base
• Scotch Soda • Whisky Sour • Bourbon Coke • C.C – Sprite • John Collins	• Gin Tonic • Gin Fizz • Orange Blossom • Tom Collins • Martini	• Kir	• Mimosa • Kir Royal • Buck Fizz • Arise My Love	• Vodka Tonic • Bloody Mary • Screw Driver • Seoul Love

를 이어 식욕을 돋우어 줄 식전음료와 서양식 코스에 맞춘 식사가 제공된다.

기내 음료와 기내식에 관한 내용에 대해서는 이미 본 서의 6장 항공객실서비스 내용 및 용품에서 자세히 다루었다. 본 장에서는 서비스 절차와 방법에 대해 살펴본다.

그림 12.27 일반석에서는 Pre-set 방식으로 기내식을 제공한다.

(2) Beverage Service

항공사들은 탑승객의 기호와 취향에 맞는 음료를 제공하기 위해 노선과 Flight별로 그에 따른 다양한 종류의 비알코올 음료와 알코올 음료를 준비하고 있다. 음료 서비스(Beverage Service)는 Meal Service시점을 기준으로 하며 식전에는 Aperitif를 제공하고 식사중에는 Meal Type에 따라 와인(Wine)이나 기타 음료를 제공하며, 식후에는 Coffee와 Tea류를 제공한다.

식사가 아침 식사(Breakfast)나 Brunch일 경우에는 식전주(Aperitif)로 Cold Beverage외에 Coffee와 Tea등의 Hot Beverage를 함께 제공한다.

NCS 항공객실서비스 직무능력매칭

능력단위	능력단위요소	수행준거
1203010504_13v1 비행 중 서비스	1203010504_13v1.1 기내음료 제공하기	1. 규정에 따른 비알콜 음료 (Cold Beverage, Hot Beverage)정보 승객에게 전달 2. 규정에 따른 술의 종류와 첨가 음료에 관한 정보 숙지 및 제조 3. 규정에 따른 다양한 와인에 관한 정보 파악 · 서비스 및 회수

표 12.7 Cocktail 제조 방법

일반적인 COCKTAIL 제조 시 유의사항
• Cocktail은 Base와 Mixer를 혼합하여 제조하며 Cocktail 종류에 따라 설탕, 시럽 등의 감미료나 얼음을 넣고 Lemon Slice나 Orange Slice, Cheery 등으로 화려하게 장식한다. • Cocktail은 항상 차게(4 – 6℃) 만든다. • On the Rocks는 Ice Cube를 Class의 4/5정도 채우고 Liquor를 2oz 정도 따른다. • Straight는 1oz 정도가 적당하며 Chaser를 함께 주문 받아 서비스한다. • Whisky Water는 얼음을 잔의 2/3정도 채우고 Liquor(주로 Scotch Whisky)를 2oz 정도 따르고 물로 3/4까지 채운다. • Mixer가 발포성일 경우 너무 많이 젓지 않는다. • 장식를 이용하여 장식의 효과를 주되 마르지 않은 것을 써야 한다. • 얼음은 깨끗하고 단단한 것을 사용해야 하며 녹은 얼음은 Cocktail을 묽게 하므로 쓰지 않도록 하며 얼음을 넣은 Cocktail은 Muddler를 같이 제공한다. • 설탕이 들어가는 Cocktail은 충분히 저어 녹인 후 얼음을 넣는다.

Chaser
일종의 입가심 음료로서 Hard Liquor류를 Straight로 마실 때 함께 마시며 물, 소다수, 진저에일 등을 주로 서비스한다.

그림 12.28 기내식은 일반식과 특별식으로 구분되어 탑재 · 제공된다.

객실승무원들은 비행 중 승객요구에 의해 모든 음료의 제공이 가능하나 알코올 음료의 경우에는 만취 승객이 발생되지 않도록 유의하여 제공한다.

(3) Meal Service

음료 서비스에 이어 정해진 Service Procedure 및 Meal Type 기준에 따라 Meal을 서비스한다. 모든 항공사의 기내식은 클래스(Class)별로 그 식사 내용과 제공방식이 다르다. 일등석에서는 기내식을 Course별로 제공하고 이등석에서는 Semi Course 방식으로 제공하며, 일반석에서는 Pre-Set Tray 방식으로 제공한다. 그리고 상위 클래스 승객에게는 3~4 Choice Entree를 제공하고, 일반석 승객은 2 Choice

NCS
항공객실서비스 직무능력매칭

능력단위	능력단위요소	수행준거
1203010504_13v1 비행 중 서비스	1203010504_13v1.2 기내식 제공하기	1. 규정에 따른 기내식 세팅(Setting) 및 데우기(Heating) 등 수행 2. 특별서비스요청서(SSR: Special Service Request)에 따른 특별식 서비스 및 회수 3. 규정에 따른 테이블 매너 · 기내식 서비스 및 회수

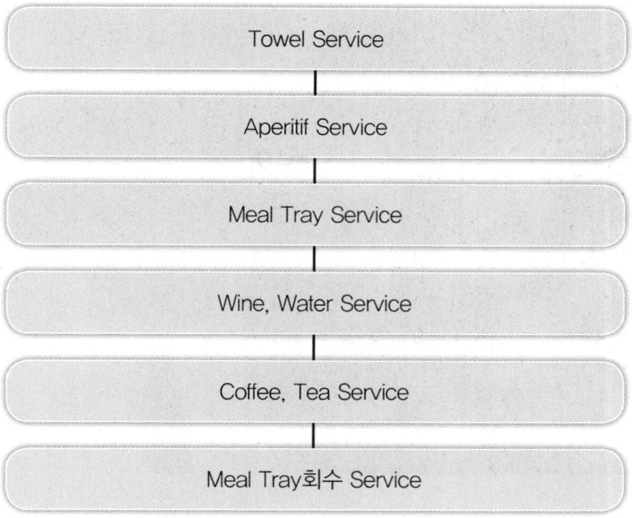

그림 12.29 Meal Service Procedure(일반석 dinner일 경우)

Entree의 기회를 제공받는다.

기내식은 일반 Meal과 특별식(Special Meal)으로 구분되어 탑재, 서비스 된다. 그 종류는 노선 및 서비스 시점에 따라 다르며 또한 다양한 Menu제공과 기내식 서비스 향상을 위해 3~4개월 주기로 Cycle Menu를 운영한다. 항공사의 기내식은 주로 서양식을 근간으로 하며 내국인 승객을 위한 한식과 노선 특성을 살린 일본식, 중국식 등을 제공하고 있으며 새로운 Menu개발과 기내식 서비스 개선을 위해 연구하고 있다.

기내식을 제공하는 서비스 횟수는 전체 비행시간에 따라 정해지는데 10시간 이상의 장거리노선에는 Hot Meal이 2회 제공되고 간단한 스낵이 서비스되는 것이 일반적이다.

그림 12.30 기내식과 와인 및 Hot Beverage를 서비스 하는 객실승무원

그림 12.31 기내식서비스와 함께 운항승무원의 식음료제공도 객실승무원의 몫이다.

특별식(Special Meal)은 일반 Meal과 달리 그 서비스 방법이나 준비과정에 특별한 주의를 필요로 한다. 지상에서 Meal탑재 점검 담당 승무원은 Catering 직원과의 특별식(Special Meal)인수인계 작업 후 탑재 내역을 사무장에게 보고하며 사무장은 승객 탑승 후 전달되는 SHR(Special Handling Request)의 특별식(Special Meal)내역과 실제 탑재 내역을 비교 확인한다. SHR 상에 기재된 Special Meal이 탑재되지 않았을 경우 지상 직원에게 즉시 통보하고, Catering 직원에게 요청하여 조치한다.

승객 탑승 후, 각 Zone별 기내주방(Galley)담당 승무원은 SHR을 참고하여, 특별식(Special Meal) 주문승객에게 승객의 주문내용, 성명, 좌석번호를 확인한 후 특별식(Special Meal) Tag에 그 내용을 기입하여 승객의 Head Rest Cover위에 부착 한다.

담당 객실승무원은 Meal서비스 시 일반 Meal보다 특별식(Special Meal)주문 승객에게 먼저 식사를 제공한다. Meal과 함께 서비스되는 와인(Wine)및 기타 음료는 Meal Tray서비스와 동시에 주문 받아 곧바로 제공하여야 한다. 식사 서비스시 주문한 내용과 Meal내용이 맞는지 재확인하여 누락 및 착오로 인한 승객 불만이 야기되지 않도록 하며 예약시 사전주문 내용이 누락되어 특별식(Special Meal)이 탑재되지 않은 경우 승객의 양해를 구하고 나서 의향을 물어 상위 클래스Meal을 이용하는 등의 차선책을 강구한다.

특별식(Special Meal)중 Kosher Meal은 다른 식사와 달리 서비스 방법에 차이가 있다. 포장되어진 식사는 반드시 승객이 보는 앞에서 개봉하여야 한다. 일반적으로 Kosher Meal은 종이 Box에 포장되어 Sealing용 스티커(Sticker)가 부착되어 있으나 일부 Kosher Meal은 이것이 개봉된 후 이중으로 덧붙여진 경우도 있는데 이는 Kosher Meal 제조 후 유대교 검식관인 랍비가 내용물 확인을 위해 잠금(Sealing)용 스티커(Sticker)를 뜯고 검사 후 재 부착한 제품으로 제조 공정상 문제가 없는 제품인 만큼 의문을 제기하는 승객에게는 충분한 설명을 하도록 한다.

(4) 기내판매 서비스

기내판매 서비스는 국제선 탑승객에 대한 기내 서비스의 일환으로 세계 유명 Brand의 면세상품을 기내에서 판매하는 업무를 말한다.

기내식 서비스 후 면세품 판매를 시작하기 전 안내방송을 하며, 해당 구간의 비행시간과 서비스 절차를 감안하여 실시한다. 비행시간이 1시간 이내인 국제선 구간과 단거리 구간에서는 일부 품목만 판매를 한다. 판매 담당 승무원들은 Cart에 면세품을 준비하여 객실을 순회하며 구입을 원하는 승객에게 면세품을 판매한다. 이때 객실승무원은 해당국의 입국허용 면세량을 안내한다.

그림 12.32 기내에서 판매되는 상품은 면세가격이 적용되며 객실승무원은 해당 국가의 입국허용 면세량을 안내한다.

기내 면세품 판매는 전체 객실서비스의 일부이나, 휴식을 취하는 다른 승객에게 방해가 되지 않도록 해당구역의 객실 조명만을 밝히거나 기내판매 Cart만을 비추는 간접조명을 이용하여 진행하는 것이 바람직하며, 이때 객실 내 다른 구역에 서비스공백이 발생하지 않도록 유의한다.

항공사들은 양주, 화장품, 향수, 액세서리, 초콜릿, 펜, 어린이를 위한 선물용품 등의 여러 가지 기내 면세품을 구비하고 있다. 객실승무원들은 자사가 판매하는 기내판매 면세품의 종류를 파악하고 있어야 하며 판매시에는 반드시 기내판매 안내지를 참고하여 정확한 가격을 제시하여야 한다. 수수화폐

NCS
항공객실서비스 직무능력매칭

능력단위	능력단위요소	수행준거
1203010504_13v1 비행 중 서비스	1203010504_13v1.4 면세품 판매하기	1. 규정에 따른 면세품의 기본적인 상품 세팅 및 판매 2. 규정에 따른 국가별 면세품 구매 한도에 관한 정보 전달 3. 규정에 따른 면세품 판매 전·후 재고파악 및 서류 정리

와 카드는 원칙적으로 해당 항공사가 별도로 지정하며 환율과 가격은 수시로 변동하여 적용된다. 최근에는 승객들의 보다 편리한 기내 면세품 구입을 위해 기내에 탑재된 귀국편 예약주문서로 예약주문을 받아 귀국 편에 기내에서 물품을 전달하는 귀국편 예약주문제도와 사전에 승객이 원하는 품목을 전화나 팩스, 인터넷으로 접수받아 기내에서 전달하는 사전 예약주문 제도를 실시하여 승객들에게 쇼핑편의를 제공하고 있다.

그림 12.33 해당국의 입국서류를 배포하는 승무원

(5) 입국서류 배포 및 작성협조

객실승무원은 기내 면세품 판매후 담당 구역별로 승객의 입국편의를 위해 항공기 도착전 해당 도착 국의 입국에 필요한 서류를 승객에게 배포하고 작성을 협조한다. 일반적으로 서류는 입국 카드와 세관신고서가 있고 일부 국가에서는 검역관련 설문서가 추가로 요구된다.

각 도착지 국가의 출입국 규정에 따른 작성요령을 사전에 숙지하여 작성안내와 협조 시에 승객의 여행 목적 및 소지 수하물의 종류 등을 정확히 작성할 수 있도록 한다. 그리고 도착 전 담당구역 승객의 입국에 필요한 서류소지 및 작성 여부를 재확인한다.

(6) 영화상영 및 승객 휴식

첫 번째 식사서비스가 끝나면 객실승무원들은 기내판매 서비스를 하고 입국서류를 배포한 뒤 객실 전체를 담당 구역별로 정리한 뒤 객실 조명을 조절하고 갖가지 기내오락(Entertainment)을 제공하게 된다. 그 대표적인 것이 영화상영이다.

NCS
항공객실서비스 직무능력매칭

능력단위	능력단위요소	수행준거
1203010511_16v1 항공서비스 업무 기본	1203010511_16v1.1 항공서비스 관련 서류 확인하기	1. 규정에 따른 담당구역별 도착지 입국에 필요한 서류 배포 2. 규정에 따른 도착지 국가의 출입국 규정 숙지 후 승객에게 정확히 안내 3. 규정에 따른 입국에 필요한 서류의 작성 여부 점검 및 조치 4. 규정에 따른 특수 고객에게 필요한 서류 작성에 협조

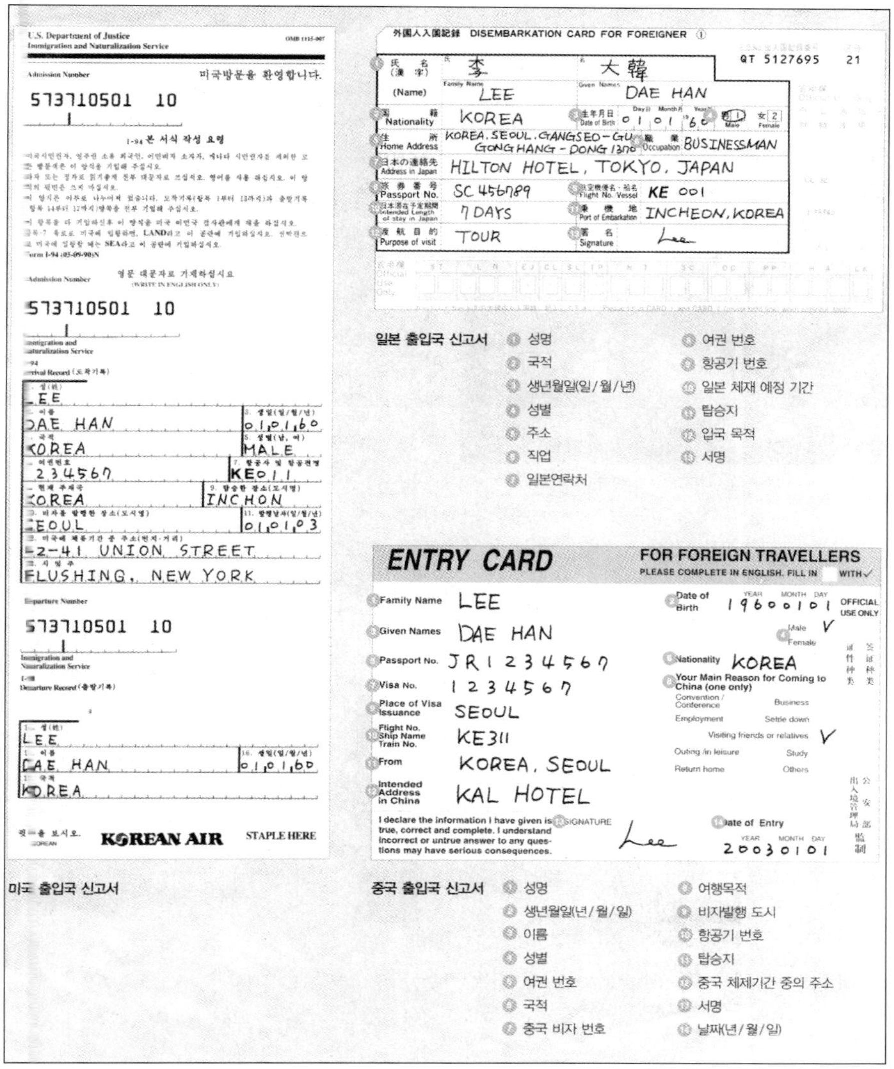

그림 12.34 미국, 일본, 중국의 출입국 신고서

항공사는 비행시간에 따라 상영물의 내용을 결정하는데 일반적으로 단거리 비행일 경우는 Short Subject, 장거리일 경우는 최신 Feature Movie를 선정한다. 이때 승객들은 자신이 원하는 개인 시간을 보내며 항공 여행을 즐길 수 있다. 주로 영화 관람을 하거나 독서, 취침을 하는 승객이 대부분이다. 영화상영시 승무원은 기내주방 조명(Galley Light)을 Dim상태로 유지해야 하며 주간에 영화를 상영할 때는 (또는 영화상영 후 날이 밝아질 경우) 승객의 양해를 얻어 창문(Window Shade)를 닫도록 한다. 그리고 헤드폰(Headphone)을 제공받지 못한 승객에게 재서비스하고 친절하게 채널(Channel) 사용방법과 영화 제목에 대한 안내를 한다.

그림 12.35 독서를 하며 개인휴식 시간을 보내는 승객

그림 12.36 승객 휴식시간 후 따뜻한 타올을 제공하는 객실승무원

상위 클래스의 승객 좌석에는 대부분의 기종에 개인용 모니터가 장착되어 있어 승객이 원하는 상영물을 선택해서 볼 수 있게 되어 있고 일부 항공사에서는 서비스 차별화를 위하여 일반석의 좌석에도 이러한 시스템을 도입하고 현재 서비스를 실시하고 있다.

이 시간은 섬세한 객실승무원의 서비스가 빛을 발하는 시간이다. 승객의 편안한 여행을 위해 객실 담당 구역을 순회하며 상황에 맞는 응대를 해야 하며 승객 개개인의 쾌적성을 최대한 배려하고 안전한 비행을 위한 수시점검도 잊지 말아야 한다.

객실승무원의 Cabin Patrol 요령은 다음과 같다. 비행중 무료한 승객에게 제공 가능한 오락용품을 적극적으로 제공하며 상황에 따라 음료, 베개, 모포 등을 필요로 하는 승객의 요구에 응한다. 항상 객실의 쾌적성 유지를 위해 조명 및 온도 조절을 하며 승객 좌석주변 및 기내주방(Galley), 화장실 등을 수시로 점검하고 청결한 상태를 유지한다. 특히 노약자나 환자 승객이 탑승한 경우는 더욱 세심한 관찰이 요구된다.

NCS
항공객실서비스 직무능력매칭

능력단위	능력단위요소	수행준거
1203010508_13v1 응급환자 대처	1203010508_13v1.2 응급환자 초기 대응하기	1. 규정에 따른 응급 처치 2. 규정에 따른 환자의 응급 상태 확인 · 탑승 의사와 의료진 탐색 3. 규정에 따른 응급치료 장비 활용 및 조치

승객의 휴식을 위해 갤리 작업 시 소음에 유의하며 기내통로(Aisle)를 Walk Around할 때는 개인용 Flash light를 사용한다. 그리고 승객이 휴식을 취하는 동안 화장실, Door Side, 객실 후방 등 안전 취약지역을 수시 점검한다.

Cabin Patrol은 승객의 욕구를 미리 파악하여 충족시키고 기내 안전사고는 수시점검으로 미연에 방지한다는 적극적인 마음자세가 바탕이 되어야 한다.

그림 12.37 승객들이 휴식을 하며 개인시간을 보내는 동안 객실의 쾌적성 유지를 위해 적절한 조명 및 기내온도 조절에 유의한다.

영화상영이외에도 비행중 승객들에게 해당 비행에 관련된 각종 정보를 안내하는 시스템인 Air show가 기내 스크린을 통해 영사되는데 비행속도, 고도, 현재위치, 목적지 까지의 거리와 남은 시간, 현지 시각 등을 실시간으로 제공하고 있으며, 기내음악 역시 승객 개인의 좌석에서 원하는 채널의 음악을 들을 수 있도록 배려하고 있다.

항공사들은 이러한 기내 오락(Entertainment)을 제공하는 프로그램 선정시 일정 기준을 가지고 항공 여행에 적당한지 그 내용을 면밀히 검토하며 매 2개월의 일정한 주기로 교체하고 있다.

(7) 승무원 휴식 및 비행관련 서류작성

승객들이 편안히 휴식을 취하며 개인 시간을 보내시는 동안 객실승무원들도 2개조로 교대 휴식을 취하게 된다. 단 비행시간이 10시간 이상인 직항편의 경우에 승무원의 교대가 없을시 사무장이 객실서비스 절차를 고려하여 실시할 수 있다. Crew Rest 중 휴식조 승무원은 개인적인 여가 활동을 할 수 없으며 다음 근무를 위해 충분한 휴식을 취해야 하고 근무조 승무원은 휴식조 승무원의 담당 구역에 공백이 발생하지 않도록 비행 안전 및 승객 서비스에 만전을 기해야 하며, 휴식 종료시에는 자신의 용모를 재점검하고 근무에 임해야 한다.

2개로 편성된 객실승무원은 휴식조가 휴식을 취하는 동안 최대한의 업무 공백을 고려하여 두 번째 식사 서비스 준비는 물론 비행 관련 서류를 작성하여야 한다. 식사 서비스 준비는 앞서 언급한 내용과 동일하며 서비스 절차 또한 크게 다르지 않다.

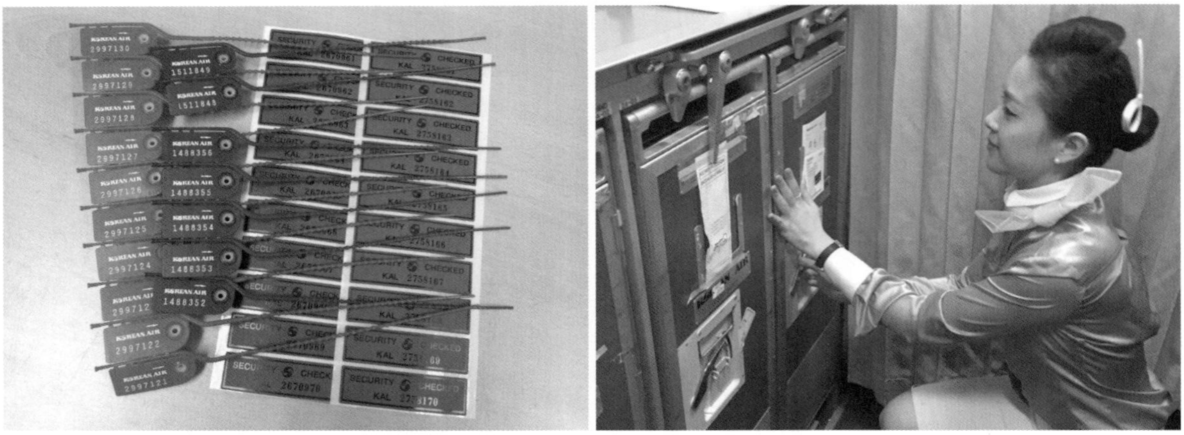

그림 12.38 대한항공의 소모품 Seal과 기내보관함에 Sealing을 하는 객실승무원

비행과 관련하여 일반 객실승무원이 작성해야 하는 서류는 서비스 용품 Inventory List와 Liquor Inventory List이다. 서비스 용품 Inventory List는 서울 출발편(Out-bound Flight)에서 작성하는 서류로 기내에서 서비스하고 난 후 소모품의 잔량을 점검하여 인수인계 때 교대 승무원 팀이 이를 참고하도록 작성하는 모든 서비스 용품의 잔여량에 대한 서류이다.

Liquor Inventory List는 일부 국가의 세관에 의한 요구에 의해 작성되어진다. 이는 객실서비스 용도로만 사용될 수 있는 기내의 면세 주류가 보세구역 이외로 반출되는 것을 막기 위한 것이다. 객실승무원은 항공기 내에 있는 모든 Liquor류의 잔량을 파악하여 해당 서류에 정확하게 기입해야 하며 목적지 도착 전 기내 주류가 담겨있는 기내 보관함(Compartment)을 서류에 기입한 번호의 Seal을 이용하여 잠궈야 한다.

(8) 쾌적한 기내환경유지

• 객실 조명 조절

객실조명은 서비스 내용 및 서비스 시간대에 따라 조절하게 된다.

일반적으로 식사 서비스시 객실 조명을 밝혀야 할 경우 승객의 조도적응을 위해서 단계적으로 약 20초 정도의 시간을 두고 조절하며 식사 서비스중 객실조명은 Full Bright를 원칙으로 하나 서비스 시간대를 고려하여 Dim또는 Medium으로 조절하여 운영할 수 있다. 그리고 상위 클래스의 식사 서비스는 다른 승객의 Rest를 고려하여 객실 조명을 어둡게 조절할 수 있다.

기내판매시에는 해당 Class(Zone)의 객실조명만 밝게 유지하여 다른 Zone

DRY ITEM INVENTORY LIST						TEAM 장	
						작성자	
DATE	199 . . .	ARR FLT NO	KE	STN		RSVN STATUS	

LEFT OVER ITEM		UNIT	FR/CL	PR/CL	EY/CL		TTL	ADDED
					FWD	AFT		
JUICE	ORANGE JUICE	CAN						
	PINE JUICE	CAN						
	TOMATO JUICE	CAN						
	GUAVA JUICE	CAN						
SOFT DRINK	COKE	CAN						
	DIET COKE	CAN						
	7UP	CAN						
	DEET 7UP	CAN						
	SODA WATER	CAN						
	TONIC WATER	CAN						
	GINGERALE	CAN						
TEA & COFFEE	COFFEE	PACK						
	DECAFFINATED COFFEE	PACK						
	BLACK TEA (LIPTON)	PACK						
	GREEN TEA	PACK						
	SUGAR	PACK						
	CREAM	PACK						
CUP	PLASTIC CUP	EA						
	PAPER CUP	EA						
ALCHOL BEV.	BEER	CAN						
	WHISKY	BTL						
	WHITE WINE (EY)	BTL						
	RED WINE (EY)	BTL						
	WHITE WINE (DRY)	BTL						
	WHITE WINE (SEMI DRY)	BTL						
	RED WINE (BORDEAUX)	BTL						
	RED WINE (BURGUNDY)	BTL						
LAV. ITEMS	ROLL PAPR	EA						
	KLEENEX	EA						
	HAND PAPER TOWEL	EA						
	SOAP	EA						
OTHERS	MINERAL WATER	BTL						
	COCKTAIL NAPKIN	PACK						
	RAMEN	EA						
	DISPOSAL TOWEL	EA						
	PEANUTS	EA						
	TOOTH BRUSH	EA						

* DRY ITEM INVENTORY LIST 작성시 유의사항

1. INVENTORY 작업은 반드시 도착직전에 실시하고, 교대팀이 신뢰할 수 있도록 정확을 기할 것.
2. FR/CL, PR/CL, EY/CL 공히 LIST 에 의거 INVENTORY 실시할 것.
   CART 내의 전 ITEM 도 INVENTORY 에 포함할 것.

그림 12.39 Dry Item Inventory list 양식

IN-FLT SERVICE LIQUOR & CIGARETTES STORE LIST

FR/EY

ARV. FLT. No & DATE   A/C No   DEP.FLT. No & DATE

MERCHANDISE	LOADED	LEFTOVERS	ADDED		TTL OUT	REMARKS
			STANDARD ORDER	CREW ORDER		
SCOTCH : GRANT'S						1. SEAL No.
J & B						
CHIVAS REGAL						
GLENFIDDICH						
WHITE HORSE						
JONNIE WALKER BLACK						
BOURBON : OLD GRAN DAD						
JACK DANIEL						
CANADIAN CLUB						
COCKTAIL : MANHATTAN						
MARTINI						
GIN : BEEFEATER						
VODKA : STOLICHNAYA						
LIQUER : COGNAC V.S.O.P						
BENEDICTINE						TTL : EA
COIN TREAU						
DRAMBUIE						2. REPLACEMENT SEAL No.
CAMPARI						
CREAM DE CASIS						
RUM : BACARDI RUM						
VERMOUTH : SWEET VERMOUTH						
DRY VERMOUTH						
CHAMPAGNE : POMMERY						
LANSON						
WINE/WHITE : BURGUNDY						
MOSEL						
CALIFORNIA						
ROSE						
MAJUANG						
WINE/RED : BORDEUX						
BURGUNDY						
CALIFORNIA						
						DELIVERED BY
BEER						RECEIVED BY

(   ) CUNTOMERS INSPECTOR'S

DATE ______ HAND OVER BY ______ TAKEN OVER BY ______

PURSER'S

그림 12.40 In–Flt Service Liquor & Cigarettes Store List 양식

승객의 휴식을 최대한 보장한다. 그리고 야간 비행에 기판 보조 등이 탑재되어 사용될 경우에는 판매 해당구역도 객실 조명을 Dim으로 유지한다.

영화상영 중 객실 및 기내주방 조명(Galley Light)을 끄는 것이 일반적이나 승객 휴면시 기내주방(Galley)에서 서비스를 준비하는 경우 조명(Light)을 Dim으로 유지하며 불가피하게 Full Bright를 사용해야 할 경우에는 신속히 처리 후 Dim으로 조절하여야 하며 불빛이 커튼(Curtain)틈새로 새어 나와 기내주방(Galley) 주변 승객의 취침을 방해하지 않도록 한다. 스크린(Screen)앞 좌석에 앉은 승객이나 불빛으로 취침하지 못하는 승객에게는 안대(Slumber Mask)를 제공한다.

Threshold Light와 Work Light는 이륙전 안전점검(Safety Check)시 Off하고, 착륙후 안전점검(Safety Check)시 On한다. 객실 조명의 적절한 조절에 서비스의 질은 많은 차이를 나타낸다. 따라서 객실승무원은 서비스의 형태, 승객 휴식 등 객실 상황에 적합하게 객실조명의 상태가 유지되도록 세심한 신경을 써야 한다.

그림 12.41 객실조명 조절을 하고 있는 객실승무원

• Class Divider

Class Divider는 클래스(Class)를 구분하는 모든 기내 설비를 의미하며 기내안전을 위해 이 · 착륙시는 반드시 열어서 고정되어 있어야 한다. 이륙후 좌석벨트 착용사인(Fasten Seat Belt Sign)이 Off되면 각 클래스를 구분하는 커튼(Curtain)을 닫고 도착 전 좌석벨트 착용사인(Fasten Seat Belt Sign) On후 열게 된다.

객실승무원은 비행 중 각 클래스를 구분하는 커튼(Curtain)을 사용하여 하위 클래스에서 상위 클래스로의 승객 이동을 제한한다. 특히 EY/CL (Economy Class)승객의 상위 클래스 출입을 제한하고, 가급적 상위 클래스 승객이 하위 클래스를 방문하도록 안내한다. 착륙후 승객하기시 승객하기 순서가 지켜지도록 하기 위해 커튼(Curtain)을 사용할 수 있다.

그림 12.42 클래스를 구분하는 Class Divider

• 객실온도

항공기의 객실 에어컨디션 시스템(Cabin Air Condition System)은 항공기가 지상에 있거나 고공에 있을 때 조종실과 객실을 청결하고 쾌적하게 유지하기 위해 항공기 내부로 신선한 공기를 공급하고 이산화산소등의 사용된 공기는 항공기 외부로 배출시켜 객실 내부를 항상 신선하게 하고 온도를 적절하게 유지시켜준다. 전체적인 객실 적절온도는 24±1℃로 유지함을 원칙으로 한다. 그러나 객실승무원은 객실온도 조절을 할 때, 창측이나 Door Side 승객에게는 담요와 Hot Beverage를 적극적으로 서비스하는 등 승객 개개인의 온도차를 감안하는 세심한 서비스를 하도록 한다.

온도조절이 필요한 경우 객실승무원은 Cabin Attendant Station Panel에서 온도를 조절한다. 근무하는 기종의 기내(Cabin)내에 온도 조절 Panel이 없는 경우 조종실(Cockpit)에 연락을 취하여 조절할 수 있다.

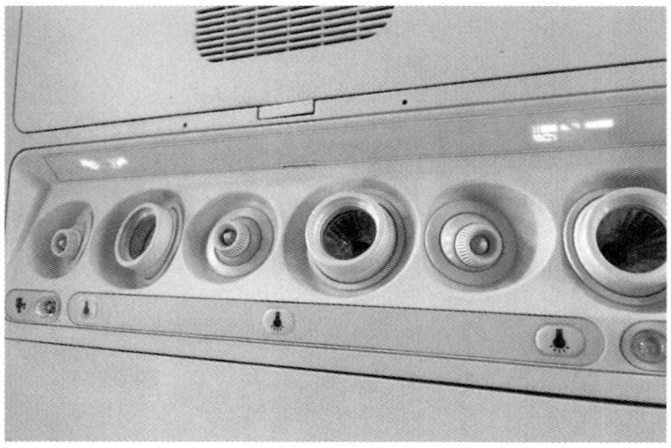
그림 12.43 객실승무원은 승객휴식 시간동안 객실의 청결과 정숙유지 및 금연과 좌석벨트 상시 착용에 유의해야 한다.

• 청결과 정숙

객실승무원은 항상 기내환경 중 객실의 청결과 정숙유지를 고려하여야 한다. 객실승무원의 주 근무지인 기내주방(Galley) 주변은 물론 화장실, Aisle을 제때 청소(Cleaning)하여 청결을 유지한다. 승객 좌석 Seat Pocket 내 사용한 컵, 불필요한 물건, 모아둔 휴지는 신속히 치우고 화장실은 수시로 점검하여 부족한 물품은 채워야 하며, Air Freshener를 Spray한다.

객실은 많은 사람이 이용하는 공간이므로 타인에게 불편을 끼치지 않도록 하는 공공의 질서가 요구되는 장소이다. 객실승무원은 승객간 이러한 질서가 유지되도록 최대한의 노력을 기울여야 하고 객실승무원의 근무시 공공의 예절에 어긋나는 경우가 발생치 않도록 유의한다.

특히 기내주방(Galley)에서 작업시, Aisle을 걸어 다닐 때, 승무원끼리 이야

NCS
항공객실서비스 직무능력매칭

능력단위	능력단위요소	수행준거
1203010504_13v1 비행 중 서비스	1203010504_13v1.5 객실 상태 점검하기	1. 규정에 따른 고객 서비스를 위해 객실 시설물 점검 및 조치 2. 규정에 따른 기내식 서비스 후 객실 통로 및 주변 청결 3. 규정에 따른 승객의 쾌적한 여행을 위해 객실 내 온도 및 조명 관리

기할 때, Cart를 이동할 때, 기내 보관함(Compartment), Cart, Carry-On Box 등의 Door를 열고 닫을 때, Overhead Bin을 열고 닫을 때, 커튼(Curtain)을 열고 닫을 때 발생하는 소음이 승객들의 여행에 지장을 초래하지 않도록 유념해야 한다.

• 승객 요구사항 응대와 휴면시 Walk-around

객실승무원은 승객의 요구(Request)사항은 즉시 해결될 수 있도록 해야 한다. 만일 즉시 해결이 불가능한 경우 해결이 가능한 시점을 안내하고 양해를 구하야 하며 승객 요구(Request)는 메모지(Memo)를 활용하여 잊어버리지 않도록 한다.

식사 서비스 후 승객 휴면시에는 담당 구역을 정기적으로 순회하여 객실의 안전을 유지하고 쾌적성을 배려하며 승객의 욕구를 충족시킨다. 승객 기호 및 상황을 감안, 적정량의 음료를 준비하여 개별적으로 제공하며 화장실, Door Side 및 객실 후방 등 안전 취약 지역을 점검하여 갑작스러운 환자 및 화재 발생에 대비한다. 취침하지 않는 승객에게는 독서물 또는 오락기구(바둑, Chess Set등)를 적극 권유, 제공하고 취침 승객에게는 베개, 담요 등의 사용을 도와주며, Screen주위 승객에게는 안대(Slumber Mask)를 드린다.

통로를 지날 때는 승객의 휴식에 방해되지 않도록 유의하며 담당 구역 순회후 승객의 가시권에서 대기하여 승객을 Watch한다. 그리고 기내(Galley)주

그림 12.44 어린이승객에게 탑승기념품을 주는 객실승무원

변, Door Side, 화장실 주변 등 다른 좌석보다 쾌적성이 낮다고 생각되는 좌석의 승객에게는 비행중 수시로 관심을 갖고 서비스한다.

(9) 비행중 안전 점검

객실승무원은 객실의 보안과 안전 요원으로서의 임무를 다하기 위해 비행중 안전 점검을 충실히 해야 한다.

가장 기본이 되는 것이 승객들의 좌석벨트 착용에 대한 안내이다. 우선 승객이 비행중 좌석벨트를 상시 착용토록 안내한다. 그리고 Turbulence 발생시는 좌석벨트 착용사인(Fasten Seat Belt Sign)이 켜지면 즉시 안내 방송을 실시하고 승객의 좌석벨트 착용 상태를 점검하며 화장실내 승객 유무를 확인하고 모든 점검이 완료되면 승무원도 Jump Seat에 착석한다.

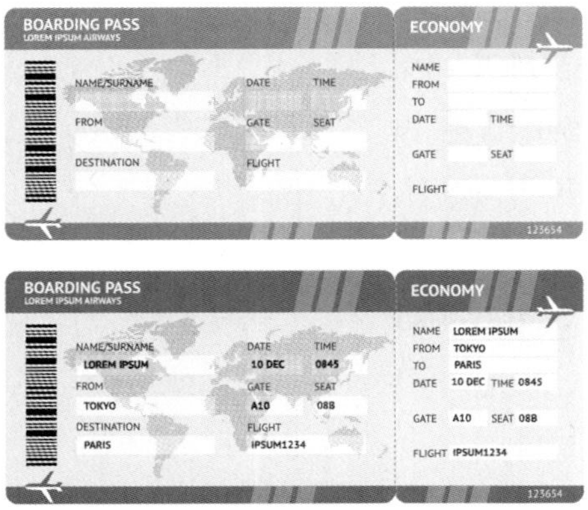

그림 12.45 객실보안을 위해 탑승승객의 탑승권 소지 여부를 확인하는 것은 중요하다.

객실보안을 위해 탑승 승객이 지켜야 할 기본적인 사항은 탑승권을 소지하고 있는 것이며 신원이 불분명한 경우 승무원은 승객에게 신분증의 제시를 요구할 수 있다. 기장을 포함한 모든 승무원들은 객실 보안과 안전을 위해 승객 검색, 체포, 하기조치를 위한 권한을 행사할 수 있으며 승무원은 기장으로부터 허가를 받은 후 혐의가 있는 승객의 신체를 검색할 수 있다.

(10) 착륙 준비업무

• 기장 도착 안내방송 후

승객들이 휴식을 마치고 두 번째 식사 서비스를 마치면 기장이 목적지의 도착을 알리는 안내 방송을 하게 된다. 이 방송은 그 동안의 기내 서비스를 마무리하고 착륙을 준비하라는 신호를 주는 것이다. 이때 방송 담당자는 규정에 의거하여 서비스 용품 회수 및 도착지 안내 방송을 하게 되고 담당 승무원

NCS
항공객실서비스 직무능력매칭

능력단위	능력단위요소	수행준거
1203010501_15v2 기내 안전관리	1203010501_15v2.6 상황별 안전안내 방송하기	1. 상황별에 따른 안내방송 선택 2. 선택된 안내방송 즉시 실시 3. 상황변화에 따른 추가안내 방송

들은 회수해야 할 서비스 물품(Headphone, 기내 도서, 잡지 등)을 회수하여 정해진 위치에 보관한다. 그리고 도착 공항에 필요한 입항 서류를 최종적으로 정리하고 승객들의 입국서류 작성도 재확인한다.

그림 12.46 착륙을 위해 창문을 열도록 요청하는 객실승무원

• Approaching Signal 후

항공기가 지상 고도 20,000 feet에 달하면 기장은 객실에 Approaching Signal을 준다. 이때, 방송 담당자는 Approaching방송 및 기타 안내방송을 실시하고 객실승무원은 최종적으로 서비스 물품을 회수하고 기내판매 업무를 종료하며 승객들이 맡기신 코트(Coat)및 보관품을 반환해 드린다.

장거리 여행 동안 사용된 베개와 담요, 그리고 승객 좌석주변도 함께 정리하고, 기내주방(Galley)내 용품들의 정리와 유동물의 보관 상태를 점검한다. 담당 구역에 특별승객(Special Passenger)이 있는 승무원은 해당 승객의 착륙 준비에 소홀함이 없도록 한다.

각 Zone의 Senior와 Galley Duty는 서비스 용품의 잔량, 해당 구역의 기내 설비 상태, 기내 판매품과 Liquor의 잠금(Sealing)상태 최종 확인 등 항공기 인수인계시 필요한 내용들을 잘 정리하여 사무장에게 보고한다.

• Landing Signal 후

항공기가 지상 고도 10,000 feet에 달하면 기장은 객실에 Landing Signal을 준다. 이때 방송 담당자는 Landing방송을 실시하고 객실승무원들은 승객의 좌석벨트 착용상태, 좌석 등받이와 Tray Table의 정위치, 개인용 Monitor의 원

NCS
항공객실서비스 직무능력매칭

능력단위	능력단위요소	수행준거
1203010505_16v2 착륙 전 서비스	1203010505_16v2.2 기내 용품 회수하기	1. 규정에 따른 서비스한 기내 용품과 회수된 기내 용품의 수량 파악 2. 규정에 따른 회수된 기내 용품의 상태 확인 및 상태별 분리 3. 규정에 따른 기내 용품 소지 승객에 대해 회수 안내

그림 12.47 30 Second Review와 Ready Position을 취하는 객실승무원

위치, Footrest의 원위치 등 최종적인 객실 안전점검을 수행하며 제반 안전점검이 끝난 후 자신도 Jump Seat에 착석하여 좌석벨트 및 Shoulder Harness를 착용하고 30 Second Review를 실시한다.

4) Farewell Ground Service

Farewell Ground Service란 항공기가 목적지 공항에 안전하게 착륙하여 승객이 하기할 공항 터미널까지 이동하는 동안 객실승무원이 행하는 근무를 일컫는다.

(1) Taxiing중 업무

항공기가 목적지 공항에 착륙하여 승객이 하기하실 공항 터미널까지 이동하는 것을 Taxiing이라 하는데 이 동안 객실승무원은 좌석벨트 착용사인(Fasten Seat Belt Sign)이 꺼질 때까지 모든 승객의 착석을 유도해야 한다. 그리고 본인이 안전에 관한 업무를 수행하지 않는 승무원은 Jump Seat에 착석한 상태에서 승객들을 관찰하며 비행안전 취약단계 규정을 준수한다.

30 Second Review
객실승무원의 안전관련 업무과정 중의 한 절차로 객실의 모든 이 · 착륙점검을 마치고 본인의 승무원 좌석에 착석하여 30초 동안 비상탈출에 관한 각자의 지정업무 내용을 Remind하는 것

방송 담당자는 착륙 후 항공기 엔진의 역회전(Engine Reverse)이 끝난 시점에 Farewell 방송을 실시하며 객실 사무장은 환송 방송(Farewell Announcement)에 이어서 보딩뮤직(Boarding Music)을 On한다.

(2) Door Open

항공기가 완전히 정지한 후, 모든 객실승무원은 객실사무장의 PA(Public Address)지시에 따라 안전 점검(Safety Check)을 실시하고 All Attendant Call에 응답한다. 기내조명 System이 설치된 구역(Station)의 담당 Senior는 기내 조명을 Full Bright로 조절하여 승객의 하기를 돕는다. 객실사무장은 Door를 열

NCS 항공객실서비스 직무능력매칭

능력단위	능력단위요소	수행준거
1203010505_16v2 착륙 전 서비스	1203010505_16v2.4 목적지 도착 안내방송하기	1. 규정에 따른 정보 파악 2. 규정에 따른 언어 구사 3. 규정에 따른 표준어 사용

그림 12.48 Taxiing을 하고 있는 항공기

기 전 Slide Mode의 정상위치 여부, 장애물 유무, 좌석 벨트 착용사인(Fasten Seat Belt Sign)의 Off를 확인한 후 항공기 외부 지상 직원에게 Door Open허가 수신호를 준다. Door Open은 비상사태를 제외하고는 외부에서 지상직원이 Open토록 규정되어 있으며 이는 Slide의 잘못된 작동을 방지하기 위함이다. 단, 소형기인 B737 기종은 객실승무원이 직접 Open한다.

항공기 문이 열리면 지상직원에게 Ship Pouch를 인계하고 중요 승객이나 특별 승객에 대한 정보를 알려주고 검역 또는 세관의 하기허가가 필요한지 확인한다.

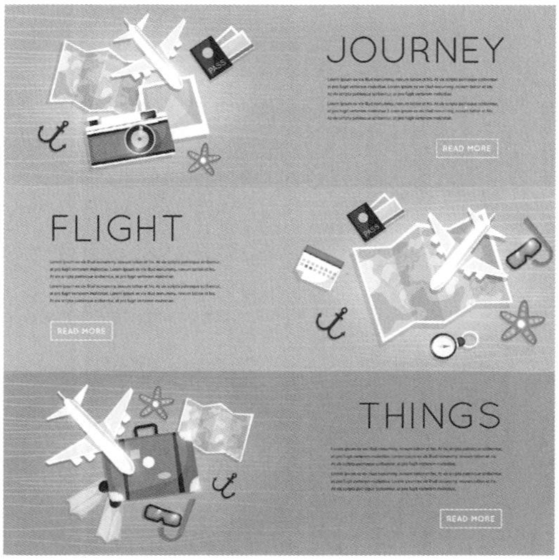

그림 12.49 항공기 문이 열리면 지상직원에게 항공기 운송관련 서류를 인계한다.

(3) 승객하기

승객하기시 모든 객실승무원은 자사를 이용해 주신 승객에게 감사를 드리는 하기인사를 실시한다. 인사는 본인이 착석한 Jump

NCS
항공객실서비스 직무능력매칭

능력단위	능력단위요소	수행준거
203010506_16v2 착륙 후 서비스	1203010506_16v2.1 도착 안내방송하기	1. 규정에 따른 착륙 후 도착 안내방송(Farewell) 실시 2. 규정에 따른 여권과 입국서류 소지 안내 방송 실시 3. 규정에 따른 해당 공항의 상황별 안내방송

그림 12.50 어린이승객에게 환송인사를 하는 운항승무원

Seat 주변에서 하게 되는데 도움이 필요한 UM(Unaccompanied Minor) 장애인 승객, 유아 동반 승객, 노약자승객은 하기 인사와 함께 승객의 짐을 적극적으로 들어 준다.

항공사에서 규정하는 일반적인 승객 하기 순서는 응급환자, VIP(Very Important Person)와 CIP(Commecial Important Person), 일등석 승객, 이등석 승객, UM(Unaccompanied Minor)과 특별 관리 승객(Special Care PAX), EY/CL(Economy Class), 제한승객, Stretcher 승객 순이다. 원활한 승객하기를 돕기 위해 Class Divider(Curtain)를 사용할 수 있다.

5) AFT-Flight(After Flight) Check

AFT-Flight(After Flight) Check란 항공기가 목적지 공항의 터미널에 도착하여

NCS
항공객실서비스 직무능력매칭

능력단위	능력단위요소	수행준거
1203010506_16v2 착륙 후 서비스	1203010506_16v2.2 승객 하기 지원하기	1. 규정에 따른 검역 또는 세관의 허가가 필요한지 확인 2. 규정에 따른 감사하는 마음으로 하기 인사 실시 3. 규정에 따른 승객의 짐 운반 등 적극적으로 도움

그림 12.51 승객하기 후 기내점검을 하는 모습

승객이 전원 하기한 후의 근무 내용으로 승무원이 비행 업무를 마감하는 항공기에서의 업무와 항공기 하기 후 업무로 나뉘어 진다.

(1) 기내점검

객실승무원은 탑승 승객의 전원 하기를 확인한 후 담당 구역의 화장 실, 좌석 주위, Seat Pocket, Overhead Bin, Coat Room 등을 돌아보며 승객 유실물 유무를 꼼꼼하게 점검한다. 승객하기 후 유실물을 발견했을 때에는 먼저 객실사무장에게 보고하며 유실물을 도착지의 운송 직원에게 인계한다. 만일 운송 직원과의 연락이 불가능한 경우 출·도착지 공항의 INFO Desk (Information Desk) 또는 L/B 창구에 인계해야 하며 객실사무장은 유실물의

NCS
항공객실서비스 직무능력매칭

능력단위	능력단위요소	수행준거
1203010506_16v2 착륙 후 서비스	1203010506_16v2.3 특수 고객 지원하기	1. 규정에 따른 지상직원에게 여객 및 화물 운송 관련 서류(Ship pouch) 인계 · 중요 승객이나 특별 승객에 대한 정보 전달 2. 규정에 따른 응급환자, VIP, F/C, C/C, UM(비동반소아), Y/C, Stretcher(환자) 승객 순으로 하기 안내 3. 규정에 따른 특수 고객을 위해 적극적으로 게이트(Gate)까지 지원

내용, 형태, 개수, 발견 장소, 인계 운송 직원의 인적 사항 등을 사무장 비행 보고서(Purser's Flight Report)에 기재하여 회사에 보고한다.

CDLM
비행 중에 생긴 squawk(객실 고장이나 작동불량 사항)와 그 결함상태를 기입하는 항공 일지

비행중이나 후, 객실 설비에 이상이 발생하였을 경우, CDLM에 결함 내용과 위치를 구체적으로 기록하고 White Copy를 절취하여 기장에게 전달해야 한다.

각각의 승무원은 담당 Zone별로 기내 보안 점검을 실시하고 Slide Mode의 정상위치를 재확인한 후, 지상 직원과의 인계인수가 필요한 Item을 인계한다.

Dry Item
Tea, Baby Material 등 일반적으로 상온에서 흔히 사용되는 용품을 말한다.

객실 부사무장은 해외 Station의 경우 Dry Item Inventory List를 현지의 Catering 담당 또는 교대팀 승무원에게 전달하고 객실사무장은 최종적으로 기내를 순회하여 이상 유무를 확인한다.

(2) 비행후 브리핑(Debriefing)

객실승무원은 항공기 하기 후 지정된 장소에서 비행 중 특이 사항을 객실사무장에게 보고한다. 객실사무장은 필요시 비행 종료 후 비행후 브리핑(Debriefing)을 주관하여 실시할 수 있으며, 그 내용은 해당 편의 서비스 내용 중 발생한 문제점이나 이에 대한 개선점들을 승무원 상호 간에 교환하는 것이다.

(3) 비행 후

성공적으로 구간 비행 근무를 마친 객실승무원은 모기지(ICN, GMP)에서는

NCS
항공객실서비스 직무능력매칭

능력단위	능력단위요소	수행준거
1203010507_13v1 승객 하기 후 관리	1203010507_13v1.1 유실물 점검하기	1. 규정에 따른 유실물 점검 · 상위 클래스일 경우 지상조업 개시 전에 철저히 점검 실시 2. 규정에 따른 실 수화물 선반(Overhead Bin) 열어 육안으로 확인 3. 규정에 따른 코트 룸 및 승객 좌석 하단, 창측, 승객 좌석 주머니(Seat Pocket) 등 육안으로 점검 4. 규정에 따른 유실물 발견 시 상급자에게 보고 · 승무원은 승객에게 인계

그림 12.52 승무를 마친 객실승무원은 다음 비행편까지 개인적인 휴식일정을 갖는다.

특별한 임무를 갖지 않은 승무원은 공항에서 퇴근을 하게 되고 각종 서류 제출이나 기판대금 반납, 도착 보고 등의 임무를 띤 승무원은 Crew Building에서 해당 업무를 한다. 모기지를 제외한 기타 지역에서는 승무원 전원이 함께 이동하여 Hotel 도착후 다음 비행 편의 Pick-Up Time을 확인한 후, 해당 일까지 개인적인 휴식 일정을 갖는다.

NCS
항공객실서비스 직무능력매칭

능력단위	능력단위요소	수행준거
1203010507_13v1 승객 하기 후 관리	1203010507_13v1.3 기내 설비 점검하기	1. 규정에 따른 서비스한 기내 용품과 회수된 기내 용품의 수량 파악 2. 규정에 따른 회수된 기내 용품의 상태 확인 및 상태별 분리 3. 규정에 따른 객실 설비나 장비에 이상이 있을 경우 정비사에게 전달 후 객실설비장비수리 요청서에 기록

능력단위	능력단위요소	수행준거
1203010507_13v1 승객 하기 후 관리	1203010507_13v1.4 기내 용품 인수 · 인계하기	1. 규정에 따른 서비스용품 및 면세품을 컴파트먼트(Compartment)에 넣고 봉인(Sealing) 2. 규정에 따른 조리실(Galley) 담당자가 봉인(Sealing)한 후 인수인계서 상호 점검 3. 규정에 따른 지상 종업원과 봉인 확인 및 점검(seal to seal) 방법으로 인계 · 인수

PART 5

항공객실 서비스와 글로벌 경영 환경

CHAPTER 13

항공서비스 경영 환경의 변화

1970년대 후반 미국의 항공운송산업 규제완화의 영향으로 미국의 각 항공사는 시장지배력을 키우기 위한 다각적인 전략을 개발하고 정착시켰으며, 이는 전 세계 항공사의 경영 전략에 큰 영향을 미치게 되었다. 특히 허브-스포크 네트워크(Hub-Spoke Network), 상용고객 우대 프로그램(FFP, Frequent Flyers Program), 수익경영시스템(Revenue Management System), 및 컴퓨터 예약시스템(Computer Reservation System)의 개발 등은 미국항공사의 본격적인 국제무대 진출에서 중요한 전략적 수단으로 활동되었다.

1. 항공사 대형화

세계항공운송산업의 변화에서 주목할 것은 미국의 초대형항공사(Mega-Carrier)의 출현과 국제 항공운송산업에 대거 진출, 그리고 컴퓨터 예약시스템의 확장에 의한 세계항공시장의 지배 움직임이다. 이것은 항공운송산업의 규모 확대와 투자설비의 확장 경쟁을 의미하는 것으로 미국에서 시작하여, 전 세계적으로 확산되고 있다.

미국의 경우, 1978년의 규제완화 이후 자유경쟁에 따른 항공기업의 도산, 흡수, 합병 등의 과정을 겪어 결국 초대형항공사들이 미국시장의 85%를 과점하게 되었다. 또한 이러한 여세를 몰아 국제항공운송시장에 진출함으로써 경쟁은 더욱 치열하게 되었다. 일본도 1986년 신 항공정책을 발표하여 국내항공의 규제완화와 적극적인 국제선의 복수화 정책을 채택, 세계적인 항공사들과 규모의 경쟁을 시도하였다.

영국의 경우도 대표항공사인 영국항공(British Airways)과 제2민항인 브리티시 칼레도니안 항공(BCAL)을 합병, 일원화 체제로 전환하여 대형화시켰고, 프랑스의 경우도 1990년 1월에 에어프랑스(Air France)와 제2민항인 의 합병을 정부가 승인하여 대형화시켰으며, 이어 2003년 에어프랑스(Air France)와 네덜란드항공(KLM), 2005년 유에스에어(US Air)와 아메리카웨스트(America West), 2007년 독일항공(Lufthansa)과 스위스항공(Trans World Airlines) 의 합병이 이루어져 규모의 경쟁이 가속화되고 있다.

그림 13.1 아시아나 한 · 중 · 일 스타패스

2. 항공사 제휴와 다국적화

아무리 초대형 항공사라 하더라도 단일 항공사로서는 인건비, 유류비의 상승 등으로 인한 운영비용의 효율적인 관리하기가 어렵다. 이로 인하여 각 항공사는 세계화 전략의 초기단계로서 먼저 항공사간의 제휴에 역점을 두고 있다. 항공사의 제휴에는 양자 간 제휴형태인 마케팅 제휴(Marketing Alliance)와 좀 더 포괄적이며 다자간 제휴형태인 전략적 제휴(Strategic Alliance)로 구분할 수 있는데 전략적 제휴를 특히 글로벌 항공사 동맹(Global Airline Alliance)이라고 부른다.

제휴의 내용은 운항편명 공동사용(Code Sharing), 공동운항(Joint Operation), 청사(Terminal)의 공동사용 및 일괄탑승수속(Through Check In) 처리, 여행상품 공동개발, 운항편의 일부좌석 사용(Block Seat), 마케팅 측면에서 운항스케줄의 조정, 공동광고, 정보시스템 및 상용고객 우대 프로그램의 공유, 일정한 범위 내에서 자본 제휴, 그리고 컴퓨터 예약시스템을 통한 제휴 등 운영에 있어 거의 전 분야를 망라하고 있다.

항공사 동맹으로서는 아시아나항공이 속해있는 스타 얼라이언스(Star Alliance), 대한항공이 속해 있는 스카이팀(Sky Team), 영국항공(British Airways)과 아메리칸항공(American Airlines)이 주축인 원월드(One World)가

그림 13.2 Star Alliance Network에 하나 된 아시아나항공

활발히 운영되고 있다.

항공사가 행사하는 운수권(Traffic Right)은 국제항공체계에 따라 일정한 요건을 갖춘 항공사에 의하여 행사되는 것이 원칙이다. 요건중 하나는 항공사의 실질적인 소유(Substantial Ownership)와 유효적인 지배(Effective)인데 해당국 국적을 가진 국민이나 기업에 의하여 소유되고 운영되어야 하는 원칙을 말하는 것이다. 따라서 지금까지는 특별한 경우를 제외하고는 다국적 항공사의 출현이 불가능하였으나 세계화의 확산과 지역 경제블록의 탄생, 시장의 다변화 등으로 다국적 항공사에 의한 운수권 행사가 불가피하게 됨으로서 세계적으로 다국적 항공사를 어느 정도 용인하는 추세에 있다.

가장 역사가 오랜 다국적 항공사로는 스칸디나비아 3국에 의하여 설립, 운영되고 이는 스칸디나비아항공(Scandinavian Airlines System)있으며 에어프랑스(Air France)와 합병한 네덜란드항공(KLM), 독일항공(Lufthansa)과 합병한 스위스항공(Swiss Air)등도 다국적항공사로 분류 할 수 있는데 지역 내 항공자유화가 확산됨에 따라 다국적 항공사의 출현도 증가할 전망이다.

3. 저비용 항공사의 도약

1972년 미국의 사우스웨스트항공(Southwest Airlines)이 저비용 항공사(Low Cost Carrier)로서 텍사스 러브 드(Love field) 공항을 근거로 운항을 개시하였다. 사우스웨스트항공(Southwest Airlines)은 버스나 열차 등 지상교통수단을 경쟁상대로 하여 저가 운임을 무기로 하여 고속 성장하였는데, 1978년 미국의 항공자유화 이후 미국뿐만 아니라 유럽 각국에서도 저비용 항공사들이 출현하게 되었다. 그러나 이들 간의 경쟁이 치열해지고 기존 대형항공사들의 견제에 밀려 초반의 저비용 항공사 대부분은 도산하거나 대형항공사에 합병되어 더 이상 세력을 확장하지 못하였다.

1990년대 후반, 전 세계적으로 항공수요가 안정적으로 증가하고 정보기술

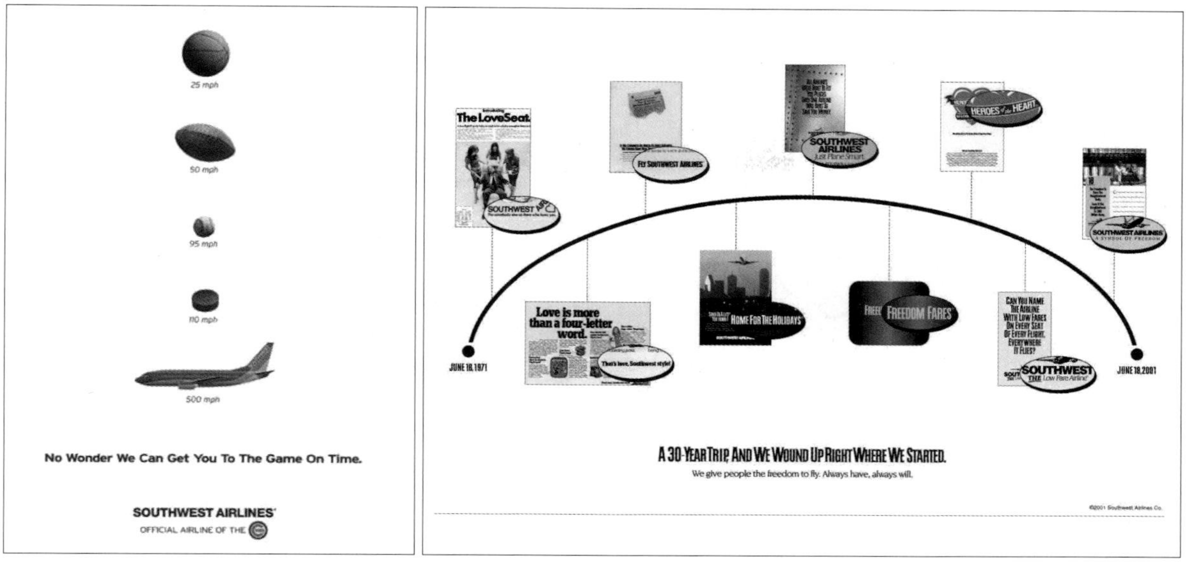

그림 13.3 Southwest 항공의 시대적 변천과 광고

으 비약적인 발전은 항공사들이 운영비용을 획기적으로 절감할 수 있게 하였으며 여행 소비자들의 저가여행에 대한 선호도도 증가함으로서 저비용 항공사들이 다시 등장하기 시작하였다. 빠른 성장세를 보이는 미국이나 유럽 각국의 저비용 항공사의 시장점유율은 미국의 경우, 2015년까지 약 40% 정도로 예상되고 있으며, 유럽의 경우도 30~35%를 나타낼 것으로 보았다.

아시아지역에서의 출현은 국가 간 항공자유화가 진행 에 따라 더 많은 수의 저비용 항공사의 등장을 예견하게 하며, 특히 기존 네트워크 항공사들의 자회사 형태로 시장에 진출하고 있는데 국내시장 규모가 비교적 작고 항공시장이 통합되어 있지 않은 환경에서의 다각도의 경쟁 전략 및 방어 전략을 모색, 시행하며 영향력을 넓혀가고 있다.

CHAPTER 14

항공사 전략적 제휴와 저비용 항공사

1. 항공사 전략적 제휴

항공사들은 21세기에 접어들어 경쟁이 심화되고 수익성이 낮아지는 시장 환경 하에서 생존 전략의 하나로 원가절감에 주안을 둔 경영을 할 수 밖에 없었고 그 과정에서 자연 발생적으로 등장한 것이 바로 항공사 간 제휴이다. 이러한 시장 환경을 고려할 때 전략적 제휴가 추구하는 목표를 정리하면 다음과 같다.

첫째, 제휴를 통하여 규모의 경제와 범위의 경제를 획득하여 수익증대와 원가절감이라는 두 가지 목표를 동시에 달성하는 것이다.

둘째, 회원사들끼리 서로의 항공편 운항스케줄을 공조(Schedule Coordination)시켜 연결편의 불편을 최소화하고 보다 많은 고객들이 제휴 네트워크(Airlines Network) 안에서 여행이 가능하도록 함으로서 신규 노선이나 추가 항공기의 도입이 없이도 수요를 제고시키는 것이다.

셋째, 회원 항공사들이 각자 보유하고 있는 시장을 공유함으로써 효율적인 공조마케팅을 전개하는 것이다.

넷째, 항공기의 공동구매, 시설의 공동사용, 인력 풀 등을 통하여 직접적으로 원가를 절감하는 동시에 상승효과(Synergy Effect)를 바탕으로 거래비용을 절감하고자 한다.

WORLDWIDE AIRLINE PARTNERS 제휴 항공사

대한항공은 국제 항공 동맹체인 스카이팀을 비롯, 전 세계 28개 항공사와 공동 운항하거나 마일리지를 제휴하고 있습니다. 이제 모든 대륙을 연결하는 대한항공의 공동 운항편을 이용하여, 더욱 자유롭게 노선을 선택할 수 있을 뿐만 아니라 고객님의 소중한 시간을 아낄 수 있습니다. 다양한 노선과 함께 알차고 편리한 여행을 즐기시기 바랍니다.

Korean Air has partnered with 28 airlines, including the members of SkyTeam, to offer a range of codesharing flights and FFP benefits. By flying on Korean Air's worldwide alliance, which connects every continent, passengers can take advantage of Korean Air's expansive global network. This is all part of Korean Air's commitment to give its passengers more flexibility and choice, no matter where they travel.

스카이팀 항공사 SkyTeam Alliance

AEROFLOT, AEROMEXICO, AirEuropa, AIRFRANCE, Alitalia, CHINA EASTERN, CHINA SOUTHERN, CZECH AIRLINES, DELTA, Kenya Airways, KLM, KOREAN AIR, TAROM, Vietnam Airlines

공동 운항 항공사 Codeshare Partners

가루다인도네시아항공 Garuda Indonesia	란항공 LAN Airlines	러시아에어 Rossiya Russian Airlines	말레이시아항공 Malaysia Airlines	몽골항공 MIAT Mongolian Airlines	상하이항공 Shanghai Airlines	샤먼항공 Xiamen Airlines	알래스카항공 Alaska Airlines
에미레이트항공 Emirates Airline	에어마카오 Air Macau	에어칼린 Aircalin	우즈베키스탄항공 Uzbekistan Airways	일본항공 Japan Airlines	중화항공 China Airlines	하와이안항공 Hawaiian Airlines	

공동 운항편의 서비스는 운항사의 서비스 기준에 준하여 제공됩니다. 자세한 사항은 해당 운항사의 홈페이지에서 확인해 주시기 바랍니다.

The passenger service for codeshare flights will be offered based on the service standard of the operating carrier. For more details, please visit the website of the operating carrier.

그림 14.1 대한항공의 제휴 항공사들

1) 항공사 제휴 배경

항공사 제휴(Airlines Alliance)란 경쟁관계에 있는 항공사가 특정사업 혹은 기능별 활동부문에 있어 경쟁사와 일시적 협조 관계를 갖는 것을 의미한다. 이는 기업 간 특수목적 하에 한시적으로 운영되는 만큼, 사업운영 폭이 극히 제한적이며 참여기업의 의지와 노력 여하에 따라 운영과정 및 성과가 큰 차이를 나타낸다.

최근 항공업계는 세계화(Globalization), 자유화(Liberalization), 민영화(Privatization) 등으로 대별되는 환경변화 추세에 부응하고 누적되는 적자와 재정난에서 헤어나기 위해 다각적인 방안을 찾고 있다. 또한 세계적인 노선망 구축을 통한 항공사의 글로벌화는 항공사들의 그룹화 및 항공사들 간의 제휴를 가속화시키고 있다.

한편 이상의 추세와는 다소 상반되는 지역주의(Regionalism)도 확산되고 있는데, 이를테면 이미 세계의 거대한 경제블록으로 등장한 유렵연합(EU), 북미지역의 NAFTA와 아시아, 태평양지역 국가들의 이익을 대표하는 APEC 등의 결성은 그 대표적인 예라 할 수 있다. 이러한 추세는 각 지역별 주요 항공사들의 제휴 움직임과 함께 항공산업의 3극화 현상을 부추기고 있으며, 항공업계에도 머지 않아 북미, 유럽, 아시아 등의 지역별로 연계되는 거대한 항공노선 네트워크가 형성 될 것으로 예상된다. 이제 생존을 바라는 항공사들에게 제휴란 필요 불가결한 것이 되었고 세계적 항공사 제휴(Airlines Alliance) 그룹 중 과연 어느 그룹에 어떠한 역할로 편입할 것인가 하는 것이 중요한 이슈로 등장하게 되었다.

2) 항공사 전략적 제휴 형태

항공사의 제휴는 일반적으로 마케팅, 전략적 목적으로 이루어지며 시간이 경과함에 따라 기업 간의 활동이 보다 통합적으로 이루어지게 되고, 점차 제휴의 결속 정도가 높아진다. 항공사의 전략적 제휴 형태는 수익지향 제휴, 비용절감지향 제휴, 공동운항지향 제휴로 나누어 볼 수 있다.

(1) 수익지향 제휴

네트워크의 확장 및 공동마케팅 등의 방법으로 수익을 극대화하기 위한 제휴 단계이다. 제휴의 형태로는 코드-세어링, 상용고객 우대 프로그램의 공동운영, 네트워크의 상호조정, 제휴항공사의 로고(Logo) 사용 등으로 나타난다. 즉 비용절감을 위해 판매영업소나 공항의 여객라운지를 공동으로 운영하기도 하지만, 제휴의 1차적인 목적은 수익을 보다 많이 창출하려는 데 있다. 그리고 모든 참여 항공사가 제휴브랜드를 공유하지만, 각 항공사는 독자적인 브랜드를 유지하며, 제휴활동 외에는 자산을 독립적으로 운영하면서 마케팅과 관련된 협력을 목적으로 하기 때문에 상업적 제휴 또는 마케팅 제휴의 영역이 해당되며, 제휴의 진입과 탈퇴는 비교적 용이한 형태이다.

(2) 비용절감지향 제휴

판매 활동 측면에서는 영업적 제휴와 동일하지만, 수익의 극대화를 강화하면서 동시에 제휴의 초점이 비용의 절감에 초점을 맞추고 있다는 점에 있어서는 수익지향 제휴와는 다소 차이가 있다. 그러나 마케팅활동 이외에도 지상조업이나 정비 등, 비용을 통제할 필요성이 높은 운항관련활동이 포함되어 있어 운송수요가 많지 않은 제3지역에 대한 영업지점 운영, 공항 서비스시설 케이터링 등의 공동운영을 통해 영업비용을 절감할 수 있는 활동을 중심으로 하는 제휴 단계이다. 따라서 제휴의 범위가 넓고 참여 항공사가 많을수록 제휴의 탈퇴가 용이하지 않다.

(3) 공동운항지향 제휴

영업적 제휴의 단계가 진전될수록 진입과 탈퇴가 점차 용이하지 않은 지분참여에 의한 제휴로 발전하는 것이 일반적이다. 이러한 제휴형태는 보유자산을 통합하여 공동으로 운영한다. 따라서 공동으로 상품을 개발하여 판매할 수 있고, 필요에 따라서는 공동출자에 의한 기업을 새로이 설립할 수도 있다. 그리고 단일 브랜드를 이용하여 프랜차이징, 항공기와 승무원에 대한 상호교환 등이 가능하다. 특히 제휴항공사들이 모두 단일의 제휴브랜드만을 사용하며, 단일형태의 기업을 공동으로 운영한다. 이에 일단 제휴가 성립되면 진입과 탈퇴가 매우 어렵다. 단일의 공동 활동을 목표로 하는 초기단계와 달리 본 단계에서는 전략적 목적의 제휴가 가장 보편적인 형태이다. 이 같은 공동운항지향 제휴는 국적이나 소유권에 대한 규제를 제외하고는 전형적인 합병과 유사하다.

3) 항공사 전략적 제휴 효과

(1) 마케팅 효과

항공운송산업은 비용측면에 있어 규모의 경제가 한정적으로 적용되는 산업이다. 그 이유는 대형항공사의 단위비용이 소형항공사보다 낮지 않기 때문이다. 미국의 규제완화 직후의 현상을 보면 소형항공사들이 대형항공사보다 더 낮은 비용을 실현했었다. 그럼에도 불구하고 비용성과가 우수했던 소형항공사들은 대부분 도산했고 대형항공사들은 현재까지도 남아 전 세계 항공노선에 운항을 하고 있다. 이는 규모가 클수록 마케팅에 강점을 갖게 되어 시장에서의 생존경쟁 시, 대형항공사들이 유리한 경영형태를 유지할 수 있었기 때문이라고 해석된다. 구체적 마케팅 강점을 살펴보면 다음과 같다.

첫째, 허브공항을 중심으로 한 시장지배력 형성이다. 허브공항을 중심축으로 많은 목적지들의 연결 네트워크는 해당지역 내에서 월등한 마케팅 경쟁력을 부여해 준다.

둘째, 경쟁사를 시장에서 몰아낼 수 있는 능력의 확보이다. 스케줄, 운항빈도, 운임 등을 해당 노선의 경쟁 특성에 맞게 조정하여 규모가 작은 경쟁사를 퇴출시키는 것이다.

셋째, 시장 내 유관산업체인 여행사, 호텔 등을 지배적으로 활용하는 유통경쟁력의 우위효과이며

넷째, 광고능력의 우월을 꼽을 수 있다.

다섯째, 마일리지 프로그램이나 기타 서비스 표준 우위가 가능한 점 등을 꼽을 수 있다.

그림 14.2 스타 얼라이언스(star alliance) 회원 항공사

이상과 같이 항공사들은 세계적 제휴를 통해서 획기적 시장범위 확대와 결속력 있는 네트워크의 마케팅 효과를 그 목표로 하고 있다.

(2) 비용효과

항공사 비용은 규모의 경제가 한정적으로 적용되므로 합병 · 제휴 등에 의해 규모를 키우는 것이 단위비용 감소에 큰 영향을 미치지는 못한다. 따라서 글로벌제휴의 주된 목적은 비용 절감보다

는 시장지배력 강화로 볼 수 있다. 그러나 시장지배력 강화와 관련된 비용효과(Cost Effect)와 시너지효과에 의한 비용 감소 요인은 반드시 존재한다. 즉 제휴에 의한 수요개발에 의해 단위비용 감소 효과가 나타날 수가 있고, 파트너 항공사와의 시설 공동사용, 마케팅 공동 수행 등으로 비용을 절감할 수 있는 시너지효과가 있기 때문이다.

또한 대형항공사와 소형항공사가 제휴하면 대형항공사는 직접 지선을 운영하는 것보다 비용 감소의 효과를 간접적으로 누릴 수 있다. 한편 공동구매에 의한 장비 등의 조달비용 감소효과 역시 경우에 따라서는 누릴 수 있다.

그림 14.3 2008년 스타 얼라이언스에 가입한 터키항공

(3) 노선운영의 합리화

항공사 제휴는 시장 내 경쟁자 수를 줄여 경쟁이 둔화되게 하는 것은 물론 노선운영의 합리화 등을 꾀하는 기반을 좋게 해주기도 한다. 운항편명 공유 등으로 적은 비행편수를 투입하고도 소비자에게는 운항빈도가 높은 것처럼 인식되도록 하는 효과가 있으며, 탑승률이 극히 저조해지는 현상을 막을 수도 있다. 타 산업과는 달리 항공운송산업은 두 나라 간의 협정에 의해 국제노선이 운영됨으로써 상대국이나 상대 지역에서의 항공운항활동의 제약이 많다. 즉 미국의 항공사가 인천국제공항을 항공기 모기지로 하여 동북아 지역시장을 중심으로 한 운송활동을 하는 것은 불가능하도록 되어 있다. 양국 간 항공협정에서는 대개 상대국가의 특정 도시를 최초 출발지로 하여 노선을 운항하는 것을 허용하지 않기 때문이다. 또한 소유권과 통제력 규제에 의하여 상대지역의 항공사에 대해 경제적인 방법으로 지배력을 행사할 수도 없다. 그러나 항공사 제휴를 통해서 비행편명을 공유하여 운항하면 상대지역의 도시를 중심으로 실질적인 영업활동을 할 수 있게 된다.

4) 항공사 전략적 제휴 현황

세계 항공시장에서 형성되는 제휴의 형태는 21세기에 접어들면서 두 항공사 간에 맺는 제휴의 초기 형태에서 벗어나 여러 항공사가 동시에 참여하는 다

표 14.1 3대 글로벌 제휴 현황

글로벌 제휴	항공사	
스카이팀 (Sky Team) 20개 항공사	• 아에로플로트항공 (Aeroflot Russian Airlines) • 아에로멕시코 (Aeromexico) • 에어프랑스 (Air France) • KLM네덜란드항공 (KLM Royal Douch Airlines) • 중국남방항공 (China Southern Airlines) • 샤먼항공 (Xiamen Airlines) • 대만 중화항공 (China Airlines) • 중국동방항공 (China Estern Airlines) • 체코항공 (Czech Airlines) • 타롬루마니아항공 (TAROM Romanian Air Transport)	• 델타항공 (Delta Air Lines) • 대한항공 (Korean Air) • 알이탈리아 (Alitalia) • 에어유로파 (Air Europa) • 케냐항공 (Kenya Airways) • 아르헨티나항공 (Argentine Airlines) • 가루다 인도네시아 항공(Garuda Indonesia) • 중동항공 (Middle East Airlines–Air Liban S.A.L.) • 사우디아항공 (Saudia Airlines) • 베트남항공 (Vietnam Airlines)
스타 얼라이언스 (Star Alliance) 28개 항공사	• 아드리아항공 (Adria Airways) • 에게안항공 (Aegean Airlines) • 에어캐나다 (Air Kanada) • 에어차이나 (Air China) • 인도항공 (Air India) • 에어뉴질랜드 (Air New zealand) • 전일본공수ANA (All Nippon Airways) • 아시아나항공 (Asiana Airlines) • 오스트리아항공 (Austrian Airlines) • 아비앙카항공 (Avianca) • 브라질 아비앙카항공 (Avianca Brazil) • 브뤼셀항공 (Brussels Airlines) • 코파항공 (Copa Airlines) • 크로아티아항공 (Croatia Airlines)	• 이집트항공 (Egypt air) • 에티오피아항공 (Ethiopia Airlines) • 에바항공 (EVA Air) • 폴란드항공 (Polish Airlines) • 루프트한자 (Lufthansa) • 스칸디나비아항공 (Scandinavia Airlines) • 심천항공 (Shenzhen Airlines) • 싱가포르항공 (Singapore International Airline) • 남아프리카항공 (South African Airways) • 스위스항공 (Swiss Air) • 탑포르투갈 (TAP Portugal) • 타이항공 (Thai Airways Company) • 터키항공 (Turkish Airlines) • 유나이티드항공 (United Airlines)
원 월드 (One World) 14개 항공사	• 에어베를린 (Air berlin) • 영국항공 (British Airways) • 핀란드항공 (Finnair Plc) • 일본항공 (Japan Airlines) • 카타르항공 (Qatar Airways) • 콴타스항공 (Qantas Airways Limited) • 로열요르단항공 (Royal Jordanian Airlines)	• 아메리칸항공 (American Airlines) • 케세이퍼시픽항공 (Cathay Pacific Airways) • 이베리아항공 (Iberia Airlines) • LATAM항공 (LATAM Airlines Group) • 말레이시아항공 (Malaysia Airlines) • 스리랑카항공 (Srilankan Airlines) • S7항공 (S7 Airlines)

자간 전략적 제휴로 발전되고 있다. 1996년 미국의 유나이티드항공(United Airlines)과 독일항공(Lufthansa)을 주축으로 형성된 제휴그룹인 스타 얼라이언스(Star Alliance) 제휴그룹이 등장한 이래 시장지배력 강화를 위해 그동안 유지해 오던 개별사간 지역적 파트너 관계에서 탈피하여 글로벌 제휴형태로 발전되고 있는 추세에 있다.

글로벌 제휴의 배경으로는 미국이 주도하고 있는 '하늘의 개방(Open Sky)' 정책과 이에 따른 미국항공사에 대한 독점금지면제(Anti-Trust Immunity)의 확대 적용을 들 수 있다. 따라서 개별 항공사들이 스스로의 노력으로 노선을 확장하고 새로운 서비스를 개발하는 것이 아니라 각 대륙이나 지역을 대표하는 항공사들이 모여 서로의 네트워크와 대고객 프로그램을 개발하고 공유하는 새로운 체제로 운영되고 있다.

각 제휴그룹들은 나름대로의 특징을 유지하면서 매듭없는 서비스(Seamless Service), FFP의 공유, 서비스절차의 통일화 등 고객 서비스의 향상과 비용절감을 도모하고 있으며, 미국 정부의 반독점금지에 대한 면제를 획득하기 위한 목적으로 형성되는 경우도 많다.

그림 14.4 스타 얼라이언스 회원인 아나항공

21세기에 들어 그 동안 항공사 제휴의 근간을 이루어 왔던 마케팅 제휴와 글로벌 제휴를 중심으로 전략적 제휴가 공존하고 있다. 이를 기본으로 세계 항공업계는 노선규모 및 서비스 면에서 3대 글로벌 제휴가 사실상 세계 항공시장을 좌우하고 있다. 2000년 6월 22일 대한항공, 아에로멕시코, 에어프랑스, 델타항공의 4개 항공사를 주축으로 창설된 글로벌 항공사 얼라이언스인 스카이팀은2014년 3월 가루다 인도네시아 항공의 가입으로 20개의 항공사가 속해 있으며 2016년 12월 기준 177개국의 1,062개 취항지에 매일 약 17,300여편의 항공편이 스카이팀 회원 항공사의 긴밀한 협력 속에 운항되고 있다. 회원 항공사의 통합 마일 적립, 상용 고객 우대프로그램, 전 세계 600여개 스카이팀 라운지와 부속 시설의 제공, 공항에서의 원활한 서비스를 제공하는 Skypriority 전용 서비스가 제공되고 있다. 또한 스카이팀은 네트워크를 더욱 강화할 지역으로 인도와 브라질을 들고 있으며 이러한 지역으로의 진출을 모색하고 있다.

2. 저비용 항공사

저비용 항공사의 효시는 미국의 PSA(Pacific Southwest Airlines)로 알려져 있다. PSA는 캘리포니아의 샌디에이고에 본사를 두고 1949년 5월 6일 DC-3기로 샌디에이고에서 버뱅크를 경유하여 오클랜드를 주 1회 왕복하는 항공사로 출발하였다. 국제선으로서 최초의 저비용 항공사는 1966년에 Laker가 본사를 영국에 두고 설립한 레이커항공(Laker Airways)이다. 1982년 2월 6일 파산할 때까지 대서양을 횡단하여 운항하였으며, 21세기에 전 세계에서 유행하고 있는 저가 운임을 실현하기 위하여 기내식을 판매하는 전략을 최초로 도입하였다.

1) 저비용 항공사의 개념

저비용 항공사라는 용어는 영어로도 'Low Cost Carriers', 'Low Fair Airlines', 'No-Frill Airlines', 'Budget Airlines', 'Discount airlines' 등 다양하게 표현되고 있고, 이에 대하여 저비용 항공사 전략을 채택하지 않은 기존의 항공사를 'Network Carriers', 'Full Service Airlines', 'Traditional Schedule Airlines' 등으로 표현하고 있다. 국문에서도 저원가 항공사, 저가 항공사, 저운임 항공사, 저비용 항공사 등 다양하게 표현하고 있다. 저비용 항공사는 운영 역사가 짧아 시장 환경이나 지역에 따라 그 경영구조나 목적 및 모델이 다양하다.

학자 로턴(Lawton)은 그의 연구에서 대표적인 저비용 항공사인 미국의 사우스웨스트항공(Southwest Airlines)과 유럽의 라이언에어(Ryan Air) 운영전략을 요약하여 단거리 운항(Short-Haul Routes), 'No-Frill'서비스(No Meals, No In-Flight Entertainment, No Advance Seat Selection, No Frequent Flyer Points), 최소부채비용(Minimal Debt Servicing Costs), 운항기종의 단일화(Standardized Fleet), 사용료가 저렴한 공항이용(Use Of Cheaper, Secondary Airports), 노선확장에 신중(Cautions Route Expansion), 전자티켓의 이용(Ticketless Reservation System)과 같은 전략을 구사하는 항공사를 저비용 항공사로 정의하였다. 그리고 'Centre For Asia Pacific Aviation'의 보고서에서는 "저가 항공사에 대하여 명확한 정의를 내릴 수 없고 지역이나 시장에 따라 구조와 목적을 달리하는 카멜레온과 같은 항공사"라고 표현하면서 각기 구사하는 전략에 따라 독립적인 저비용 항공사(Independent No Frills Airlines), 기존 항공사의 자회사(No Frills Subsidiaries Of The Established Airlines), 저비용 항공사의 전략과 기존 항공사의 전략을 혼용하는 'Some-Frills' 전략을 구사하는 하이브리드형 항공사(Hybrid Operators)로 분류하고 있다.

그림 14.5 Southwest Airlines의 촉진 가격전략

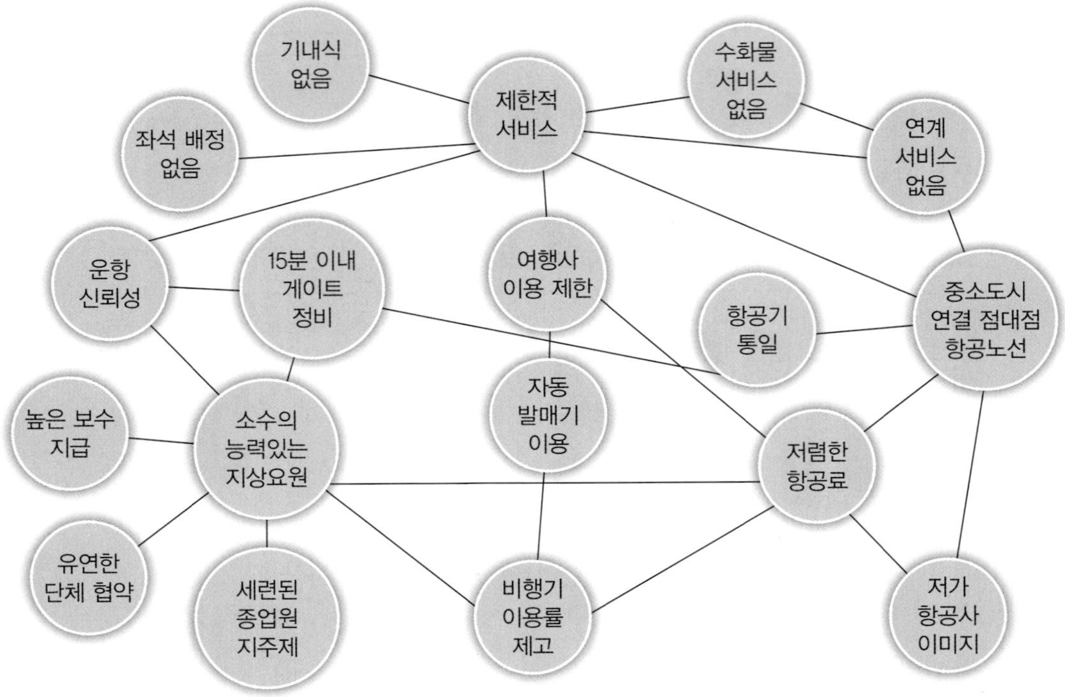

그림 14.6 사우스웨스트 항공의 활동체계도

2) 저비용 항공사의 출현

저비용 항공사를 대표하는 항공사는 미국의 사우스웨스트항공(Southwest Airlines)이라고 할 수 있다. 이어 1978년 미국의 규제완화가 점차 유럽과 아시아, 오세아니아지역으로 확산되면서 1991년에는 아일랜드의 라이언에어(Ryanair), 1995년에는 영국의 이지제트(EasyJet), 말레이시아의 에어아시아(Air Asia), 호주의 버진블루(Virgin Blue) 등 전 세계적으로 저비용의 전략특성을 가지고 확산되었다. 1980년대에 미국에는 진입규제가 철폐되면서 많은 저비용 항공사가 설립되었으나 대형항공사와의 운임경쟁과 지속적인 원가절감의 실패로 인하여 대부분의 항공사들이 파산하는 어려움을 경험하기도 했다.

그러나 저비용 항공사들은 1990년대에 들어와 전 세계적인 규제완화정책에 힘입어 본격적으로 항공시장에 진입하여 2000년대초 9.11 테러나 이라크 전쟁, 사스(SARS), 고유가에도 불구하고 전략적으로 성공을 거두고 있다. 반면, 유럽의 경우, 지나친 경쟁으로 인해 1995년과 1996년에 걸쳐 무려 80개의 신규항공사가 출현, 1995년에만 56개 항공사가 설립되었으나 17개 항공사가 운항개시 1년 만에 파산하는 등 항공사의 경쟁이 두드러졌다.

저비용 항공사가 전략적으로 성공을 거두면서 나타난 또 하나의 새로운 현상은 기존의 항공사들도 저비용 항공사와의 경쟁을 위하여 자회사의 형태로 경쟁에 뛰어들고 있다는 것이다.

네덜란드항공(KLM)의 바시크에어(Basiq Air), 스칸디나비아항공(Scandinavian Airlines)의 스노우플레이크항공(SnowFlake Airlines), 에어말타(Air Malta)에 페어포유(Fare4U), 델타항공(Delta Airlines)의 송에어(Song Air), 유나이티드항공(United Airlines)의 테드에어(Ted Air), 에어캐나다(Air Canada)의 탱고항공(Tango Airlines), 콴타스항공(Qantas Airways)의 제트스타(Jet Star), 에어뉴질랜드(Air New Zealand)의 프리덤에어(Freedom Air), 가루다인도네시아항공(Garuda Indonesia)의 시티링크(City Link), 타이항공(Thai Airways)의 노크(Nok), 싱가포르항공(Singapore Air)의 타이거항공(Tiger Airways) 등이 이에 해당된다.

이들은 모기업의 경쟁력을 기반으로 터무니없는 저운임으로 경쟁을 유발하여 경쟁력이 취약한 신규진입 항공사를 위협하여 쓰러뜨리고 난 후 다시 운임을 올리거나 또는 모기업의 기업문화에서 벗어나지 못하여 경쟁에서 패한 후 시장에서 철수하기도 한다. 네덜란드항공(KLM)이 설립한 버즈항공(Buzz Airway)은 라이언에어(Ryan Air)에, 영국항공(British Airways)이 설립한 고플라이(Go Fly)는 이지제트(Easy Jet)에 매각되었고, 에어캐나다(Air Canda)가 설립한 탱고항공(Tango Airlines)과 지프(Zip)는 파산하였다.

세계적으로 저비용 항공사는 지속적인 출현 및 경쟁 구도에 있으며 현재 운항하고 있는 주요 저비용 항공사는 아시아·태평양지역 66개, 유럽지역 42개, 북미지역 16개, 남미지역 14개, 중동·아프리카 지역 24개로 집계되고 있다.

3) 저비용 항공사의 운영전략

(1) 수익증대 전략

첫째, 단거리(Short Haul) 운항 전략이다. 단거리 운항은 어느 정도까지는 운항비용이 증대되는 것이 사실이나 수요의 측면에서 보면 장거리 운항에 비하여 수익증대효과가 더 높다. 따라서 가격에 민감한 수요자는 가처분 소득이 낮아 장거리 여행은 포기하는 반면, 단거리의 저렴한 요금을 선호하기 때문에 이들에 대한 수요창출효과가 크다.

둘째, 지점 간(Point To Point) 운항 전략이다. 이는 저비용 항공사 전략의 핵심 전략으로서, 노선형태가 주로 직항편이므로 승객의 이용에 편리하여 여객의 유입권이 넓어져 수익성이 높아지게 된다.

셋째, 환불불가제도(No Refund)의 운영이다. 이는 승객이 예약을 하고 탑승은 하지 않는 예약부도(No-Show)율을 낮추어 좌석가동률을 높일 수 있다. 이 외에도 요금등급(Fare Class)을 단순화하여 상대적으로 수익증대를 꾀하기도 한다.

(2) 비용절감 전략

첫째, 지점 간(Point To Point) 운송 전략이다. 허브-스포크 전략은 혼잡시간을 유발시켜 탑승게이트, 발권, 보안검색, 지상조업, 정비, 탑승교 등의 요원들 업무가 가중되고 또한 이들의 기량을 높이기 위하여 상대적으로 높은 비용이 들지만, 지점 간 운송은 혼잡시간이 없으므로 이들에 대한 인건비를 줄일 수 있고 지상조업장비 등의 자본지출도 줄일 수 있다. 한편 공항의 혼잡도가 감소되어 연결 여객이나 수하물을 위한 대기시간을 감소시켜 항공기의 가동률을 향상시킨다.

둘째, 기종의 단일화(Common Fleet)이다. 규모의 이익으로 항공기, 부품, 부자재 등의 구매력을 향상시키고, 승무원이나 정비사 등의 전문 인력에 대한 훈련비용을 감소시킴과 동시에 전문성을 강화시킬 수 있으며, 객실등급 및 재훈련 설계과정의 단순화, 강사 및 훈련시설의 활용도를 높여 밀도의 경제(Economies Of Density) 달성이 가능하다.

셋째, 공항선택의 차별화(Choice Of Secondary Airport)이다. 공항의 착륙료와 공항시설 사용료를 상대적으로 줄일 수 있고, 항공기 가동률의 증가 및 사원의 효율적 운용을 꾀할 수 있다.

넷째, 'No-Frill' 서비스 전략이다. 일등석 서비스와 기내식서비스를 없애고 기내 엔터테인먼트 서비스를 최소화하여 객실승무원의 수를 줄일 수 있고, 기내식의 보존을 위한 기내 장치가 불필요하여 좌석수를 증가시킬 수 있으며, 좌석 단위당 비용 역시 최소화할 수 있다. 한편 비행중량을 감소시켜 단위당 비용을 절감할 수 있고, 탑재시간이 불필요하므로 항공기의 지상대기시간을 감소시킬 수 있다.

다섯째, 순수여객운송서비스(No Cargo Service)이다. 착륙료 및 항행시설 사용료 등의 중량과 관련된 비용을 감소시키고 화물 탑재를 위한 지상조업 장비 및 인원이 불필요하며 동시에 정시성도 향상시킬 수 있다. 이 외에도 인터넷을 이용한 직접 판매(On-Line Sales)로 대리점에 지불하는 비용을 절감하거나 편명공유, 연계운송, 상용고객 우대 프로그램 등을 채택하지 않음으로써 비용을 절감하고 있다.

4) 저비용 항공의 운영현황

저비용 항공사의 전략은 미국에서 시작하여 유럽을 거쳐 아시아와 오세아니아, 남미, 급기야 아프리카에까지 확산되고 있고, 주로 국내선 위주의 틈새 전략으로 출발한 저비용 항공사 전략은 아시아에서는 지역적 특성에 따라 점차 국제선으로 그 영역을 확대하고 있다. 2004년에는 아시아 · 태평양지역의 취항 노선 수가 국내선 83개, 국제선 53개 노선으로 확대되었고, 2010년에는 전 세계적으로 취항노선이 300개로 그 중 국제선이 약 25%에 달한다.

아시아지역에서 국가 간 항공운송이 자유화 된다면 그 성장 잠재력은 무한하다고 할 수 있다. 아시아에는 인구 50만 명 이상의 도시가 240여 곳, 100만 명 이상의 도시도 130여 곳에 이르고, 상대적으로 소득 수준이 낮아 항공운임에 민감하다는 것도 발전 가능성의 한 요소가 될 수 있다. 각 지역별 역내 무역 자유화가 추진되는 환경에서 아시아 지역 내 무역자유화가 진행되면 운송수요는 증가될 것이고 걸림돌이 되고 있는 국가 간 항공운송의 자유화도 점차 급신장할 것으로 추정할 수 있다.

그림 14.7 글로벌고객만족도(GCSI) LCC 부문 2년 연속 1위에 선정된 티웨이항공의 객실승무원

2005년에 들어 국내에서도 제주항공과 한성항공이 설립되었으며, 2008년에는 국내에서만 해도 대한항공을 위시하여 각 지역단체별로 무려 10여개의 저비용 항공사가 발주되어 러시를 이룬 결과, 2016년 제주항공, 진에어, 이스타항공, 티웨이항공, 부산에어, 에어서울 등이 운영 중에 있다. 가장 최근 국내 저비용 항공사 대열에 합류한 에어서울은 아시아나항공이 출자한 두 번째 저비용 항공사로서 2016년 7월 정기편 신규취항을 하였다.

국내 저비용 항공사의 국내선 여객 운송 점유율은 2010년 34%에서 지속적인 상승을 보이며 2016년 9월 기준 58.4%를 기록하였으며 이는 전년 동월대비 2.7% 증가한 수치이다. 최근 들어 국내 저비용 항공사는 국내 노선뿐만 아니라 해외 중장거리 노선까지 그 영역을 확대해 나가고 있으며 노선 확장에 따른 국내 저비용 항공사의 국제선 여객 운송은 2010년 1.8%에서 2016년 9월 기준 국적사 분담률 총 64.7% 중 20.4%로 꾸준한 상승을 보이고 있다.

국내 저비용 항공사의 성장은 외국 저비용 항공사의 국내 취항 확대로 인하여 경쟁이 심화될 전망이지만 국내 항공수요의 한계성을 고려한 국제선의 확장, 항공기의 추가도입, 여행객의 해외 근거리 노선의 수요 증가로 지속적인 성장세를 보일 것으로 추정할 수 있다.

국내 저비용 항공사들은 지역 내 저비용 항공사에 대한 경쟁 전략 및 방어 전략을 모색 · 시행 중에 있으며 대형항공사와의 항공정비위탁을 통한 항공 안전성의 향상, 정시운항 약속, 이색 객실서비스, 다양한 프로모션을 통하여 시장경쟁력을 확보해 나가고 있다. 또한 디지털 미디어기기의 확산, 자유여행객 및 항공권의 직접 구매율이 증가함에 따라 항공사 웹사이트와 모바일을 통한 항공권의 직접 판매를 촉진시키기 위한 마케팅 전략이 시행되고 있다. 항공권의 직접 판매는 여행사를 통한 항공권 구매에 소요되는 간접 예약비용을 감소시켜 항공사의 수익 증대로 이어지며 구매자에게는 신속한 항공권 예약 절차를 제공할 수 있다. 이러한 구매 경로의 단순화를 위하여 모바일 어플리케이션, 웹사이트를 통한 항공권 구매의 편리성의 구축뿐만 아니라 항공권 특가 행사 및 다양한 서비스 혜택을 포함한 여행상품이 개발, 판매되고 있는 추세이다.

주요 참고문헌

- 김경숙(2003), 「항공서비스론」, 백산출판사
- 김연성 외 5인(2002), 「서비스 경영 – 전략 · 시스템 · 사례」, 법문사, pp. 162–170.
- 김연성 외 1인(2010), 「항공사 기내서비스의 서비스 청사진분석에 관한 연구」, 한국품질경영학회지
- 대한항공 객실승무원 업무규정집
- 대한항공 신입사원 입사교육교재
- 대한항공 객실훈련원(1997), 「우리고객의 불만과 칭송」
- 대한항공 기내방송규정집
- 대한항공 기내잡지: Morning Calm (May, 2016)
- 대한항공 기내잡지: Beyond (May, 2016)
- 델타항공 기내잡지: SKY (August, 2004)
- 박대운(1993), 「우리나라 항공기 여승무원 교육훈련에 관한 연구」, 경희대학교 석사학위논문
- 박혜정(2002), 「항공객실서비스실무」, 백산출판사
- 서비스경영연구회 편저(2011), 「서비스코어 11」, 한경사
- 서비스경영연구회 편역(2004), 「서비스경영」, 한경사
- 아시아나항공 객실승무원 업무규정집
- 아시아나항공, Customer's Voice Ⅲ
- 아시아나항공, 기내방송규정집
- 아시아나항공 기내잡지: Asiana (August, 2011)
- 알레인 해리스(2003), 「고객서비스실무」, 시그마프레스
- 에어 프랑스 기내잡지: MERMOZ (December 2001)
- 유나이티드 항공 기내잡지: HEMISPHERES (September, 2004)
- 윤문길 외 3인(2008), 「항공운송서비스경영」, 한경사
- 윤제동 외 2인(2006), 「항공사 승무원의 서비스친절도와 이용고객의 사전지식이 고객 만족과 충성도에 미치는 영향」, 인하대학교 산업경제연구소 경상논집

- 이영희 외 2인(2006), 「항공기식음료론」, 연경문화사
- 이영희 외 1인(2010), 「항공기 객실서비스 실무」, 연경문화사
- 이영희 외 1인(2011), 「최신 항공기 객실업무」, 연경문화사
- 이용일(1998), 「항공업무론」, 문원북
- 이지영 외 1인(2007), 「항공사 객실승무원의 감정노동과 정서안정성이 심리적 소진에 미치는 영향」, 대한스트레스학회지
- 이지민 외 2인(2001), 「객실업무개론」, 연경문화사
- 이지민(2001), 「항공운송시장에서 범세계적 전략적 제휴집단의 특성에 관한 연구」, 항공대학교 석사학위논문
- 이지민(2007), 「항공사 기내서비스프로세스 분석에 근거한 서비스품질 감사시스템 개발에 관한 연구」, 인하대학교 박사학위논문
- 전인수 역(1999), 「서비스 마케팅」, 석정
- 정규엽(2007), 「호텔외식관광마케팅」, 연경문화사
- 정상천(2002), 「객실업무개론」, 인하공업전문대학 출판부
- 정익준(2000), 「항공운송관리론」, 백산출판사
- 최기종 외 1인(2000), 「항공업무론」, 학문사
- 칼 알브레히트 외 1인(2003),「서비스아메리카」, 도서출판 물푸레
- 콴타스 항공 기내잡지: The Australian Way (May, 2004)
- 한소영(1999), 「항공기 여행의 의혜적 연행성 분석」, 서강대학교 석사학위논문
- 허국강 외 1인(2000), 「항공수송업무론」, 기문사
- Air Stage (February, 2016)
- A. Parasuraman, Valarie A. Zeithmal and Leonard L. Berry, "A Conceptual Model of Service Quality and it's Implication for Future Research", Journal of Marketing, vol.49(Fall 1995), p.47.
- Christian Gronroos, Service Management and Marketing, Lexington Books, Lexington, Mass, 1990, p.27.
- Christopher H. Lovelock, "Classifying Services to Gain Strategic Marketing Insight", Journal of Marketing, vol. 47, Summer 1983. pp.12-13.
- Christopher H. Lovelock, "Classifying Services to Gain Strategic Marketing Insight", Journal of Marketing, vol. 47, Summer 1983. p.15.
- Earl Sasser, R. Paul Olsen, and D. Daryl Wyckoff, Management Of Service Operations, Allyn and Bacon, Boston, 1978, p.8.
- Fitzsimmons, James A. and Fitzsimmons, Mona J.(2004), Service Management, 4th edition, McGraw Hill.
- Gronroos. C. "Strategic Management and Marketing in the Service Sector", Swedish School Economics and Business Administration, Helsinki, 1999
- Henry Lefer, "Deregulation Causes Some Passenger Service Woes", Air Transport World

(September 1999), pp.49-50.

- "Important Challenges Confront In-flight Food", Air Transport World (April 1999), pp.101-102.
- James L. Heskett, W. Earl Sasser, Jr., and Leonard A. Schlesinger, The Service Profit Chain, The Free Press, New York, 1997, p.101.
- James L. Heskett, W. Earl Sasser, Jr., and Leonard A. Schlesinger, The Service Profit Chain, The Free Press, 1997, Figure 2-1, p.19.
- James Brian Quinn, Jordan J. Baruch, and Penu Cushman Paquette, Scientific American, vol. 257, no. 2, December 1987, p.50.
- Jacka, J. Mike and Keller, Paulette J.(2002), Business Process Mapping- Improving Customer Satisfaction, John Wiely & Sons, Inc
- J. L. Heskett, T. O. Jones, G. W. Loveman, W. E. Sasser, Jr., and L. A. Schlesinger, "Putting the Service-Profit Chain to Work", Harvard Business Review, March-April 1994, pp.164-174.
- John E. G. Bateson, "Perceived Control and the Service Encounter", in J. A. Czepiel, M. T. Solomon, and C. G. Surprenant, The Service Encounter, Lexington Books, Lexington, Mass. 1985. p.76
- OAG Worldwide (April-June 2004)
- "Passenger Never Forget Had It So Good", Business Week(October 17, 1999), pp.124-126.
- Pattton, Mark E(2003), 「서비스경영론」, 현학사.
- Paul Seidenman and David Spanovich, "In-flight Food Trend as Matter of Cutting the Fat", Airline Executive(October 1999), pp.23-25.
- Pauel E. Green and Yoram Wind, "New Way to Measure Consumer's Judgement", Harvard Business Review (July-August 1997), p.69.
- Card A. king, "A Framework for a Service Quality Assurance System",Quality Progress (September, 1997), pp.19-23.
- Richard P. Cooke, "Comfort and Amenity Comes First", The Wall Street Journal (February 9, 1997), p.24.
- Richard Norman, Service Management: Strategy and Leadership in Service Business (New York Jone Wiley & Sone. Ltd., 1999), p.177.
- Shostak, G. Lynn(1984). "Designing Services That Deliver", Harvard Business Review, January-February, pp.133-139.
- Shostak, G. Lynn(1987), "Service Positioning through Structural Change", Journal of Marketing, vol. 51, January, p.36.
- SKY SHOP(May, 2016)
- Swan J. E. and Combo L. J., "Product Performance and Customer's Satisfaction: A New Concept", Journal of Marketing, Vol.40(April 1999), p.26.

- Teas(1993) "Expectations, Performance of a Model of Perceived Quality", Journal of Marketing, vol. 57(October), pp.18-34.
- Valarie A. Zeithaml and Mary Jo Bitner, Service Marketing, McGraw-Hill, New York, 1996, p.5.
- "What Is Most Important to Airline Passenger", Fortune(December 19, 1997), p.99-100.

- www.airlinebusiness.com
- www.daum.net
- www.iata.com
- www.oag.com
- www.skyteam.com
- www.skyteam.com
- ko.wikipedia.org
- www.molit.go.kr
- www.hankyung.com
- www.jejuair.net
- www.eastarjet.com
- www.jinair.com
- www.ncs.go.kr
- www.airliners.com
- www.faa.com
- www.naver.com
- www.oneworld.com
- www.staralliance.com
- www.staralliance.com
- morningcalm.koreanair.com/e-book
- www.airportal.go.kr
- www.etoday.co.kr
- www.twayair.com
- www.airbusan.com/content/individual
- flyairseoul.com

부록

NCS 항공객실 서비스직무 활용패키지

〈인용 출처: NCS 홈페이지 항공객실서비스〉

1. 항공객실서비스 직무: 능력단위 별 세부내용

1) 기내안전관리

분류번호: 1203010501_15v2
능력단위 명칭: 기내 안전관리
능력단위 정의: 기내 안전관리란 승객 탑승 전 안전 · 보안 점검, 이륙 전 안전 · 보안 관리, 비행 중 안전 · 보안 관리, 도착 전 안전 · 보안 관리, 도착 후 안전 · 보안 점검 · 관리, 비상사태 발생 시 대응, 안전안내 방송을 수행하는 능력이다.

능력단위 요소	수행준거
1203010501_15v2.1 승객 탑승 전 안전 · 보안 점검하기	1.1 항공기 안전 규정에 따라 승객 탑승 전, 항공기 객실의 안전장비 점검할 수 있다. 1.2 항공기 안전 규정에 따라 승객 탑승 전, 항공기 객실의 보안장비 점검할 수 있다. 1.3 항공기 안전 규정에 따라 항공기 안전 운항에 관계되는 의심스러운 물건에 대하여 신속히 보고할 수 있다. 1.4 항공기 안전 규정에 따라 기내 작업 인력에 대한 동향을 파악하여, 이상 발생 시, 보고할 수 있다.
	[지식] • 항공 안전 · 보안에 관한 법률 이해 • 객실 안전 · 보안 규정(점검) 이해 • 안전 · 보안장비 장비 이해 • 항공기 객실 구조 이해 • 대 고객 서비스 지침 이해 • 안전 · 보안장비 위치 및 관리요령
	[기술] • 기내 안전 규정집 활용 기술 • 객실 점검표 적용 기술 • 운항 승무원과의 원활한 소통 기술 • 안전 · 보안장비 점검 기술 • 기내 작업 인력에 대한 동향 파악 기술
	[태도] • 장비점검에 대한 규칙적인 습관 유지 • 꼼꼼한 태도 • 신속한 태도
	2.1 객실 안전 규정에 따라 승객에게 좌석 벨트 착용 안내를 정확하게 할 수 있다. 2.2 객실 안전 규정에 따라 미착석 승객을 확인하고, 착석을 유도할 수 있다. 2.3 객실 안전 규정에 따라 객실 수화물 선반(Overhead Bin) 잠금 상태를 확인하고, 조치할 수 있다. 2.4 객실 안전 규정에 따라 설비 잠금 상태를 확인하고, 조치할 수 있다. 2.5 객실 안전 규정에 따라 비상시 관련 정보를 제공할 수 있다. 2.6 객실 안전 규정에 따라 해당 항공기 문 Slide 상태를 비상 상태(Automatic Position)로 변경할 수 있다. 2.7 객실 안전 규정에 따라 비상구 위치에 착석한 승객에게 비상시 행동 요령과 업무 협조를 안내할 수 있다. 2.8 객실 안전 규정에 따라 창문덮개(Window Shade)를 원 위치하도록 안내할 수 있다. 2.9 객실 안전 규정에 따라 좌석 등받이와 좌석 앞 선반(Tray Table)을 원 위치하도록 안내할 수 있다. 2.10 객실 안전 규정에 따라 좌석 벨트 착용을 확인하고, 점검할 수 있다. 2.11 객실 안전 규정에 따라 비상 시 탈출 요령에 대한 절차를 이미지 트레이닝(Image training)을 할 수 있다. 2.12 객실 안전 규정에 따라 항공기 탑승 후 다시 하기를 원하는 승객에 대하여 신속히 보고할 수 있다. 2.13 객실 안전 규정에 따라 의심스러운 승객 또는 돌발 상황에 대해 선임자에게 보고할 수 있다. 2.14 객실 안전 규정에 따라 승객에게 전자기기 사용 금지 안내 방송을 하고, 조치할 수 있다.

[계속]

능력단위 요소	수행준거
1203010501_15v2.2 항공기 이 · 착륙전 안전 · 보안 관리하기	[지식] • 항공 안전보안에 관한 법률 이해 • 객실 안전 · 보안 규정(점검) 이해 • 항공기 객실 구조 이해 • 안전 · 보안 장비 이해 • 항공기 안전규정(Safty Instruction) 이해 • 안전 · 보안장비 위치 및 관리요령
	[기술] • 객실 안전 · 보안 규정집 활용 기술 • 객실 안전 · 보안 점검표 적용 기술 • 객실안전 · 보안 장비 사용기술 • 운항 승무원과의 원활한 소통 기술(CRM: Crew Resource Management) • 안전 장비 사용법 표현 기술 • 항공기 Slide Mode 변경 및 보고 기술
	[태도] • 장비점검에 대한 규칙적인 습관 유지 • 점검 시 정밀하고 꼼꼼한 자세 유지 • 절도 있는 행동 유지
1203010501_15v2.3 비행 중 안전 · 보안 관리하기	3.1 객실 안전 규정에 따라 승객에게 상시 벨트 착용 여부를 확인하고, 안내를 할 수 있다. 3.2 객실 안전 규정에 따라 승객의 기내 흡연 여부를 확인하고, 제지할 수 있다. 3.3 객실 안전 규정에 따라 밀폐공간 내부 상태를 확인하여, 조치할 수 있다. 3.4 객실 안전 규정에 따라 항공기 운항 중 행동이 의심스러운 승객의 동태 및 이상 물건에 대하여 신속히 보고할 수 있다. 3.5 객실 안전 규정에 따라 난기류(Turbulence) 발생 시 승객에게 안내 방송을 하고, 필요 조치를 할 수 있다.
	[지식] • 항공 안전보안에 관한 법률 이해 • 객실 안전 · 보안 규정(점검) 이해 • 항공기 객실 구조 이해 • 안전 · 보안 장비 이해 • 안전 · 보안장비 위치 및 관리요령
	[기술] • 객실 안전 · 보안 규정집 활용기술 • 객실 안전 · 보안 점검표 적용기술 • 객실 안전 · 보안 장비 사용기술 • 밀폐공간 내부 상태 점검기술 • 안전한 기내 설비 사용 및 서비스 기술 • 안전 · 보안 관련 위반 승객 제지 기술 • 운항 승무원과의 원활한 소통 기술(CRM: Crew Resource Management)
	[태도] • 장비점검에 대한 규칙적인 습관 유지 • 점검 시 정밀하고 꼼꼼한 자세 유지 • 절도 있는 행동 유지
1203010501_15v2.4 착륙 후 안전 · 보안 점검 · 관리	4.1 객실 안전 규정에 따라 이동 승객을 제지하고, 착석상태 유지를 안내할 수 있다. 4.2 객실 안전 규정에 따라 승객의 유실물을 점검하고, 조치할 수 있다. 4.3 객실 안전 규정에 따라 기내 설비 이상 유무를 점검하고, 보고할 수 있다.

[계속]

능력단위 요소	수행준거
1203010501_15v2.4 착륙 후 안전 · 보안 점검 · 관리	[지식] • 항공 안전보안에 관한 법률 • 객실 안전 · 보안 규정(점검) • 항공기 객실 구조 • 안전 · 보안 장비 • 안전 · 보안장비 위치 및 관리요령
	[기술] • 객실 안전 · 보안 규정집 활용기술 • 객실 안전 · 보안 점검표 적용기술 • 승객 유실물 존재 유무 점검기술 • 기내 설비 이상 유무 점검기술 • 지상 근무 직원과의 인계인수 및 원활한 소통 기술
	[태도] • 점검 시 정밀하고 꼼꼼한 자세 유지 • 책임감 있는 태도
1203010501_15v2.5 비상사태 발생 시 대응하기	5.1 객실 안전 규정에 따라 비상상태를 인지할 수 있다. 5.2 객실 안전 규정에 따라 비상상태를 보고할 수 있다. 5.3 객실 안전 규정에 따라 비상상태를 조치할 수 있다.
	[지식] • 항공 안전보안에 관한 법률 이해 • 객실 안전 · 보안 규정(점검) 이해 • 항공기 객실 구조 이해 • 안전 · 보안 장비 이해 • 안전 · 보안장비 위치 및 관리요령
	[기술] • 객실 안전 · 보안 규정집 활용기술 • 기내 안전 설비 사용 및 서비스 기술 • 안전 · 보안관련 위반 승객 제지 기술 • 안전 · 보안 장비 사용 기술 • 객실 안전관련 상황 판단 기술
	[태도] • 신속하고 정확한 태도 유지 • 절도 있고 침착한 태도 유지
1203010501_15v2.6 상황별 안전안내 방송하기	6.1 상황별에 따라 안내방송을 선택할 수 있다. 6.2 선택된 안내방송을 즉시 실시할 수 있다. 6.3 상황변화에 따른 추가안내 방송을 할 수 있다.
	[지식] • 객실 안전규정(안내) 이해 • 한국어, 영어 및 목적지 국가언어(중국어, 일본어 등) 이해
	[기술] • 상황판단 능력 • 방송장비 점검 및 활용능력 • 영어, 중국어, 일본어 등 외국어 구사능력 • 표준어 구사 능력 • 음성 표현 능력
	[태도] • 신속하게 명료한 태도 유지 • 절도 있고 침착한 태도 유지

2) 승객 탑승 전 준비

분류번호: 1203010502_13v1
능력단위 명칭: 승객 탑승 전 준비
능력단위 정의: 승객 탑승 전 준비란 기내서비스용품 점검, 서비스설비 및 기물 점검, 특별서비스 요청사항 점검을 수행하는 능력이다.

능력단위 요소	수행준거
1203010502_13v1.1 기내서비스용품 점검하기	1.1 운송 서비스 규정에 따라, 객실 서비스에 필요한 서비스용품 탑재 여부를 점검하고, 조치할 수 있다. 1.2 운송 서비스 규정에 따라, 서비스 용품의 품질 상태 및 이상유무를 점검하여, 조치할 수 있다. 1.3 객실 서비스 규정에 따라, 서비스용품을 지정된 서비스 위치에 배열할 수 있다.
	[지식] • 운송 서비스 규정 • 항공기 객실 구조 • 객실 서비스 규정 • 서비스용품에 대한 지식
	기술 • 객실 승무원 규정집 활용 기술 • 객실 체크 리스트 적용 기술 • 지상 직원과의 소통 기술 • 식음료 보관 및 운반 기술
	[태도] • 정확성 유지 • 협조 노력 • 신속한 태도 • 청결함 유지
1203010502_13v1.2 서비스 설비 및 기물 점검하기	2.1 객실 서비스 규정에 따라, 항공기 운항시 반드시 필요한 서비스 설비 및 기물의 이상 여부를 점검하고, 조치할 수 있다. 2.2 객실 서비스 규정에 따라, 항공기 운항시 반드시 필요한 화장실 설비의 이상 유무를 점검하고, 조치할 수 있다. 2.3 운송 서비스 규정에 따라, 항공기의 목적지 도착 시, 입국에 필요한 제반 입국 관련 서류의 탑재 여부 및 수량을 점검하고, 조치할 수 있다. 2.4 객실 서비스 규정에 따라, 항공기 운항 시 판매할 면세품의 탑재 여부 및 수량을 점검하고, 조치할 수 있다.
	[지식] • 운송 서비스 규정 • 항공기 객실 구조 • 객실 서비스 규정 • 서비스 설비 및 기물에 대한 지식
	[기술] • 객실 승무원 규정집 활용 기술 • 객실 체크 리스트 적용 기술 • 지상 직원과의 소통 기술 • 서비스 설비 및 기물 점검기술 • 기내 서비스 기물 운반 및 배치기술

[계속]

능력단위 요소	수행준거
1203010502_13v1.2 서비스 설비 및 기물 점검하기	[태도] • 신속한 태도 • 정확성 유지 • 신중한 태도 • 협조 노력
1203010502_13v1.3 특별 서비스 요청사항 점검하기	3.1 객실 서비스 규정에 따라, 승객 탑승 전, 해당 항공기의 특별 서비스 항목을 점검하고 조치할 수 있다. 3.2 객실 서비스 규정에 따라, 승객 탑승 전, 해당 승객의 특별 서비스 용품이 탑재되어 있는지를 점검하고, 조치할 수 있다. 3.3 고객 서비스 규정에 따라, 승객 탑승 후, 해당 승객의 특별 서비스 요청 사항 외 추가 요청 사항이 없는지를 확인하고, 조치할 수 있다.
	[지식] • 객실 서비스 지침 이해 • 항공기 객실 구조 이해 • 항공 운송에 관한 일반적 실무 이해 • SSR(Special Service Request) 이해 • 특별 승객특성에 대한 지식 이해 • 특별 서비스 기물 및 용품 이해 • 특별 코드에 대한 지식
	[기술] • 객실 승무원 규정집 활용 기술 • 지상 직원과의 소통 기술 • 특별 서비스 기물 운반 및 배치기술
	[태도] • 협조 노력 • 인내성 있는 태도 • 주의 깊은 노력 • 유연한 태도

3) 승객 탑승 및 이륙전 서비스

분류번호: 1203010503_16v2
능력단위 명칭: 승객 탑승 및 이륙전 서비스
능력단위 정의: 승객 탑승 및 이륙전 서비스란 탑승위치 대기, 탑승권 재확인, 좌석 안내, 수하물 정리 지원, 특수 고객 지원, 탑승환영 안내 방송을 수행하는 능력이다.

능력단위 요소	수행준거
1203010503_16v2.1 탑승위치 대기하기	1.1 객실 서비스 규정에 따라, 승객의 항공기 탑승 전, 각자에게 부여된 임무를 수행하기 위하여 해당 근무지역에서 탑승을 위해 대기할 수 있다. 1.2 객실 서비스 규정에 따라 승객 탑승 시 대기 자세를 취할 수 있다. 1.3 객실 서비스 규정에 따라 승객 탑승 시 밝은 표정으로 환영 인사를 할 수 있다. 1.4 객실 서비스 규정에 따라 탑승 승객에 따른 눈높이 서비스 자세를 취할 수 있다.
	[지식] • 객실 서비스 규정 이해 • 비행 전 업무절차 이해 • 승객 특성 이해
	[기술] • 객실 서비스 규정 활용 기술 • 승객 특성에 따른 인사, 표정 기술 • 승객 특성에 따른 대화 기술
	[태도] • 밝은 태도 • 공손한 태도 • 명료한 태도
1203010503_16v2.2 탑승권 재확인하기	2.1 객실 서비스 규정에 따라, 승객의 출발 일시를 확인할 수 있다. 2.2 객실 서비스 규정에 따라, 승객의 목적지를 파악할 수 있다. 2.3 객실 서비스 규정에 따라, 승객의 좌석 등급을 구별할 수 있다. 2.4 객실 서비스 규정에 따라, 승객의 좌석번호를 확인할 수 있다.
	[지식] • 객실 서비스 규정에 대한 이해 • 비행 전 업무절차에 대한 이해 • 객실 구조에 대한 이해 • 승객 특성에 대한 이해 • 항공 운송 관련 기본 지식(예약 · 발권, 운송, 운항, 정비, 기내식)
	[기술] • 객실 서비스 근무규정 활용 기술 • 비행전 업무절차 규정 활용 기술 • 탑승권 판독 능력 • 승객과의 의사소통 기술 • 의전 관련 기술
	[태도] • 공손한 태도 • 정확성 유지 • 신속한 태도

[계속]

<table>
<tr><th>능력단위 요소</th><th>수행준거</th></tr>
<tr><td rowspan="4">1203010503_16v2.3
좌석 안내하기</td><td>3.1 객실 서비스 규정에 따라, 승객들에게 지정된 좌석번호를 재확인할 수 있다.
3.2 객실 서비스 규정에 따라, 좌석 배열을 파악하고, 승객에게 정확한 좌석으로 안내할 수 있다.
3.3 객실 서비스 규정에 따라, 승객에게 좌석 설비 사용법을 안내할 수 있다.
3.4 객실 서비스 규정에 따라, 좌석 상태를 파악하여, 조치할 수 있다.</td></tr>
<tr><td>[지식]
• 승무원 근무절차 이해
• 객실승무원의 근무규정 이해
• 비행 전 업무절차 이해
• 좌석 배열 이해
• 좌석의 특성 이해
• 좌석의 설비(이어폰잭, 독서등 등) 이해
• 좌석의 사용법</td></tr>
<tr><td>[기술]
• 객실 서비스 규정활용 기술
• 좌석 벨트 착용 기술
• 오디오 비디오 작동 기술</td></tr>
<tr><td>[태도]
• 적극적인 태도
• 협조 노력
• 배려있는 태도</td></tr>
<tr><td rowspan="4">1203010503_16v2.4
수하물 정리 지원하기</td><td>4.1 객실 서비스 규정에 따라, 좌석 주변의 공간을 파악하여, 승객에게 객실 선반의 위치를 안내할 수 있다.
4.2 객실 서비스 규정에 따라, 안전하게 선반을 작동할 수 있다.
4.3 객실 서비스 규정에 따라, 수하물의 특성별로 보관하도록 안내할 수 있다.
4.4 객실 서비스 규정에 따라, 수하물을 안전하게 다룰 수 있다.
4.5 객실 서비스 규정에 따라, 수하물의 보관 위치를 기억하여, 승객에게 다시 전달할 수 있다.</td></tr>
<tr><td>[지식]
• 객실 서비스 규정 이해
• 좌석 하단 특성 이해
• 수하물 선반 사용 특성 이해
• 코트룸 특성 이해</td></tr>
<tr><td>[기술]
• 객실 서비스 근무규정 활용 기술
• 수하물 선반 사용 기술
• 코트룸 사용 기술
• 좌석 하단 사용 기술</td></tr>
<tr><td>[태도]
• 안전성 유지 노력
• 정중한 태도
• 유연한 태도
• 정확성 유지</td></tr>
</table>

[계속]

능력단위 요소	수행준거
1203010503_16v2.5 특수 고객 지원하기	5.1 객실 서비스 규정에 따라, 특수 고객 탑승 여부를 확인할 수 있다. 5.2 객실 서비스 규정에 따라, 특수 고객의 특성에 따른 인사를 하고, 좌석 안내할 수 있다. 5.3 객실 서비스 규정에 따라, 특수 고객에게 기내 설비 사용법을 안내할 수 있다. 5.4 객실 서비스 규정에 따라, 특수 고객에 대한 여행 편의를 제공할 수 있다.
	[지식] • 객실 서비스 규정 이해 • 비상 응급조치 이해 • 의전에 대한 지식 • 특수 승객의 특성 이해
	[기술] • 객실 서비스 규정 활용 기술 • 탑승객과의 원활한 소통 기술 • 휠체어 사용 기술 • 특수 고객 응대 기술
	[태도] • 정중한 태도 • 사려 깊은 태도 • 인내성 있는 태도
1203010503_16v2.6 탑승 환영 안내방송하기	6.1 객실 서비스 규정에 따라 방송에 필요한 정보를 파악할 수 있다. 6.2 객실 서비스 규정에 따라 탑승환영 안내 방송에 필요한 언어를 구사할 수 있다. 6.3 객실 서비스 규정에 따라 탑승환영 안내 방송에 필요한 표준어 사용을 할 수 있어야 한다.
	[지식] • 객실 서비스 규정(안내) • 한국어, 영어 및 목적지 국가 언어(일본어, 중국어 등) 이해
	[기술] • 영어, 일어, 중국어 구사 능력 • 표준어 구사 기술 • 음성 표현 기술
	[태도] • 성실한 태도 • 정확성 유지 • 명료한 태도

4) 비행 중 서비스

분류번호: 1203010504_13v1
능력단위 명칭: 비행 중 서비스
능력단위 정의: 비행 중 서비스란 기내음료제공, 기내식제공, 기내오락물제공, 면세품 판매, 객실 상태점검을 수행하는 능력이다.

능력단위 요소	수행준거
1203010504_13v1.1 기내음료 제공하기	1.1 객실 서비스 규정에 따라, 비알콜 음료(Cold Beverage, Hot Beverage)에 관한 정보를 승객에게 전달할 수 있다. 1.2 객실 서비스 규정에 따라, 다양한 칵테일 제조에 필요한 술의 종류와 첨가 음료에 관한 정보를 숙지하여, 제조할 수 있다. 1.3 객실 서비스 규정에 따라, 다양한 와인에 관한 정보를 파악하여, 서비스 및 회수할 수 있다.
	[지식] • 칵테일 제조 및 서비스 이해 • 알콜 · 비알콜 음료에 대한 지식 • 테이블 매너 이해 • 와인에 대한 지식(원산지, 특성, 어울리는 음식, 서비스 방법) • 원산지별 커피종류와 로스팅 등 음용 방법 이해
	[기술] • 칵테일 제조 능력 • 와인 서비스 능력 • 음료서비스 기물 사용 기술(머들러, 캐리어, 칵테일 종류에 따른 글라스 선정, 칵테일 픽, 코스터 등)
	[태도] • 적극적 자세 유지 • 고객 특성에 대한 이해 노력
1203010504_13v1.2 기내식 제공하기	2.1 객실 서비스 규정에 따라, 기내에서 제공되는 식사를 위한 세팅(Setting) 및 데우기(Heating) 등을 수행할 수 있다. 2.2 특별서비스요청서(SSR: Special Service Request)에 따라 특별식을 확인 후, 서비스 및 회수할 수 있다. 2.3 객실 서비스 규정에 따라, 승객 선호를 확인하여, 테이블 매너에 따른 기내식을 서비스 및 회수할 수 있다.
	[지식] • 테이블 매너 이해 • 고객 만족 서비스 이해 • 기내식 서비스를 위한 기물의 종류와 사용법 • 특별식 종류와 특성 이해
	[기술] • 세련된 서비스 매너 기술 • 코스별 서비스 기술 • 세팅(Setting) 기술 • 데우기(Heating) 기술
	[태도] • 세심한 태도 • 배려있는 태도 • 겸손한 태도 • 친절한 태도

[계속]

능력단위 요소	수행준거
1203010504_13v1.3 기내 오락물 제공하기	3.1 객실 서비스 규정에 따라, 기내에서 제공되는 오락물 상영을 위한 기내 시설물과 기물을 사용할 수 있다. 3.2 객실 서비스 규정에 따라, 비행 중 서비스되는 상영물에 관한 종류와 내용을 고객에게 전달할 수 있다. 3.3 객실 서비스 규정에 따라, 조명 및 객실상태를 점검하고, 오락물을 제공할 수 있다.
	[지식] • 객실 오락설비(오디오, 비디오 등) 이해 • 객실 오락물에 관한 지식
	[기술] • 오락설비 사용 기술 • 조명기기 조절 기술
	[태도] • 배려있는 태도 • 적극적 자세 유지 • 친절한 태도
1203010504_13v1.4 면세품 판매하기	4.1 객실 서비스 규정에 따라, 면세품 판매를 위한 기본적인 상품을 세팅하고, 판매할 수 있다. 4.2 객실 서비스 규정에 따라, 국가별 면세품 구매 한도에 관한 정보를 전달할 수 있다. 4.3 객실 서비스 규정에 따라, 면세품 판매 전 · 후 재고파악 및 인수인계를 위한 서류를 정리할 수 있다.
	[지식] • 국가별 면세 한도액 규정 이해 • 기내 면세품에 관한 정보 이해 • 객실 서비스 규정 이해
	[기술] • 효율적인 판매를 위한 세팅 기술 • 신용카드 리더기 사용 기술 • 인수인계를 위한 행정 서류 정리 기술
	[태도] • 세심한 태도 • 정확성 유지 • 친절한 태도
1203010504_13v1.5 객실 상태 점검하기	5.1 객실 서비스 규정에 따라, 고객 서비스를 위해 객실 시설물을 수시로 점검하고, 조치를 할 수 있다. 5.2 객실 서비스 규정에 따라 기내식 서비스 후 객실 통로 및 주변을 청결히 할 수 있다. 5.3 객실 서비스 규정에 따라 승객의 쾌적한 여행을 위해 객실 내 온도 및 조명을 관리할 수 있다.
	[지식] • 화장실 용품사용법 • 화장실 설비에 관한 지식 • 조리실(Galley) 내 기물 사용법 • 조리실(Galley) 내 용품에 관한 지식
	[기술] • 조리실(Galley) 내 용품 정돈 기술 • 인수인계 용품의 확인과 정리 기술 • 객실 온도 및 조명 조절 기술
	[태도] • 성실한 태도 • 청결함 유지

5) 착륙 전 서비스

분류번호: 1203010505_16v2
능력단위 명칭: 착륙 전 서비스
능력단위 정의: 착륙 전 서비스란 입국서류 배포 및 작성 지원, 기내서비스용품 회수, 기내 서비스용품 및 면세품 재고 확인, 목적지 도착 안내방송을 수행하는 능력이다.

능력단위 요소	수행준거
1203010505_16v2.1 입국 서류 배포 및 작성 지원하기	1.1 객실 서비스 규정에 의해, 담당구역별 도착지 입국에 필요한 서류를 배포할 수 있다. 1.2 객실 서비스 규정에 따라, 도착지 국가의 출입국 규정을 숙지하여 승객에게 정확히 안내할 수 있다. 1.3 객실 서비스 규정에 따라 도착 전 입국에 필요한 서류의 작성 여부를 점검하고, 조치할 수 있다. 1.4 객실 서비스 규정에 의해 특수 고객에게 필요한 서류 작성에 협조할 수 있다.
	[지식] • 객실 서비스 규정 이해 • 국가별 출입국 규정에 대한 지식 • 국가별 입국 서류 작성법에 대한 지식 • 고객 특성
	[기술] • 국가별 출입국 서류 작성기술 • 외국어 능력 • 문서작성 기술
	[태도] • 고객지향적인 태도 • 관련 규정사항 준수 • 적극적인 태도 • 친절한 자세 • 정확성 유지
1203010505_16v2.2 기내 용품 회수하기	2.1 객실 서비스 규정에 의해, 서비스한 기내 용품과 회수된 기내 용품의 수량을 파악할 수 있다. 2.2 객실 서비스 규정에 의해, 회수된 기내 용품의 상태를 확인하여, 상태별로 분리할 수 있다. 2.3 객실 서비스 규정에 의해, 기내 용품 소지 승객에 대해 회수 안내할 수 있다.
	[지식] • 객실 서비스 규정 • 기내 용품에 대한 지식
	[기술] • 의사소통기술 • 기내용품 관리 기술
	[태도] • 정확성 유지 • 친절한 태도 • 적극적인 태도

[계속]

능력단위 요소	수행준거
1203010505_16v2.3 기내 서비스 용품 및 면세품 재고 확인하기	3.1 객실 서비스 규정에 따라, 기내 판매 업무를 종료하고, 면세품 재고를 확인할 수 있다. 3.2 객실 서비스 규정에 따라, 면세품에 대한 상태를 확인하여, 필요 조치를 취할 수 있다. 3.3 객실 서비스 규정에 따라 서비스 종료 후, 서비스 용품 재고를 확인할 수 있다. 3.4 객실 서비스 규정에 따라 하기 시 필요한 조치 사항과 교대팀에게 필요한 전달 상항을 기록할 수 있다.
	[지식] • 객실 서비스 규정 이해 • 면세품에 대한 지식 • DB자료(서비스용품별) 이해
	[기술] • 기내서비스용품 목록 작성기술 • 서류 작성 기술
	[태도] • 공정한 태도 • 정확성 유지 • 관련 규정사항 준수 • 배려있는 태도 • 적극적인 태도
1203010505_16v2.4 목적지 도착 안내방송하기	4.1 객실 서비스 규정에 따라 방송에 필요한 정보를 파악할 수 있다. 4.2 객실 서비스 규정에 따라 목적지 도착 안내방송에 필요한 언어를 구사할 수 있다. 4.3 객실 서비스 규정에 따라 목적지 도착 안내방송에 필요한 표준어 사용을 할 수 있다.
	[지식] • 객실 서비스 규정(안내) 이해 • 한국어, 영어 및 목적지 국가 언어(일본어, 중국어 등) 이해
	[기술] • 영어, 일어, 중국어 구사 능력 • 표준어 구사 기술 • 음성 표현 기술
	[태도] • 성실한 태도 • 정확성 유지 • 명료한 태도

6) 착륙 후 서비스

분류번호: : 1203010506_16v2
능력단위 명칭: 착륙 후 서비스
능력단위 정의: 착륙 후 서비스란 착륙 후부터 승객하기 전까지 도착 안내방송, 승객 하기 지원, 특수 고객지원을 수행하는 능력이다.

능력단위 요소	수행준거
1203010506_16v2.1 도착 안내방송하기	1.1 객실 서비스 규정에 따라 착륙 후 도착 안내방송(Farewell) 실시할 수 있다. 1.2 객실 서비스 규정에 따라, 여권과 입국서류 소지 안내 방송을 실시할 수 있다. 1.3 객실 서비스 규정에 의거, 해당 공항에 따른 상황별 안내방송을 할 수 있다.
	[지식] • 객실 서비스 규정 이해 • 도착지 공항별 상황 이해 • 도착지공항 입출국 이해
	[기술] • 외국어능력 • 정보검색능력 • 기내방송시스템 사용기술 • 방송문에 대한 방송 능력
	[태도] • 명료한 태도 • 고객 지향적 사고 노력 • 관련 규정사항 준수
1203010506_16v2.2 승객 하기 지원하기	2.1 도착지 공항 규정에 따라 검역 또는 세관의 허가가 필요한지 확인할 수 있다. 2.2 객실 서비스 규정에 따라 승객 하기 시, 감사하는 마음으로 하기 인사를 실시 할 수 있다. 2.3 객실 서비스 규정에 의해 승객의 짐 운반 등을 적극적으로 도움을 줄 수 있다.
	[지식] • 객실 서비스 규정 이해 • 도착지 입출국 정보 이해 • 도착지 공항시설 이해
	[기술] • 의사소통 기술 • 외국어 능력 • 인사 기술
	[태도] • 공손한 태도 • 적극적 자세 유지 • 신속한 태도

[계속]

<table>
<tr><th>능력단위 요소</th><th>수행준거</th></tr>
<tr><td rowspan="4">1203010506_16v2.3
특수 고객 지원하기</td><td>3.1 객실 서비스 규정에 따라 지상직원에게 여객 및 화물 운송 관련이동 서류(Ship pouch)를 인계하고, 중요 승객이나 특별 승객에 대한 정보를 구두로 먼저 알려 줄 수 있다.
3.2 객실 서비스 규정에 따라 응급환자, VIP, F/C, C/C, UM(비동반소아), Y/C, Stretcher(환자) 승객 순으로 신속히 하기가 이루어질 수 있도록 안내할 수 있다.
3.3 객실 서비스 규정에 따라 특수 고객을 위해, 적극적으로 게이트(Gate)까지 지원할 수 있다.</td></tr>
<tr><td>[지식]
• 도착지 공항 입출국에 대한 지식
• 특수고객별 특성 이해
• 휠체어 사용 방법</td></tr>
<tr><td>[기술]
• 휠체어 사용기술
• 외국어 및 커뮤니케이션 능력
• 고객 DB활용 기술
• 특수 고객에 대한 이동수행 능력</td></tr>
<tr><td>[태도]
• 공손한 태도
• 정확하고 신속한 태도
• 배려있는 태도
• 조심성 유지</td></tr>
</table>

7) 승객 하기 후 관리

분류번호: 1203010507_13v1
능력단위 명칭: 승객 하기 후 관리
능력단위 정의: 여행 승객 하기 후 관리란 유실물 점검, 잔류 승객 점검, 기내설비 점검, 기내용품 인계 · 인수를 수행하는 능력이다.

능력단위 요소	수행준거
1203010507_13v1.1 유실물 점검하기	1.1 객실 서비스 규정에 따라 승객 하기 후 유실물 점검을 최우선으로 하며, 상위 클래스일 경우 지상조업 개시 전에 철저히 점검을 실시할 수 있다. 1.2 객실 서비스 규정에 따라 객실 수화물 선반(Overhead Bin)을 열어 육안으로 확인할 수 있다. 1.3 객실 서비스 규정에 의해 코트 룸 및 승객 좌석 하단, 창 측, 승객 좌석 주머니(Seat Pocket) 등을 육안으로 점검할 수 있다. 1.4 객실 서비스 규정에 의해 유실물 발견 시 상급자에게 보고하고 승무원은 최대한 빨리 승객에게 인계할 수 있다.
	[지식] • 객실 서비스 규정 이해 • 도착지 공항의 유실물 처리 절차 이해
	[기술] • 유실물 취급 처리 기술 • 유실물 절차에 따른 안내 기술 • 외국어 능력
	[태도] • 신속한 태도 • 적극적인 태도 • 정확성 유지
1203010507_13v1.2 잔류 승객 점검하기	2.1 객실 서비스 규정에 따라 밀폐 공간(화장실 및 벙커(Bunker)) 내 잔류 승객 여부를 점검할 수 있다. 2.2 객실 서비스규정에 따라 각각의 승무원은 담당 존별로 결과를 구두로 보고할 수 있다. 2.3 객실 서비스 규정에 따라 잔류승객을 조치할 수 있다.
	[지식] • 특수 고객 이해 • 잔류승객 처리에 대한 지식 • 공항 업무 이해
	[기술] • 특이 승객 대처 능력 • 대화능력 • 상황판단 능력
	[태도] • 정중한 태도 • 적극적인 태도 • 단호함 유지

[계속]

능력단위 요소	수행준거
1203010507_13v1.3 기내 설비 점검하기	3.1 객실 서비스 규정에 따라 객실 내 장착되어 있는 모든 서비스 설비나 장비를 점검할 수 있다. 3.2 객실 서비스 규정에 따라 객실 설비나 장비를 점검 후 이상 유무를 보고할 수 있다. 3.3 객실 서비스 규정에 따라 객실 설비나 장비에 이상이 있을 경우 정비사에게 구두 전달하고 객실설비장비수리 요청서에 기록할 수 있다.
	[지식] • 객실 서비스 규정 이해 • 객실 서비스 설비 장비 이해 • 객실 서비스 설비장비 수리 요청서 이해
	[기술] • 객실 설비장비 사용에 대한 능력 • 외국어 능력 • 합리적 계산 및 정보파악능력 • 객실 설비장비 수리 요청서 작성 기술
	[태도] • 주의력 있는 태도 • 꼼꼼한 태도 • 적극적인 태도
1203010507_13v1.4 기내 용품 인수 · 인계하기	4.1 객실 서비스 규정에 따라 기내에 탑재된 서비스용품 및 면세품을 컴파트먼트(Compartment)에 넣고 봉인(Sealing)할 수 있다. 4.2 객실 서비스 규정에 따라 조리실(Galley) 담당자가 봉인(Sealing)한 후 인수인계서를 상호 점검할 수 있다 4.3 객실 서비스 규정에 따라 지상 종업원과 봉인 확인 및 점검(seal to seal) 방법으로 인계 · 인수할 수 있다.
	[지식] • 객실 서비스규정 이해 • 서비스용품과 기내판매품에 대한 지식 • 인수인계서에 대한 지식
	[기술] • 실링 기술 • 안내 기술 • 수리 기술 • 외국어 구사 능력
	[태도] • 꼼꼼한 태도 • 정확성 유지 • 신속한 태도

8) 응급환자 대처

분류번호: 1203010508_13v1
능력단위 명칭: 응급환자 대처
능력단위 정의: 응급환자 대처란 응급환자 발생상황 파악 · 보고, 응급환자 초기 대응, 응급환자 후속관리, 환자 대처상황 기록을 수행하는 능력이다.

능력단위 요소	수행준거
1203010508_13v1.1 응급환자 발생상황 파악 · 보고하기	1.1 객실 서비스 및 객실 안전 규정에 따라 기내 환자 발생 여부를 파악할 수 있다. 1.2 객실 서비스 및 객실 안전 규정에 따라 환자에 대한 정보를 신속하게 상급자에게 보고할 수 있다. 1.3 객실 서비스 및 객실 안전 규정에 따라 환자에 대한 정보를 공유하도록 할 수 있다.
	[지식] • 환자 증세에 대한 지식
	[기술] • 상황 보고 능력
	[태도] • 정확한 태도 • 꼼꼼함 유지 • 세밀한 태도 • 신속한 태도
1203010508_13v1.2 응급환자 초기 대응하기	2.1 객실 서비스 및 객실 안전 규정에 따라 응급 처치할 수 있다. 2.2 객실 서비스 및 객실 안전 규정에 따라 환자의 응급 상태를 확인하고, 탑승 의사와 의료진을 신속하게 찾을 수 있다. 2.3 객실 서비스 및 객실 안전 규정에 따라 응급치료 장비를 탑승 의사의 협조를 구해 활용할 수 있도록 조치할 수 있다.
	[지식] • 응급환자 대응매뉴얼 이해 • 응급처치 이해 • 의료 장비 기본 지식
	[기술] • 응급처치 능력 • 고객 심리분석 능력
	[태도] • 신속한 태도 • 정확한 태도
1203010508_13v1.3 응급환자 후속 관리하기	3.1 응급환자 대응매뉴얼에 따라 응급환자 상태가 악화되지 않도록 관리할 수 있다. 3.2 응급환자 발생에 따라 일반 탑승자의 쾌적한 여행이 방해되지 않도록 조치할 수 있다. 3.3 착륙 후 응급환자 대응매뉴얼에 따라 공항과의 협조체제가 순조롭게 진행될 수 있게 조치 할 수 있다.
	[지식] • 응급환자 응대에 대한 지식
	[기술] • 응급 환자 응대 능력 • 응급 환자 관리 능력
	[태도] • 세심한 태도 • 편안한 태도

[계속]

능력단위 요소	수행준거
1203010508_13v1.4 환자 대처 상황 기록하기	4.1 객실 서비스 및 객실 안전 규정에 따라 응급환자 발생 시 조치 내용과 상태를 기록할 수 있다. 4.2 객실 서비스 및 객실 안전 규정에 따라 응급환자 관련 후속 조치내용을 기록할 수 있다. 4.3 객실 서비스 및 객실 안전 규정에 따라 응급환자의 공항 인계인수 내용을 기록할 수 있다. 4.4 객실 서비스 및 객실 안전 규정에 따라 비행 종료 후 환자 조치 내역을 기록하여 회사에 보고하고 향후 환자관리에 참고가 되도록 할 수 있다.
	[지식] • 응급환자 기본조치에 대한 지식 • 메디칼 레코드 이해
	[기술] • 단계별 구별 기술 • 조치 요약 기술
	[태도] • 꼼꼼함 유지 • 정확한 태도

9) 객실승무 관리

분류번호: 1203010509_16v2
능력단위 명칭: 객실승무 관리
능력단위 정의: 객실승무 관리란 객실 승무원별 근무 배정, 운항 · 객실간 정보 공유, 불만 승객 대처, 출 · 도착 서류 작성 · 관리, 객실서비스 관리를 수행하는 능력이다.

능력단위 요소	수행준거
1203010509_16v2.1 객실 승무원별 근무 배정하기	1.1 객실 서비스 및 객실 안전 규정에 따라 객실 승무원에게 업무를 할당할 수 있다. 1.2 효율적 서비스를 위해, 노선 특성에 따라 객실 승무원별 업무 배정을 조정할 수 있다. 1.3 효율적 서비스를 위해, 객실 승무원의 역량을 고려하여 업무 배정을 조정할 수 있다.
	[지식] • 근무 편성 매뉴얼 이해 • 노선 특성 이해 • 고객 특성 이해 • 노선별 서비스 절차 이해 • 승무원이 기내에서 수행해야할 업무에 대한 지식 • 업무 배정 지식
	[기술] • 승무원 역량 파악 기술
	[태도] • 공정한 업무 태도
1203010509_16v2.2 운항 · 객실간 정보 공유하기	2.1 객실 서비스 및 객실 안전 규정에 따라 객실 상황을 판단하여, 상급자에게 신속하게 보고할 수 있다. 2.2 객실 서비스 및 객실 안전 규정에 따라 운항 정보를 공유할 수 있다. 2.3 객실 서비스 및 객실 안전 규정에 따라 승객 정보를 공유할 수 있다.
	[지식] • 객실 서비스 규정 이해 • 객실 안전 규정 이해
	[기술] • 상황 판단 기술 • 의사소통기술 • 인터폰사용기술
	[태도] • 신속 · 간결 · 명료한 태도
1203010509_16v2.3 불만 승객 대처하기	3.1 객실 서비스 및 객실 안전 규정에 따라 불만 상황에 대한 원인을 파악 할 수 있다. 3.2 객실 서비스 및 객실 안전 규정에 따라 경청한 후 불만에 대한 해결 방안을 모색 할 수 있다. 3.3 객실 서비스 및 객실 안전 규정에 따라 해결 방안에 대한 구체적인 행동을 보여줄 수 있다. 3.4 객실 서비스 및 객실 안전 규정에 따라 해당 승객에 대한 만족도를 재확인할 수 있다.
	[지식] • 객실 서비스 및 객실 안전 규정 이해 • 불만 대처 상황에 대한 지식
	[기술] • 소통능력 • 고객응대 기술

[계속]

능력단위 요소	수행준거
1203010509_16v2.3 불만 승객 대처하기	[태도] • 정중한 태도 • 신속한 태도 • 경청하려는 노력
1203010509_16v2.4 출 · 도착 서류 작성 · 관리하기	4.1 객실 서비스 및 객실 안전 규정에 따라 항공기 출발에 필요한 각종 서류를 수량, 종류 등을 점검할 수 있다. 4.2 객실 서비스 및 객실 안전 규정에 따라 도착지 국가별 요구사항에 따라 입국에 필요한 서류를 요청할 수 있다. 4.3 비행 중, 발생한 기내 안전 및 서비스 설비에 대한 특이사항을 기록할 수 있다. 4.4 항공기 도착 전, 지상직원에게 인계해 줄 서류의 이상 유무를 점검할 수 있다. 4.5 항공기 도착 시, 지상직원에게 객실 운항 관련 서류를 인계할 수 있다.
	[지식] • 객실 서비스 규정에 대한 이해 • 노선별 특성에 대한 이해 • 노선별 서비스 절차에 대한 이해 • 노선별 출입국 서류와 항공기 출도착 서류 이해
	[기술] • 객실 서비스 규정집 활용 기술 • 서류작성시 요약 기술
	[태도] • 정리하는 태도 • 정확한 태도 • 주의깊은 태도
1203010509_16v2.5 객실서비스 관리하기	5.1 승무원 근무 규정에 따라 스페셜 식사는 객실 사무장이 직접 제공하면서 오전달이나 누락이 발생하지 않도록 재확인할 수 있다. 5.2 객실 서비스 규정에 따라 비행 중 기내 질서 유지 및 쾌적한 휴식환경 조성을 위해 단체승객에 의한 소란, 소음 등을 항시 점검할 수 있다. 5.3 객실 서비스 규정에 의해 화장실 청결 상태를 확인하며 비행 중에 발생 할 수 있는 안전과 환자 발생에 대한 안전사항을 점검할 수 있다. 5.4 승무원 근무 규정에 따라 기내 소음에 대한 관리를 할 수 있다. 5.5 조리실(Galley) 내에서 작업 시, 통로(Aisle)을 걸어 다닐 때, 승무원들 간의 대화, 컴파트먼트(compartment), 카트(Cart), 캐리어박스(carrier box) 등의 문울 열고 닫을 때, 객실 수화물 선반(Overhead Bin)의 손잡이 열고 닫을 때 등 승무원을 관리 감독할 수 있다.
	[지식] • 승무원 근무절차 이해 • 항공사 조직의 이해와 운영범위 이해 • 고객만족과 서비스 이해
	[기술] • 상황별 고객응대 기술 • 승객의 요구 파악 기술 • 기내 클레임 예방 및 대처 기술 • 객실 서비스에 대한 전문적인 수행 능력
	[태도] • 긍정적인 마인드 유지 • 직원간의 원활한 소통 태도 겸비 노력 • 관련 규정사항 준수 • 리더로서의 관리 태도

10) 기내음료 서비스

분류번호: 1203010510_16v1
능력단위 명칭: 기내음료 서비스
능력단위 정의: 기내음료 서비스란 기내음료를 파악하고 제공하는 능력이다.

능력단위 요소	수행준거
1203010510_16v1.1 기내음료 파악하기	1.1 객실 서비스 규정에 따라, 비알콜 음료(Cold Beverage, Hot Beverage)에 관한 정보를 파악할 수 있다. 1.2 객실 서비스 규정에 따라, 다양한 칵테일 제조에 필요한 술의 종류와 첨가 음료에 관한 정보를 파악할 수 있다. 1.3 객실 서비스 규정에 따라, 다양한 와인에 관한 정보를 파악할 수 있다.
	[지식] • 칵테일 제조 및 서비스 이해 • 알콜 · 비알콜 음료에 대한 지식 • 테이블 매너 이해 • 와인에 대한 지식(원산지, 특성, 어울리는 음식, 서비스 방법) • 원산지별 커피종류와 로스팅 등 응용 방법 이해
	[기술] • 칵테일 제조 능력 • 와인 서비스 능력 • 음료서비스 기물 사용 기술(머들러, 캐리어, 칵테일 종류에 따른 글라스 선정, 칵테일 픽, 코스터 등)
	[태도] • 적극적 자세 유지 • 고객 특성에 대한 이해 노력
1203010510_16v1.2 기내음료 제공하기	2.1 객실 서비스 규정에 따라, 비알콜 음료(Cold Beverage, Hot Beverage)에 관한 정보를 승객에게 전달할 수 있다. 2.2 객실 서비스 규정에 따라, 비알콜 음료(Cold Beverage, Hot Beverage)에 관한 정보를 승객에게 전달할 수 있다. 2.3 객실 서비스 규정에 따라, 다양한 와인에 관한 정보를 파악하여, 서비스 및 회수할 수 있다.
	[지식] • 칵테일 제조 및 서비스 이해 • 알콜 · 비알콜 음료에 대한 지식 • 테이블 매너 이해 • 와인에 대한 지식(원산지, 특성, 어울리는 음식, 서비스 방법) • 원산지별 커피종류와 로스팅 등 응용 방법 이해
	[기술] • 칵테일 제조 능력 • 와인 서비스 능력 • 음료서비스 기물 사용 기술(머들러, 캐리어, 칵테일 종류에 따른 글라스 선정, 칵테일 픽, 코스터 등)
	[태도] • 적극적 자세 유지 • 고객 특성에 대한 이해 노력

11) 항공서비스 업무기본

분류번호: 1203010511_16v1
능력단위 명칭: 항공서비스 업무 기본
능력단위 정의: 항공서비스 업무 기본이란 항공서비스 관련 서류를 확인하고 항공여객정보를 확인하는 능력이다.

능력단위 요소	수행준거
1203010511_16v1.1 항공서비스 관련 서류 확인하기	1.1 객실 서비스 규정에 의해, 담당구역별 도착지 입국에 필요한 서류를 배포할 수 있다. 1.2 객실 서비스 규정에 따라, 도착지 국가의 출입국 규정을 숙지하여 승객에게 정확히 안내할 수 있다. 1.3 객실 서비스 규정에 따라 도착 전 입국에 필요한 서류의 작성 여부를 점검하고, 조치할 수 있다. 1.4 객실 서비스 규정에 의해 특수 고객에게 필요한 서류 작성에 협조할 수 있다.
	[지식] • 객실 서비스 규정 이해 • 국가별 출입국 규정에 대한 지식 • 국가별 입국 서류 작성법에 대한 지식 • 고객 특성
	[기술] • 국가별 출입국 서류 작성기술 • 외국어 능력 • 문서작성 기술
	[태도] • 고객지향적인 태도 • 관련 규정사항 준수 • 적극적인 태도 • 친절한 자세 • 정확성 유지
1203010511_16v1.2 항공여객정보 확인하기	2.1 고객의 요구에 따라 항공편 예약스케줄을 파악할 수 있다. 2.2 항공편 운임에 따라 예약등급을 파악할 수 있다. 2.3 항공여객 조건에 따라 항공편을 파악할 수 있다.
	[지식] • 항공편별 이동스케줄 • 항공편별 운임체계 • 항공편예약 등급
	[기술] • 항공예약시스템(CRS/GDS) 활용능력 • 항공예약용어 실무능력 • 항공여객 운임 분석 능력
	[태도] • 정확하고 세심한 업무 처리 태도 • 항공여객 관련 규정 준수

12) 항공 기내방송 업무

분류번호: 1203010512_16v1
능력단위 명칭: 항공 기내방송 업무
능력단위 정의: 항공 기내방송 업무란 이륙 전부터 다양한 정상적 상황(이륙 전, 이륙 후, 착륙 후), 비정상적 상황(Irregular), 비상 상황(Emergency)을 안내하는 방송능력이다.

능력단위 요소	수행준거
1203010512_16v1.1 항공기내 방송 준비하기	1.1 운송 서비스 규정에 따라 방송에 필요한 국가별 항공기 코드를 파악할 수 있다. 1.2 운송 서비스 규정에 따라 방송에 필요한 국가별 도시와 공항 명을 파악할 수 있다. 1.3 그리니치 평균시(GMT)에 따라 도착지 시차를 계산할 수 있다.
	[지식] • 운송 서비스 규정(안내) • 운송 서비스 규정(안내)의 정보 파악
	[기술] • 국가별 코드 파악을 위한 영어 능력 • 국가별 시차 계산 능력
	[태도] • 성실한 태도 • 정확성 유지
1203010512_16v1.2 정상적 상황 방송하기	2.1 객실 서비스 규정에 따라 정상적인 상황 방송에 필요한 기본정보를 파악할 수 있다. 2.2 객실 서비스 규정에 따라 방송에 적합한 표준어와 언어를 구사할 수 있다. 2.3 객실 서비스 규정에 따라 탑승환영 안내 방송을 할 수 있다. 2.4 객실 서비스 규정에 따라 좌석벨트 상시착용 안내 및 목적지 접근안내 방송을 할 수 있다. 2.5 객실 서비스 규정에 따라 도착안내 방송을 할 수 있다.
	[지식] • 객실 서비스 규정(안내) • 기내 방송 규정(안내) • 한국어, 영어 및 목적지 국가 언어(일본어, 중국어 등) 이해
	[기술] • 영어, 일어, 중국어 구사 능력 • 표준어 구사 기술 • 음성 표현 기술 • 기내 방송시스템 사용기술 및 안내방송 기술
	[태도] • 친절한 태도 • 정확성 유지 • 꼼꼼한 태도

[계속]

능력단위 요소	수행준거
1203010512_16v1.3 비정상 상황 방송하기	3.1 객실 서비스 규정에 따라 비정상적 상황 방송에 필요한 기본정보를 파악할 수 있다. 3.2 객실 서비스 규정에 따라 지연 및 대기 안내 방송을 할 수 있다. 3.3 객실 서비스 규정에 따라 변경 및 교체 , 고객 불편 안내 방송을 할 수 있다. 3.4 객실 서비스 규정에 따라 Turbulence 방송을 할 수 있다.
	[지식] • 객실 서비스 규정(안내) • 기내 방송 규정(안내) • 한국어, 영어 및 목적지 국가 언어(일본어, 중국어 등) 이해
	[기술] • 영어, 일어, 중국어 구사 능력 • 표준어 구사 기술 • 음성 표현 기술
	[태도] • 친절한 태도 • 정확성 유지
1203010512_16v1.4 비상 상황 방송하기	4.1 객실 서비스 규정에 따라 비상 상황 방송에 필요한 정보를 파악할 수 있다. 4.2 객실 서비스 규정에 따라 기내난동 승객 발생 안내 방송을 할 수 있다 4.3 객실 서비스 규정에 따라 상황별 비상사태 안내 방송을 할 수 있다.
	[지식] • 객실 서비스 규정(안내) • 기내 방송 규정(안내) • 한국어, 영어 및 목적지 국가 언어(일본어, 중국어 등) 이해
	[기술] • 영어, 일어, 중국어 구사 능력 • 표준어 구사 기술 • 음성 표현 기술
	[태도] • 친절한 태도 • 정확성 유지

13) 고객만족 서비스

분류번호: 1203010513_16v1
능력단위 명칭: 고객만족 서비스
능력단위 정의: 고객 만족 서비스란 객실 승무원으로서 서비스마인드, 이미지메이킹, 불만고객응대를 원활히 수행하기 위한 능력이다.

능력단위 요소	수행준거
1203010513_16v1.1 서비스 마인드 함양하기	1.1 객실 서비스 규정에 따라 고객만족 서비스를 위한 서비스 마인드를 함양할 수 있다. 1.2 객실 서비스 규정에 따라 고객만족 서비스를 위한 원활한 소통을 할 수 있다. 1.3 객실 서비스 규정에 따라 고객만족 서비스를 위한 다양한 문화적 특성을 파악할 수 있다.
	[지식] • 객실 서비스 규정(안내) • 글로벌 매너
	[기술] • 소통 능력 • 다양한 문화적 차이에 대한 인식 능력 • 음성 표현 기술
	[태도] • 성실한 태도 • 겸손한 마음가짐 • 친절한 태도
1203010513_16v1.2 이미지 메이킹하기	2.1 객실 서비스 규정에 따라 필요한 용모 복장을 단정히 할 수 있다. 2.2 객실 서비스 규정에 따라 필요한 호감 주는 표정을 관리할 수 있다. 2.3 객실 서비스 규정에 따라 필요한 호감 주는 음성을 표현할 수 있다. 2.4 객실 서비스 규정에 따라 상황별 기본 매너를 지킬 수 있다.
	[지식] • 객실 서비스 규정(안내) • 글로벌 매너의 이해
	[기술] • 세련된 용모 복장과 매너 연출 • 호감 주는 표정관리 및 음성 연출
	[태도] • 성실한 태도 • 철저한 자기관리

[계속]

능력단위 요소	수행준거
1203010513_16v1.3 불만고객 대처하기	3.1 객실 서비스 규정에 따라 고객 행동유형을 파악할 수 있다. 3.2 객실 서비스 규정에 따라 불만고객을 유형별로 대응할 수 있다. 3.3 객실 서비스 규정에 따라 불만고객에 대한 대처결과를 보고할 수 있다.
	[지식] • 객실 서비스 규정(안내) • 고객 심리와 행동유형의 이해 • 불만고객 유형의 파악과 응대
	[기술] • 대인관계 기술 • 정확한 상황 판단력
	[태도] • 성실한 태도 • 친절한 태도

14) 항공서비스 매너

분류번호: 1203010514_16v1
능력단위 명칭: 항공서비스 매너
능력단위 정의: 항공서비스 매너란 서비스 마인드를 함양하고 이미지메이킹을 수행하는 능력이다.

능력단위 요소	수행준거
1203010514_16v1.1 기본 매너 갖추기	1.1 객실 서비스 규정에 따라 고객만족 서비스를 위한 서비스 마인드를 함양할 수 있다. 1.2 객실 서비스 규정에 따라 고객만족 서비스를 위한 원활한 소통을 할 수 있다. 1.3 객실 서비스 규정에 따라 고객만족 서비스를 위한 다양한 문화적 특성을 파악할 수 있다.
	[지식] • 객실 서비스 규정(안내) • 글로벌 매너
	[기술] • 소통 능력 • 다양한 문화적 차이에 대한 인식 능력 • 음성 표현 기술
	[태도] • 성실한 태도 • 겸손한 마음가짐 • 친절한 태도
1203010514_16v1.2 항공서비스 매너 관리하기	2.1 객실 서비스 규정에 따라 필요한 용모 복장을 단정히 할 수 있다. 2.2 객실 서비스 규정에 따라 필요한 호감 주는 표정을 관리할 수 있다. 2.3 객실 서비스 규정에 따라 필요한 호감 주는 음성을 표현할 수 있다. 2.4 객실 서비스 규정에 따라 상황별 기본 매너를 지킬 수 있다.
	[지식] • 객실 서비스 규정(안내) • 글로벌 매너의 이해
	[기술] • 세련된 용모 복장과 매너 연출 • 호감 주는 표정관리 및 음성 연출
	[태도] • 성실한 태도 • 철저한 자기관리

2. 항공객실서비스직무: 채용 · 배치 · 승진 체크리스트

1) 채용 · 배치 · 승진체크리스트 개요

개념

근로자를 채용하거나 배치하거나 승진시키기 위하여 각 개인이 해당 직급에서 요구되는 직업능력을 어느 정도 가지고 있는지 확인하기 위한 진단도구

구성요소

① 목적, ② 직급명, ③ 인적사항, ④ 능력구분, ⑤ 평가영역, ⑥ 평가문항, ⑦ 답변기재란, ⑧ 평가결과로 구성

채용 · 배치 · 승진 체크리스트 구성요소

구성요소	세부내용
목적	평가를 실시하는 방향이나 이유로 채용, 배치, 승진이 있음
직급명	해당 조직에서 일의 종류나 난이도, 책임도 등의 유사성을 기준으로 구분한 등급
인적사항	평가하고자 하는 예비근로자 및 근로자의 성명, 직위, 성별 등과 같은 개인적 특성
능력구분	평가하고자 하는 직급에서 요구되는 직업능력의 구분(직업기초능력, 직무수행능력)
평가영역	직업기초능력과 직무수행능력의 하위영역
평가문항	예비근로자 및 근로자의 지식이나 활동을 측정하기 위한 측정가능하고 구체적인 문장
답변기재란	평가자가 평가문항을 읽고 평가대상자의 행동과 일치하는 정도에 직접 표기하는 부분
평가결과	기재한 답변을 합산하여 점수를 산출하고 해석

2) 채용 · 배치 · 승진체크리스트

목적: ☐ 채용 ☐ 배치 ☐ 승진	객실서비스 실무자

이름 :

직위 :

성별 :

특이사항 :

직업기초능력

평가영역	평가문항	매우 미흡	미흡	보통	우수	매우 우수
의사소통능력	업무를 수행함에 있어 다른 사람이 작성한 글을 읽고 그 내용을 이해할 수 있다.	①	②	③	④	⑤
	업무를 수행함에 있어 자기가 뜻한 바를 글로 나타낼 수 있다.	①	②	③	④	⑤
	업무를 수행함에 있어 다른 사람의 말을 듣고 그 내용을 이해할 수 있다.	①	②	③	④	⑤
	업무를 수행함에 있어 자기가 뜻한 바를 말로 나타낼 수 있다.	①	②	③	④	⑤
	업무를 수행함에 있어 외국어로 의사소통할 수 있다.	①	②	③	④	⑤
수리능력	업무를 수행함에 있어 기초적인 사칙연산과 계산을 할 수 있다.	①	②	③	④	⑤
	업무를 수행함에 있어 필요한 기초 수준의 백분율, 평균, 확률과 같은 통계 능력을 가지고 있다.	①	②	③	④	⑤
	업무를 수행함에 있어 도표(그림, 표, 그래프 등)가 갖는 의미를 해석 할 수 있다.	①	②	③	④	⑤
	업무를 수행함에 있어 필요한 도표(그림, 표, 그래프 등)를 작성할 수 있다.	①	②	③	④	⑤
문제해결능력	업무와 관련된 문제를 인식하고 해결함에 있어 창조적, 논리적, 비판적으로 생각할 수 있다.	①	②	③	④	⑤
	업무와 관련된 문제의 특성을 파악하고, 대안을 제시, 적용하고 그 결과를 평가하여 피드백할 수 있다.	①	②	③	④	⑤
자기개발능력	자신의 흥미, 적성, 특성 등을 이해하고, 이를 바탕으로 자신에게 필요한 것을 이해할 수 있다.	①	②	③	④	⑤
	업무에 필요한 자질을 지닐 수 있도록 스스로를 관리할 수 있다.	①	②	③	④	⑤
	끊임없는 자기 개발을 위해서 동기를 갖고 학습할 수 있다.	①	②	③	④	⑤
자원관리능력	업무수행에 필요한 시간자원이 얼마나 필요한지를 확인하고, 이용 가능한 시간자원을 최대한 수집하여 실제 업무에 어떻게 활용할 것인지를 계획하고 할당할 수 있다.	①	②	③	④	⑤
	업무수행에 필요한 자본자원이 얼마나 필요한지를 확인하고, 이용 가능한 자본자원을 최대한 수집하여 실제 업무에 어떻게 활용할 것인지를 계획하고 할당할 수 있다.	①	②	③	④	⑤

[계속]

평가영역	평가문항	매우 미흡	미흡	보통	우수	매우 우수
자원관리능력	업무수행에 필요한 재료 및 시설자원이 얼마나 필요한지를 확인하고, 이용 가능한 재료 및 시설자원을 최대한 수집하여 실제 업무에 어떻게 활용할 것인지를 계획하고 할당할 수 있다.	①	②	③	④	⑤
	업무수행에 필요한 인적자원이 얼마나 필요한지를 확인하고, 이용가능한 인적자원을 최대한 수집하여 실제 업무에 어떻게 활용할 것인지를 계획하고, 할당할 수 있다.	①	②	③	④	⑤
대인관계능력	다양한 배경을 가진 사람들과 함께 업무를 수행할 수 있다.	①	②	③	④	⑤
	업무를 수행함에 있어 다른 사람을 이끌 수 있다.	①	②	③	④	⑤
	업무를 수행함에 있어 관련된 사람들 사이에 갈등이 발생하였을 경우 이를 원만히 조절할 수 있다.	①	②	③	④	⑤
	업무를 수행함에 있어 다른 사람과 협상할 수 있다.	①	②	③	④	⑤
	고객의 요구를 만족시키는 자세로 업무를 수행할 수 있다.	①	②	③	④	⑤
정보능력	업무와 관련된 정보를 수집, 분석, 조직, 관리, 활용하는데 있어 컴퓨터를 사용할 수 있다.	①	②	③	④	⑤
	업무와 관련된 정보를 수집하고, 이를 분석하여 의미 있는 정보를 찾아내며, 의미 있는 정보를 업무수행에 적절하도록 조직하고, 조직된 정보를 관리하며, 업무 수행에 이러한 정보를 활용할 수 있다.	①	②	③	④	⑤
기술능력	업무 수행에 필요한 기술적 원리를 올바르게 이해할 수 있다.	①	②	③	④	⑤
	도구, 장치를 포함하여 업무 수행에 필요한 기술을 선택할 수 있다.	①	②	③	④	⑤
	업무 수행에 필요한 기술을 업무 수행에 실제로 적용할 수 있다.	①	②	③	④	⑤
조직이해능력	주어진 업무에 관한 국제적인 추세를 이해할 수 있다.	①	②	③	④	⑤
	업무 수행과 관련하여 조직의 체제를 올바르게 이해할 수 있다.	①	②	③	④	⑤
	사업이나 조직의 경영에 대해 이해할 수 있다.	①	②	③	④	⑤
	조직의 업무를 이해할 수 있다.	①	②	③	④	⑤
직업윤리	업무에 대한 존중을 바탕으로 근면하고 성실하고 정직하게 업무에 임할 수 있다.	①	②	③	④	⑤
	인간 존중을 바탕으로 봉사하며, 책임있고, 규칙을 준수하며 예의 바른 태도로 업무에 임할 수 있다.	①	②	③	④	⑤

직무수행능력

평가영역		평가문항	매우 미흡	미흡	보통	우수	매우 우수
기내 안전 관리	승객 탑승 전 안전 · 보안 점검하기	항공기 안전 규정에 따라 승객 탑승 전, 항공기 객실의 보안장비 점검할 수 있다.	①	②	③	④	⑤
		항공기 안전 규정에 따라 승객 탑승 전, 항공기 객실의 안전장비 점검할 수 있다.	①	②	③	④	⑤
		항공기 안전 규정에 따라 기내 작업 인력에 대한 동향을 파악하여, 이상 발생 시, 보고할 수 있다.	①	②	③	④	⑤
		항공기 안전 규정에 따라 항공기 안전 운항에 관계되는 의심스러운 물건에 대하여 신속히 보고할 수 있다.	①	②	③	④	⑤
	항공기 이 · 착륙전 안전 · 보안 관리하기	객실 안전 규정에 따라 비상시 관련 정보를 제공할 수 있다.	①	②	③	④	⑤
		객실 안전 규정에 따라 해당 항공기 문 Slide 상태를 비상 상태(Automatic Position)로 변경할 수 있다.	①	②	③	④	⑤
		객실 안전 규정에 따라 비상구 위치에 착석한 승객에게 비상시 행동요령과 업무 협조를 안내할 수 있다.	①	②	③	④	⑤
		객실 안전 규정에 따라 창문덮개(Window Shade)를 원 위치하도록 안내할 수 있다.	①	②	③	④	⑤
		객실 안전 규정에 따라 좌석 등받이와 좌석 앞 선반(Tray Table)을 원 위치하도록 안내할 수 있다.	①	②	③	④	⑤
		객실 안전 규정에 따라 좌석 벨트 착용을 확인하고, 점검할 수 있다.	①	②	③	④	⑤
		객실 안전 규정에 따라 설비 잠금 상태를 확인하고, 조치할 수 있다.	①	②	③	④	⑤
		객실 안전 규정에 따라 객실 수화물 선반(Overhead Bin) 잠금 상태를 확인하고, 조치할 수 있다.	①	②	③	④	⑤
		객실 안전 규정에 따라 미착석 승객을 확인하고, 착석을 유도할 수 있다.	①	②	③	④	⑤
		객실 안전 규정에 따라 승객에게 좌석 벨트 착용 안내를 정확하게 할 수 있다.	①	②	③	④	⑤
		객실 안전 규정에 따라 비상 시 탈출 요령에 대한 절차를 이미지 트레이닝(Image training)을 할 수 있다.	①	②	③	④	⑤
		객실 안전 규정에 따라 승객에게 전자기기 사용 금지 안내 방송을 하고, 조치할 수 있다.	①	②	③	④	⑤
		객실 안전 규정에 따라 의심스러운 승객 또는 돌발 상황에 대해 선임자에게 보고할 수 있다.	①	②	③	④	⑤
		객실 안전 규정에 따라 항공기 탑승 후 다시 하기를 원하는 승객에 대하여 신속히 보고할 수 있다.	①	②	③	④	⑤

[계속]

평가영역		평가문항	매우 미흡	미흡	보통	우수	매우 우수
기내 안전관리	비행 중 안전 · 보안 관리하기	객실 안전 규정에 따라 승객에게 상시 벨트 착용 여부를 확인하고, 안내를 할 수 있다.	①	②	③	④	⑤
		객실 안전 규정에 따라 승객의 기내 흡연 여부를 확인하고, 제지할 수 있다.	①	②	③	④	⑤
		객실 안전 규정에 따라 밀폐공간 내부 상태를 확인하여, 조치할 수 있다.	①	②	③	④	⑤
		객실 안전 규정에 따라 항공기 운항 중 행동이 의심스러운 승객의 동태 및 이상 물건에 대하여 신속히 보고할 수 있다.	①	②	③	④	⑤
		객실 안전 규정에 따라 난기류(Turbulence) 발생 시 승객에게 안내방송을 하고, 필요 조치를 할 수 있다.	①	②	③	④	⑤
	착륙 후 안전 · 보안 점검 · 관리	객실 안전 규정에 따라 이동 승객을 제지하고, 착석상태 유지를 안내할 수 있다.	①	②	③	④	⑤
		객실 안전 규정에 따라 기내 설비 이상 유무를 점검하고, 보고할 수 있다.	①	②	③	④	⑤
		객실 안전 규정에 따라 승객의 유실물을 점검하고, 조치할 수 있다.	①	②	③	④	⑤
	비상사태 발생 시 대응하기	객실 안전 규정에 따라 비상상태를 인지할 수 있다.	①	②	③	④	⑤
		객실 안전 규정에 따라 비상상태를 보고할 수 있다.	①	②	③	④	⑤
		객실 안전 규정에 따라 비상상태를 조치할 수 있다.	①	②	③	④	⑤
	상황별 안전안내 방송하기	상황별에 따라 안내방송을 선택할 수 있다.	①	②	③	④	⑤
		선택된 안내방송을 즉시 실시할 수 있다.	①	②	③	④	⑤
		상황변화에 따른 추가안내 방송을 할 수 있다.	①	②	③	④	⑤
승객 탑승 전 준비	기내 서비스 용품 점검하기	운송 서비스 규정에 따라, 서비스 용품의 품질 상태 및 이상유무를 점검하여, 조치할 수 있다.	①	②	③	④	⑤
		운송 서비스 규정에 따라, 객실 서비스에 필요한 서비스용품 탑재 여부를 점검하고, 조치할 수 있다.	①	②	③	④	⑤
		객실 서비스 규정에 따라, 서비스용품을 지정된 서비스 위치에 배열할 수 있다.	①	②	③	④	⑤
	서비스 설비 및 기물 점검하기	객실 서비스 규정에 따라, 항공기 운항시 반드시 필요한 서비스 설비 및 기물의 이상 여부를 점검하고, 조치할 수 있다.	①	②	③	④	⑤
		객실 서비스 규정에 따라, 항공기 운항 시 판매할 면세품의 탑재 여부 및 수량을 점검하고, 조치할 수 있다.	①	②	③	④	⑤
		운송 서비스 규정에 따라, 항공기의 목적지 도착 시, 입국에 필요한 제반 입국 관련 서류의 탑재 여부 및 수량을 점검하고, 조치할 수 있다.	①	②	③	④	⑤
		객실 서비스 규정에 따라, 항공기 운항시 반드시 필요한 화장실 설비의 이상 유무를 점검하고, 조치할 수 있다.	①	②	③	④	⑤

[계속]

평가영역		평가문항	매우 미흡	미흡	보통	우수	매우 우수
승객 탑승 전 준비	특별 서비스 요청사항 점검하기	객실 서비스 규정에 따라, 승객 탑승 전, 해당 항공기의 특별 서비스 항목을 점검하고 조치할 수 있다.	①	②	③	④	⑤
		객실 서비스 규정에 따라, 승객 탑승 전, 해당 승객의 특별 서비스 용품이 탑재되어 있는지를 점검하고, 조치할 수 있다.	①	②	③	④	⑤
		고객 서비스 규정에 따라, 승객 탑승 후, 해당 승객의 특별 서비스 요청 사항 외 추가 요청 사항이 없는지를 확인하고, 조치할 수 있다.	①	②	③	④	⑤
승객 탑승 및 이륙 전 서비스	탑승위치 대기하기	객실 서비스 규정에 따라 승객 탑승 시 대기 자세를 취할 수 있다.	①	②	③	④	⑤
		객실 서비스 규정에 따라, 승객의 항공기 탑승 전, 각자에게 부여된 임무를 수행하기 위하여 해당 근무지역에서 탑승을 위해 대기할 수 있다.	①	②	③	④	⑤
		객실 서비스 규정에 따라 승객 탑승 시 밝은 표정으로 환영 인사를 할 수 있다.	①	②	③	④	⑤
		객실 서비스 규정에 따라 탑승 승객에 따른 눈높이 서비스 자세를 취할 수 있다.	①	②	③	④	⑤
	탑승권 재확인하기	객실 서비스 규정에 따라, 승객의 출발 일시를 확인할 수 있다.	①	②	③	④	⑤
		객실 서비스 규정에 따라, 승객의 목적지를 파악할 수 있다.	①	②	③	④	⑤
		객실 서비스 규정에 따라, 승객의 좌석 등급을 구별할 수 있다.	①	②	③	④	⑤
		객실 서비스 규정에 따라, 승객의 좌석번호를 확인할 수 있다.	①	②	③	④	⑤
	좌석 안내하기	객실 서비스 규정에 따라, 좌석 배열을 파악하고, 승객에게 정확한 좌석으로 안내할 수 있다.	①	②	③	④	⑤
		객실 서비스 규정에 따라, 승객들에게 지정된 좌석번호를 재확인할 수 있다.	①	②	③	④	⑤
		객실 서비스 규정에 따라, 승객에게 좌석 설비 사용법을 안내할 수 있다.	①	②	③	④	⑤
		객실 서비스 규정에 따라, 좌석 상태를 파악하여, 조치할 수 있다.	①	②	③	④	⑤
	수하물 정리 지원하기	객실 서비스 규정에 따라, 좌석 주변의 공간을 파악하여, 승객에게 객실 선반의 위치를 안내할 수 있다.	①	②	③	④	⑤
		객실 서비스 규정에 따라, 안전하게 선반을 작동할 수 있다.	①	②	③	④	⑤
		객실 서비스 규정에 따라, 수하물의 특성별로 보관하도록 안내할 수 있다.	①	②	③	④	⑤
		객실 서비스 규정에 따라, 수하물을 안전하게 다룰 수 있다.	①	②	③	④	⑤
		객실 서비스 규정에 따라, 수하물의 보관 위치를 기억하여, 승객에게 다시 전달할 수 있다.	①	②	③	④	⑤
	특수 고객 지원하기	객실 서비스 규정에 따라, 특수 고객 탑승 여부를 확인할 수 있다.	①	②	③	④	⑤
		객실 서비스 규정에 따라, 특수 고객에 대한 여행 편의를 제공할 수 있다.	①	②	③	④	⑤
		객실 서비스 규정에 따라, 특수 고객에게 기내 설비 사용법을 안내할 수 있다.	①	②	③	④	⑤
		객실 서비스 규정에 따라, 특수 고객의 특성에 따른 인사를 하고, 좌석 안내할 수 있다.	①	②	③	④	⑤

[계속]

평가영역		평가문항	매우 미흡	미흡	보통	우수	매우 우수
비행 중 서비스	기내음료 제공하기	객실 서비스 규정에 따라, 비알콜 음료(Cold Beverage, Hot Beverage)에 관한 정보를 승객에게 전달할 수 있다.	①	②	③	④	⑤
		객실 서비스 규정에 따라, 다양한 칵테일 제조에 필요한 술의 종류와 첨가 음료에 관한 정보를 숙지하여, 제조할 수 있다.	①	②	③	④	⑤
		객실 서비스 규정에 따라, 다양한 와인에 관한 정보를 파악하여, 서비스 및 회수할 수 있다.	①	②	③	④	⑤
	기내식 제공하기	객실 서비스 규정에 따라, 기내에서 제공되는 식사를 위한 세팅(Setting) 및 데우기(Heating) 등을 수행할 수 있다.	①	②	③	④	⑤
		특별서비스요청서(SSR: Special Service Request)에 따라 특별식을 확인 후, 서비스 및 회수할 수 있다.	①	②	③	④	⑤
		객실 서비스 규정에 따라, 승객 선호를 확인하여, 테이블 매너에 따른 기내식을 서비스 및 회수할 수 있다.	①	②	③	④	⑤
	기내 오락물 제공하기	객실 서비스 규정에 따라, 비행 중 서비스되는 상영물에 관한 종류와 내용을 고객에게 전달할 수 있다.	①	②	③	④	⑤
		객실 서비스 규정에 따라, 기내에서 제공되는 오락물 상영을 위한 기내 시설물과 기물을 사용할 수 있다.	①	②	③	④	⑤
		객실 서비스 규정에 따라, 조명 및 객실상태를 점검하고, 오락물을 제공할 수 있다.	①	②	③	④	⑤
	면세품 판매하기	객실 서비스 규정에 따라, 면세품 판매를 위한 기본적인 상품을 세팅하고, 판매할 수 있다.	①	②	③	④	⑤
		객실 서비스 규정에 따라, 국가별 면세품 구매 한도에 관한 정보를 전달할 수 있다.	①	②	③	④	⑤
		객실 서비스 규정에 따라, 면세품 판매 전 · 후 재고파악 및 인수인계를 위한 서류를 정리할 수 있다.	①	②	③	④	⑤
	객실 상태 점검하기	객실 서비스 규정에 따라, 고객 서비스를 위해 객실 시설물을 수시로 점검하고, 조치를 할 수 있다.	①	②	③	④	⑤
		객실 서비스 규정에 따라 기내식 서비스 후 객실 통로 및 주변을 청결히 할 수 있다.	①	②	③	④	⑤
		객실 서비스 규정에 따라 승객의 쾌적한 여행을 위해 객실 내 온도 및 조명을 관리할 수 있다.	①	②	③	④	⑤
착륙 전 서비스	입국 서류 배포 및 작성 지원하기	객실 서비스 규정에 따라, 도착지 국가의 출입국 규정을 숙지하여 승객에게 정확히 안내할 수 있다.	①	②	③	④	⑤
		객실 서비스 규정에 의해, 담당구역별 도착지 입국에 필요한 서류를 배포할 수 있다.	①	②	③	④	⑤
		객실 서비스 규정에 따라 도착 전 입국에 필요한 서류의 작성 여부를 점검하고, 조치할 수 있다.	①	②	③	④	⑤
		객실 서비스 규정에 의해 특수 고객에게 필요한 서류 작성에 협조할 수 있다.	①	②	③	④	⑤

[계속]

<table>
<tr><th colspan="2">평가영역</th><th>평가문항</th><th>매우 미흡</th><th>미흡</th><th>보통</th><th>우수</th><th>매우 우수</th></tr>
<tr><td rowspan="7">착륙 전 서비스</td><td rowspan="3">기내 용품 회수하기</td><td>객실 서비스 규정에 의해, 기내 용품 소지 승객에 대해 회수 안내할 수 있다.</td><td>①</td><td>②</td><td>③</td><td>④</td><td>⑤</td></tr>
<tr><td>객실 서비스 규정에 의해, 회수된 기내 용품의 상태를 확인하여, 상태별로 분리할 수 있다.</td><td>①</td><td>②</td><td>③</td><td>④</td><td>⑤</td></tr>
<tr><td>객실 서비스 규정에 의해, 서비스한 기내 용품과 회수된 기내 용품의 수량을 파악할 수 있다.</td><td>①</td><td>②</td><td>③</td><td>④</td><td>⑤</td></tr>
<tr><td rowspan="4">기내 서비스 용품 및 면세품 재고 확인하기</td><td>객실 서비스 규정에 따라 서비스 종료 후, 서비스 용품 재고를 확인할 수 있다.</td><td>①</td><td>②</td><td>③</td><td>④</td><td>⑤</td></tr>
<tr><td>객실 서비스 규정에 따라, 면세품에 대한 상태를 확인하여, 필요 조치를 취할 수 있다.</td><td>①</td><td>②</td><td>③</td><td>④</td><td>⑤</td></tr>
<tr><td>객실 서비스 규정에 따라, 기내 판매 업무를 종료하고, 면세품 재고를 확인할 수 있다.</td><td>①</td><td>②</td><td>③</td><td>④</td><td>⑤</td></tr>
<tr><td>객실 서비스 규정에 따라 하기 시 필요한 조치 사항과 교대팀에게 필요한 전달 상항을 기록할 수 있다.</td><td>①</td><td>②</td><td>③</td><td>④</td><td>⑤</td></tr>
<tr><td rowspan="6">착륙 후 서비스</td><td rowspan="3">승객 하기 지원하기</td><td>도착지 공항 규정에 따라 검역 또는 세관의 허가가 필요한지 확인할 수 있다.</td><td>①</td><td>②</td><td>③</td><td>④</td><td>⑤</td></tr>
<tr><td>객실 서비스 규정에 따라 승객 하기 시, 감사하는 마음으로 하기 인사를 실시 할 수 있다.</td><td>①</td><td>②</td><td>③</td><td>④</td><td>⑤</td></tr>
<tr><td>객실 서비스 규정에 의해 승객의 짐 운반 등을 적극적으로 도움을 줄 수 있다.</td><td>①</td><td>②</td><td>③</td><td>④</td><td>⑤</td></tr>
<tr><td rowspan="3">특수 고객 지원하기</td><td>객실 서비스 규정에 따라 특수 고객을 위해, 적극적으로 게이트(Gate)까지 지원할 수 있다.</td><td>①</td><td>②</td><td>③</td><td>④</td><td>⑤</td></tr>
<tr><td>객실 서비스 규정에 따라 응급환자, VIP, F/C, C/C, UM(비동반소아), Y/C, Stretcher(환자) 승객 순으로 신속히 하기가 이루어질 수 있도록 안내할 수 있다.</td><td>①</td><td>②</td><td>③</td><td>④</td><td>⑤</td></tr>
<tr><td>객실 서비스 규정에 따라 지상직원에게 여객 및 화물 운송 관련 서류(Ship pouch)를 인계하고, 중요 승객이나 특별 승객에 대한 정보를 구두로 먼저 알려 줄 수 있다.</td><td>①</td><td>②</td><td>③</td><td>④</td><td>⑤</td></tr>
<tr><td rowspan="4">승객 하기 후 관리</td><td rowspan="4">유실물 점검하기</td><td>객실 서비스 규정에 의해 코트 룸 및 승객 좌석 하단, 창 측, 승객 좌석 주머니(Seat Pocket) 등을 육안으로 점검할 수 있다.</td><td>①</td><td>②</td><td>③</td><td>④</td><td>⑤</td></tr>
<tr><td>객실 서비스 규정에 따라 객실 수화물 선반(Overhead Bin)을 열어 육안으로 확인할 수 있다.</td><td>①</td><td>②</td><td>③</td><td>④</td><td>⑤</td></tr>
<tr><td>객실 서비스 규정에 따라 승객 하기 후 유실물 점검을 최우선으로 하며, 상위 클래스일 경우 지상조업 개시 전에 철저히 점검을 실시할 수 있다.</td><td>①</td><td>②</td><td>③</td><td>④</td><td>⑤</td></tr>
<tr><td>객실 서비스 규정에 의해 유실물 발견 시 상급자에게 보고하고 승무원은 최대한 빨리 승객에게 인계할 수 있다.</td><td>①</td><td>②</td><td>③</td><td>④</td><td>⑤</td></tr>
</table>

[계속]

평가영역		평가문항	매우 미흡	미흡	보통	우수	매우 우수
승객 하기 후 관리	잔류 승객 점검하기	객실 서비스 규정에 따라 밀폐 공간(화장실 및 벙커(Bunker)) 내 잔류 승객 여부를 점검할 수 있다.	①	②	③	④	⑤
		객실 서비스규정에 따라 각각의 승무원은 담당 존별로 결과를 구두로 보고할 수 있다.	①	②	③	④	⑤
		객실 서비스 규정에 따라 잔류승객을 조치할 수 있다.	①	②	③	④	⑤
	기내 설비 점검하기	객실 서비스 규정에 따라 객실 내 장착되어 있는 모든 서비스 설비나 장비를 점검할 수 있다.	①	②	③	④	⑤
		객실 서비스 규정에 따라 객실 설비나 장비를 점검 후 이상 유무를 보고할 수 있다.	①	②	③	④	⑤
		객실 서비스 규정에 따라 객실 설비나 장비에 이상이 있을 경우 정비사에게 구두 전달하고 객실설비장비수리 요청서에 기록할 수 있다.	①	②	③	④	⑤
	기내 용품 인수 · 인계하기	객실 서비스 규정에 따라 기내에 탑재된 서비스용품 및 면세품을 컴파트먼트(Compartment)에 넣고 봉인(Sealing)할 수 있다.	①	②	③	④	⑤
		객실 서비스 규정에 따라 조리실(Galley) 담당자가 봉인(Sealing)한 후 인수인계서를 상호 점검할 수 있다	①	②	③	④	⑤
		객실 서비스 규정에 따라 지상 종업원과 봉인 확인 및 점검(seal to seal) 방법으로 인계 · 인수할 수 있다.	①	②	③	④	⑤
응급 환자 대처	응급환자 발생상황 파악 · 보고하기	객실 서비스 및 객실 안전 규정에 따라 기내 환자 발생 여부를 파악할 수 있다.	①	②	③	④	⑤
		객실 서비스 및 객실 안전 규정에 따라 환자에 대한 정보를 신속하게 상급자에게 보고할 수 있다.	①	②	③	④	⑤
		객실 서비스 및 객실 안전 규정에 따라 환자에 대한 정보를 공유하도록 할 수 있다.	①	②	③	④	⑤
	응급환자 초기 대응하기	객실 서비스 및 객실 안전 규정에 따라 응급 처치할 수 있다.	①	②	③	④	⑤
		객실 서비스 및 객실 안전 규정에 따라 환자의 응급 상태를 확인하고, 탑승 의사와 의료진을 신속하게 찾을 수 있다.	①	②	③	④	⑤
		객실 서비스 및 객실 안전 규정에 따라 응급치료 장비를 탑승 의사의 협조를 구해 활용할 수 있도록 조치할 수 있다.	①	②	③	④	⑤
	응급환자 후속 관리하기	응급환자 대응매뉴얼에 따라 응급환자 상태가 악화되지 않도록 관리할 수 있다.	①	②	③	④	⑤
		착륙 후 응급환자 대응매뉴얼에 따라 공항과의 협조체제가 순조롭게 진행될 수 있게 조치 할 수 있다.	①	②	③	④	⑤
		응급환자 발생에 따라 일반 탑승자의 쾌적한 여행이 방해되지 않도록 조치할 수 있다.	①	②	③	④	⑤

[계속]

평가영역		평가문항	매우 미흡	미흡	보통	우수	매우 우수
응급 환자 대처	환자 대처 상황 기록하기	객실 서비스 및 객실 안전 규정에 따라 응급환자 발생 시 조치 내용과 상태를 기록할 수 있다.	①	②	③	④	⑤
		객실 서비스 및 객실 안전 규정에 따라 응급환자의 공항 인계인수 내용을 기록할 수 있다.	①	②	③	④	⑤
		객실 서비스 및 객실 안전 규정에 따라 응급환자 관련 후속 조치내용을 기록할 수 있다.	①	②	③	④	⑤
		객실 서비스 및 객실 안전 규정에 따라 비행 종료 후 환자 조치 내역을 기록하여 회사에 보고하고 향후 환자관리에 참고가 되도록 할 수 있다.	①	②	③	④	⑤
기내 음료 서비스	기내음료 파악하기	객실 서비스 규정에 따라, 비알콜 음료(Cold Beverage, Hot Beverage)에 관한 정보를 파악할 수 있다.	①	②	③	④	⑤
		객실 서비스 규정에 따라, 다양한 칵테일 제조에 필요한 술의 종류와 첨가 음료에 관한 정보를 파악할 수 있다.	①	②	③	④	⑤
		객실 서비스 규정에 따라, 다양한 와인에 관한 정보를 파악할 수 있다.	①	②	③	④	⑤
	기내음료 제공하기	객실 서비스 규정에 따라, 비알콜 음료(Cold Beverage, Hot Beverage)에 관한 정보를 승객에게 전달할 수 있다.	①	②	③	④	⑤
		객실 서비스 규정에 따라, 다양한 칵테일 제조에 필요한 술의 종류와 첨가 음료에 관한 정보를 숙지하여, 제조할 수 있다.	①	②	③	④	⑤
		객실 서비스 규정에 따라, 다양한 와인에 관한 정보를 파악하여, 서비스 및 회수할 수 있다.	①	②	③	④	⑤
항공 서비스 업무 기본	항공서비스 관련 서류 확인하기	객실 서비스 규정에 의해, 담당구역별 도착지 입국에 필요한 서류를 배포할 수 있다.	①	②	③	④	⑤
		객실 서비스 규정에 따라, 도착지 국가의 출입국 규정을 숙지하여 승객에게 정확히 안내할 수 있다.	①	②	③	④	⑤
		객실 서비스 규정에 따라 도착 전 입국에 필요한 서류의 작성 여부를 점검하고, 조치할 수 있다.	①	②	③	④	⑤
		객실 서비스 규정에 의해 특수 고객에게 필요한 서류 작성에 협조할 수 있다.	①	②	③	④	⑤
	항공여객 정보 확인하기	고객의 요구에 따라 항공편 예약스케줄을 파악할 수 있다.	①	②	③	④	⑤
		항공편 운임에 따라 예약등급을 파악할 수 있다.	①	②	③	④	⑤
		항공여객 조건에 따라 항공편을 파악할 수 있다.	①	②	③	④	⑤
항공 기내 방송 업무	항공기내 방송 준비하기	운송 서비스 규정에 따라 방송에 필요한 국가별 항공기 코드를 파악할 수 있다.	①	②	③	④	⑤
		운송 서비스 규정에 따라 방송에 필요한 국가별 도시와 공항 명을 파악할 수 있다.	①	②	③	④	⑤
		그리니치 평균시(GMT)에 따라 도착지 시차를 계산할 수 있다.	①	②	③	④	⑤

[계속]

평가영역		평가문항	매우 미흡	미흡	보통	우수	매우 우수
항공기내방송업무	정상적 상황 방송하기	객실 서비스 규정에 따라 정상적인 상황 방송에 필요한 기본정보를 파악할 수 있다.	①	②	③	④	⑤
		객실 서비스 규정에 따라 방송에 적합한 표준어와 언어를 구사할 수 있다.	①	②	③	④	⑤
		객실 서비스 규정에 따라 탑승환영 안내 방송을 할 수 있다.	①	②	③	④	⑤
		객실 서비스 규정에 따라 좌석벨트 상시착용 안내 및 목적지 접근안내 방송을 할 수 있다.	①	②	③	④	⑤
		객실 서비스 규정에 따라 도착안내 방송을 할 수 있다.	①	②	③	④	⑤
	비정상 상황 방송하기	객실 서비스 규정에 따라 비정상적 상황 방송에 필요한 기본정보를 파악할 수 있다.	①	②	③	④	⑤
		객실 서비스 규정에 따라 지연 및 대기 안내 방송을 할 수 있다.	①	②	③	④	⑤
		객실 서비스 규정에 따라 변경 및 교체 , 고객 불편 안내 방송을 할 수 있다.	①	②	③	④	⑤
		객실 서비스 규정에 따라 Turbulence 방송을 할 수 있다.	①	②	③	④	⑤
	비상 상황 방송하기	객실 서비스 규정에 따라 비상 상황 방송에 필요한 정보를 파악할 수 있다.	①	②	③	④	⑤
		객실 서비스 규정에 따라 기내난동 승객 발생 안내 방송을 할 수 있다.	①	②	③	④	⑤
		객실 서비스 규정에 따라 상황별 비상사태 안내 방송을 할 수 있다.	①	②	③	④	⑤
고객만족서비스	서비스 마인드 함양하기	객실 서비스 규정에 따라 고객만족 서비스를 위한 서비스 마인드를 함양할 수 있다.	①	②	③	④	⑤
		객실 서비스 규정에 따라 고객만족 서비스를 위한 원활한 소통을 할 수 있다.	①	②	③	④	⑤
		객실 서비스 규정에 따라 고객만족 서비스를 위한 다양한 문화적 특성을 파악할 수 있다.	①	②	③	④	⑤
	이미지 메이킹 하기	객실 서비스 규정에 따라 필요한 용모 복장을 단정히 할 수 있다.	①	②	③	④	⑤
		객실 서비스 규정에 따라 필요한 호감 주는 표정을 관리할 수 있다.	①	②	③	④	⑤
		객실 서비스 규정에 따라 필요한 호감 주는 음성을 표현할 수 있다.	①	②	③	④	⑤
		객실 서비스 규정에 따라 상황별 기본 매너를 지킬 수 있다.	①	②	③	④	⑤
	불만고객 대처하기	객실 서비스 규정에 따라 고객 행동유형을 파악할 수 있다.	①	②	③	④	⑤
		객실 서비스 규정에 따라 불만고객을 유형별로 대응할 수 있다.	①	②	③	④	⑤
		객실 서비스 규정에 따라 불만고객에 대한 대처결과를 보고할 수 있다.	①	②	③	④	⑤

[계속]

평가영역		평가문항	매우 미흡	미흡	보통	우수	매우 우수
항공 서비스 매너	기본 매너 갖추기	객실 서비스 규정에 따라 고객만족 서비스를 위한 서비스 마인드를 함양할 수 있다.	①	②	③	④	⑤
		객실 서비스 규정에 따라 고객만족 서비스를 위한 원활한 소통을 할 수 있다.	①	②	③	④	⑤
		객실 서비스 규정에 따라 고객만족 서비스를 위한 다양한 문화적 특성을 파악할 수 있다.	①	②	③	④	⑤
	항공서비스 매너 관리하기	객실 서비스 규정에 따라 필요한 용모 복장을 단정히 할 수 있다.	①	②	③	④	⑤
		객실 서비스 규정에 따라 필요한 호감 주는 표정을 관리할 수 있다.	①	②	③	④	⑤
		객실 서비스 규정에 따라 필요한 호감 주는 음성을 표현할 수 있다.	①	②	③	④	⑤
		객실 서비스 규정에 따라 상황별 기본 매너를 지킬 수 있다.	①	②	③	④	⑤

평가결과

영역	점수
직업기초능력	영역별 점수 합산
직무수행능력	영역별 점수 합산
합계	점수 합계

목적: □ 채용 □ 배치 □ 승진	객실서비스 관리자

이름 :

직위 :

성별 :

특이사항 :

직업기초능력

평가영역	평가문항	매우 미흡	미흡	보통	우수	매우 우수
의사소통능력	업무를 수행함에 있어 다른 사람이 작성한 글을 읽고 그 내용을 이해할 수 있다.	①	②	③	④	⑤
	업무를 수행함에 있어 자기가 뜻한 바를 글로 나타낼 수 있다.	①	②	③	④	⑤
	업무를 수행함에 있어 다른 사람의 말을 듣고 그 내용을 이해할 수 있다.	①	②	③	④	⑤
	업무를 수행함에 있어 자기가 뜻한 바를 말로 나타낼 수 있다.	①	②	③	④	⑤
	업무를 수행함에 있어 외국어로 의사소통할 수 있다.	①	②	③	④	⑤
수리능력	업무를 수행함에 있어 기초적인 사칙연산과 계산을 할 수 있다.	①	②	③	④	⑤
	업무를 수행함에 있어 필요한 기초 수준의 백분율, 평균, 확률과 같은 통계 능력을 가지고 있다.	①	②	③	④	⑤
	업무를 수행함에 있어 도표(그림, 표, 그래프 등)가 갖는 의미를 해석 할 수 있다.	①	②	③	④	⑤
	업무를 수행함에 있어 필요한 도표(그림, 표, 그래프 등)를 작성할 수 있다.	①	②	③	④	⑤
문제해결능력	업무와 관련된 문제를 인식하고 해결함에 있어 창조적, 논리적, 비판적으로 생각할 수 있다.	①	②	③	④	⑤
	업무와 관련된 문제의 특성을 파악하고, 대안을 제시, 적용하고 그 결과를 평가하여 피드백할 수 있다.	①	②	③	④	⑤
자기개발능력	자신의 흥미, 적성, 특성 등을 이해하고, 이를 바탕으로 자신에게 필요한 것을 이해할 수 있다.	①	②	③	④	⑤
	업무에 필요한 자질을 지닐 수 있도록 스스로를 관리할 수 있다.	①	②	③	④	⑤
	끊임없는 자기 개발을 위해서 동기를 갖고 학습할 수 있다.	①	②	③	④	⑤
자원관리능력	업무수행에 필요한 시간자원이 얼마나 필요한지를 확인하고, 이용 가능한 시간자원을 최대한 수집하여 실제 업무에 어떻게 활용할 것인지를 계획하고 할당할 수 있다.	①	②	③	④	⑤
	업무수행에 필요한 자본자원이 얼마나 필요한지를 확인하고, 이용 가능한 자본자원을 최대한 수집하여 실제 업무에 어떻게 활용할 것인지를 계획하고 할당할 수 있다.	①	②	③	④	⑤
	업무수행에 필요한 재료 및 시설자원이 얼마나 필요한지를 확인하고, 이용 가능한 재료 및 시설자원을 최대한 수집하여 실제 업무에 어떻게 활용할 것인지를 계획하고 할당할 수 있다.	①	②	③	④	⑤

[계속]

평가영역	평가문항	매우 미흡	미흡	보통	우수	매우 우수
자원관리능력	업무수행에 필요한 인적자원이 얼마나 필요한지를 확인하고, 이용가능한 인적자원을 최대한 수집하여 실제 업무에 어떻게 활용할 것인지를 계획하고, 할당할 수 있다.	①	②	③	④	⑤
대인관계능력	다양한 배경을 가진 사람들과 함께 업무를 수행할 수 있다.	①	②	③	④	⑤
	업무를 수행함에 있어 다른 사람을 이끌 수 있다.	①	②	③	④	⑤
	업무를 수행함에 있어 관련된 사람들 사이에 갈등이 발생하였을 경우 이를 원만히 조절할 수 있다.	①	②	③	④	⑤
	업무를 수행함에 있어 다른 사람과 협상할 수 있다.	①	②	③	④	⑤
	고객의 요구를 만족시키는 자세로 업무를 수행할 수 있다.	①	②	③	④	⑤
정보능력	업무와 관련된 정보를 수집, 분석, 조직, 관리, 활용하는데 있어 컴퓨터를 사용할 수 있다.	①	②	③	④	⑤
	업무와 관련된 정보를 수집하고, 이를 분석하여 의미 있는 정보를 찾아내며, 의미 있는 정보를 업무수행에 적절하도록 조직하고, 조직된 정보를 관리하며, 업무 수행에 이러한 정보를 활용할 수 있다.	①	②	③	④	⑤
기술능력	업무 수행에 필요한 기술적 원리를 올바르게 이해할 수 있다.	①	②	③	④	⑤
	도구, 장치를 포함하여 업무 수행에 필요한 기술을 선택할 수 있다.	①	②	③	④	⑤
	업무 수행에 필요한 기술을 업무 수행에 실제로 적용할 수 있다.	①	②	③	④	⑤
조직이해능력	주어진 업무에 관한 국제적인 추세를 이해할 수 있다.	①	②	③	④	⑤
	업무 수행과 관련하여 조직의 체제를 올바르게 이해할 수 있다.	①	②	③	④	⑤
	사업이나 조직의 경영에 대해 이해할 수 있다.	①	②	③	④	⑤
	조직의 업무를 이해할 수 있다.	①	②	③	④	⑤
직업윤리	업무에 대한 존중을 바탕으로 근면하고 성실하고 정직하게 업무에 임할 수 있다.	①	②	③	④	⑤
	인간 존중을 바탕으로 봉사하며, 책임있고, 규칙을 준수하며 예의 바른 태도로 업무에 임할 수 있다.	①	②	③	④	⑤

직무수행능력

	평가영역	평가문항	매우 미흡	미흡	보통	우수	매우 우수
객실 승무 관리	객실 승무원별 근무 배정하기	효율적 서비스를 위해, 객실 승무원의 역량을 고려하여 업무 배정을 조정할 수 있다.	①	②	③	④	⑤
		효율적 서비스를 위해, 노선 특성에 따라 객실 승무원별 업무 배정을 조정할 수 있다.	①	②	③	④	⑤
		객실 서비스 및 객실 안전 규정에 따라 객실 승무원에게 업무를 할당할 수 있다.	①	②	③	④	⑤
	운항 · 객실간 정보 공유하기	객실 서비스 및 객실 안전 규정에 따라 객실 상황을 판단하여, 상급자에게 신속하게 보고할 수 있다.	①	②	③	④	⑤
		객실 서비스 및 객실 안전 규정에 따라 운항 정보를 공유할 수 있다.	①	②	③	④	⑤
		객실 서비스 및 객실 안전 규정에 따라 승객 정보를 공유할 수 있다.	①	②	③	④	⑤
	불만 승객 관리하기	객실 서비스 및 객실 안전 규정에 따라 해결 방안에 대한 구체적인 행동을 보여줄 수 있다.	①	②	③	④	⑤
		객실 서비스 및 객실 안전 규정에 따라 경청한 후 불만에 대한 해결 방안을 모색 할 수 있다.	①	②	③	④	⑤
		객실 서비스 및 객실 안전 규정에 따라 불만 상황에 대한 원인을 파악할 수 있다.	①	②	③	④	⑤
		객실 서비스 및 객실 안전 규정에 따라 해당 승객에 대한 만족도를 재확인할 수 있다.	①	②	③	④	⑤
	출 · 도착 서류 작성 · 관리 하기	객실 서비스 및 객실 안전 규정에 따라 항공기 출발에 필요한 각종 서류를 수량, 종류 등을 점검할 수 있다.	①	②	③	④	⑤
		객실 서비스 및 객실 안전 규정에 따라 도착지 국가별 요구사항에 따라 입국에 필요한 서류를 요청할 수 있다.	①	②	③	④	⑤
		비행 중, 발생한 기내 안전 및 서비스 설비에 대한 특이사항을 기록할 수 있다.	①	②	③	④	⑤
		항공기 도착 전, 지상직원에게 인계해 줄 서류의 이상 유무를 점검할 수 있다.	①	②	③	④	⑤
		항공기 도착 시, 지상직원에게 객실 운항 관련 서류를 인계할 수 있다.	①	②	③	④	⑤
	객실서비스 관리하기	승무원 근무 규정에 따라 스페셜 식사는 객실 사무장이 직접 제공하면서 오전달이나 누락이 발생하지 않도록 재확인할 수 있다.	①	②	③	④	⑤
		객실 서비스 규정에 따라 비행 중 기내 질서 유지 및 쾌적한 휴식환경 조성을 위해 단체승객에 의한 소란, 소음 등을 항시 점검할 수 있다.	①	②	③	④	⑤
		객실 서비스 규정에 의해 화장실 청결 상태를 확인하며 비행 중에 발생 할 수 있는 안전과 환자 발생에 대한 안전사항을 점검할 수 있다.	①	②	③	④	⑤
		승무원 근무 규정에 따라 기내 소음에 대한 관리를 할 수 있다.	①	②	③	④	⑤
		조리실(Galley) 내에서 작업 시, 통로(Aisle)을 걸어 다닐 때, 승무원들 간의 대화, 컴파트먼트(compartment), 카트(Cart), 캐리어박스(carrier box) 등의 문울 열고 닫을 때, 객실 수화물 선반(Overhead Bin)의 손잡이 열고 닫을 때 등 승무원을 관리 감독할 수 있다.	①	②	③	④	⑤

[계속]

평가결과

영역	점수
직업기초능력	영역별 점수 합산
직무수행능력	영역별 점수 합산
합계	점수 합계

3. 항공객실서비스직무: 자가진단도구

1) 자가진단도구 개요

개념

업무를 성공적으로 수행하는데 요구되는 능력과 근로자 자신의 보유 능력을 비교 · 점검해 볼 수 있는 도구

구성요소

① 번호체계, ② 진단항목, ③ 지시문, ④ 진단영역, ⑤ 진단문항, ⑥ 답변기재란, ⑦ 진단결과로 구성

자가진단도구의 구성요소

구성요소	세부내용
번호체계	직업능력 자가진단도구를 분류하기 위하여 직업능력별로 부여된 번호
진단항목	진단하고자 하는 직업능력명
지시문	진단문항을 읽고 답변을 기재하는 방법에 대한 안내문
진단영역	진단하고자 하는 직업능력을 구성하는 하위영역과 세부영역
진단문항	근로자(응답자)의 지식이나 활동을 측정하기 위한 측정가능하고 구체적인 문장
답변기재란	근로자(응답자)가 진단문항을 읽고 자신의 상황이나 생각과 일치하는 정도에 직접 표기하는 부분
진단결과	기재한 답변을 합산하여 점수를 산출하고 해석

1203010501_15v2	기내 안전관리

진단영역	진단문항	매우 미흡	미흡	보통	우수	매우 우수
승객 탑승 전 안전 · 보안 점검하기	1. 나는 항공기 안전 규정에 따라 승객 탑승 전, 항공기 객실의 안전장비 점검할 수 있다.	①	②	③	④	⑤
	2. 나는 항공기 안전 규정에 따라 승객 탑승 전, 항공기 객실의 보안장비 점검할 수 있다.	①	②	③	④	⑤
	3. 나는 항공기 안전 규정에 따라 항공기 안전 운항에 관계되는 의심스러운 물건에 대하여 신속히 보고할 수 있다.	①	②	③	④	⑤
	4. 나는 항공기 안전 규정에 따라 기내 작업 인력에 대한 동향을 파악하여, 이상 발생 시, 보고할 수 있다.	①	②	③	④	⑤
항공기 이 · 착륙전 안전 · 보안 관리하기	1. 나는 객실 안전 규정에 따라 승객에게 좌석 벨트 착용 안내를 정확하게 할 수 있다.	①	②	③	④	⑤
	2. 나는 객실 안전 규정에 따라 미착석 승객을 확인하고, 착석을 유도할 수 있다.	①	②	③	④	⑤
	3. 나는 객실 안전 규정에 따라 객실 수화물 선반(Overhead Bin) 잠금 상태를 확인하고, 조치할 수 있다.	①	②	③	④	⑤
	4. 나는 객실 안전 규정에 따라 설비 잠금 상태를 확인하고, 조치할 수 있다.	①	②	③	④	⑤
	5. 나는 객실 안전 규정에 따라 비상시 관련 정보를 제공할 수 있다.	①	②	③	④	⑤
	6. 나는 객실 안전 규정에 따라 해당 항공기 문 Slide 상태를 비상 상태(Automatic Position)로 변경할 수 있다.	①	②	③	④	⑤
	7. 나는 객실 안전 규정에 따라 비상구 위치에 착석한 승객에게 비상시 행동요령과 업무 협조를 안내할 수 있다.	①	②	③	④	⑤
	8. 나는 객실 안전 규정에 따라 창문덮개(Window Shade)를 원 위치하도록 안내할 수 있다.	①	②	③	④	⑤
	9. 나는 객실 안전 규정에 따라 좌석 등받이와 좌석 앞 선반(Tray Table)을 원 위치하도록 안내할 수 있다.	①	②	③	④	⑤
	10. 나는 객실 안전 규정에 따라 좌석 벨트 착용을 확인하고, 점검할 수 있다.	①	②	③	④	⑤
	11. 나는 객실 안전 규정에 따라 비상 시 탈출 요령에 대한 절차를 이미지 트레이닝(Image training)을 할 수 있다.	①	②	③	④	⑤
	12. 나는 객실 안전 규정에 따라 항공기 탑승 후 다시 하기를 원하는 승객에 대하여 신속히 보고할 수 있다.	①	②	③	④	⑤
	13. 나는 객실 안전 규정에 따라 의심스러운 승객 또는 돌발 상황에 대해 선임자에게 보고할 수 있다.	①	②	③	④	⑤
	14. 나는 객실 안전 규정에 따라 승객에게 전자기기 사용 금지 안내 방송을 하고, 조치할 수 있다.	①	②	③	④	⑤

[계속]

진단영역	진단문항	매우 미흡	미흡	보통	우수	매우 우수
비행 중 안전 · 보안 관리하기	1. 나는 객실 안전 규정에 따라 승객에게 상시 벨트 착용 여부를 확인하고, 안내를 할 수 있다.	①	②	③	④	⑤
	2. 나는 객실 안전 규정에 따라 승객의 기내 흡연 여부를 확인하고, 제지할 수 있다.	①	②	③	④	⑤
	3. 나는 객실 안전 규정에 따라 밀폐공간 내부 상태를 확인하여, 조치할 수 있다.	①	②	③	④	⑤
	4. 나는 객실 안전 규정에 따라 항공기 운항 중 행동이 의심스러운 승객의 동태 및 이상 물건에 대하여 신속히 보고할 수 있다.	①	②	③	④	⑤
	5. 나는 객실 안전 규정에 따라 난기류(Turbulence) 발생 시 승객에게 안내 방송을 하고, 필요 조치를 할 수 있다.	①	②	③	④	⑤
착륙 후 안전 · 보안 점검 · 관리	1. 나는 객실 안전 규정에 따라 이동 승객을 제지하고, 착석상태 유지를 안내할 수 있다.	①	②	③	④	⑤
	2. 나는 객실 안전 규정에 따라 승객의 유실물을 점검하고, 조치할 수 있다.	①	②	③	④	⑤
	3. 나는 객실 안전 규정에 따라 기내 설비 이상 유무를 점검하고, 보고할 수 있다.	①	②	③	④	⑤
비상사태 발생 시 대응하기	1. 나는 객실 안전 규정에 따라 비상상태를 인지할 수 있다.	①	②	③	④	⑤
	2. 나는 객실 안전 규정에 따라 비상상태를 보고할 수 있다.	①	②	③	④	⑤
	3. 나는 객실 안전 규정에 따라 비상상태를 조치할 수 있다.	①	②	③	④	⑤
상황별 안전안내 방송하기	1. 나는 상황별에 따라 안내방송을 선택할 수 있다.	①	②	③	④	⑤
	2. 나는 선택된 안내방송을 즉시 실시할 수 있다.	①	②	③	④	⑤
	3. 나는 상황변화에 따른 추가안내 방송을 할 수 있다.	①	②	③	④	⑤

진단결과

진단영역	문항 수	점수	점수 ÷ 문항 수
승객 탑승 전 안전 · 보안 점검하기	4		
항공기 이 · 착륙전 안전 · 보안 관리하기	14		
비행 중 안전 · 보안 관리하기	5		
착륙 후 안전 · 보안 점검 · 관리	3		
비상사태 발생 시 대응하기	3		
상황별 안전안내 방송하기	3		
합계	32		

☞ 자신의 점수를 문항 수로 나눈 값이 '3점'이하에 해당하는 영역은 업무를 성공적으로 수행하는데 요구는 능력이 부족한 것으로 교육훈련이나 개인 학습을 통한 개발이 필요함.

1203010502_13v1	승객 탑승 전 준비

진단영역	진단문항	매우 미흡	미흡	보통	우수	매우 우수
기내 서비스용품 점검하기	1. 나는 운송 서비스 규정에 따라, 객실 서비스에 필요한 서비스용품 탑재 여부를 점검하고, 조치할 수 있다.	①	②	③	④	⑤
	2. 나는 운송 서비스 규정에 따라, 서비스 용품의 품질 상태 및 이상유무를 점검하여, 조치할 수 있다.	①	②	③	④	⑤
	3. 나는 객실 서비스 규정에 따라, 서비스용품을 지정된 서비스 위치에 배열할 수 있다.	①	②	③	④	⑤
서비스 설비 및 기물 점검하기	1. 나는 객실 서비스 규정에 따라, 항공기 운항시 반드시 필요한 서비스 설비 및 기물의 이상 여부를 점검하고, 조치할 수 있다.	①	②	③	④	⑤
	2. 나는 객실 서비스 규정에 따라, 항공기 운항시 반드시 필요한 화장실 설비의 이상 유무를 점검하고, 조치할 수 있다.	①	②	③	④	⑤
	3. 나는 운송 서비스 규정에 따라, 항공기의 목적지 도착 시, 입국에 필요한 제반 입국 관련 서류의 탑재 여부 및 수량을 점검하고, 조치할 수 있다.	①	②	③	④	⑤
	4. 나는 객실 서비스 규정에 따라, 항공기 운항 시 판매할 면세품의 탑재 여부 및 수량을 점검하고, 조치할 수 있다.	①	②	③	④	⑤
특별 서비스 요청사항 점검하기	1. 나는 객실 서비스 규정에 따라, 승객 탑승 전, 해당 항공기의 특별 서비스 항목을 점검하고 조치할 수 있다.	①	②	③	④	⑤
	2. 나는 객실 서비스 규정에 따라, 승객 탑승 전, 해당 승객의 특별 서비스 용품이 탑재되어 있는지를 점검하고, 조치할 수 있다.	①	②	③	④	⑤
	3. 나는 고객 서비스 규정에 따라, 승객 탑승 후, 해당 승객의 특별 서비스 요청 사항 외 추가 요청 사항이 없는지를 확인하고, 조치할 수 있다.	①	②	③	④	⑤

진단결과

진단영역	문항 수	점수	점수 ÷ 문항 수
기내서비스용품 점검하기	3		
서비스 설비 및 기물 점검하기	4		
특별 서비스 요청사항 점검하기	3		
합계	10		

☞ 자신의 점수를 문항 수로 나눈 값이 '3점'이하에 해당하는 영역은 업무를 성공적으로 수행하는데 요구는 능력이 부족한 것으로 교육훈련이나 개인학습을 통한 개발이 필요함.

1203010503_16v2	승객 탑승 및 이륙 전 서비스

진단영역	진단문항	매우 미흡	미흡	보통	우수	매우 우수
탑승위치 대기하기	1. 나는 객실 서비스 규정에 따라, 승객의 항공기 탑승 전, 각자에게 부여된 임무를 수행하기 위하여 해당 근무지역에서 탑승을 위해 대기할 수 있다.	①	②	③	④	⑤
	2. 나는 객실 서비스 규정에 따라 승객 탑승 시 대기 자세를 취할 수 있다.	①	②	③	④	⑤
	3. 나는 객실 서비스 규정에 따라 승객 탑승 시 밝은 표정으로 환영 인사를 할 수 있다.	①	②	③	④	⑤
	4. 나는 객실 서비스 규정에 따라 탑승 승객에 따른 눈높이 서비스 자세를 취할 수 있다.	①	②	③	④	⑤
탑승권 재확인하기	1. 나는 객실 서비스 규정에 따라, 승객의 출발 일시를 확인할 수 있다.	①	②	③	④	⑤
	2. 나는 객실 서비스 규정에 따라, 승객의 목적지를 파악할 수 있다.	①	②	③	④	⑤
	3. 나는 객실 서비스 규정에 따라, 승객의 좌석 등급을 구별할 수 있다.	①	②	③	④	⑤
	4. 나는 객실 서비스 규정에 따라, 승객의 좌석번호를 확인할 수 있다.	①	②	③	④	⑤
좌석 안내하기	1. 나는 객실 서비스 규정에 따라, 승객들에게 지정된 좌석번호를 재확인할 수 있다.	①	②	③	④	⑤
	2. 나는 객실 서비스 규정에 따라, 좌석 배열을 파악하고, 승객에게 정확한 좌석으로 안내할 수 있다.	①	②	③	④	⑤
	3. 나는 객실 서비스 규정에 따라, 승객에게 좌석 설비 사용법을 안내할 수 있다.	①	②	③	④	⑤
	4. 나는 객실 서비스 규정에 따라, 좌석 상태를 파악하여, 조치할 수 있다.	①	②	③	④	⑤
수하물 정리 지원하기	1. 나는 객실 서비스 규정에 따라, 좌석 주변의 공간을 파악하여, 승객에게 객실 선반의 위치를 안내할 수 있다.	①	②	③	④	⑤
	2. 나는 객실 서비스 규정에 따라, 안전하게 선반을 작동할 수 있다.	①	②	③	④	⑤
	3. 나는 객실 서비스 규정에 따라, 수하물의 특성별로 보관하도록 안내할 수 있다.	①	②	③	④	⑤
	4. 나는 객실 서비스 규정에 따라, 수하물을 안전하게 다룰 수 있다.	①	②	③	④	⑤
	5. 나는 객실 서비스 규정에 따라, 수하물의 보관 위치를 기억하여, 승객에게 다시 전달할 수 있다.	①	②	③	④	⑤
특수 고객 지원하기	1. 나는 객실 서비스 규정에 따라, 특수 고객 탑승 여부를 확인할 수 있다.	①	②	③	④	⑤
	2. 나는 객실 서비스 규정에 따라, 특수 고객의 특성에 따른 인사를 하고, 좌석 안내할 수 있다.	①	②	③	④	⑤
	3. 나는 객실 서비스 규정에 따라, 특수 고객에게 기내 설비 사용법을 안내할 수 있다.	①	②	③	④	⑤
	4. 나는 객실 서비스 규정에 따라, 특수 고객에 대한 여행 편의를 제공할 수 있다.	①	②	③	④	⑤

[계속]

진단결과

진단영역	문항 수	점수	점수 ÷ 문항 수
탑승위치 대기하기	4		
탑승권 재확인하기	4		
좌석 안내하기	4		
수하물 정리 지원하기	5		
특수 고객 지원하기	4		
합계	32		

☞ 자신의 점수를 문항 수로 나눈 값이 '3점'이하에 해당하는 영역은 업무를 성공적으로 수행하는데 요구는 능력이 부족한 것으로 교육훈련이나 개인학습을 통한 개발이 필요함.

1203010504_13v1	비행 중 서비스

진단영역	진단문항	매우 미흡	미흡	보통	우수	매우 우수
기내음료 제공하기	1. 나는 객실 서비스 규정에 따라, 비알콜 음료(Cold Beverage, Hot Beverage)에 관한 정보를 승객에게 전달할 수 있다.	①	②	③	④	⑤
	2. 나는 객실 서비스 규정에 따라, 다양한 칵테일 제조에 필요한 술의 종류와 첨가 음료에 관한 정보를 숙지하여, 제조할 수 있다.	①	②	③	④	⑤
	3. 나는 객실 서비스 규정에 따라, 다양한 와인에 관한 정보를 파악하여, 서비스 및 회수할 수 있다.	①	②	③	④	⑤
기내식 제공하기	1. 나는 객실 서비스 규정에 따라, 기내에서 제공되는 식사를 위한 세팅(Setting) 및 데우기(Heating) 등을 수행할 수 있다.	①	②	③	④	⑤
	2. 나는 특별서비스요청서(SSR: Special Service Request)에 따라 특별식을 확인 후, 서비스 및 회수할 수 있다.	①	②	③	④	⑤
	3. 나는 객실 서비스 규정에 따라, 승객 선호를 확인하여, 테이블 매너에 따른 기내식을 서비스 및 회수할 수 있다.	①	②	③	④	⑤
기내 오락물 제공하기	1. 나는 객실 서비스 규정에 따라, 기내에서 제공되는 오락물 상영을 위한 기내 시설물과 기물을 사용할 수 있다.	①	②	③	④	⑤
	2. 나는 객실 서비스 규정에 따라, 비행 중 서비스되는 상영물에 관한 종류와 내용을 고객에게 전달할 수 있다.	①	②	③	④	⑤
	3. 나는 객실 서비스 규정에 따라, 조명 및 객실상태를 점검하고, 오락물을 제공할 수 있다.	①	②	③	④	⑤
면세품 판매하기	1. 나는 객실 서비스 규정에 따라, 면세품 판매를 위한 기본적인 상품을 세팅하고, 판매할 수 있다.	①	②	③	④	⑤
	2. 나는 객실 서비스 규정에 따라, 국가별 면세품 구매 한도에 관한 정보를 전달할 수 있다.	①	②	③	④	⑤
	3. 나는 객실 서비스 규정에 따라, 면세품 판매 전 · 후 재고파악 및 인수인계를 위한 서류를 정리할 수 있다.	①	②	③	④	⑤
객실 상태 점검하기	1. 나는 객실 서비스 규정에 따라, 고객 서비스를 위해 객실 시설물을 수시로 점검하고, 조치를 할 수 있다.	①	②	③	④	⑤
	2. 나는 객실 서비스 규정에 따라 기내식 서비스 후 객실 통로 및 주변을 청결히 할 수 있다.	①	②	③	④	⑤
	3. 나는 객실 서비스 규정에 따라 승객의 쾌적한 여행을 위해 객실 내 온도 및 조명을 관리할 수 있다.	①	②	③	④	⑤

[계속]

진단결과

진단영역	문항 수	점수	점수 ÷ 문항 수
기내음료 제공하기	3		
기내식 제공하기	3		
기내 오락물 제공하기	3		
면세품 판매하기	3		
객실 상태 점검하기	3		
합계	**15**		

☞ 자신의 점수를 문항 수로 나눈 값이 '3점'이하에 해당하는 영역은 업무를 성공적으로 수행하는데 요구는 능력이 부족한 것으로 교육훈련이나 개인학습을 통한 개발이 필요함.

1203010505_16v2	착륙 전 서비스

진단영역	진단문항	매우 미흡	미흡	보통	우수	매우 우수
입국 서류 배포 및 작성 지원하기	1. 나는 객실 서비스 규정에 의해, 담당구역별 도착지 입국에 필요한 서류를 배포할 수 있다.	①	②	③	④	⑤
	2. 나는 객실 서비스 규정에 따라, 도착지 국가의 출입국 규정을 숙지하여 승객에게 정확히 안내할 수 있다.	①	②	③	④	⑤
	3. 나는 객실 서비스 규정에 따라 도착 전 입국에 필요한 서류의 작성 여부를 점검하고, 조치할 수 있다.	①	②	③	④	⑤
	4. 나는 객실 서비스 규정에 의해 특수 고객에게 필요한 서류 작성에 협조할 수 있다.	①	②	③	④	⑤
기내 용품 회수하기	1. 나는 객실 서비스 규정에 의해, 서비스한 기내 용품과 회수된 기내 용품의 수량을 파악할 수 있다.	①	②	③	④	⑤
	2. 나는 객실 서비스 규정에 의해, 회수된 기내 용품의 상태를 확인하여, 상태별로 분리할 수 있다.	①	②	③	④	⑤
	3. 나는 객실 서비스 규정에 의해, 기내 용품 소지 승객에 대해 회수 안내할 수 있다.	①	②	③	④	⑤
기내 서비스 용품 및 면세품 재고 확인하기	1. 나는 객실 서비스 규정에 따라, 기내 판매 업무를 종료하고, 면세품 재고를 확인할 수 있다.	①	②	③	④	⑤
	2. 나는 객실 서비스 규정에 따라, 면세품에 대한 상태를 확인하여, 필요 조치를 취할 수 있다.	①	②	③	④	⑤
	3. 나는 객실 서비스 규정에 따라 서비스 종료 후, 서비스 용품 재고를 확인할 수 있다.	①	②	③	④	⑤
	4. 나는 객실 서비스 규정에 따라 하기 시 필요한 조치 사항과 교대팀에게 필요한 전달 상황을 기록할 수 있다.	①	②	③	④	⑤

진단결과

진단영역	문항 수	점수	점수 ÷ 문항 수
입국 서류 배포 및 작성 지원하기	4		
기내용품 회수하기	3		
기내 서비스 용품 및 면세품 재고 확인하기	4		
합계	11		

☞ 자신의 점수를 문항 수로 나눈 값이 '3점'이하에 해당하는 영역은 업무를 성공적으로 수행하는데 요구는 능력이 부족한 것으로 교육훈련이나 개인 학습을 통한 개발이 필요함.

1203010506_16v2	착륙 후 서비스

진단영역	진단문항	매우 미흡	미흡	보통	우수	매우 우수
승객 하기 지원하기	1. 나는 도착지 공항 규정에 따라 검역 또는 세관의 허가가 필요한지 확인할 수 있다.	①	②	③	④	⑤
	2. 나는 객실 서비스 규정에 따라 승객 하기 시, 감사하는 마음으로 하기 인사를 실시 할 수 있다.	①	②	③	④	⑤
	3. 나는 객실 서비스 규정에 의해 승객의 짐 운반 등을 적극적으로 도움을 줄 수 있다.	①	②	③	④	⑤
특수 고객 지원하기	1. 나는 객실 서비스 규정에 따라 지상직원에게 여객 및 화물 운송 관련 서류(Ship pouch)를 인계하고, 중요 승객이나 특별 승객에 대한 정보를 구두로 먼저 알려 줄 수 있다.	①	②	③	④	⑤
	2. 나는 객실 서비스 규정에 따라 응급환자, VIP, F/C, C/C, UM(비동반소아), Y/C, Stretcher(환자) 승객 순으로 신속히 하기가 이루어질 수 있도록 안내할 수 있다.	①	②	③	④	⑤
	3. 나는 객실 서비스 규정에 따라 특수 고객을 위해, 적극적으로 게이트(Gate)까지 지원할 수 있다.	①	②	③	④	⑤

진단결과

진단영역	문항 수	점수	점수 ÷ 문항 수
승객 하기 지원하기	3		
특수 고객 지원하기	3		
합계	6		

☞ 자신의 점수를 문항 수로 나눈 값이 '3점'이하에 해당하는 영역은 업무를 성공적으로 수행하는데 요구는 능력이 부족한 것으로 교육훈련이나 개인학습을 통한 개발이 필요함.

1203010507_13v1	승객 하기 후 관리

진단영역	진단문항	매우 미흡	미흡	보통	우수	매우 우수
유실물 점검하기	1. 나는 객실 서비스 규정에 따라 승객 하기 후 유실물 점검을 최우선으로 하며, 상위 클래스일 경우 지상조업 개시 전에 철저히 점검을 실시할 수 있다.	①	②	③	④	⑤
	2. 나는 객실 서비스 규정에 따라 객실 수화물 선반(Overhead Bin)을 열어 육안으로 확인할 수 있다.	①	②	③	④	⑤
	3. 나는 객실 서비스 규정에 의해 코트 룸 및 승객 좌석 하단, 창 측, 승객 좌석 주머니(Seat Pocket) 등을 육안으로 점검할 수 있다.	①	②	③	④	⑤
	4. 나는 객실 서비스 규정에 의해 유실물 발견 시 상급자에게 보고하고 승무원은 최대한 빨리 승객에게 인계할 수 있다.	①	②	③	④	⑤
잔류 승객 점검하기	1. 나는 객실 서비스 규정에 따라 밀폐 공간(화장실 및 벙커(Bunker)) 내 잔류 승객 여부를 점검할 수 있다.	①	②	③	④	⑤
	2. 나는 객실 서비스규정에 따라 각각의 승무원은 담당 존별로 결과를 구두로 보고할 수 있다.	①	②	③	④	⑤
	3. 나는 객실 서비스 규정에 따라 잔류승객을 조치할 수 있다.	①	②	③	④	⑤
기내 설비 점검하기	1. 나는 객실 서비스 규정에 따라 객실 내 장착되어 있는 모든 서비스 설비나 장비를 점검할 수 있다.	①	②	③	④	⑤
	2. 나는 객실 서비스 규정에 따라 객실 설비나 장비를 점검 후 이상 유무를 보고할 수 있다.	①	②	③	④	⑤
	3. 나는 객실 서비스 규정에 따라 객실 설비나 장비에 이상이 있을 경우 정비사에게 구두 전달하고 객실설비장비수리 요청서에 기록할 수 있다.	①	②	③	④	⑤
기내 용품 인수 · 인계하기	1. 나는 객실 서비스 규정에 따라 기내에 탑재된 서비스용품 및 면세품을 컴파트먼트(Compartment)에 넣고 봉인(Sealing)할 수 있다.	①	②	③	④	⑤
	2. 나는 객실 서비스 규정에 따라 조리실(Galley) 담당자가 봉인(Sealing)한 후 인수인계서를 상호 점검할 수 있다	①	②	③	④	⑤
	3. 나는 객실 서비스 규정에 따라 지상 종업원과 봉인 확인 및 점검(seal to seal) 방법으로 인계 · 인수할 수 있다.	①	②	③	④	⑤

진단결과

진단영역	문항 수	점수	점수 ÷ 문항 수
유실물 점검하기	4		
잔류 승객 점검하기	3		
기내 설비 점검하기	3		
기내 용품 인수 · 인계하기	3		
합계	13		

☞ 자신의 점수를 문항 수로 나눈 값이 '3점'이하에 해당하는 영역은 업무를 성공적으로 수행하는데 요구는 능력이 부족한 것으로 교육훈련이나 개인 학습을 통한 개발이 필요함.

1203010508_13v1	응급환자 대처

진단영역	진단문항	매우 미흡	미흡	보통	우수	매우 우수
응급환자 발생상황 파악 · 보고하기	1. 나는 객실 서비스 및 객실 안전 규정에 따라 기내 환자 발생 여부를 파악할 수 있다.	①	②	③	④	⑤
	2. 나는 객실 서비스 및 객실 안전 규정에 따라 환자에 대한 정보를 신속하게 상급자에게 보고할 수 있다.	①	②	③	④	⑤
	3. 나는 객실 서비스 및 객실 안전 규정에 따라 환자에 대한 정보를 공유하도록 할 수 있다.	①	②	③	④	⑤
응급환자 초기 대응하기	1. 나는 객실 서비스 및 객실 안전 규정에 따라 응급 처치할 수 있다.	①	②	③	④	⑤
	2. 나는 객실 서비스 및 객실 안전 규정에 따라 환자의 응급 상태를 확인하고, 탑승 의사와 의료진을 신속하게 찾을 수 있다.	①	②	③	④	⑤
	3. 나는 객실 서비스 및 객실 안전 규정에 따라 응급치료 장비를 탑승 의사의 협조를 구해 활용할 수 있도록 조치할 수 있다.	①	②	③	④	⑤
응급환자 후속 관리하기	1. 나는 응급환자 대응매뉴얼에 따라 응급환자 상태가 악화되지 않도록 관리할 수 있다.	①	②	③	④	⑤
	2. 나는 응급환자 발생에 따라 일반 탑승자의 쾌적한 여행이 방해되지 않도록 조치할 수 있다.	①	②	③	④	⑤
	3. 나는 착륙 후 응급환자 대응매뉴얼에 따라 공항과의 협조체제가 순조롭게 진행될 수 있게 조치 할 수 있다.	①	②	③	④	⑤
환자 대처 상황 기록하기	1. 나는 객실 서비스 및 객실 안전 규정에 따라 응급환자 발생 시 조치 내용과 상태를 기록할 수 있다.	①	②	③	④	⑤
	2. 나는 객실 서비스 및 객실 안전 규정에 따라 응급환자 관련 후속 조치내용을 기록할 수 있다.	①	②	③	④	⑤
	3. 나는 객실 서비스 및 객실 안전 규정에 따라 응급환자의 공항 인계인수 내용을 기록할 수 있다.	①	②	③	④	⑤
	4. 나는 객실 서비스 및 객실 안전 규정에 따라 비행 종료 후 환자 조치 내역을 기록하여 회사에 보고하고 향후 환자관리에 참고가 되도록 할 수 있다.	①	②	③	④	⑤

진단결과

진단영역	문항 수	점수	점수 ÷ 문항 수
응급환자 발생상황 파악 · 보고하기	3		
응급환자 초기 대응하기	3		
응급환자 후속 관리하기	3		
환자 대처 상황 기록하기	4		
합계	13		

☞ 자신의 점수를 문항 수로 나눈 값이 '3점'이하에 해당하는 영역은 업무를 성공적으로 수행하는데 요구는 능력이 부족한 것으로 교육훈련이나 개인학습을 통한 개발이 필요함.

1203010509_16v2	객실승무 관리

진단영역	진단문항	매우 미흡	미흡	보통	우수	매우 우수
객실 승무원별 근무 배정하기	1. 나는 객실 서비스 및 객실 안전 규정에 따라 객실 승무원에게 업무를 할당할 수 있다.	①	②	③	④	⑤
	2. 나는 효율적 서비스를 위해, 노선 특성에 따라 객실 승무원별 업무 배정을 조정할 수 있다.	①	②	③	④	⑤
	3. 나는 효율적 서비스를 위해, 객실 승무원의 역량을 고려하여 업무 배정을 조정할 수 있다.	①	②	③	④	⑤
운항·객실간 정보 공유하기	1. 나는 객실 서비스 및 객실 안전 규정에 따라 객실 상황을 판단하여, 상급자에게 신속하게 보고할 수 있다.	①	②	③	④	⑤
	2. 나는 객실 서비스 및 객실 안전 규정에 따라 운항 정보를 공유할 수 있다.	①	②	③	④	⑤
	3. 나는 객실 서비스 및 객실 안전 규정에 따라 승객 정보를 공유할 수 있다.	①	②	③	④	⑤
불만 승객 관리하기	1. 나는 객실 서비스 및 객실 안전 규정에 따라 불만 상황에 대한 원인을 파악할 수 있다.	①	②	③	④	⑤
	2. 나는 객실 서비스 및 객실 안전 규정에 따라 경청한 후 불만에 대한 해결 방안을 모색 할 수 있다.	①	②	③	④	⑤
	3. 나는 객실 서비스 및 객실 안전 규정에 따라 해결 방안에 대한 구체적인 행동을 보여줄 수 있다.	①	②	③	④	⑤
	4. 나는 객실 서비스 및 객실 안전 규정에 따라 해당 승객에 대한 만족도를 재확인할 수 있다.	①	②	③	④	⑤
출·도착 서류 작성·관리하기	1. 나는 객실 서비스 및 객실 안전 규정에 따라 항공기 출발에 필요한 각종 서류를 수량, 종류 등을 점검할 수 있다.	①	②	③	④	⑤
	2. 나는 객실 서비스 및 객실 안전 규정에 따라 도착지 국가별 요구사항에 따라 입국에 필요한 서류를 요청할 수 있다.	①	②	③	④	⑤
	3. 나는 비행 중, 발생한 기내 안전 및 서비스 설비에 대한 특이사항을 기록할 수 있다.	①	②	③	④	⑤
	4. 나는 항공기 도착 전, 지상직원에게 인계해 줄 서류의 이상 유무를 점검할 수 있다.	①	②	③	④	⑤
	5. 나는 항공기 도착 시, 지상직원에게 객실 운항 관련 서류를 인계할 수 있다.	①	②	③	④	⑤
객실서비스 관리하기	1. 나는 승무원 근무 규정에 따라 스페셜 식사는 객실 사무장이 직접 제공하면서 오전달이나 누락이 발생하지 않도록 재확인할 수 있다.	①	②	③	④	⑤
	2. 나는 객실 서비스 규정에 따라 비행 중 기내 질서 유지 및 쾌적한 휴식환경 조성을 위해 단체승객에 의한 소란, 소음 등을 항시 점검할 수 있다.	①	②	③	④	⑤
	3. 나는 객실 서비스 규정에 의해 화장실 청결 상태를 확인하며 비행 중에 발생 할 수 있는 안전과 환자 발생에 대한 안전사항을 점검할 수 있다.	①	②	③	④	⑤
	4. 나는 승무원 근무 규정에 따라 기내 소음에 대한 관리를 할 수 있다.	①	②	③	④	⑤

[계속]

진단영역	진단문항	매우 미흡	미흡	보통	우수	매우 우수
객실서비스 관리하기	5. 나는 조리실(Galley) 내에서 작업 시, 통로(Aisle)을 걸어 다닐 때, 승무원들 간의 대화, 컴파트먼트(compartment), 카트(Cart), 캐리어박스(carrier box) 등의 문울 열고 닫을 때, 객실 수화물 선반(Overhead Bin)의 손잡이 열고 닫을 때 등 승무원을 관리 감독할 수 있다.	①	②	③	④	⑤

진단결과

진단영역	문항 수	점수	점수 ÷ 문항 수
객실 승무원별 근무 배정하기	3		
운항 · 객실간 정보 공유하기	3		
불만 승객 관리하기	4		
출 · 도착 서류 작성 · 관리하기	5		
객실서비스 관리하기	5		
합계	20		

☞ 자신의 점수를 문항 수로 나눈 값이 '3점'이하에 해당하는 영역은 업무를 성공적으로 수행하는데 요구는 능력이 부족한 것으로 교육훈련이나 개인학습을 통한 개발이 필요함.

1203010510_16v1	기내음료 서비스

진단영역	진단문항	매우 미흡	미흡	보통	우수	매우 우수
기내음료 파악하기	1. 나는 객실 서비스 규정에 따라, 비알콜 음료(Cold Beverage, Hot Beverage)에 관한 정보를 파악할 수 있다.	①	②	③	④	⑤
	2. 나는 객실 서비스 규정에 따라, 다양한 칵테일 제조에 필요한 술의 종류와 첨가 음료에 관한 정보를 파악할 수 있다.	①	②	③	④	⑤
	3. 나는 객실 서비스 규정에 따라, 다양한 와인에 관한 정보를 파악할 수 있다.	①	②	③	④	⑤
기내음료 제공하기	1. 나는 객실 서비스 규정에 따라, 비알콜 음료(Cold Beverage, Hot Beverage)에 관한 정보를 승객에게 전달할 수 있다.	①	②	③	④	⑤
	2. 나는 객실 서비스 규정에 따라, 다양한 칵테일 제조에 필요한 술의 종류와 첨가 음료에 관한 정보를 숙지하여, 제조할 수 있다.	①	②	③	④	⑤
	3. 나는 객실 서비스 규정에 따라, 다양한 와인에 관한 정보를 파악하여, 서비스 및 회수할 수 있다.	①	②	③	④	⑤

진단결과

진단영역	문항 수	점수	점수 ÷ 문항 수
기내음료 파악하기	3		
기내음료 제공하기	3		
합계	6		

☞ 자신의 점수를 문항 수로 나눈 값이 '3점'이하에 해당하는 영역은 업무를 성공적으로 수행하는데 요구는 능력이 부족한 것으로 교육훈련이나 개인학습을 통한 개발이 필요함.

1203010511_16v1	항공서비스 업무 기본

진단영역	진단문항	매우 미흡	미흡	보통	우수	매우 우수
항공서비스 관련 서류 확인하기	1. 나는 객실 서비스 규정에 의해, 담당구역별 도착지 입국에 필요한 서류를 배포할 수 있다.	①	②	③	④	⑤
	2. 나는 객실 서비스 규정에 따라, 도착지 국가의 출입국 규정을 숙지하여 승객에게 정확히 안내할 수 있다.	①	②	③	④	⑤
	3. 나는 객실 서비스 규정에 따라 도착 전 입국에 필요한 서류의 작성 여부를 점검하고, 조치할 수 있다.	①	②	③	④	⑤
	4. 나는 객실 서비스 규정에 의해 특수 고객에게 필요한 서류 작성에 협조할 수 있다.	①	②	③	④	⑤
항공여객 정보 확인하기	1. 나는 고객의 요구에 따라 항공편 예약스케줄을 파악할 수 있다.	①	②	③	④	⑤
	2. 나는 항공편 운임에 따라 예약등급을 파악할 수 있다.	①	②	③	④	⑤
	3. 나는 항공여객 조건에 따라 항공편을 파악할 수 있다.	①	②	③	④	⑤

진단결과

진단영역	문항 수	점수	점수 ÷ 문항 수
항공서비스 관련 서류 확인하기	4		
항공여객정보 확인하기	3		
합계	17		

☞ 자신의 점수를 문항 수로 나눈 값이 '3점'이하에 해당하는 영역은 업무를 성공적으로 수행하는데 요구는 능력이 부족한 것으로 교육훈련이나 개인학습을 통한 개발이 필요함.

1203010512_16v1	항공 기내방송 업무

진단영역	진단문항	매우 미흡	미흡	보통	우수	매우 우수
항공기내 방송 준비하기	1. 나는 운송 서비스 규정에 따라 방송에 필요한 국가별 항공기 코드를 파악할 수 있다.	①	②	③	④	⑤
	2. 나는 운송 서비스 규정에 따라 방송에 필요한 국가별 도시와 공항 명을 파악할 수 있다.	①	②	③	④	⑤
	3. 나는 그리니치 평균시(GMT)에 따라 도착지 시차를 계산할 수 있다.	①	②	③	④	⑤
정상적 상황 방송하기	1. 나는 객실 서비스 규정에 따라 정상적인 상황 방송에 필요한 기본정보를 파악할 수 있다.	①	②	③	④	⑤
	2. 나는 객실 서비스 규정에 따라 방송에 적합한 표준어와 언어를 구사할 수 있다.	①	②	③	④	⑤
	3. 나는 객실 서비스 규정에 따라 탑승환영 안내 방송을 할 수 있다.	①	②	③	④	⑤
	4. 나는 객실 서비스 규정에 따라 좌석벨트 상시착용 안내 및 목적지 접근안내 방송을 할 수 있다.	①	②	③	④	⑤
	5. 나는 객실 서비스 규정에 따라 도착안내 방송을 할 수 있다.	①	②	③	④	⑤
비정상 상황 방송하기	1. 나는 객실 서비스 규정에 따라 비정상적 상황 방송에 필요한 기본정보를 파악할 수 있다.	①	②	③	④	⑤
	2. 나는 객실 서비스 규정에 따라 지연 및 대기 안내 방송을 할 수 있다.	①	②	③	④	⑤
	3. 나는 객실 서비스 규정에 따라 변경 및 교체 , 고객 불편 안내 방송을 할 수 있다.	①	②	③	④	⑤
	4. 나는 객실 서비스 규정에 따라 Turbulence 방송을 할 수 있다.	①	②	③	④	⑤
비상 상황 방송하기	1. 나는 객실 서비스 규정에 따라 비상 상황 방송에 필요한 정보를 파악할 수 있다.	①	②	③	④	⑤
	2. 나는 객실 서비스 규정에 따라 기내난동 승객 발생 안내 방송을 할 수 있다.	①	②	③	④	⑤
	3. 나는 객실 서비스 규정에 따라 상황별 비상사태 안내 방송을 할 수 있다.	①	②	③	④	⑤

진단결과

진단영역	문항 수	점수	점수 ÷ 문항 수
항공기내 방송 준비하기	3		
정상적 상황 방송하기	5		
비정상 상황 방송하기	4		
비상 상황 방송하기	3		
합계	15		

☞ 자신의 점수를 문항 수로 나눈 값이 '3점'이하에 해당하는 영역은 업무를 성공적으로 수행하는데 요구는 능력이 부족한 것으로 교육훈련이나 개인학습을 통한 개발이 필요함.

1203010513_16v1	고객만족 서비스

진단영역	진단문항	매우 미흡	미흡	보통	우수	매우 우수
서비스 마인드 함양하기	1. 나는 객실 서비스 규정에 따라 고객만족 서비스를 위한 서비스 마인드를 함양할 수 있다.	①	②	③	④	⑤
	2. 나는 객실 서비스 규정에 따라 고객만족 서비스를 위한 원활한 소통을 할 수 있다.	①	②	③	④	⑤
	3. 나는 객실 서비스 규정에 따라 고객만족 서비스를 위한 다양한 문화적 특성을 파악할 수 있다.	①	②	③	④	⑤
이미지 메이킹하기	1. 나는 객실 서비스 규정에 따라 필요한 용모 복장을 단정히 할 수 있다.	①	②	③	④	⑤
	2. 나는 객실 서비스 규정에 따라 필요한 호감 주는 표정을 관리할 수 있다.	①	②	③	④	⑤
	3. 나는 객실 서비스 규정에 따라 필요한 호감 주는 음성을 표현할 수 있다.	①	②	③	④	⑤
	4. 나는 객실 서비스 규정에 따라 상황별 기본 매너를 지킬 수 있다.	①	②	③	④	⑤
불만고객 대처하기	1. 나는 객실 서비스 규정에 따라 고객 행동유형을 파악할 수 있다.	①	②	③	④	⑤
	2. 나는 객실 서비스 규정에 따라 불만고객을 유형별로 대응할 수 있다.	①	②	③	④	⑤
	3. 나는 객실 서비스 규정에 따라 불만고객에 대한 대처결과를 보고할 수 있다.	①	②	③	④	⑤

진단결과

진단영역	문항 수	점수	점수 ÷ 문항 수
서비스 마인드 함양하기	3		
이미지 메이킹하기	4		
불만고객 대처하기	3		
합계	10		

☞ 자신의 점수를 문항 수로 나눈 값이 '3점'이하에 해당하는 영역은 업무를 성공적으로 수행하는데 요구는 능력이 부족한 것으로 교육훈련이나 개인학습을 통한 개발이 필요함.

1203010514_16v1	항공서비스 매너

진단영역	진단문항	매우 미흡	미흡	보통	우수	매우 우수
기본 매너 갖추기	1. 나는 객실 서비스 규정에 따라 고객만족 서비스를 위한 서비스 마인드를 함양할 수 있다.	①	②	③	④	⑤
	2. 나는 객실 서비스 규정에 따라 고객만족 서비스를 위한 원활한 소통을 할 수 있다.	①	②	③	④	⑤
	3. 나는 객실 서비스 규정에 따라 고객만족 서비스를 위한 다양한 문화적 특성을 파악할 수 있다.	①	②	③	④	⑤
항공서비스 매너 관리하기	1. 나는 객실 서비스 규정에 따라 필요한 용모 복장을 단정히 할 수 있다.	①	②	③	④	⑤
	2. 나는 객실 서비스 규정에 따라 필요한 호감 주는 표정을 관리할 수 있다.	①	②	③	④	⑤
	3. 나는 객실 서비스 규정에 따라 필요한 호감 주는 음성을 표현할 수 있다.	①	②	③	④	⑤
	4. 나는 객실 서비스 규정에 따라 상황별 기본 매너를 지킬 수 있다.	①	②	③	④	⑤

진단결과

진단영역	문항 수	점수	점수 ÷ 문항 수
기본 매너 갖추기	3		
항공서비스 매너 관리하기	4		
합계	7		

☞ 자신의 점수를 문항 수로 나눈 값이 '3점'이하에 해당하는 영역은 업무를 성공적으로 수행하는데 요구는 능력이 부족한 것으로 교육훈련이나 개인학습을 통한 개발이 필요함.

4. **항공객실서비스직무:** 평생경력개발 체계도 및 경로

직능수준		여행상품개발	여행상품상담	국내여행안내	해외여행안내	항공객실서비스
5	고급	**여행상품개발 관리자** 여행상품 시장조사 여행상품 상품성검토 여행샘플상품 구성 여행상품 샘플 투어 여행상품 자원관리 여행상품 출시 여행상품관리 여행상품 교육훈련 여행상품 STP전략 여행상품 마케팅 믹스	**여행상담 총괄관리자** 여행상품상담 교육			
4	중급	**여행상품개발 실무자** 여행상품 원가분석	**여행상담 관리자** 상품 설명 여행요금 상담 교통편 예약 여행상품 계약 여행 고객관리 교통편 발권 지상수배 여행서류확인			**객실서비스 관리자** 객실승무 관리
3	초급		**여행상담실무자** 고객응대 상품 추천 상품설명자료 작성 상담 고객관리	**관광통역안내사** 국내여행안내 행사 준비 영접(meeting) 교통편 탑승 후 오리엔테이션 관광자원 해설 국내여행안내 행사진행 국내여행안내 시 안전관리 국내여행고객 만족관리 환송(Sending) 국내여행안내 정산 · 보고	**국외여행인솔자** 국외여행안내 행사확정 확인 국외여행안내 사전 정보 확인 기내 업무 입국 업무 국외여행 행사관리 국외여행 시 안전관리 국외여행고객 만족 관리 국외여행 정산 · 보고 출국 업무	**객실서비스 실무자** 기내 안전관리 승객 탑승 전 준비 승객 탑승 및 이륙 전 서비스 비행 중 서비스 착륙 전 서비스 착륙 후 서비스 승객 하기 후 관리 응급환자 대처 항공 기내방송 업무 고객만족 서비스
2		여행상품 시장조사 지원 여행상품 원가조사 여행상품 교육훈련 지원	여행상품상담 교육 지원 교통편 조회 여행서류확인 지원	국내여행안내 행사지시서 확인 영접(meeting) 지원 환송(Sending) 지원	국외여행안내 행사정보 파악 국외여행안내 사전 정보 지원 출국장 업무	기내음료 서비스 항공서비스 업무 기본 항공서비스 매너
직능수준 / 직능유형		여행상품개발	여행상품상담	국내여행안내	해외여행안내	항공객실서비스

찾아보기

한글

영문

G

H

I

J

K

L

M

N

기타